파이썬으로 캐글 뽀개기

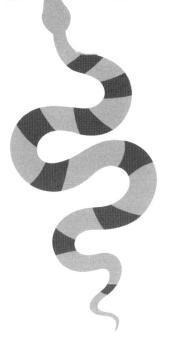

파이썬으로 시작해서 **포트폴리오로 취업까지**

파이썬으로 캐글 뽀개기

Evan, 조대연, 김보경, 정필원, 최준영 지음

서 문

본 책이 탄생하게 된 배경은 필자 Evan이 비전공 취업 준비생을 대상으로 강의하기 시작하면서 출발합니다. 2020년 8월 "아시아 경제" 신문사에서 주관하는 "2020년 청년취업아카데미"에서 2주간의 짧은 강의를 진행한 적이 있습니다. 그때 만났던 몇몇 학생과 다양한 교감을 하던 중, 그들이 취업 준비를 하면서 어려워하는 각종 애로 사항, 프로젝트에 대한 갈급함 등을 보면서, 도움이 될 만한 책을 집필하겠다고 생각하게 되었고, 때마침 비제이퍼블릭에서 필자의 "블로그"를 통해 집필 의뢰를 주셨습니다. 그리고, 실제 집필에 참여한 취업 준비생과 대학생과 함께 토의를 진행하면서 책의 방향성을 적합하게 잡을 수 있었습니다.

갈수록 어려워지는 취업 환경에서 코로나의 예기치 못한 엄습은 2030세대의 취업난을 더욱 가속화시키고 있습니다. 이러한 어려운 환경 속에서도 빅데이터와 머신러닝, AI의 폭발적인 발전은 기존의 IT 개발자뿐만 아니라 취업 준비생에게도 새로운 도전과 동시에 기회를 제공하고 있습니다. 현재 대부분의 정부 기관 및 기업은 빅데이터와 AI를 활용하여 새로운 발전 방향을 모색하고 있고 또한 이에 맞는 채용을 진행하고 있습니다. 그러나, 이러한 기회는 "신입보다는 경험"이 있는 경력자 위주로 채용이 진행되어, 비전공자 출신의 현 직장이나 문과 및 예체능 계열의 취업 준비생들에게는 어디서부터 무엇을 어떻게 준비해야 하는지 모르는 안타까운 상황입니다. 필자는 강의하면서 'R 또는 파이썬을 어떻게 배워야 하나요?', '통계는 어느 정도로 배워야 하나요?', '제가 경진 대회에 참여할 수 있을까요?', '포트폴리오는 어떻게 준비해야 하나요?' 등의 질문을 많이 받았고, 이러한 질문에 대한 답변서로 이 책을 집필하게 되었습니다.

본 책의 주목적은 코닝을 처음 접하는 사람이 데이터 분석 및 머신러닝을 수행하는 데 필요한 기본 문법을 익혀서 캐글 대회에 참여할 수 있는 역량을 키워 주는 동시에, 취업 포트폴리오를 만드는 일련의 과정을 포함합니다. 입문자분들을 대상으로 한 책이다 보니, 통계 및 머신러닝의 어려운 알고리즘 수식은 최대한 배제하고 집필하였습니다. 그러한 점에서 본 책은 기존 재직자 및 대학원 이상의 전공자를 대상으로 한 책은 아닙니다. 다만, 각 회귀와 분류 모델에 대한 각 평가 지표 설명은 비교적 상세하게 집필하려고 노력하였습니다. 그리고 데이터 분석 및 머신러닝 개발자로 취업을 잘하려면 관련 포트폴리오를 준비해야 합니다. 따라서 이에 필요한 기초적인 Github 설명 및 Github 블로그를 만드는 과정을 수록하였습니다. 그러므로 독자 분들은 본 책을 각 분야에 대하여 상세하게 설명한 책이라기보다는 데이터 분석가 및 머신러닝 개발자로 성장하는 데 필요한 부분들을 설명해 놓은 일종의 가이드북으로 판단해 주시면 좋을 것 같습니다.

본 책은 총 4장으로 구성했습니다.

1장은 파이썬의 기초적인 문법을 소개하는 것으로 구성하였습니다. 기초 문법인 List, Dictionary, NumPy, Pandas 등의 예제를 수록하였습니다. 데이터 시각화를 위한 Matplotlib, Seaborn 라이브러리를 통해 다양한 시각화 예제 등을 담았습니다. 중고급 수준의 시각화를 구현할 경우, 외부 블로그의 소스 코드를 활용하여 업그레이드 방법을 작성하였고, 이를 토대로 독자가 초급에서 중급으로 레벨 업(Level-Up)할 수 있는 방법에 대한 영감을 가지도록 하였습니다. 마지막으로 다양한 머신러닝을 수식보다는 이야기로 소개하여 입문자가 어려움 없이 개념에 대한 이해를 하도록 최대한 중점을 두었습니다. 머신러닝에 필요한 간단한 예제를 포함시켜서 본격적인 캐글 대회의 준비를 마치는 과정으로 1장을 마무리하였습니다.

2장과 3장은 모두 캐글 대회 예제를 다룹니다. 대회에 참여하는 방법부터 제출하여 점수를 확인하는 방법까지 일련의 모든 과정을 담았습니다. 먼저 2장에서는 캐글 노트북 표절에 관한 흥미로운 토론을 소개하여, 입문자분들이 캐글 노트북을 어떻게 활용하는지에 대한 기본적인 윤리 의식을 다루었습니다. 2장에서 참여한 대회는 회귀 문제를 다루는 House Prices - Advanced Regression Techniques, 분류 문제를 다루는 Natural Language Processing with Disaster Tweets입니다. 각 대회에서는 피처 엔지니어링과 각각의 문제에 해당하는 구체적인 평가 지표(RMSE, Confusion Matrix 등)를 설명하였습니다. 3장에서는 최근 3~4년 동안 각광받고 있는 XGBoost, LightGBM, Catboost 머신러닝 알고리즘에 대해 대략적으로 설명하였습니다. 각 알고리즘 최적화를 위한 Hyper Parameter의 개념과 사용 예제를 추가하였습니다. 3장에서 참여한 대회는 회귀 문제를 다루는 New York City Taxi Prediction, 다중 분류 문제를 다루는 San Francisco Crime Classification 예제입니다. 다중 분류 평가 지표인 Log Loss에 대한 구체적인 설명을 추가하였습니다.

4장에서는 Github와 Github 블로그를 만들어야 하는 이유에 대해 세 가지 관점(기록의 관점, 정보 공유의 관점 그리고 커리어 관리의 관점)에서 서술하였고, 그 외 나머지는 Github 개설 및 Github 블로그를 만드는 과정에 대해 기술하였습니다. 또한, Github 블로그를 만드는 데 필요한 필수적인 터미널 명령어와 Git 명령어의 예제를 수록하였습니다. Github 블로그는 최종 배포까지 진행하는 목표로 기술하였습니다.

1장부터 3장까지는 머신러닝에 대한 개념 및 코드의 난이도가 조금씩 높아지도록 책을 집필하였습니다. 머신러닝을 잘하려면 각 알고리즘에 관한 영어 논문을 읽는 것은 필수입니다. 따라서, 주요 알고리즘에 대한 영어 논문 주소와 주요 설명에 대한 부가적인 설명 등은 각주로 표시해 두었습니다. 직접 코드를 작성하지 않더라도 책을 천천히 읽다 보면, 머신러닝을 어떻게 공부해야 하고, 더 나아가 무엇을 공부해야 하는지에 대한 방향성을 잡아 갈 것입니다. 코딩 능력이 풍부하지 않더라도, 캐글을 효율적으로 공부한다면, 비교적 짧은 시간 안에 데이터 시각화, 머신러닝의 기본적인 흐름을 이해할 수 있을 것입니다.

책을 집필하면서 아쉬운 점이 크게 3가지 있습니다. 먼저, AutoML 관련 프레임워크를 삽입하지 못한 점입니다. AutoML이 각광받기 시작하였지만, 지면과 시간 관계상 집필 때 논의하였던 PyCaret이나 H2O와 같은 프레임워크를 넣지 못하였습니다. 그런데, 최근 캐글이나 데이콘 대회에서는 PyCaret 프레임워크를 활용한 캐글 노트북 등이 자주 등장하고 있습니다. 이들은 Scikit-Learn 라이브러리에 비해 매우 쉽게 모형을 만들 수 있다는 장점이 있습니다만, 이번 책에서는 아쉽게도 넣지 못하였습니다. 추후에 개정판을 집필한다면, 그때 추가해서 넣을 예정입니다. 또한, 파이썬 Class에 대한 설명을 하지 못한 점입니다. 이 부분의 설명은 입문 단계에서 다소 복잡해 보일 것 같아서 제외하였습니다. 그러나, Deep Learning 프레임 워크인 Tensorflow나 PyTorch를 잘 다루려면 Class에 대한 이해는 반드시 필요합니다. 따라서, 이 부분은 독자에게 숙제로 남겨두도록 합니다. 마지막으로 MLOps에 대한 기본적인 가이드를 제공하지 못한 부분입니다. MLOps는 최근 머신러닝 엔지니어 사이에서 각광받는 최신 기술입니다. 머신러닝을 단순히 개발하는 것에 그치지 않고, 더 나아가 배포 및 관리하는 영역을 다루는 기술입니다. 그러나, 이 기술을 이해하려면 중급 이상의 코딩 실력과 클라우드에 대한 기본적인 이해가 필요합니다. 이 부분은 추후에 중급서를 발간할 때 추가하도록 합니다.

먼저, 부족한 필자에게 처음 집필 의뢰를 허락하시고, 원고가 주어진 일정 안에 완료될 수 있도록 주기적으로 소통하며 도움을 주신 출판사 김용기 님에게도 고마움을 표하고 싶습니다. 그 외에 중간중간 비교적 어렵게 다가올 머신러닝 알고리즘 등을 쉽게 풀어서 설명하여 주시고 책이 잘 나올 수 있도록 아낌없는 조언을 주신 한동대학교 조대연 교수님과 주기적으로 줌(ZOOM) 회의를 통해 여러 가지 아이디어와 책의 일부 소스 코드를 작성해 주신 김보경 님, 정필원 님 그리고 최준영 님에게도 깊은 감사의 말씀을 드립니다. 책이 잘 나올 수 있도록 많은 격려를 해 주신 오픈 카톡방, '데이터 수다방 데분깜냥방'에 계신 수많은 동료 데분러 여러분과 같은 시기에 집필하여 동기 부여를 지속적으로 주신 박기군 님께도 감사의 말씀을 드립니다. 또한, 중급 시각화의 소스 코드를 활용할 수 있도록 기꺼이 허락해 주신 이제현 박사님에게도 감사의 말씀을 드립니다. 마지막으로, 지난 1년간 첫 강의를 시작하면서, 부족한 필자의 수업을 들었던 수많은 수강생에게 미안함과 감사의 말씀을 전합니다.

석사 학위 논문과 강의를 병행하였기 때문에 책이 나오기까지 생각보다 오랜 시간이 걸렸습니다. 오랜 시간 인내해 주신 비제이퍼블릭의 김용기 님의 도움에 다시 한번 감사 인사를 드립니다. 누구보다도 이 책이 나오기까지 아낌없이 지원을 주신 사랑하는 가족에게 이 책을 바칩니다.

배워서 남 주자!

저자 소개

Evan

학점은행제 경영학사를 졸업하였고, 미국 나사렛대학교 필리핀 분교에서 신학과 철학 석사 과정을 졸업하였습니다. 그리고, 한국으로 돌아와서 한동대학교 국제개발협력대학원에서 국제개발협력학과 석사 과정을 졸업하였습니다. 데이터 분석과 무관한 업무로 첫 근무를 시작한 이후, 데이터 분석가로 성장하기 위해, 독학으로 R과 파이썬을 공부하였고, 이후 프랜차이즈 컨설팅 업체, 빅데이터 SI 업체에서 사기업 및 공기업 대상 마케팅, 데이터 분석, 머신러닝 개발 프로젝트를 진행하였고, 핀테크 업체에서 빅데이터 팀장직을 수행하였습니다. 한동대학교 대학원 시절 2014년 UN Academic Impact에서 주관하는 영어 논문 경시대회에서 대상으로 입상하였고, 2020년에는 한국벤처창업학회에 1편의 논문을 발표하였습니다. 회사에 무의미하게 매일 출근하는 것이 싫어 현재는 프리랜서로 활동하며 주로 대기업 및 취업 준비생을 위한 R, 파이썬, SQL 강의 및 저술 활동에 매진하고 있습니다.

조대연

서울대학교 사회과학대학에서 경제학사로 졸업한 후 국방관리연구소에서 연구원으로 근무하며 처음 컴퓨터를 접하고 이에 매료되어 미국 피츠버그대학 경영대학원의 Ph.D. 과정에 진학하여 경제학과는 전혀 관련이 없는 경영정보시스템을 전공하던 중 인공 지능을 일게 되어 머신러닝, 신경망 이론 등 컴퓨터 과학 선공자들이 듣는 과목들을 수강하고 이를 활용하여 졸업 논문을 마무리하였습니다. 이후 한동대학교에서 경영정보시스템, 인공 지능, 경영정보통신, 의사결정시스템, 지식경영시스템 등의 IT 관련 과목들을 강의하면서 연구소에서 처음으로 배웠던 FORTRAN과 Ph.D. 과정 도중 배웠던 PASCAL, LISP, Java 등의 언어와 머신러닝 기법들을 활용하였고, 수년 전부터 데이터 과학, 빅데이터 등이 중요해지면서 파이썬, R 등의 언어를 공부하여 데이터 과학, 데이터 주도 마케팅 등의 과목들에서 딥러닝, 머신러닝 기법들을 활용하여 강의하고 있습니다. 최근에는 빅데이터를 형성하도록 데이터를 생산하는 사물 인터넷과 사물 인공 지능에도 관심을 갖고 연구하고 있습니다.

김보경

한국외국어대학교 이탈리아어과를 전공, 국제통상학과를 복수 전공하였습니다. SBS 뉴미디어제작부에서 인턴을 했습니다. 이후, 콘텐츠 직무에도 빅데이터 분석이 필수임을 깨닫고 산업융합 빅데이터 분석가 양성 과정을 수료했습니다. 또한, NLP 기반 프로젝트를 진행해 고용노동부와 아시아경제가 주관한 빅데이터 분석 기반 서비스 기획 모델링 경진 대회에서 장려상을 받았습니다. 이 책에서는 시각화 파트 집필에 참여했습니다.

정필원

카이스트 기술경영학부 석사과정 중이며 학사과정은 한동대학교 ICT창업학부에서 Data Science for Management and Economics 트랙을 이수하며 졸업하였습니다. 한동대학교 데이터 분석 학회인 DIVE 학회장으로 섬기며 다양한 데이터 분석 프로젝트를 진행하였습니다. 대표적으로는 중견 기업의 차량 부품 온도 예측 딥러닝 모델 개발을 위한 산학 연구의 팀장으로서 연구를 이끌기도 하였고, 본 연구로 한동대학교 총장 표창을 받았습니다. 아울러, 2020년에 기술혁신학회 IITP-KOTIS 추계학술대회에서 최우수논문상, 2021년 기술경영경제학회 하계학술대회에서 우수논문상을 등을 수상하기도 하였습니다. 현재는 비즈니스와 빅데이터 융합에 대해 관심을 갖고 연구하고 있습니다.

최준영

한동대학교 전산전자공학부에 재학 중이며 데이터 분석과 머신러닝, 딥러닝에 대해 관심을 갖고 머신 러닝의 여러 주제를 관심 있게 바라보고 배워 가고 있습니다. 이러한 배움의 과정에서 한국정보과학회의 학술 대회인 2020한국컴퓨터종합학술대회(KCC2020)에서 학부생/주니어논문경진대회의 학부생 논문 부문에 참가하여 장려상을 수상하기도 했습니다. 졸업을 앞두고 있기에 이 책을 쓰는 동안 취업을 준비할 때 기본적으로 어떤 것들이 필요할지 고민하며 담았습니다.

임혁

많은 개발자나 IT 분야를 지망하는 학생들이 관심을 갖고 있는 파이썬 언어로 캐글 대회에 참가하는 방법과 참가를 위해 갖추어야 하는 역량을 쌓을 수 있도록 책을 구성했습니다. 캐글이라는 것을 알고 있는 사람도 많지만 자신의 실력이 부족하다고 생각해서 직접 뛰어드는 것에는 부담을 느끼는 분들이 많으리라 생각합니다. 이 책은 그런 진입 장벽을 허물어 주는 책이라고 볼 수 있습니다. 캐글에 대한 모든 것을 입문자가 도전해 볼 수 있도록 파이썬 기초부터 알려 주거든요.

꼭 캐글이 아니더라도 파이썬으로 데이터 분석을 할 때 필수적으로 알고 있어야 하는 유명 라이브러리를 포함하여 활용하는 실습들이 있기 때문에 이 분야에 관심 있는 분들이 한 번쯤 읽어 보기 좋은 책이라고 느꼈습니다.

시중에 나와 있는 다른 파이썬과는 다른 차별점은 캐글 대회 예제를 다뤘다는 것과 관련 분야 취업을 위해 포트폴리오를 만드는 방법까지 담았기 때문입니다. 입문에서부터 실습 그리고 취업 준비까지 비록 한 권의 책이지만 많은 것을 얻어 갈 수 있을 것입니다.

송진영

기초적인 내용을 친절히 설명하고 참고 자료를 잘 담고 있는 책입니다. 파이썬과 머신러닝을 잘 모르는 분이더라도 튜토리얼 형식을 통해 따라 하기 쉽게 되어있는 책입니다. 단순히 머신러닝 튜토리얼만 전달하는 게 아닌 학습 방향 전반적인 조언도 담고 있기 때문에 저자의 말에 귀 기울일 필요가 있습니다.

저자의 후속작도 기대됩니다.

박신형

Evan 선생님의 제자로 약 4개월 간 수업을 들었습니다. 선생님은 데이터 산업에 처음 뛰어들려는 수강생들에게 너무나 값진 수업과 함께 데이터 업계에서 돋보이기 위한 조언을 아끼지 않으셨습니다. 특히나 많이 강조하셨던 부분이 Github를 통한 기록과 캐글이나 데이콘 등을 통한 실력 향상 및 능력 검증이었습니다. 그 당시에는 와닿지 않았지만 선생님 덕분에 취업한 AI 회사에서 선생님이 강조하셨던 부분들이 얼마나 중요한 것인지 깨닫게 되었습니다. Github를 사용하지 않는 IT 업계는 없을 정도이고, 머신러닝과 딥러닝을 통해 상품을 개발할 때면 항상 참고하게 되는 것이 캐글과 같은 경연 대회의 소스들이었습니다.

보여 줄 것이 많이 없는 취준생들이 이 책을 통해 Github와 캐글을 접하게 된다면 코로나로 인해 어려운 취업 시장의 문턱을 넘는 데 큰 도움이 되리라 확신합니다. 캐글은 국내 사이트가 아니기에 처음 접하는 사람들은 어려움이 많고, 캐글을 쉽게 접근하는 방법에 대해서 친절하게 설명해 준 콘텐츠도 아직 보지 못했습니다. 이 책은 캐글과 파이썬을 어려워하는 이들에게 큰 도움이 될 것입니다. 이 책을 4차 산업혁명에 맞춰 데이터 업계에 뛰어들고자 하는 취준생 및 학부생에게 적극 추천합니다. 또한 파이썬을 배우고 싶은데 그저 공부에서 끝나는 것이 아닌 경연 대회에 적용하면서 실력을 키우고자 하는 분들에게는 두 번 세 번 추천합니다. 현업에서 일하고 있는 나조차도 이 책이 너무 맘에 들어 몇 번이나 정독하게 될 것 같습니다.

백고운

캐글과 머신러닝의 지도 같은 책입니다. 캐글을 처음 접하는 사람들은 어떻게 시작하고 공부할지 막막한 경우가 많은데, 이 책은 독자를 부드럽게 캐글과 머신러닝의 세계로 이끌어 줍니다.

책은 기초적인 파이썬 내용부터 머신러닝에 사용되는 도구들을 다루기 때문에 선행 지식이 없는 입문자들 또한 책을 따라갈 수 있습니다. 또한 머신러닝의 전체적인 역사와 기초 지식을 쌓을 수 있고 이를 바탕으로 캐글 대회의 시작부터 제출, 평가까지 직접 실습할 수 있었습니다. 이 과정을 통해 전체적인 대회의 진행 방식과 머신러닝 모델을 만드는 흐름을 배울 수 있었습니다.

책을 통해 관심은 있었지만 어려워 시작하지 못하던 캐글을 시작할 수 있었습니다. 또한 방대한 머신러닝 분야의 기초를 다질 수 있었고 후에 무엇을 더 공부해야 하는지 배울 수 있었습니다. 캐글을 시작하고 싶은 사람이나 머신러닝 분야의 전체적인 흐름을 배우고, 정리하고 싶은 사람들에게 추천하고 싶습니다.

최나은

데이터 과학자가 되고 싶은 비전공자들을 취업문까지 이끌어 가는 책입니다. 코딩 열풍이 불고 너도나도 코딩을 시작했지만, 수많은 전문 서적이 있는데도 비전공자가 독학하여 취업하기는 쉽지 않습니다. 파이썬으로 캐글 뽀개기에는 비전공자인 필자가 비전공자인 제자들을 가르치며 고민했던 내용이 고스란히 담겨 있습니다. 친절한 코드 예제를 통해 기본기를 다지고, 캐글 대회와 Github 관리 Chapter를 잘 따라 하면 취업의 열쇠가 되는 멋진 포트폴리오까지 만들 수 있을 것입니다.

추천사

박기군

부산대학교 산업공학과 박사과정 (실무 프로젝트로 배우는 데이터 분석 with R: 업무에 곧바로 써먹는 R 실전 활용법 저자)

데이터 분석의 전체적인 그림을 학습하고 싶다면 이 책을 강력하게 추천합니다.

이 책은 최대한 비전공자의 눈높이에서 실무에 필요한 데이터 분석 방법을 기술한 책입니다. 내용이 잠시 이해가 안 될 때는 기계 학습의 역사를 읽어 가며 머리를 식힐 수 있고, 다양한 시각화 방법을 통해 데이터를 탐구해 볼 수도 있습니다.

가장 큰 장점은 캐글 데이터를 활용하는 데이터 분석 사례입니다. 데이터 분석에 요구되는 절차에 맞춰 진행되는 Case Study들은 비전공자들도 충분히 따라 하며 학습할 수 있으리라 생각합니다.

최혜봉

한동대학교 ICT창업학부 교수

AI와 빅데이터에 대해 비전공자의 입장에서 누구나 쉽게 이해할 수 있도록 쓰인 책,

프로그래밍 경험이 전혀 없는 독자라도 책에서 제공하는 풍부한 예제와 실용적인 팁들을 통해 중급 이상의 실력을 갖출 수 있을 것이다.

기술적인 영역뿐만 아니라 실무적인 관점, 기획자나 경영자로서의 관점, 인문 사회학적인 관점을 모두 담고 있어 데이터 과학에 대해 폭넓게 이해하는 데도 도움이 되리라 생각합니다.

이제현

한국에너지기술연구원

최근 머신러닝을 비롯한 AI의 급속한 발전과 보급으로 파이썬과 머신러닝에 대한 관심이 커지고 있습니다. 그러나 막상 공부를 시작하면 예전의 성문 영어를 연상시키는 문법이 가득한 책을 어디에 어떻게 써먹을지도 모른 채 의지를 가지고 꾸역꾸역 외우는 과정이 무척 괴롭습니다. 이 책은 이 지루하지만 필수적인 과정을 최소한으로 줄이고 캐글의 좋은 예제를 바탕으로 머신러닝의 세계로 뛰어들 수 있도록 친절하면서도 다급하지 않은 그러나 어느 정도 속도감 있는 가이드를 제공합니다.

차례

PART I.

Intro

PART IV.

Beyond Kaggle

PART I.

Intro

구글 코랩 & 캐글

1.1 구글 코랩(Colaboratory)에 관해

2017년 아프리카 우간다에 간 적이 있습니다. 수도인 캄팔라에서 북동쪽으로 8시간 정도 떨어진 케냐 접경의 농촌 지역에 있는 쿠미 대학교와 협력 프로그램을 진행하려고 일주일 정도 머물렀습니다. 대학에서 1시간 정도 떨어진 곳에 있는 음발레(Mbale)라는

그림 1-1-1 음발레 시장

도시는 마치 우리나라 시골 읍내 같은 분위기입니다. 그런데 나중에 알고 보니 음발레는 우간다 동부에서 제일 큰 도시로 놀랍게도 음발레에 구글의 구글개발자그룹 GDG Mbale가 있습니다. 1인당 국민 소득 770달러 정도인 우간다의 시골 도시 음발레, PC방도 없고 IT하고는 거리가 먼 것 같은 지역에 구글개발자그룹이라니! 도대체 이곳에서 데이터 분석, 머신러닝, 딥러닝을 배워서 어디에 쓸 수 있을까요? 어떻게 GPU가 내장된 고가의 데스크톱, 노트북 등의 장비가 필요한 그런 첨단 기술을 가난한 이곳 청년들이 배울 수 있었을까요?

전 세계에는 수백여 개의 GDG가 있습니다. 각 GDG는 테크놀로지에 관심 있는 지역의 초보자와 전문가들이 함께 모여 밋업, 워크숍 등 다양한 활동을 합니다. 구글이 이러한 모임을 지원하려고 제공하는 것이 구글 코랩(Colaboratory)입니다. 이것은 클라우드 기반 딥러닝, 머신러닝 프로그램 개발 환경이라고 볼 수 있습니다. 인터넷만 연결되면 데스크톱이든 노트북이든 태블릿이든 심지어 휴대폰에서도 파이썬 프로그램을 주피터 노트북에서 코딩해 수행하고, 이를 위해 필요한 Tensorflow, NumPy 등의 다양한 패키지가 이미 설치되어, 필요에 따라 사용자가 원하는 패키지를 새로 설치할 수도 있습니다. 게다가 딥러닝에서 가장 기본적으로 쓰이는 데이터인 MNIST 데이터 세트

그림 1-1-2 구글 코랩 소개 페이지

까지 올려놓습니다. 더구나 딥러닝의 복잡한 알고리즘 연산과 빅 데이터의 처리에 반드시 필요한 GPU를 제공해 상당히 전문적인 데이터 분석이나 딥러닝 프로젝트도 수행이 가능합니다. 놀라운 것은 이 모두가 무료입니다. 이러한 점들을 고려할 때 구글 코랩은 데이터 과학이나 딥러닝, 머신러닝 입문자분들에게는 비용이 전혀 들지 않고 아무런 준비 없이도 쉽게 활용하도록 최적의 교육 인프라와 개발 환경을 제공하는 좋은 서비스입니다. 사례를 하나 들어 봅니다.

음발레에 사는 20대의 나지리니(Nazirini Siraji)는 유튜브에서 꽤 알려진 구글 개발자입니다. 현재는 GDG Mbale의 오거나이저로 활동합니다. 코랩을 활용해 파이썬을 배우고 Tensorflow를 이용한 딥러닝과 이미지 처리 등 테크놀로지를 배우고 나서 나지리니는 하고 싶은 일이 생깁니다. 우간다는 생산 인구의 70%가 농업에 종사하는 국가인 만큼 음발레도 주 식량원인 옥수수, 카사바 농사가 매우 중요합니다. 그런데 2016년 군대 벌레(Fall Armyworm)가 창궐해 옥수수밭을 폐허로 만들면서 피해가 커지자, 나지리니는 배운 기술로 이 문제를 해결할 방법을 찾기 시작합니다.

그림 1-1-3　머신러닝을 통해 작물 질병 문제를 해결한 나지리니의 이야기
source: https://images.app.goo.gl/cQW6b3bqfPptQY8N8

여러 생각 끝에 나지리니는 음발레 지역의 개발자들을 모아 구글이 운영하는 코딩 교육 사이트 '코드랩스(Codelabs)'에 '농부의 친구(Farmer's Companion App)'라는 앱 개발 페이지를 엽니다. '코드랩스'는 안드로이드, 코랩 등의 클라우드 개발 환경에서 사물 인터넷, Tensorflow 등 다양한 코딩을 배울 수 있는 곳입니다. 나지리니는 여기에서 뜻을 같이하는 청년들과 팀을 형성하고 개발을 시작합니다. 그들과 함께 Tensorflow를 이용해 옥수수 잎사귀 사진 이미지로 학습시킨 군대 벌레 검출기를 만들고, 몇 가지 기능을 추가해 안드로이드 앱으로 만든 다음 음발레 지역의 농민들에게 무료로 배포합니다. '농부의 친구'는 옥수수가 인제 군대 빌레에 감염되었는시, 어느 생녕 수기에 해당하는지에 따라 어떤 농약이나 처치가 현 주기에서 가장 효과적인지를 알려 줍니다. 이러한 나지리니의 노력이 구글 관계자들에게 주목받아 딥러닝 기술로 지역 문제를 해결한 사례로 세상에 알려집니다. 이렇듯 구글 코랩은 인터넷이 연결되는 노트북만 있으면, 전 세계 어디에서든지 문제 해결에 도움을 줍니다.

코랩의 장점

코랩의 장점을 이해하려면 먼저 오픈 소스를 이해해야 합니다. 위에서 언급한 나지리니의 예를 생각해 봅니다. 나지리니는 코랩을 활용해 많은 것을 배웠지만, 코랩이 없으면 오픈 소스를 활용하기란 생각처럼 쉬운 일이 아닙니다. 왜냐하면 오픈 소스란 소스 코드를 공개해 누구나 접근해 개발에 참여하도록 한 소프트웨어를 의미하므로, 활발한 오픈 소스 커뮤니티 활동을 통해 지속해서 업데이트가 진행됩니다. 또 오픈 소스는 누구나 마음대로 수정해 자신만의 비즈니스 또는 커뮤니티에서 다루는 고유한 문제를 해결하는 데 사용됩니다. 그 과정에서 커뮤니티의 도움을 받거나 동료 프로그래머가 테스트해 주어 그만큼 다양한 버전이 존재합니다.

정보통신산업진흥원에 의하면 2018년 기준 전 세계에서 활동하는 오픈 소스 커뮤니티의 프로그래머는 약 2천만 명입니다. 커뮤티니의 수도 16만 개가 넘고, 진행되는 프로젝트는 약 800건 정도입니다. 엄청난 숫자로 우리나라에도 만 명이 넘는 개발자가 활동합니다.

파이썬은 오픈 소스 커뮤니티들이 파이썬 프로그램 그 자체의 성능을 업그레이드할 뿐만 아니라 다른 한편으로 패키지나 여러 개의 패키지로 이뤄진 라이브러리를 개발해 추가하는 프로젝트들을 수행합니다. 이 모든 일은 자발적으로 이뤄지는데, 파이썬 패키지 인덱스(pypi.org)에는 지금까지 230만 개 정도의 패키지가 릴리즈되었다고 알려줍니다. 문제는 이 패키지 간의 호환성으로 패키지 간의 개발 시기가 서로 다르고 개발 당시의 환경이 서로 달라 호환성의 문제가 발생합니다.

데이터 분석에 가장 많이 사용되는 프로그램 언어가 파이썬이고 그와 더불어 NumPy, Pandas, Tensorflow, Pytorch 등 다양한 라이브러리가 사용되는데, 개발 환경을 설정할 때 이 라이브러리와 패키지들의 버전을 확인하고 호환되도록 설정하는 것이 매우 중요하고도 어려운 문제입니다. 대부분은 라이브러리를 설치할 때 이들의 Dependency를 자동으로 점검하고 그에 필요한 패키지들을 함께 설치하지만, 패키지가 엄청나게 많아 때로는 호환되지 않는 문제가 발생하거나 심지어는 아예 설치되지 않기도 합니다.

코랩의 장점을 말하자면 첫째, 모든 패키지의 호환성을 걱정할 필요가 없습니다. 구글은 이미 코랩의 데이터 분석에 필요한 중요하고도 기본적인 라이브러리들을 설치해 놓고 그것들의 Dependency를 유지해 주어 아무것도 새로 설치하지 않아도 Dependency로 애를 먹지 않습니다. 프로젝트에 따라서는 간혹 특정 기능을 수행하는 라이브러리가 필요하지만 설치가 그리 까다롭지 않습니다.

둘째, 데이터 분석에서 빅데이터를 다루거나 딥러닝 모델을 사용하는 프로젝트를 진행할 때 매우 빠른 속도의 CPU가 필요하거나 혹은 병렬 처리가 가능한 GPU가 필요합니다. 프로세서의 속도가 느리면 프로그램이 결과를 내기까지 몇 시간이 걸리거나 심지어 며칠씩 걸릴 때가 있기 때문입니다. 그런데 GPU는 특히 딥러닝에서 탁월한 속도를 자랑하는 프로세서이지만 매우 고가의 하드웨어입니다. 개인적으로 구매해 사용하기에는 매우 부담스럽습니다. 구글은 구글 내에서 자체 개발을 위해 사용하던 개발 환경을 코랩으로 공개하면서 그 환경을 거의 그대로 유지합니다. 일부 사용을 제한하지만,

코랩에는 GPU가 이미 설치되어 무료로 사용할 수 있는 이점이 있습니다.

셋째, Gmail 계정이 있으면 일정 용량의 구글 Drive가 무료로 제공됩니다. 코랩과 구글 Drive는 서로 연동되어 코랩 사용자는 프로그램을 구글 Drive에 저장하거나 필요할 때 코랩에서 프로그램을 실행할 수 있습니다. 그리고 구글 Drive는 자료를 공유해 협업이 가능해 여기에 GitHub를 연동하면 자유롭게 프로그램 소스를 올리거나 가져오고, 여러 개발자의 버전을 관리하기 용이해 프로젝트 수행도 협업으로 진행하기가 한결 수월합니다. 여기에 더해 기본적인 사용자 인터페이스를 Jupyter Notebook으로 사용해 프로그래밍 초보자라도 프로그램에 관한 설명과 생각을 메모하거나 정리해 프로그램에 빨리 친숙해지는 환경을 제공합니다.

1.2 캐글(Kaggle)에 관해

영화를 좋아한다면 아마도 넷플릭스의 고객일 겁니다. 필자도 한 달간 무료로 이용하는 프로모션 기간에 넷플릭스에 가입했는데 한 달이 지난 뒤에도 탈퇴하지 못했습니다. 필자가 좋아할 만한 영화들을 넷플릭스가 계속 추천해 주었기 때문입니다. 넷플릭스가 이러한 영화 추천 알고리즘으로 성공한 것은 누구나 다 아는 사실입니다. 그런데 넷플릭스의 성공 과정에는 흥미진진한 데이터 사이언스의 스토리가 있습니다. 2006년 넷플릭스는 영화 추천 알고리즘을 개선하려고 자신들이 그 당시 축적해 온 방대한 양의 데이터를 공개하기로 결정합니다. 고객들이 자신들이 본 영화에 하나부터 다섯 개까지 별점으로 평가한 데이터를 공개하기로 합니다. 50만 명이 넘는 고객들이 1만 8천 개의 영화에 평점을 매긴 1억 개가 넘는 방대한 양의 데이터를 활용해 넷플릭스가 개발한 영화 추천 알고리즘의 정확도보다 10% 더 향상하는 팀에 100만 달러의 상금을 주기로 하는 경연 대회를 엽니다. 이 대회는 2009년까지 3년간 계속됩니다. 2007년,

2008년에는 10% 향상을 달성한 팀이 없습니다. 그 과정에 기업, 연구 기관, 대학 등에 속한 다양한 전문가와 학생들로 이뤄진 5,000여 팀이 참여하고 제안된 알고리즘은 4만 4천 개 정도입니다. 엎치락뒤치락 거듭하는 치열한 경쟁을 거치며 승자가 계속 뒤바뀌는 숨막히는 과정 끝에 두 팀이 최종 승자로 결정됩니다. 동점이 나와 공동 우승을 하는데, 이 과정에서 데이터 사이언스는 몇 가지 중요한 발전을 이룹니다. 협업 필터링(Collaborative Filtering)이라는 추천 알고리즘이 탄생하고, 앙상블(Ensemble)이라는 기법이 이 기간에 만들어집니다.

그림 1-1-4 넷플릭스 우승 팀[1]
source: https://images.app.goo.gl/m9riaWoUAoJQ4gZ57

이러한 과정을 지켜보던 호주 사람이 있습니다. 이코노미스트에서 일하던 앤서니 골드블룸으로 넷플릭스 대회 동안 일어나는 일들을 보면서 앞으로 빅데이터 전문가들의 수

---

[1] https://bits.blogs.nytimes.com/2009/09/21/netflix-awards-1-million-prize-and-starts-a-new-contest/

요가 급증할 것으로 예상하고, 넷플릭스 같은 대회를 열 만한 플랫폼을 개발하기 시작합니다. 대회가 끝난 이듬해인 2010년 캐글은 그렇게 탄생합니다. 그 후 이곳으로 인공 지능, 데이터 사이언티스트들이 몰리자 구글이 발 빠르게 2017년 캐글을 인수합니다. 캐글에서는 세계 190여 개국의 100만 명 이상의 학계와 연구 기관의 데이터 사이언티스트, 기업 소속 소프트웨어 엔지니어 등이 참여합니다. 최근 상금 100만 달러가 걸린 문제는 Deepfake Detection Challenge로 인공 지능으로 사진, 동영상 등을 섞어 사람의 얼굴을 바꿔치기한 것을 찾아내는 문제입니다. 이 대회는 석 달 반 동안 지속되다가 2020년 4월에 우승자가 결정됩니다.

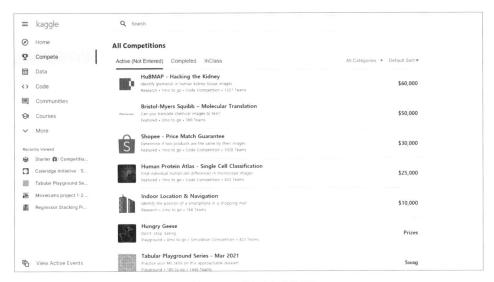

그림 1-1-5 캐글 경진 대회 목록
source: https://www.kaggle.com/competitions

캐글의 장점

캐글을 해야 하는 이유는 제공하는 장점이 매우 많기 때문입니다. 캐글을 한마디로 정의한다면 세계 최대의 데이터 과학이자 커뮤니티라고 하겠습니다. 기업들이 보유한 방대한 양의 데이터를 바탕으로 필요한 정보나 알고리즘을 개발히고 싶지만 기업 내부에 분석가가 없거나 부족할 때, 기업은 캐글에 자신의 빅데이터를 제공하고 캐글은 이를 온라인에 공개해 전 세계 데이터 과학자들이 이 문제를 해결하도록 빅데이터 저장 공간, 데이터 분석을 위한 컴퓨팅 환경, 의사소통할 사이버 공간 등의 모든 인프라를 제공하는 커뮤니티입니다. 캐글을 활용하면 여러 가지 이점을 얻을 수 있습니다.

첫째, 교육용으로 가공된 데이터가 아니라 기업들의 실제 거래에서 수집된 방대한 양의 빅데이터를 다뤄 볼 수 있습니다. 〉넷플릭스의 경연 대회에 참가한 데이터 과학자들이 넷플릭스에서 제공한 방대한 양의 실제 데이터를 다뤄 볼 수 있다는 이유만으로 참가를 결정했을 정도로 실제 데이터를 다루는 경험은 데이터 과학자에게 매우 중요합니다. 대학이나 연구소에서는 이런 방대한 양의 실제 데이터를 접하기가 쉽지 않기 때문입니다.

둘째, 경연에서는 정해진 시간 내에 경쟁자들보다 더 좋은 성과를 내야 해서 고도의 집중력이 필요합니다. 그런 과정에서 자신이 배운 다양한 데이터 분석 방법을 어떻게 활용할지 치열하게 고민하는 시간을 가져 데이터 분석 기법들을 완전히 소화해 적용하는 역량을 갖춥니다. 그리고 경연에 팀으로 참여하면 팀원들이 가진 데이터 분석 관련 지식을 서로 공유해 자신의 데이터 분석 역량의 한계를 넘어 한층 더 업그레이드됩니다.

셋째, 캐글은 경연이 종료된 후에 참여한 데이터 과학자들의 알고리즘들을 공개해 다양한 경력의 실력 있는 데이터 과학자들에게 많은 것을 배울 수 있는 장점이 있습니다. 경연 진행 중에는 토론이나 코멘트 등을 통해 다양한 의견을 서로 교환합니다. 그 과정에서 다른 데이터 과학자들의 데이터 분석 방법들을 보고 듣고 의견을 나누며 자신이 생각한 것보다 더 나은 딥러닝 모델, 기계 학습 모델 그리고 이런 모델들의 다양한 활용 아이디어를 얻는 등 자신이 생각지도 못한 인사이트를 얻을 수도 있어 실력을 향상하기에 최고의 환경입니다.

넷째, 캐글은 경연 기간에 다양한 새로운 데이터 분석 방법이 탄생합니다. 그 후의 경연들에서도 새로운 방법들이 시도되고 새로운 활용법들이 등장하면서 데이터 분석 방법에 관한 트렌드를 형성합니다. 넷플릭스 경연에 처음 등장한 앙상블 기업이 그러한 예입니다. 매년 열리는 경연 대회 우승 팀의 데이터 분석 알고리즘을 쫓아가다 보면 데이터 과학의 트렌드를 파악할 수 있습니다. 그리고 경연 대회의 성적을 보면 데이터 과학자로서 자신의 역량이 어느 정도인지, 어느 분야의 역량을 더 보강해야 할지 등 객관적인 위치를 파악해 향후의 자신의 성장 방향을 더욱더 잘 설정할 수 있습니다.

다섯째, 캐글의 경연에서 좋은 성적을 올리면 그 과정에서 해당 경연을 주최한 기업에 자연스럽게 자신을 알리는 계기가 되어 일자리를 제의받거나 새로운 프로젝트에 참여할 기회가 생깁니다. 직접 취업으로 연결되지 않더라도 캐글 경연에 참여한 경력은 자신의 데이터 분석가로서의 역량을 객관적으로 증명해 주어 취업의 가능성을 높입니다. 이외에도 같이 경연에 참여한 데이터 과학자들과 인연을 맺고 친분을 쌓아 향후 프로젝트에서 서로 돕거나 필요할 때 서로 추천하는 동료가 될 기회도 생깁니다. 데이터 과학 분야의 인재는 아직도 부족한 상황이고, 이러한 추세는 향후 상당 기간 지속될 것이라는 전문가들의 의견이 많은 것을 보면, 캐글 경연 참여가 당분간은 취업에 매우 중요한 경력으로 평가받을 것입니다.

파이썬 기초 문법

이번 Chapter에서는 Machine Learning에 사용할 간단한 기초 문법을 소개합니다. 먼저 구글 코랩의 새로운 파일을 엽니다. 프로그램의 입력과 출력을 동시에 기억하는 것이 좋습니다. 파이썬에 Hello, World!를 출력해 결괏값을 봅니다.

```python
print("Hello, World!")
```

[실행 결과]

```
Hello, World!
```

위에서 사용한 print처럼 단어 뒤에 괄호 '()'가 붙는 것들을 함수(Function)라고 하며, 해당 함수를 호출(Call) 시 정해진 과정이 실행됩니다.

이번에는 주석 처리에 대해 배웁니다. 주석은 코드의 가독성을 늘리거나 Python Interpreter가 처리하지 않도록 하기 위해서 사용하는 것을 의미합니다. 보통 주석은 코드를 설명하는 데 사용하거나 특정 코드를 임시로 사용하지 않을 때 사용합니다. 주석의 종류로는 '#'을 이용한 한 줄 주석과 """을 활용한 여러 줄 주석의 두 가지 방법이 있습니다.

```
#한 줄 주석 처리
"""
여러 줄 주석 예제 동일한 따옴표(큰따옴표 혹은 작은따옴표) 세 개와 세 개 사이에는 어떠한
내용, 몇 줄이 들어가더라도 모두 주석으로 처리됩니다.
"""
print("Hello, world!")
```

[실행 결과]

```
Hello, World!
```

2.1 변수(Scalar)

파이썬 언어는 모두 객체(Object)로 구현되고, 객체는 하나의 자료형(Type)을 가집니다. 이때의 자료형은 Scalar와 Non-Scalar 두 가지 종류로 구분됩니다. Scalar 객체라고 하면 더는 나눌 수 없는 최소 단위의 자료형입니다(입문 단계에서는 몰라도 괜찮습니다). 파이썬 자료 표현의 원자(Atom)와 비슷합니다. 파이썬에는 4가지의 Scalar 자료형이 존재합니다.

- int: 정수를 표현하는 데 사용합니다.
- float: 실수(Real Number)를 표현하는 데 사용합니다.
- bool: True와 False로 나타나는 Boolean 값을 표현하는 데 사용합니다.
- none: Null을 나타내는 자료형으로 none이라는 한 가지 값만 가집니다.

파이썬의 내장 함수인 Type(변수명 혹은 리터럴 값)을 사용해 객체의 자료형을 확인합니다. 먼저 정수 1을 Num_Int 형 변수를 할당하고, 실제로 Int 형인지 확인하는 코드를

실행합니다.

```
num_int=1
print(type(num_int))
```

[실행 결과]

```
<class 'int'>
```

실수 0.2를 Num_Float 형 변수를 할당하고, 실제로 Float 형인지 확인하는 코드를 실행
합니다.

```
num_float=0.2
print(type(num_float))
```

[실행 결과]

```
<class 'float'>
```

논리형 값인 True를 Bool 형 변수를 할당하고, 실제로 Bool 형인지 확인하는 코드를 실
행합니다.

```
bool_true=True
print(type(bool_true))
```

[실행 결과]

```
<class 'bool'>
```

논리형 값인 True를 Bool 형 변수를 할당하고, 실제로 Bool 형인지 확인하는 코드를 실
행합니다.

```
none_x=none
print(type(none_x))
```

[실행 결과]

```
<class 'NoneType'>
```

2.1.1 정수형 사칙 연산

파이썬은 정수(Int)와 부동 소수점 수(Float)를 지원하는 기능이 내장되어 있습니다. 다음의 간단한 연산자를 사용해 계산이 가능합니다.

+	두 변수의 합을 계산
–	두 변수의 차를 계산
*	두 변수의 곱을 계산
/	두 변수로 나눈 결과를 float 형으로 반환(자동 형 변환)
//	두 변수로 나눈 결과에서 정수 부분만 취함
%	두 변수로 나눈 결과에서 나머지 값만 가져옴
**	i**j일 경우, i의 j 제곱을 계산

표 1-2-1 파이썬 내장 연산자

사칙 연산을 수행하는 코드를 작성하고 각 결괏값을 봅니다. 변숫값을 변경해 실행한 후 결괏값이 어떻게 달라지는지 확인하는 것을 추천합니다.

```
a=3
b=2
print('a+b=', a+b)
print('a-b-', a-b)
print('a*b=', a*b)
print('a/b=', a/b)
```

```
print('a//b=', a//b)
print('a%b=', a%b)
print('a**b=', a**b)
```

[실행 결과]

```
a+b=5
a-b=1
a*b=6
a/b=1.5
a//b=1
a%b=1
a**b=9
```

2.1.2 실수형 사칙 연산

실수형 사칙 연산도 정수형 사칙 연산과 크게 다르지 않습니다. 다만 한 가지 차이점
이라면 정수형은 기본적으로 정수형으로 반환하고, 실수형은 실수형으로 반환합니다.
이것만 꼭 기억합니다.

```
c=3.0
d=2.0
print('a+b=', a+b)
print('a-b=', a-b)
print('a*b=', a*b)
print('a/b=', a/b)
print('a//b=', a//b)
print('a%b=', a%b)
print('a**b=', a**b)
```

[실행 결과]

```
c+d=5.0
c-d=1.0
```

```
c*d=6.0
c/d=1.5
c//d=1.0
c%d=1.0
c**d=9.0
```

2.1.3 논리형 연산자와 비교 연산자

Bool 형은 True와 False 값으로 정의합니다. 여기에서 연산자라고 하면 정수형 또는 실수형과 같은 사칙 연산자를 의미하는 것과 다릅니다. 논리형 연산자는 크게 AND, OR 그리고 NOT이 있습니다. 비교 연산자는 부등호를 의미합니다. 기초 문법을 배울 때 활용 범위가 크게 느껴지지 않을 수 있지만, 조건문이나 반복문 구문을 작성할 때 자주 사용되어 기억하면 좋습니다. 먼저 AND 연산자 표를 보면 [표 1-2-2]와 같습니다.

변수 1	변수 2	AND 연산
참	참	참
참	거짓	거짓
거짓	참	거짓
거짓	거짓	거짓

표 1-2-2 AND 내장자

[표 1-2-2]를 근거로 이제 실습을 진행합니다.

```
print(True and True)
print(True and False)
print(False and True)
print(False and False)
```

```
True
False
False
False
```

AND 연산자는 비교하는 두 변수 중 하나라도 거짓이면 최종 결괏값도 거짓이라는 뜻을 의미합니다. 이번에는 OR 연산자 표를 봅니다.

변수 1	변수 2	OR 연산
참	참	참
참	거짓	참
거짓	참	참
거짓	거짓	거짓

표 1-2-3 OR 연산자

[표 1-2-3]을 근거로 실습을 진행합니다.

```
print(True or True)
print(True or False)
print(False or True)
print(False or False)
```

[실행 결과]

```
True
True
True
False
```

이번에는 비교 연산자인 부등호에 대해 알아봅니다. 부등호는 학창 시절 수학 시간에 배운 내용과 같습니다. 보통 큰지 작은지, 크거나 같거나, 작거나 같은지 등으로 판단합니다. 이때 독자 분들이 주의할 점은 왼쪽에 있는 A 값이 기준점이라는 것입니다. 또한 만약 두 값이 같다면, 부등호에 따라 결괏값이 달라지는 것을 재확인합니다.

부등호	의미	만약 두 값이 같다면?
A>B	초과	거짓
A<B	미만	거짓
A>=B	참	참
A<=B	거짓	참

표 1-2-4 부등호 연산자

[표 1-2-4]를 근거로 실제 실습을 진행합니다. 독자 분들은 아래 수식을 변형하면서 결괏값을 확인합니다.

```
print(4>3)
print(4<3)
print(4≥3)
print(4≤3)
print(4>4)
print(4≥4)
```

[실행 결과]

```
True
False
True
False
False
True
```

이번에는 조금 응용합니다. 비교 연산자를 통해서 True와 False 값을 만든 후에 비교하는 구문입니다.

> input() 함수는 print() 함수와 반대되는 개념으로 사용자가 특정한 값을 입력하도록 도와줍니다. 주의할 것은 숫자로 입력하더라도 결괏값은 문자열로 반환합니다.

> int() 함수는 문자열을 숫자로 데이터 타입을 변환시키는 함수인데, 이는 부등호 연산자를 쓰려면 필수적으로 처리해야 합니다. 데이터 타입을 변환시키는 방법을 형 변환이라고 합니다. 이 부분은 추후에 더 자세히 다룰 예정입니다.

```
num1=int(input("첫 번째 숫자를 입력하세요.:"))
num2=int(input("두 번째 숫자를 입력하세요.:"))
num3=int(input("세 번째 숫자를 입력하세요.:"))
num4=int(input("네 번째 숫자를 입력하세요.:"))

var1=num1 ≥ num2
var2=num3<num4
print(var1 and var2)
```

[실행 결과]

```
첫 번째 숫자를 입력하세요.: 5
두 번째 숫자를 입력하세요.: 4
세 번째 숫자를 입력하세요.: 3
네 번째 숫자를 입력하세요.: 4
True
```

2.2 변수(Non-Scalar)

2.1 변수(Scalar) Chapter에서 소개한 4개의 자료형을 제외한 나머지 데이터는 모두 Non-Scalar 자료형으로 분류됩니다. 이번에는 Strings(문자열)에 대해서 배웁니다.

2.2.1 String

파이썬은 작은따옴표(')나 큰따옴표(")를 사용해 문자열을 표기합니다. 작은따옴표나 큰따옴표를 세 번 반복해 주석을 여러 줄 생성합니다. 문자열 내에서 작은따옴표(')나 큰따옴표(")를 사용해서 문자열(String)을 표현합니다. 파이썬 인터프리터는 'String'과 "String"을 똑같이 취급합니다. 두 가지를 똑같이 취급하는 이유는 바로 작은따옴표(')나 큰따옴표(")를 포함시킨 문자열을 만들 수 있기 때문입니다. "'Hello, world!'"와 '"Hello, world!"'를 각각 출력합니다.

```
print("'Hello, world!'")
print('"Hello, world!"')
```

[실행 결과]

```
'Hello, world!'
"Hello, world!"
```

출력 결과에서 보듯이 서로 다른 따옴표를 사용해 큰따옴표(") 사이에는 작은따옴표(')를, 작은따옴표(') 사이에는 큰따옴표(")를 사용 가능함을 확인합니다. 이번에는 String 연산지에 대해 배웁니다.

2.2.2 String 연산자

파이썬은 연산자 오버로딩을 사용해 일반적인 수리 연산자를 문자열 형태의 변수에도 사용합니다. 모든 사칙 연산이 가능한 것이 아니라 덧셈과 곱셈만 가능합니다.

- Str1+Str2: 덧셈 연산자를 통해 문자열 또는 문자열 변수를 합칩니다(String Concatenation).

```
str1="Hello"
str2="World"
print('str1+str2=', str1+str2)
```

[실행 결과]

```
str1+str2=Hello World
```

- Str1*N: 연산자를 통해서 Str1을 n회 복제합니다.

```
greet=str1+str2
print('greet*3=', greet*3)
```

[실행 결과]

```
greet*3=Hello World Hello World Hello World
```

2.2.3 문자열 인덱싱 및 슬라이싱

문자열 인덱싱은 각각의 문자열 안에서 범위를 지정하는 것을 의미합니다. 예를 들면 다음과 같습니다.

0	1	2	3	4	5	6	7	8	9	10	11
H	E	L	L	O		K	A	G	G	L	E
-12	-11	-10	-9	-8	-7	-6	-5	-4	-3	-2	-1

그림 1 2 1 문자열 인덱싱

문자열의 범위는 0번째부터 시작합니다. 이때 각각의 문자를 추출할 때는 인덱스 번호를 입력해 원하는 문자를 출력합니다. 예를 들면 문자 'K'만 출력하는 코드를 작성합니다. 독자 분들은 'Hello Kaggle' 대신에 임의의 문자를 변수로 할당한 후 원하는 문자열을 출력하는 코드를 작성합니다.

```
greeting="Hello Kaggle"
print(greeting[6])
```

[실행 결과]

```
K
```

그런데 만약에 'Kaggle' 글자만 추출하려고 할 때 필요한 것이 슬라이싱(Slicing)입니다. 슬라이싱은 범위를 지정해 문자열의 일부를 추출하는 것입니다. 문자의 길이가 n이라고 한다면, 왼쪽이 0부터 오른쪽 끝은 n-1입니다. 길이와 상관없이 가장 오른쪽 인덱스는 -1이고, 그다음은 -2, -3으로 진행합니다. 조금 더 구체적으로 살펴봅니다.

- Str1[:]: 처음부터 끝까지 전체 문자열을 추출합니다.
- Str1[Start:]: Start 인덱스부터 끝까지 문자열을 추출합니다.

- Str1[:End]: 처음부터 (End-1) 인덱스까지 문자열을 추출합니다.

- Str1[Start:End]: Start 인덱스부터 (End-1)까지 문자열을 추출합니다.

- Str1[Start:End:Step]: Step만큼 문자를 건너뛰면서 인덱스 Start와 End-1까지의 문자열을 추출합니다.

이제 하나씩 실습을 진행합니다. 마찬가지로 독자 분들은 각자 자신만의 문자를 입력한 후 숫자를 조정해 출력값을 확인합니다.

```
greeting="Hello Kaggle"
print(greeting[:])
print(greeting[6:])
print(greeting[:6])
print(greeting[3:8])
print(greeting[0:9:2])
```

[실행 결과]

```
Hello Kaggle
Kaggle
Hello
lo Ka
HloKg
```

문자열 인덱싱 및 슬라이싱을 수행하다 보면, 다음과 같은 에러가 발생하는 것을 볼 수 있습니다.

```
greeting[13]
```

```
IndexError                              Traceback(most recent call last)
<ipython-input-8-ff3909a635f6>in <module>()
—>1 greeting[13]

IndexError: string index out of range
```

에러에 대처하는 첫 번째 방법은, 에러 메시지를 안내서라고 인지합니다. 필자가 처음 프로그래밍을 배울 때 가장 힘들었던 점 중의 하나가 에러 메시지가 나타났을 때입니다. 무엇을 해야 할지 몰라서 그저 가만히 있던 것입니다. 즉 다른 누군가는 다 잘하는데 내 코드만 에러가 나는 상황이 매우 힘들었던 기억이 납니다. 또한 누군가가 알려 주지 않으면 에러를 잡기도 힘들던 시절이 있습니다. 그러나 〉 에러를 더 나은 코드를 작성하도록 도와주는 도움말로 이해하면 좋습니다. 에러는 보통 2가지를 동시에 알려 줍니다. 첫 번째는 에러가 발생한 위치에 대한 설명이고, 두 번째는 에러의 내용입니다.

- —〉 1greeting[13]은 에러가 발생한 코드 및 위치를 알려 줍니다.
- IndexError: String Index Out Of Range의 의미는 String의 인덱스가 범위 밖에 있다는 뜻입니다.

무슨 뜻인지 간단하게 설명하면 Hello Kaggle의 전체 길이는 11이며, 13번째 인덱스는 존재하지 않습니다. 따라서 존재하지 않는 인덱스를 추출하려고 해서 에러가 나니 다른 인덱스 번호를 넣어 달라는 뜻입니다. 실제 0~11 사이의 값을 입력하면 정상적으로 출력되고, 그 외의 값을 입력하면 위와 동일한 에러가 나타나는 것을 확인할 수 있습니다.

2.3 리스트(List)

파이썬에 존재하는 자료형으로, 시퀀스 데이터를 다루는 자료형입니다. 시퀀스를 가진 것은 데이터에 순서가 있다는 뜻입니다. 순서가 존재하니 구성 요소(Element)를 인덱스(Index)를 사용해 참조합니다. 앞에서 배운 문자열의 인덱싱에서 본 것처럼 리스트도 숫자로 어떤 자료를 참조할지 정합니다. 여기에서 시퀀스 자료형과 시퀀스 자료형이 아닌 것을 구분하면 다음과 같습니다.

시퀀스 자료형	시퀀스 자료형이 아닌 것
String, List, Tuple	Set, Dictionary

표 1-2-5 시퀀스 자료형 구분

리스트는 대괄호([])로 감싸고, 각 요소는 쉼표(,)로 구분합니다. 리스트 이름=[요소1, 요소2, 요소3, …] 형태로 사용합니다. 리스트의 요소로는 문자열, 숫자, 리스트 등의 어떤 자료형도 넣을 수 있습니다. 또한 비어 있는(Empty) 리스트를 선언하고 싶다면, A=[]나 A=List()의 방식으로 선언할 수 있습니다. 실습을 통해서 확인합니다.

```
a=[]
a_func=list()
b=[1]
c=['apple']
d=[1, 2, ['apple']]

print(a)
print(a_func)
print(b)
print(c)
print(d)
```

```
[]
[]
[1]
['apple']
[1, 2, ['apple']]
```

리스트 인덱싱 시퀀스 데이터를 다뤄 리스트도 인덱싱합니다. 간단한 숫자 데이터를 가진 리스트로 설명하면 리스트의 첫 번째 인덱스는 0으로 시작합니다. 따라서 마지막 인덱스는 n−1입니다. 여기서 n은 리스트에 들어 있는 요소의 개수를 의미합니다. 문자열에서처럼 길이와 상관없이 가장 오른쪽에서부터 인덱스는 −1부터 시작합니다. 다음 실습 코드를 실행하면서 독자 분들은 추가로 a[1], a[2]를 각각 실행해서 결괏값이 어떻게 나오는지 확인해 보도록 합니다.

```
a=[1, 2, 3]
print(a[0])
print(a[-1])
```

[실행 결과]

```
1
3
```

이번에는 중첩 리스트에 대한 코딩을 진행합니다. 이 부분은 하나씩 코드를 설명하며 진행합니다. 우선 리스트 안에 또 다른 리스트를 추가합니다. [[리스트1], [리스트2], […], [리스트n]]과 같이 늘릴 수 있습니다. 리스트 A[0]은 리스트 내의 리스트를 의미합니다.

```
a=[['apple', 'banana', 'cherry']]
print(a[0])
```

[실행 결과]

```
['apple', 'banana', 'cherry']
```

이번에는 첫 번째 문자열인 apple을 출력합니다. 기존 코드인 A[0]에 [인덱스 번호]를 추가하면 해당 문자열에 접근이 가능합니다. 만약에 banana에 접근하고 싶다면, Print(a[0][1])과 같은 형태로 작성하면 출력됩니다.

```
print(a[0][0])
print(a[0][1])
```

[실행 결과]

```
apple
banana
```

이번에는 문자열에 접근합니다. 문자열에 접근하는 방식 역시 동일합니다. []를 추가로 잇고 실습하도록 Apple에서 문자 l을 출력합니다.

```
print(a[0][0][3])
```

[실행 결과]

```
l
```

이렇게 리스트 내의 리스트에서 인덱스를 통해 요소를 참조하는 방법을 알아봅니다.

리스트가 중첩될수록 참조하는 인덱스가 늘어 가니 잘 구별하도록 합니다. 리스트의 기초적인 내용에 대해서 배웠다면, 이번에는 리스트의 다양한 용법에 대해 배웁니다.

2.3.1 리스트의 슬라이싱

문자열의 슬라이싱과 동일합니다. 독자 분들은 각자 리스트에 자신만의 요소를 입력 후 인덱스의 숫자를 조정해 보며 출력값을 확인합니다. [Start: End-1: Step]. 우선 1~10까지의 리스트를 하나 생성하고 순차적으로 코드를 실행한 후 결괏값을 확인합니다.

```
a=[1, 2, 3, 4, 5, 6, 7, 8, 9, 10]

b=a[:4]
c=a[1:4]
d=a[0:7:2]
e=a[::-1]
f=a[::2]

print("a[:4]", b)
print("a[1:4]", c)
print("a[0:7:2]", d)
print("a[::-1]", e)
print("a[::2]", f)
```

[실행 결과]

```
a[:4] [1, 2, 3, 4]
a[1:4] [2, 3, 4]
a[0:7:2] [1, 3, 5, 7]
a[::-1] [10, 9, 8, 7, 6, 5, 4, 3, 2, 1]
a[::2] [1, 3, 5, 7, 9]
```

2.3.2 리스트 연산

문자열(String) 연산자와 비슷하게 리스트도 연산자를 사용해 일반적인 수리 연산자를 리스트에 적용할 수 있습니다. 문자열 연산자와 마찬가지로 덧셈과 곱셈만 사용합니다. 두 개의 리스트를 만든 후 덧셈 연산자를 활용해 합칩니다.

```
a=['alice', 'bob', 'cat']
b=['apple', 'banana', 'cherry']
c=a+b

print(c)
```

[실행 결과]

```
['alice', 'bob', 'cat', 'apple', 'banana', 'cherry']
```

이번에는 곱셈 연산자를 사용합니다.

```
a=['a', 'b', 'c']
b=a*3
c=a*0

print("a*3:", b)
print("a*0:", c)
```

[실행 결과]

```
a*3: ['a', 'b', 'c', 'a', 'b', 'c', 'a', 'b', 'c']
a*0: []
```

2.3.3 리스트 수정하기

리스트의 요소 값을 수정할 수 있습니다. 리스트 명[인덱스]=수정하려는 값의 형태로 선언하면 해당 인덱스의 값이 변경됩니다.

```
a=[0, 1, 2]
a[1]="b"

print(a)
```

[실행 결과]

```
[0, 'b', 2]
```

2.3.4 리스트 요소 추가하기

다양한 방법이 존재하므로 하나씩 살펴봅니다. 먼저 가장 많이 사용하는 Append를 배웁니다.

```
a=[100, 200, 300]
a.append(400)
print(a)

a.append([500, 600])
print(a)
```

[실행 결과]

```
[100, 200, 300, 400]
[100, 200, 300, 400, [500, 600]]
```

위 결과에서 확인할 수 있는 것은 append() 메소드는 리스트에 하나의 요소만 추가합니다. 만약 리스트에 여러 개의 요소를 추가하고 싶다면 extend() 함수를 사용합니다. 앞의 append()와 다르게 extend() 함수는 여러 개의 요소를 추가합니다. 먼저 코드를 실행해 append()와 다르게 기존 리스트에 추가로 값이 들어가는 것을 확인합니다.

```
a=[1, 2, 3]
a.extend([40, 500])
print('a.extend([40, 500]) result')
print(a)
```

[실행 결과]

```
a.extend([40, 500]) result
[1, 2, 3, 40, 500]
```

이번에는 insert() 함수를 활용해 값을 추가합니다. 기존의 append와 extend 함수는 원하는 인덱스 위치에 값을 추가하는 것이 아니라 마지막 리스트에 추가되는 형식입니다. insert(인덱스 위치, 값) 함수는 원하는 위치에 특정 값을 추가하도록 도와주는 함수입니다. 예시를 통해서 확인합니다.

```
a=[0, 1, 2]

a.insert(1, 100)
print(a)
```

[실행 결과]

```
[0, 100, 1, 2]
```

리스트의 중간에 여러 개의 요소를 추가하고 싶다면 슬라이스로 요소를 할당합니다. A=[0, 1, 2, 3]이고, A[2:2]=[100, 200]의 형태로 [시작: 끝] 형태에서 시작과 끝을 같게 한다면 인덱스의 요소를 덮어쓰지 않으면서 해당 위치에 여러 개의 요소를 추가합니다. 만약 [시작: 끝]의 값이 다르다면 해당 요소의 구간을 잘라 내고 덮어쓰면서 추가합니다.

```
a=[0, 1, 2, 3]
a[2:2]=[100, 200]
print(a)

b=[0, 1, 2, 3]
b[1:2]=[100, 200, 300, 400]
print(b)

c=[0, 1, 2, 3]
c[1:5]=[100]
print(c)
```

[실행 결과]

```
[0, 1, 100, 200, 2, 3]
[0, 100, 200, 300, 400, 2, 3]
[0, 100]
```

2.3.5 리스트에서 요소 삭제하기

지금까지는 리스트를 추가했다면, 이번에는 리스트의 값을 삭제하는 방법을 알아봅니다. 먼저 remove( ) 메소드는 리스트에서 가장 처음 나오는 요소를 삭제합니다.

```
a=[1, 2, 1, 2]
a.remove(1)
print(a)
```

[실행 결과]

```
[2, 1, 2]
```

그런데 만약에 해당 리스트에 존재하지 않는 값을 입력하면 에러를 반환합니다. 숫자 5를 입력합니다. 또한 에러 메시지인 ValueError: List.Remove(x):Xnot In List도 확인합니다.

```
a.remove(5)
print(a)
```

[실행 결과]

```
ValueError                        Traceback(most recent call last)
<ipython-input-16-77b804eb04cb>in <module>()
     6
     7 #리스트의 두 번째 1이 삭제
—>8 a.remove(5)
     9 print(a)

ValueError: list.remove(x):xnot in list
```

이번에는 del을 활용합니다. del 함수는 파이썬에서 제공하는 함수로, 리스트 내의 특정 요소나 특정 범위의 값을 삭제할 때 사용 가능합니다. 다음 코드에서는 1번째 인덱스 값을 제거합니다.

```
a=[0, 1, 2, 3, 4, 5, 6, 7, 8, 9]

del a[1]
print(a)
```

[실행 결과]

```
[0, 2, 3, 4, 5, 6, 7, 8, 9]
```

이번에는 범위로 삭제합니다. 인덱스 범위 지정을 통해서 범위를 설정한 후 결괏값을 확인합니다.

```
b=[0, 1, 2, 3, 4, 5, 6, 7, 8, 9]

del b[1:3]
print(b)
```

[실행 결과]

```
[0, 3, 4, 5, 6, 7, 8, 9]
```

이번에는 pop()을 활용해 값을 삭제합니다. 그런데 pop() 함수를 사용할 때는 주의할 점이 있습니다. pop() 함수는 특정 인덱스의 값을 반환해 별도로 저장해야 합니다. 만약 인덱스를 지정하지 않으면 리스트의 마지막 요소만 돌려주고 마지막 리스트만 삭제합니다. 코드를 통해 확인합니다. 먼저 특정 인덱스를 지정합니다.

```
a=[0, 1, 2, 3, 4]
r=a.pop(1)

print(a)
print(r)
```

```
[0, 2, 3, 4]
1
```

이번에는 인덱스를 지정하지 않고 pop() 함수를 활용합니다.

```
b=['a', 'b', 'c', 'd']
x=b.pop()

print(b)
print(x)
```

[실행 결과]

```
['a', 'b', 'c']
d
```

2.3.6 이외 유용한 리스트 관련 메소드

이외에도 실무에서 자주 사용하는 메소드들을 확인합니다. list.clear() 함수에 대해 알아보도록 먼저 코드를 확인합니다. 최종 결과물을 보면 list.clear() 함수는 list 내의 모든 값을 삭제합니다. 여기서 주의할 점은 clear()는 list를 삭제하는 것이 아니라는 것입니다.

```
a=[0, 1, 2, 3]
print(a)
a.clear()
print(a)
```

```
[0, 1, 2, 3]
[]
```

list.index() 함수는 list 내에 찾으려는 값과 같은 값을 가진 요소의 첫 번째 위치를 반환합니다. 만약 list 내에 찾으려는 값이 없다면 에러를 반환합니다. 아래 코드에서 Silver가 처음 등장하는 위치를 찾아봅니다.

```
a=["Gold","Gold","Silver","Silver"]
print(a.index("Silver"))
```

[실행 결과]

```
2
```

이번에는 list 정렬을 배웁니다. sort() 메소드 내에는 reverse라는 파라미터가 있는데, 이를 True 값으로 지정하면 내림차순으로 정렬합니다.

```
a=[1, 4, 5, 2, 3]
b=[1, 4, 5, 2, 3]

a.sort()
print("sort():", a)

b.sort(reverse=True)
print("sort(reverse=True):", b)
```

```
sort(): [1, 2, 3, 4, 5]
sort(reverse=True): [5, 4, 3, 2, 1]
```

그런데 list 내의 데이터 타입이 섞여 있으면 에러가 발생합니다. 다음 소스 코드를 실행한 후 에러 메시지를 확인해 보면 str과 int는 서로 비교할 수 없다고 명시합니다.

```
b=[4, 3, 2, 'a']

b.sort()
print(b)
```

[실행 결과]

```
TypeError                          Traceback(most recent call last)
<ipython-input-5-1624da3f09a9>in <module>()
    1 b=[4, 3, 2, 'a']
    2
—>3 b.sort()
    4 print(b)

TypeError: '<' not supported between instances of 'str' and 'int'
```

이외에도 list와 함께 자주 사용하는 메소드 중에는 역순 정렬을 의미하는 reverse(), list 내 최솟값을 의미하는 min(), 최댓값을 의미하는 max(), list의 길이를 구할 때 쓰는 len() 메소드도 있으니 참고하기를 바랍니다.

2.4 튜플(Tuple)

list와 비슷한 객체로 tuple이 존재합니다. list와 비슷하지만 약간의 차이점이 있습니다. 우선 형식상으로 list는 [ ], tuple은 ( )로 감쌉니다. list는 요소를 생성한 뒤에도 추가나 삭제가 자유롭지만, tuple은 한 번 선언하면 그 값을 바꿀 수 없습니다. 즉 list처럼 'A[1]=5'와 같이 수정되지 않습니다. 또한 tuple은 1개의 요소를 가질 때 요소 뒤에 콤마(,)를 반드시 붙어야 합니다. 에를 들면 다음과 같이 해야 합니다. tuple1=(1,). 또한 객체 선언 시 tuple은 괄호()를 생략할 수 있습니다. 예제에서 tuple1과 tuple2의 차이를 확인하면서 기본 문법을 확인합니다.

```
tuple1=(0)
tuple2=(0,)
tuple3=0, 1, 2

print(tuple1)
print(tuple2)
print(tuple3)

print(type(tuple1))
print(type(tuple2))
print(type(tuple3))
```

[실행 결과]

```
0
(0,)
(0, 1, 2)
<class 'int'>
<class 'tuple'>
<class 'tuple'>
```

이번에는 기존 list에 수행한 방법대로 수정 및 삭제를 진행합니다.

```
a=(0, 1, 2, 3, 'a')
del a['a']
```

[실행 결과]

```
TypeError                          Traceback(most recent call last)
<ipython-input-8-c41b8ecfc68f>in <module>()
     1 a=(0, 1, 2, 3, 'a')
--->2 del a['a']


TypeError: 'tuple' object does not support item deletion
```

```
a=(0, 1, 2, 3, 'a')
a[1]='t'
```

[실행 결과]

```
_____

TypeError                          Traceback(most recent call last)
<ipython-input-13-b4e643b73375>in <module>()
     1 a=(0, 1, 2, 3, 'a')
--->2 a[1]='t'
TypeError: 'tuple' object does not support item assignment
```

튜플 인덱싱 및 연산자는 기존의 리스트와 동일해 본 교재에서는 생략합니다. 샘플 코드는 Github(깃허브)에서 확인하도록 합니다.

2.5 딕셔너리 (Dictionary)

앞의 리스트나 튜플과는 다르게 키(Key)와 값(Value)으로 나뉘고 순서가 존재하지 않는 자료형입니다. 이름에서 알 수 있듯이 사전에서 우리가 원하는 단어를 검색할 때 순서 대로 검색하지 않고 해당 키(Key)로 찾듯이 Dictionary 자료형도 해당 키로 값을 반환합 니다. Dictionary의 형식은 {Key:value, Key:value, Key:value, ...}의 형태로 사용합니다. 값에는 리스트도 넣을 수 있습니다. Dictionary의 값을 반환하려면 Key 값을 사용해야 합니다. Key의 Value를 얻으려면 Dictionary의 이름[Key] 형태로 사용합니다.

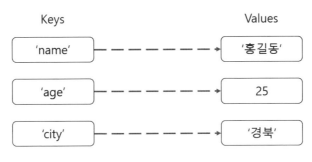

그림 1-2-2 Dictionary 구조

```
dic={'teacher':'alice', 'class': 5, 'studentid': '15', 'list':[1, 2, 3]}

print(dic['teacher'])
print(dic['class'])
print(dic['list'])
```

[실행 결과]

```
alice
5
[1, 2, 3]
```

이번에는 존재하지 않는 Key 값을 입력한 후 에러 메시지를 확인합니다. 이때의 에러는 KeyError가 나오는데, 즉 Dictionary 내부에 Key 값이 없다는 것을 의미합니다.

```python
dic={'teacher':'alice', 'class': 5, 'studentid': '15', 'list':[1, 2, 3]}

print(dic['real'])
```

[실행 결과]

```
KeyError                              Traceback(most recent call last)
<ipython-input-15-fd82dcc94904>in <module>()
      1 dic={'teacher':'alice', 'class': 5, 'studentid': '15', 'list':[1, 2, 3]}
—>2 print(dic['real'])

KeyError: 'real'
```

Dictionary와 관련된 다양한 함수를 확인합니다. 먼저 keys() 메소드는 Dictionary 내부에 Key 값만 모아서 Dict_Keys 객체를 반환합니다.

```python
a={'name': 'bob', 'job': 'farmer', 'age': 35}
a.keys()
```

[실행 결과]

```
dict_keys(['name', 'job', 'age'])
```

이번에는 반대로 values()만 추출합니다. 이때는 values() 메소드를 사용합니다.

```
a={'name': 'bob', 'job': 'farmer', 'age': 35}
a.values()
```

[실행 결과]

```
dict_values(['bob', 'farmer', 35])
```

items() 메소드는 Key와 Value 쌍을 Tuple로 묶어서 반환합니다.

```
a={'name': 'bob', 'job': 'farmer', 'age': 35}
a.items()
```

[실행 결과]

```
dict_items([('name', 'bob'), ('job', 'farmer'), ('age', 35)])
```

get() 메소드는 Key 값에 대응하는 Value를 반환합니다. 그런데 한 가지 주의할 점은 존재하지 않는 Key 값을 호출하려고 하면 에러 메시지가 출력되는 것과 달리 None을 반환합니다. 만약에 Dictionary 안에서 찾으려는 Key가 없을 때 None 대신 사전에 정해둔 값을 가져오고 싶을 때는 Get(Key, "디폴트 값")의 형태로 사용하면 디폴트 값을 반환합니다.

```
a={'name': 'chris', 'job': 'painter', 'age': 30}
print(a.get('name'))
print(a.get('dinner'))
print(a.get('dinner', 'empty'))
```

```
chris
None
empty
```

2.6 집합(Set) 자료형

집합 자료형은 파이썬 2.3부터 지원합니다. 집합은 순서가 존재하지 않고, 중복을 허용하지 않는 것이 특징입니다. 빈 집합은 dict와 동일한 중괄호를 사용해 중괄호만으로는 선언할 수 없고 Set 생성자를 사용해야 합니다. 비어 있지 않다면 그냥 중괄호만 사용해도 선언합니다.

```
s={}
print(type(s))

s=set()
print(type(s))

s={1, 2, 3}
print(type(s))
```

```
<class 'dict'>
<class 'set'>
<class 'set'>
```

집합 자료형의 연산자는 합집합(|), 교집합(&), 차집합(−), 대칭 차집합(^)을 사용합니다. 먼저 합집합 연산자는 S1|S2 형태로 계산하며 중복 없이 더합니다. 또한 메소드는 a.union(b)와 같이 사용할 수 있습니다.

```
a={1, 3, 5}
b={2, 4, 6}

c=a|b
d=a.union(b)

print("a|b:", c)
print("a.union(b):", d)
```

[실행 결과]

```
a|b: {1, 2, 3, 4, 5, 6}
a.union(b): {1, 2, 3, 4, 5, 6}
```

교집합 연산자는 S1의 집합에서 S2의 값과 중복되는 값을 제거합니다. 먼저 c는 중복되는 값이 없어 비어 있는 set()만 반환되고, G는 중복되는 값 {2, 5}만 출력되는 것을 확인할 수 있습니다. & 대신에 a.interaction(f)를 사용할 수 있습니다.

```
a={1, 3, 5}
b={2, 4, 6}
c=a&b
print(c)

e={1, 2, 5}
f={2, 3, 5}
g1=e&f
```

```
g2=e.intersection(f)

print("e&f:", g1)
print("e.intersection(f):", g2)
```

```
set()
e&f: {2, 5}
e.intersection(f): {2, 5}
```

차집합 연산자를 사용해 S1의 집합에서 S2의 요소와 중복되는 값을 제거합니다. 또한
a.difference(b) 메소드를 사용할 수 있습니다.

```
a={1, 3, 5}
b={2, 4, 5}

c1=a-b
c2=a.difference(b)
print("a-b:", c1)
print("a.difference(b)", c2)
```

```
a-b: {1, 3}
a.difference(b) {1, 3}
```

대칭 차집합 연산자는 합집합에서 교집합 부분을 제외한 것입니다. a^b 대신에 a.sym-
metric_difference(b) 메소드를 사용할 수 있습니다.

```
a={1, 2, 3, 4, 5}
b={3, 4, 5, 6, 7}

c1=a^b
c2=a.symmetric_difference(b)

print("a^b", c1)
print("a.symmetric_difference(b)", c2)
```

[실행 결과]

```
a^b {1, 2, 6, 7}
a.symmetric_difference(b) {1, 2, 6, 7}
```

2.7 파이썬의 조건문

영어에서 If는 '만약 ~이면'이라는 의미로 사용합니다. 프로그래밍의 문법에서도 역할은 비슷합니다. [그림 1-2-3]을 봅니다.

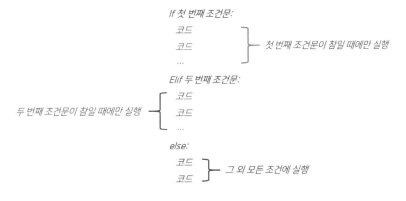

그림 1-2-3 If-Else 조건문 구조

조건문은 이런 형태로 이루어집니다. 먼저 If의 조건부터 순서대로 만족하는지 여부를 확인해 보면서 조건이 만족한다면 해당 조건에 해당하는 Task를 수행합니다. 만약 첫 번째 조건이 만족하지 않는다면 그다음에는 Elif 조건문으로 넘어갑니다. 어떤 조건문이 없다면 Else에 해당하는 Task를 수행하고 조건문을 종료합니다. 간단한 예제를 통해서 확인합니다.

```
a=-5

if a>5:
    print('a is bigger than 5')

elif a>0:
    print("a is bigger than 0 but a is smaller than 5")

else:
    print("a is negative")
```

[실행 결과]

```
a is negative
```

If 조건문은 If 뒤 조건식 뒤에 콜론(:)을 붙입니다. 그리고 다음 줄부터는 들여쓰기 (Indentation)를 4칸 해서 구별합니다. 이때 조건문 내에서 실행하는 코드 부분을 본문 (Body)이라고 부릅니다. 조건문 내에서 다른 조건을 Elif를 사용해서 늘리는 것은 제한 없이 만들 수 있습니다. 다만 Else 문은 Elif의 조건이 끝난 후 If부터 마지막 Elif 문까지의 조건이 아닌 나머지 조건에서 실행할 코드를 씁니다.

- Elif나 Else는 단독으로 사용할 수 없습니다.
- Else는 한 번만 사용할 수 있습니다.
- If Else Elif 순으로 사용할 수 없습니다.

2.8 파이썬의 반복문

반복문은 크게 For Loop와 While Loop 구문으로 나눕니다. 두 문법에는 큰 차이점이 존재합니다. 먼저 For Loop는 시퀀스 데이터, 즉 String이나 List 자료형과 같은 데이터를 활용할 때 사용합니다. 반복문을 사용할 때는 특별한 제약 조건이 필요 없습니다. 그런데 While Loop는 반복문을 수행하기에 앞서 조건식이 들어갑니다. 조건식이 참일 때만 반복해서 수행합니다. 본 Chapter에서는 For Loop에 대해 집중적으로 설명합니다. While Loop 소스 코드는 구글 코랩 예제에서 확인하도록 합니다.

그림 1-2-4 For 반복문 & While 조건식 구조

그런데 반복문을 왜 써야 하는지 먼저 간단한 예를 들어 봅니다.

```
print("Hello World")
```

[실행 결과]

```
Hello World
```

위와 같이 Hello World를 출력하는 코드를 여러 번 작성합니다. 먼저 3번만 출력한다면 다음 코드처럼 연속해서 작성합니다.

```
print("Hello World")
print("Hello World")
print("Hello World")
```

그런데 만약에 10,000번 출력한다면, 물론 시간을 투자하면 할 수 있지만 실제로 10,000번을 출력한 것인지 확인이 안 될뿐더러 불필요한 코드를 낭비합니다. 반복문은 이러한 부분을 해결하는 방법입니다. 다음 코드를 실제 구글 코랩에서 실행해 보기를 권합니다.

```
for i in range(10000):
  print("Hello World")
```

이번에는 이러한 반복문의 특성을 이해하면서 구구단을 만듭니다. 구구단을 작성하려면 For Loop를 중첩해서 작성해야 하는데, 이때는 들여쓰기로 구별합니다. 다음 예제는 구구단의 2단과 3단을 출력하는 함수입니다.

```
for dan in range(2, 4):
    for val in range(1, 10):
        print(dan, '*', val, '=', dan*val)
```

[실행 결과]

```
2*1=2
2*2=4
.
.
3*8=24
3*9=27
```

For Loop 문에는 If 조건문을 활용할 수도 있습니다. 이번에는 String과 List를 활용한 예제를 통해 For Loop 문을 익힙니다. 문법에서 Break 구문은 특정 조건을 만족하면 반복문을 종료합니다. 다음 예제에서는 a라는 변수에 Kaggle 문자열을 할당하고, 해당 문자열에서 g를 발견하면 반복문을 종료합니다. If 조건문에 g 대신에 다른 문법을 넣어서 확인하는 것도 좋습니다.

```
a="Kaggle"
for x in a:
    print(x)
    if x=='g':
        break
```

[실행 결과]

```
K
a
g
```

반복문을 작성하는 방법에는 Zip, Enumerate, Range, Len 함수 등 다양한 함수가 있습니다. 대표적으로 enumerate() 함수를 사용하는 예제를 확인합니다. 먼저 A, B, C를 담은 리스트를 선언합니다. For-Loop를 사용할 때는 index, value 두 개의 변숫값을 지정합니다. 이때 index, value는 변수 선언이므로 Idx, Val처럼 형태를 변형할 수도 있습니다.

```
alphabets=['A', 'B', 'C']
for index, value in enumerate(alphabets):
    print(index, value)
```

```
0 A
1 B
2 C
```

2.9 정리

본 Chapter에서는 변수(데이터 타입의 유형), 리스트, 튜플, 딕셔너리, 집합 자료형에 대해서 배웠습니다. 또한 이를 토대로 조건문과 반복문에 대해 익히는 시간을 가졌습니다. 이 기초 문법 중에서 가장 중요하게 봐야 하는 것은 리스트와 딕셔너리입니다. 가끔 면접 때 리스트와 튜플의 차이에 대해 질의를 받을 수도 있습니다.

이러한 기초 문법을 공부할 때는 완벽히 이해하려고 노력하기보다는 일종의 개념으로 생각하고 받아들이는 것이 좋습니다. 즉 모든 것을 완벽하게 이해하지 못하더라도 데이터 분석을 할 때 크게 영향을 주는 요소는 아닙니다. 그러나 기초 문법을 이해할 때 새로운 라이브러리에 대한 응용력이 생겨 기초 공부는 꾸준히 하는 것이 좋습니다. 필요하다면 코딩 테스트 문제들을 주기적으로 풀어 보는 것을 권합니다.

그런데 데이터 과학을 위한 기초 문법은 배우지 못했습니다. 데이터 과학을 위한 기본 문법인 NumPy, Pandas 라이브러리를 활용한 기초 문법에 대해 배웁니다.

더 읽을거리

웹에는 기초 문법을 위한 좋은 자료들이 많습니다. 필자가 좋아하는 사이트를 소개하면 다음과 같습니다.

Python Basic Syntax: https://www.tutorialspoint.com/python/python_basic_syntax.htm

파이썬 공식 문서: https://docs.python.org/3/library/string.html

파이썬 코딩 도장: https://dojang.io/course

Chapter
03

NumPy

NumPy는 고성능 수치 계산을 위해 제작된 파이썬 라이브러리입니다. 머신러닝 또는 딥러닝 알고리즘은 기본적으로 다차원의 배열에 대한 계산으로 볼 수 있는데, 이러한 배열을 계산할 때 매우 효과적인 도구를 제공합니다. 또한 대량 데이터를 다룰 때 빠른 계산 능력이 요구되어 기본적으로 사용되는 라이브러리입니다. NumPy에서 가장 핵심적으로 알아야 하는 개념은 Ndarray 객체입니다. NumPy 객체 Ndarray는 파이썬에 내장된 배열을 사용하는 것보다 빠르다고 알려져 있습니다.

- NumPy 설치

구글 코랩에서는 별도의 라이브러리를 설치할 필요 없이 불러올 수 있습니다.

```
import numpy as np
print(np.__version__)
```

[실행 결과]

```
1.19.5
```

만약 개인 노트북 환경인 Anaconda나 pip을 활용해 라이브러리를 설치한다면 다음과 같이 명령을 입력합니다.

- Anaconda

```
Conda install numpy
```

- pip

```
pip install numpy
```

제대로 설치된다면 ndarray 객체가 실제로 생성되는지 확인합니다.

```
temp=np.array([1, 2, 3])
print(type(temp))
```

[실행 결과]

```
<class 'numpy.ndarray'>
```

위와 같이 결괏값이 나오면 정상적으로 설치 및 라이브러리를 불러온 것입니다. 본 책의 지면 관계상 NumPy의 기본적인 부분만 알려 줍니다. 별도로 추가적인 공부를 진행하기를 원한다면 다음 사이트에서 확인하기를 바랍니다.

- Quickstart Tutorial: https://numpy.org/doc/stable/user/quickstart.html

3.1 NumPy 기본 문법

NumPy로 간단하게 실습을 진행합니다. 먼저 두 개의 개별적인 리스트를 만듭니다. 이 때의 리스트는 크기가 다릅니다.

```
data1=[1, 2, 3]
data1
```

[실행 결과]

```
[1, 2, 3]
```

```
data2=[1, 1, 2, 2, 3, 4]
data2
```

[실행 결과]

```
[1, 1, 2, 2, 3, 4]
```

이제 이렇게 만들어진 리스트를 np.array를 통해 배열로 변환합니다.

```
my_array1=np.array(data1)
print(my_array1)
print(my_array1.shape)
```

[실행 결과]

```
[1 2 3]
(3,)
```

```
my_array2=np.array(data2)
print(my_array2)
print(my_array2.shape)
```

```
[1 1 2 2 3 4]
(6,)
```

shape는 배열의 크기를 확인하는 함수입니다. 이로써 배열에 데이터가 몇 개 있고 무슨 차원인지를 쉽게 확인할 수 있습니다. 물론 리스트를 만들고 변환할 필요 없이 바로 NumPy 배열을 만들 수 있습니다.

```
my_array3=np.array([3, 6, 9, 12])
print(my_array3.dtype)
```

```
int64
```

dtype 메소드를 활용하면 객체의 자료형을 확인할 수 있습니다.

여기에서 잠깐 한 가지 설명합니다. NumPy 데이터 자료형의 종류는 매우 다양합니다. 예를 들면 Int 형도 Int8, Int16, Int32, Int64처럼 세분화됩니다. 이외에도 Uint8, Uint16과 같은 유형도 있습니다. 각각의 범위가 다릅니다. NumPy의 공식 문서에 따르면 Int8의 범위는 Byte(-128~128)입니다. 그런데 Uint은 Unsigned Integer(0~255)로 되어 있습니다. 같은 숫자라도 데이터 유형이 다르면 오류가 날 가능성이 커서, 이러한 자료 유형은 중간중간 확인하는 것이 중요합니다. 특히 머신러닝 및 배열 계산을 할 때는 주의가 필요합니다.

- Data Types 더 보기: https://numpy.org/devdocs/user/basics.types.html

리스트를 꼭 하나씩 넣을 필요는 없습니다. 여러 개를 동시에 넣습니다.

```
my_array4=np.array([[2, 4, 6], [8, 10, 12], [14, 16, 18], [20, 22, 24]])
my_array4
```

[실행 결과]

```
array([[2, 4, 6],
       [8, 10, 12],
       [14, 16, 18],
       [20, 22, 24]])
```

이번에는 my_array4 객체에 shape 메소드를 적용한 후 결과를 봅니다. 이때 리스트가 하나일 때의 결괏값과 차이점을 봅니다.

```
my_array4.shape
```

[실행 결과]

```
(4, 3)
```

위 결괏값을 어떻게 해석해야 하는지 알아봅니다. my_array4 데이터의 shape 함수를 적용시키니 (4, 3)이라는 결과가 나옵니다. 이는 2차원의 배열 데이터로 4*3 크기를 가진 점을 알려 줍니다. 앞에서 (6,)과 같은 결괏값을 본 적이 있는데, 이는 1차원의 배열이라는 의미입니다. 이번에는 3차원의 배열을 만들고 확인합니다.

```
my_array5=np.array([[[1, 2], [3, 4]], [[5, 6], [7, 8]]])
my_array5.shape
```

```
(2, 2, 2)
```

3.2 NumPy 배열 생성 및 둘러보기

NumPy에는 다양한 함수가 존재합니다. 이를 활용해 배열을 만듭니다.

3.2.1 Arrange

기본 함수 중에서 Range 함수와 조금 유사하며 더욱 쉽게 배열을 만들 수 있습니다. 숫자를 하나만 입력할 때는 0부터 숫자의 크기만큼 1차원 배열이 만들어집니다.

```
arrange_array=np.arange(5)
arrange_array
```

```
array([0, 1, 2, 3, 4])
```

이번에는 arrange() 함수 내에 여러 숫자를 넣습니다. 1부터 9 미만까지 3단위로 배열을 생성하는 것을 의미합니다.

```
arrange_array2=np.arange(1, 9, 3)
arrange_array2
```

```
array([1, 4, 7])
```

3.2.2 Zeros, Ones

할당하는 사이즈의 배열에 0이나 1을 더욱 쉽게 입력하는 함수입니다. 기본 데이터 형
태는 Float64입니다. 그런데 dtype을 정하면 변경도 가능합니다. 연속해서 결괏값을 확
인합니다.

```
zeros_array=np.zeros((3, 2))
print(zeros_array)
print("Data Type is:", zeros_array.dtype)
print("Data Shape is:", zeros_array.shape)
```

[실행 결과]

```
[[0. 0.]
 [0. 0.]
 [0. 0.]]
Data Type is: float64
Data Shape is: (3, 2)
```

이번에는 Int32 형을 강제로 지정합니다. 입력 방법은 np.ones( ) 안에 dtype='int32' 형
태로 입력합니다. 만약 이외의 다른 유형을 입력하고 싶다면 [Data Types 더 보기]를 참
고하기를 바랍니다.

```
ones_array=np.ones((3, 4), dtype='int32')
print(ones_array)
print("Data Type is:", ones_array.dtype)
print("Data Shape is:", ones_array.shape)
```

```
[[1 1 1 1]
 [1 1 1 1]
 [1 1 1 1]]
Data Type is: int32
Data Shape is: (3, 4)
```

3.2.3 Reshape

Reshape는 배열의 차원 및 크기를 바꾼다는 의미입니다. 예를 들면 1차원의 배열을 2 차원으로 바꾸거나 1차원의 배열을 3차원으로 바꿀 수 있습니다. 그 반대도 마찬가지로 변경할 수 있습니다. 코드를 통해서 익힙니다. 앞서 저장한 객체 ones_array를 활용합니다.

```
after_reshape=ones_array.reshape(6, 2)
print(after_reshape)
print("Data Shape is:", after_reshape.shape)
```

[실행 결과]

```
[[1 1]
 [1 1]
 [1 1]
 [1 1]
 [1 1]
 [1 1]]
Data Shape is: (6, 2)
```

결괏값을 보면 2차원 배열 (3, 4)가 2차원 배열인 (6, 2)로 변경된 것을 확인할 수 있습니다. 그런데 reshape()를 사용해 배열을 변경할 때는 에러를 종종 경험합니다.

```
after_reshape=ones_array.reshape(5, 3)
```

[실행 결과]

```
ValueError                              Traceback(most recent call last)
<ipython-input-25-94cac763be50>in <module>()
—>1 after_reshape=ones_array.reshape(5, 3)

ValueError: cannot reshape array of size 12 into shape (5, 3)
```

위 코드를 실행하면 ValueError를 확인할 수 있습니다. 왜 이런 에러가 발생하는지 알 아봅니다. 전체 데이터의 Size는 12인데 사이즈가 5*3, 즉 15인 형태로 바꾸지 못한다 는 뜻입니다. Size가 동일한 상황에서만 변경이 가능하다는 의미입니다.

이번에는 1차원에서 3차원으로 변경합니다. Size가 2*3*2, 12 형태로 변경 가능한 것을 확인할 수 있습니다.

```
after_reshape=ones_array.reshape(2, 3, 2)
print(after_reshape)
print("Data Shape is:", after_reshape.shape)
```

[실행 결과]

```
[[[1 1]
  [1 1]
  [1 1]]

 [[1 1]
  [1 1]
  [1 1]]]
Data Shape is: (2, 3, 2)
```

이번에는 reshape()에서 자주 사용되는 −1에 대해 알아봅니다. reshape에서 −1은 다른 차원을 자동으로 계산합니다. 실제 코드로 확인합니다.

```
after_reshape2=ones_array.reshape(-1, 6)
print("reshape(-1, 6)?\n")
print(after_reshape2)
```

[실행 결과]

```
reshape(-1, 6)?
[[1 1 1 1 1 1]
 [1 1 1 1 1 1]]
```

위 코드는 2차원 배열에서 열을 6개로 고정한 뒤 행을 크기에 맞도록 자동 정렬한다는 의미입니다. 즉 원래는 reshape(2, 6)으로 입력해야 하는데 −1로 자동 계산한다는 뜻입니다.

```
after_reshape2=ones_array.reshape(2, 6)
print("reshape(2, 6)?\n")
print(after_reshape2)
```

[실행 결과]

```
reshape(2, 6)?

[[1 1 1 1 1 1]
 [1 1 1 1 1 1]]
```

이번에는 −1의 위치를 바꿔서 실행합니다. 이때 독자 분들은 −1을 고정한 채 3 대신 2, 4와 같이 수정하면서 Shape가 어떻게 변하는지 확인합니다.

```
after_reshape3=ones_array.reshape(3, -1)
print("reshape(3, -1)?\n")
print(after_reshape3)
print("Data Shape is:", after_reshape3.shape)
```

[실행 결과]

```
reshape(3, -1)?

[[1 1 1 1]
 [1 1 1 1]
 [1 1 1 1]]
Data Shape is: (3, 4)
```

3.3 NumPy 인덱싱과 슬라이싱

데이터를 다루다 보면 일부만 필요할 때가 많습니다. 이럴 때 특정한 데이터를 확인하는 것을 인덱싱이라고 하고, 이러한 데이터를 따로 추출해 내는 것을 슬라이싱이라고 합니다. 아래의 다양한 실습을 통해 NumPy의 인덱싱과 슬라이싱을 살펴봅니다. 먼저 실습할 배열을 생성합니다.

```
my_array=np.arange(start=0, stop=4)
print(my_array)
```

[실행 결과]

```
[0 1 2 3]
```

배열 인덱스에서 꼭 기억해야 할 점은 위치 값이 0부터 시작한다는 것입니다. 즉 앞의 my_array에서 0의 위치 값은 0, 1의 위치 값은 1, 이런 식입니다. 인덱싱은 [] 안에 인자를 넣는 방식으로 합니다. 이는 문자열 인덱싱에서 배운 방법과 동일합니다.

```
print("my_array의 1번째 요소, 즉 위치 값이 0인 것은:", my_array[0])
```

[실행 결과]

```
my_array의 1번째 요소, 즉 위치 값이 0인 것은: 0
```

```
print("my_array[0:3]:", my_array[0:3])
```

[실행 결과]

```
my_array[0:3]: [0 1 2]
```

조금 헷갈릴 수도 있는 부분입니다. 인자 사이에 ":" 기호를 입력하면 앞 인자부터 뒤 인자까지를 의미합니다. 그런데 분명 위치 값이 0부터 2인 요소들을 호출하려고 하는데 코드에는 0:3으로 나옵니다. NumPy 인덱싱에서는 마지막 값을 포함하지 않기 때문입니다. 그러므로 0:3은 0 1 2를 의미합니다. 추가로 인자 앞에 −를 붙이면 뒤에서부터의 순서를 의미합니다. 이렇게 인덱싱을 통해 배열의 데이터값을 수정할 수 있습니다. 이번에는 구구단 3단 숫자들이 모인 2차원 배열도 한번 탐색해 봅니다.

```
my_array2[0:2, 0:2]
```

[실행 결과]

```
array([[3, 6],
       [12, 15]])
```

이렇게 ':' 기호 앞에 시작 인덱스를 생략하면 첫 번째 위치 값인 0이 들어가고, 뒤에 인덱스를 생략하면 마지막 위치 값이 들어갑니다.

```
my_array2[1:3, :]
```

[실행 결과]

```
array([[12, 15, 18],
       [21, 24, 27]])
```

이번에는 둘 다 생략합니다.

```
my_array2[:, :]
```

[실행 결과]

```
array([[3, 6, 9],
       [12, 15, 18],
       [21, 24, 27]])
```

이렇게 전체가 나옵니다. 다른 2차원 배열을 만들고 직접 다양한 인덱싱을 시도해 보도록 합니다. 인덱싱은 데이터를 다룰 때 제일 기초적으로 요구되는 역량이므로 꼭 친해져야 하는 부분입니다.

3.4 NumPy 정렬

데이터를 다루다 보면 정렬해야 할 때가 많습니다. 성적이나 키 데이터가 담긴 배열에서 데이터값을 순서대로 보고 싶다면 정렬해야 합니다. NumPy에서는 해당 sort()와 argsort() 등의 함수들을 활용해 이러한 정렬을 손쉽게 처리할 수 있습니다.

3.4.1 sort()

우선 제일 기초적인 np.sort() 함수를 살펴보도록 키 데이터가 담긴 배열을 만듭니다. np.sort(x)는 원래의 배열은 그대로 놔둔 채 정렬의 결과를 복사본으로 반환하므로 활용하려면 새로운 객체를 만들어 저장합니다.

```
height_arr=np.array([174, 165, 180, 182, 168])
sorted_height_arr=np.sort(height_arr)

print('Height Matrix: ', height_arr)
print('np.sort() Matrix: ', sorted_height_arr)
```

[실행 결과]

```
Height Matrix: [174 165 180 182 168]
np.sort() Matrix: [165 168 174 180 182]
```

np.sort() 함수는 보다시피 오름차순으로 자동 정렬됩니다. 그렇다면 내림차순으로 정렬하고 싶을 땐 어떻게 하면 되는지 알아봅니다.

```
desc_sorted_height_arr=np.sort(height_arr)[::-1]
print('np.sort()[::-1]: ', desc_sorted_height_arr)
```

[실행 결과]

```
np.sort()[::-1]: [182 180 174 168 165]
```

3.4.2 argsort()

numpy.argsort() 함수는 지정된 축을 따라 데이터 인덱스의 배열을 반환하도록 지정된 종류의 정렬을 사용해 입력 배열에서 간접 정렬을 수행합니다. 이 인덱스 배열은 정렬된 배열을 구성하는 데 사용됩니다. 실습을 통해 살펴봅니다.

```
fives=np.array([10, 5, 15, 20])
fives_order=fives.argsort()

print("The original data", fives)
print("The argsort():", fives_order)
print("The ascending:", fives[fives_order])
```

[실행 결과]

```
The original data [10 5 15 20]
The argsort(): [1 0 2 3]
The ascending: [5 10 15 20]
```

먼저 5의 배수들로 이뤄진 fives 배열 객체를 만듭니다. argsort()를 적용하지만 배열에
는 결과가 없습니다. 그러나 fives_order를 보면 오름차순으로 인덱스의 번호가 매겨진
것을 확인할 수 있습니다. 이러한 속성을 이용해서 오름차순으로 정렬합니다.

3.5 정리

NumPy는 머신러닝과 딥러닝을 수행하는 데 필수적인 행렬의 수치 계산을 위해 효율
적으로 구현된 기능을 제공합니다. 본 Chapter에서는 NumPy를 활용한 기본적인 기능
을 배웠습니다. 그러나 NumPy를 같은 크기 두 배열, 즉 NumPy를 활용하는 사칙 연산
이나 서로 크기가 다른 배열에 대해 Broadcast에 대해서는 추가적인 학습이 필요합니
다. 이 부분은 더 읽을거리에서 확인하기를 바랍니다.

더 읽을거리

NumPy Tutorials: https://numpy.org/learn/

NumPy Broadcasting: https://numpy.org/doc/stable/user/basics.broadcasting.html

Pandas 라이브러리

Pandas 라이브러리는 파이썬 데이터 처리에서 제일 많이 활용됩니다. Pandas는 Numpy 로는 부족한 데이터 전처리 부분을 채워 주어 데이터 전처리가 여기서 시작되었다고 볼 수 있습니다. 특히 데이터를 다루면서 제일 많이 다룰 객체인 Dataframe을 Pandas는 자유자재로 다룹니다.

4.1 Pandas 설치

구글 코랩에서는 별도의 라이브러리를 설치할 필요 없이 불러올 수 있습니다.

```
import pandas as pd
print(pd.__version__)
```

[실행 결과]

```
1.1.5
```

만약 개인 노트북 환경인 Anaconda나 pip을 활용해 라이브러리를 설치한다면 다음과 같이 명령을 입력합니다.

- Anaconda

```
Conda install pandas
```

- pip

```
pip install pandas
```

제대로 설치되면 Ndarray 객체 생성이 실제로 되는지 확인합니다.

```
df=pd.DataFrame({'col1': [1, 2], 'col2': [3, 4]})
print(type(df))
```

[실행 결과]

```
<class 'pandas.core.frame.DataFrame'>
```

위 코드까지 정상적으로 진행된다면 제대로 설치된 것입니다. 이제 Pandas를 배워 봅니다. Pandas를 배우기 전에 구글 코랩과 드라이브를 연동하는 방법에 대해 잠깐 기술합니다. 필자가 취업 준비반이나 코딩을 처음 접하는 분들을 대상으로 강의할 때 첫날부터 난관에 봉착할 때가 있는데, 바로 데이터를 불러오지 못하는 것입니다. 우선 한가지 팁을 준다면 초반에 데이터를 불러올 때 에러가 발생되는 경우를 크게 2가지로 요약할 수 있습니다. 첫 번째는, 파일 경로를 잘못 지정했기 때문입니다. 대부분은 대문자와 소문자를 잘못 쓴 경우입니다. 두 번째는, 데이터 세트 파일이 없기 때문입니다. 이런 경우에는 데이터 세트 및 파일명이 제대로 기술되었는지 확인합니다.

4.2 구글 드라이브와 연동

구글 코랩을 사용한다고 해서 구글 드라이브를 바로 사용할 수 있는 것은 아닙니다. 드라이브에 접속해 인증 절차를 진행해야 합니다. 다음 코드를 실행해 인증을 위한 URL을 클릭합니다. 그런 다음 비밀번호를 복사해 "Enter your authorization code:"를 입력합니다.

그림 1-4-1 구글 드라이브 연동 1

```
from google.colab import drive
drive.mount('/content/drive')
```

[실행 결과]

```
Go to this URL in a browser: https://accounts.google.com/o/oauth2/auth?client_
id=...


Enter your authorization code:
```

그림 1-4-2 구글 드라이브 연동 2

허용 버튼을 클릭하면 독자의 구글 계정이 나옵니다. 이를 클릭하면 위 화면이 활성화 되는데, 이때 코드를 복사해 구글 코랩에 붙여 넣으면 구글 드라이브와 연동됩니다. 그 후에 경로를 설정하는 작업을 합니다.

```
lemonade=pd.read_csv('drive/MyDrive/your_path/Lemonade2016.csv')

lemonade.info()
```

[실행 결과]

```
<class 'pandas.core.frame.DataFrame'>
RangeIndex: 32 entries, 0 to 31
Data columns(total 7 columns):
 #   Column       Non-Null Count  Dtype
---  ------       --------------  -----
 0   Date         31 non-null     object
 1   Location     32 non-null     object
 2   Lemon        32 non-null     int64
 3   Orange       32 non-null     int64
 4   Temperature  32 non-null     int64
 5   Leaflets     31 non-null     float64
 6   Price        32 non-null     float64
dtypes: float64(2), int64(3), object(2)
memory usage: 1.9+ KB
```

만약에 FileNotFoundError: [Errno 2] No Such File or Directory: 'drive/MyDrive/your_path/Lemonade2016.csv'와 같은 에러가 뜬다면, 이는 중간에 경로가 잘못 지정된 것입니다.

TIP

처음 구글 코랩을 사용하는 분들은 아래 그림과 같이 노란 색상의 Colab Notebooks 폴더
가 없을 것입니다.

그림 1-4-3 구글 드라이브 연동 3

이럴 때는 다음과 같이 조치하기를 바랍니다.

- 구글 검색창에서 구글 코랩을 입력 후 실행하면 다음과 같은 화면이 나옵니다. 이때 구
  글 코랩을 클릭합니다.

- 아래 화면에서 [New-Notebook]을 실행합니다.

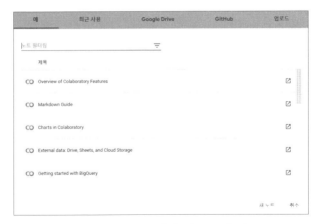

그림 1-4-4 구글 코랩 새로운 노트 만들기

- 드라이브로 돌아가서 정상적으로 Colab Notebooks 폴더가 생성된 것을 확인합니다.

- 드라이브에서 [새로 만들기]-[더 보기]-[Google Colaboratory]를 클릭하면 새로운 Notebook을 사용할 수 있습니다.

4.3 데이터 둘러보기

앞에서 데이터를 불러온 뒤 lemonade로 지정한 데이터명을 한번 확인해 봅니다. Pandas 라이브러리의 head와 tail 함수로 데이터의 윗줄과 아랫줄을 확인합니다. 바로 실습해 봅니다. 우선 lemonade 데이터의 첫 5줄을 봅니다.

```
print(lemonade.head(5))
```

[실행 결과]

	Date	Location	Lemon	Orange	Temperature	Leaflets	Price
0	7/1/2016	Park	97	67	70	90.0	0.25
1	7/2/2016	Park	98	67	72	90.0	0.25
2	7/3/2016	Park	110	77	71	104.0	0.25
3	7/4/2016	Beach	134	99	76	98.0	0.25
4	7/5/2016	Beach	159	118	78	135.0	0.25

이번에는 마지막 3줄을 확인합니다.

```
print(lemonade.tail(3))
```

```
        Date  Location  Lemon  Orange  Temperature  Leaflets  Price
29  7/29/2016     Park    100      66           81      95.0   0.35
30  7/30/2016    Beach     88      57           82      81.0   0.35
31  7/31/2016    Beach     76      47           82      68.0   0.35
```

데이터명만 입력하면 데이터 전체가 나옵니다. 작은 데이터 세트는 모든 데이터를 보는 것이 좋지만, 캐글처럼 비교적 큰 데이터를 다룰 때는 전체 데이터를 보는 것은 효과적이지 않습니다. 따라서 데이터 형태를 확인하기에는 head()나 tail() 함수들로 일부만 보는 것이 효율적입니다. 이번에는 info()와 describe() 함수들을 적용합니다.

```
print(lemonade.info())
```

```
<class 'pandas.core.frame.DataFrame'>
RangeIndex: 32 entries, 0 to 31
Data columns(total 7 columns):
 #   Column       Non-Null Count  Dtype
---  ------       --------------  -----
 0   Date         31 non-null     object
 1   Location     32 non-null     object
 2   Lemon        32 non-null     int64
 3   Orange       32 non-null     int64
 4   Temperature  32 non-null     int64
 5   Leaflets     31 non-null     float64
 6   Price        32 non-null     float64
dtypes: float64(2), int64(3), object(2)
memory usage: 1.9+ KB
```

info() 함수는 위와 같이 각 열에 Null 값이 있는지와 열의 데이터 타입을 말합니다. 결괏값을 살펴보면 Date와 Leaflets 열들은 다른 열들과 달리 Non-Null 값이 32개가 아닌 31개가 있다고 나옵니다. 즉 1개의 Null 값이 있다는 말입니다. Null 값들에 대한 처리는 데이터 전처리에서 제일 기본적이고 필수적인 절차입니다. 이를 확인하지 않고 분석으로 넘어가면 연산 중 오류 등의 문제를 겪으니 이렇게 꼭 확인해야 합니다. 또 하나 고려해야 할 것은 데이터의 유형입니다. 예를 들면 Date는 Object로 되어 있는데 형식이 별도로 존재합니다. 만약 시계열 분석을 진행해야 한다면, Date 형식으로 형 변환을 진행해야 함을 기억하면서 확인하기를 바랍니다. 이번에는 describe() 함수를 실습합니다.

```
print(lemonade.describe())
```

[실행 결과]

	Lemon	Orange	Temperature	Leaflets	Price
count	32.000000	32.000000	32.000000	31.000000	32.000000
mean	116.156250	80.000000	78.968750	108.548387	0.354687
std	25.823357	21.863211	4.067847	20.117718	0.113137
min	71.000000	42.000000	70.000000	68.000000	0.250000
25%	98.000000	66.750000	77.000000	90.000000	0.250000
50%	113.500000	76.500000	80.500000	108.000000	0.350000
75%	131.750000	95.000000	82.000000	124.000000	0.500000
max	176.000000	129.000000	84.000000	158.000000	0.500000

info() 함수와는 다른 결괏값이 나타납니다. describe() 함수는 위와 같이 데이터 분포와 기술 통계량(Descriptive Statistics)을 확인할 수 있어 유용합니다. 입문자분들에게는 기술 통계량이 조금 생소한 용어일 수 있습니다. 그러나 각각의 용어를 간단히 설명하면 Count는 Non-Null 값의 개수, Mean은 평균, Std는 표준 편차, Min은 최솟값, 25% 50% 75% 사분위수, 마지막으로 Max는 최댓값을 의미합니다. 참고로 Count를 보면 info() 함수에서도 확인했던 것과 동일하게, Leaflets 열은 다른 열들과 달리 Count가 1개 더

적은 31임을 확인할 수 있습니다. 즉 Non-Null 값들의 개수만 카운트한다는 의미입니다. 이렇게 info()와 describe() 두 가지 데이터 조회 함수들을 살펴봤습니다.

비전공자가 생각할 부분

통계는 얼마나 공부해야 할까? 비전공자 대상으로 강의를 진행하면서 종종 받는 질문 중 하나입니다. 이러한 질문의 요지는 통계 전공자가 아닌데 데이터 분석가나 머신러닝 엔지니어가 될 수 있을까 하는 의구심이 들기 때문입니다. 실제 이럴 때는 공부하려는 분야와 향후 그리려는 커리어를 먼저 정하는 것이 중요합니다. 통계학과에서 학부 때 4년간 공부해도 부족한 것이 통계입니다. 또한 머신러닝 엔지니어를 하려면 사실상 개발자의 역량도 필요합니다. 머신러닝 알고리즘을 실제로 구현해 운영하는 회사에 취직하는 것이 우선입니다. 짧게 2~3개월 투자해서 이러한 영역에 도전하기란 사실 매우 어렵습니다. 진입 장벽이 높아 단계적으로 선택과 집중이 중요합니다. 만약 마케팅에서 일하고 싶다면 이에 필요한 분석 방법이 있습니다(예: A/B 테스트). 그렇다면 해당하는 분석 방법론만 집중적으로 배우는 것이 더 효과적입니다. 만약 머신러닝에서 수치를 예측하는 모형을 배우고 싶다면 분류 모형은 나중에 배우고 우선 회귀 문제를 집중적으로 배우는 것이 중요합니다. 모든 것을 배우기보다는 다양한 방법론 중에서 자신에게 현재 필요한 일부를 취사선택해 집중적으로 배워 가면서 점점 역량을 넓히는 것이 중요합니다.

이제 간단하고 유용한 value_counts() 함수를 더 봅니다. lemonade 데이터에서 lemonade 상인이 바닷가에서 몇 번, 공원에서 몇 번 에이드를 판매했는지 확인하고 싶을 때 사용합니다. 특히 value_counts() 함수는 문자형 데이터의 개수를 파악할 때 매우 유용하게 사용할 수 있습니다. 우선 코드를 확인합니다.

```
lemonade['Location'].value_counts()
```

[실행 결과]

```
Beach    17
Park     15
Name: Location, dtype: int64
```

변수명을 입력할 때는 숫자형 변수가 아니라 문자열 변수를 입력해야 하니 주의합니다. 결괏값을 보면 바닷가는 17번, 공원은 15번으로 나옵니다. 이와 같은 방식으로 각 열에 있는 고윳값들의 빈도 횟수를 쉽게 확인하는 함수입니다.

데이터의 자료형

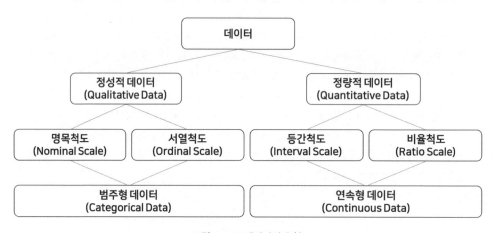

그림 1-4-5 데이터의 유형

본격적으로 데이터를 다루기에 앞서 데이터의 유형 및 측정 척도에 대해서 간략하게 다룹니다. 본 책에서는 주로 정형 데이터만 다루는데, 이는 크게 명목 척도, 서열 척도, 등간 척도, 비율 척도로 나눕니다. 데이터를 정확히 이해하려면 데이터의 자료형에 대한 기본적인 이해가 필요합니다. 처음 데이터를 분석하는 분들은 특히 각 데이터 유형의 기본적인 내용 및 예시를 통해서 배우기를 바랍니다. 추후에 설문 조사 데이터를 수집하거나 캐글 데이터를 머신러닝할 때도 기초적으로 알아야 할 내용입니다. 이제 측정 척도의 유형과 내용을 표로 정리한 것을 확인하기를 바랍니다(신건권, 2018).

구분	내용	예시
명목 척도	범주형 데이터로 측정된 측정 대상을 단순히 범주로 분류할 목적으로 숫자를 부여한 척도(수학적 가감승제 계산 안 됨)	성별, 종교, 직업, 혈액형, 만족 여부(예/아니오) 등
서열 척도	범주형 데이터로 명목 척도의 기능뿐 아니라 각 범주 간의 대소 관계, 순위(서열성)에 관해 숫자를 부여한 척도(수학적 가감승제 계산 안 됨)	학력, 건강 상태 등
등간 척도	연속형 데이터로 절대적 영점(Absolute Zero)이 없으며 대상이 갖는 양적인 정도의 차이에 따라 등간격으로 숫자를 부여한 척노(수학석 가감승제 계산 가능)	온도, 만족도(리커트 척도), 충성도(리커트 척도), 물가 지수, 생산 지수 등
비율 척도	연속형 데이터로 절대적 영점이 존재하며, 비율 계산이 가능한 숫자를 부여한 척도(수학적 가감승제 계산 가능)	매출액, 무게, 가격, 소득, 길이, 부피 등

표 1-4-1 측정 척도의 유형과 내용

위 데이터 유형에 대한 소개는 보통의 일반적인 통계책 1장에 나오는 내용입니다. 이처럼 데이터의 유형에 대한 이해도가 중요한 이유는 데이터 유형이나 데이터의 성질에 따라 통계 분석 방법 및 머신러닝 연구 방법론이 달라지기 때문입니다. 특히 가장 어려운 부분의 하나는 모든 데이터는 문자로 표현해서는 안 되며, 이를 수치로 코딩화해야 합니다. 이 부분을 보통 더미 변수로 부르기도 하고, 머신러닝에서는 Label Encoding, Ordinal Encoding, One-Hot Encoding으로 문자를 수치로 바꿔 주는 방법론을 적용합니다. 이 부분은 Part II에서 한 번 더 다룹니다.

4.4 데이터 다뤄 보기

데이터를 다루는 방법은 크게 2가지입니다. 데이터의 행(Row)과 열(Column)입니다. 우선 열을 기준으로 보면 크게 새로운 변수명을 추가하는 방법과 제거하는 방법이 있습니다.

열 추가

우선 열을 추가하는 방법부터 살펴봅니다. 새로운 변수 Sold를 추가합니다.

```
lemonade['Sold']=0
print(lemonade.head(3))
```

[실행 결과]

	Date	Location	Lemon	Orange	Temperature	Leaflets	Price	Sold
0	7/1/2016	Park	97	67	70	90.0	0.25	0
1	7/2/2016	Park	98	67	72	90.0	0.25	0
2	7/3/2016	Park	110	77	71	104.0	0.25	0

기존의 lemonade 데이터에 Sold 열을 추가합니다. [ ] 연산자를 이용해서 새로운 열 이름과 함께 데이터를 넣으면 자연스럽게 새로운 열이 생성됩니다. 그런데 0을 할당해서 열 전체가 0이 됩니다. 이와 같이 상수로 지정하면 해당 열은 모두 같은 값으로 채워집니다. 이제 Lemon과 Orange의 합을 Sold 열에 넣고 값을 확인합니다.

```
lemonade['Sold']=lemonade['Lemon']+lemonade['Orange']
print(lemonade.head(3))
```

[실행 결과]

	Date	Location	Lemon	Orange	Temperature	Leaflets	Price	Sold
0	7/1/2016	Park	97	67	70	90.0	0.25	164
1	7/2/2016	Park	98	67	72	90.0	0.25	165
2	7/3/2016	Park	110	77	71	104.0	0.25	187

이 코드에서 확인할 점은 기존 Sold 열을 쉽게 일괄적으로 수정할 수 있다는 것입니다. 즉 Lemon 열과 Orange 열의 연산값을 다른 열에 넣을 수 있다는 점이 확인됩니다. 그

럼 이제 Price와 Sold를 곱해 Revenue 열을 만듭니다. 이번엔 시작부터 바로 연산을 통해 열을 선언합니다.

```
lemonade['Revenue']=lemonade['Price']*lemonade['Sold']
print(lemonade.head(3))
```

[실행 결과]

	Date	Location	Lemon	Orange	...	Leaflets	Price	Sold	Revenue
0	7/1/2016	Park	97	67	...	90.0	0.25	164	41.00
1	7/2/2016	Park	98	67	...	90.0	0.25	165	41.25
2	7/3/2016	Park	110	77	...	104.0	0.25	187	46.75

구글 코랩에서 열의 개수가 많아지면 중간에 생략 표시(…)가 결괏값으로 나타납니다. 이때 Pandas에 옵션을 추가하면 전체 데이터가 나타납니다.

- 이외 세부 옵션은 도움말을 참고하도록 합니다. https://pandas.pydata.org/pandas-docs/stable/reference/api/pandas.set_option.html

```
pd.set_option('display.max_columns', None)

lemonade['Revenue']=lemonade['Price']*lemonade['Sold']
print(lemonade.head(3))
```

[실행 결과]

	Date	Location	Lemon	Orange	Temperature	Leaflets	Price	Sold	\
0	7/1/2016	Park	97	67	70	90.0	0.25	164	
1	7/2/2016	Park	98	67	72	90.0	0.25	165	
2	7/3/2016	Park	110	77	71	104.0	0.25	187	

```
   Revenue
0    41.00
1    41.25
2    46.75
```

그런데 필자는 개인적으로 해당 옵션을 잘 사용하지 않습니다. 여러 이유가 있지만 실제 캐글 데이터나 실무 데이터의 열의 개수는 매우 많습니다. 작은 데이터는 효과적이지만 그 외는 탐색적 자료 분석을 통해 데이터를 확인할 때가 많아 참고 사항으로만 확인하면 좋습니다. 만약 옵션을 해제하려면 None 대신에 0을 입력합니다. 출력 결괏값은 구글 코랩에서 확인합니다.

```python
pd.set_option('display.max_columns', 0)
```

4.4.2 열 제거

이번에는 특정 열을 제거하는 방법을 알아봅니다. 이때는 drop() 함수를 사용합니다. 단 주의할 점은 Axis를 선정해야 한다는 것입니다. Axis를 0으로 설정하면 행 방향으로 drop을 수행하고, 1로 설정하면 열 방향으로 드롭을 수행합니다.

```python
lemonade_column_drop=lemonade.drop('Sold', axis=1)
print(lemonade_column_drop.head(3))
```

[실행 결과]

	Date	Location	Lemon	Orange	Temperature	Leaflets	Price	Revenue
0	7/1/2016	Park	97	67	70	90.0	0.25	41.00
1	7/2/2016	Park	98	67	72	90.0	0.25	41.25
2	7/3/2016	Park	110	77	71	104.0	0.25	46.75

마지막에 만든 열이 사라지는 것을 확인할 수 있습니다. 이번에는 Axis=0을 넣으면 어떤 현상이 일어나는지 확인합니다. 이때는 행을 없애는 부분이라 열 이름 대신에 행의 숫자를 입력한다는 차이점을 기억하면 좋습니다.

```
lemonade_row_drop=lemonade_column_drop.drop(0, axis=0)
print(lemonade_row_drop.head(3))
```

[실행 결과]

```
    Date Location  Lemon  Orange  Temperature  Leaflets  Price  Revenue
1  7/2/2016    Park     98      67           72      90.0   0.25    41.25
2  7/3/2016    Park    110      77           71     104.0   0.25    46.75
3  7/4/2016   Beach    134      99           76      98.0   0.25    58.25
```

lemonade_row_drop의 결괏값을 보면, 기존 데이터에서 첫 번째 줄이 사라진 것을 확인할 수 있습니다. 지금까지 열을 추가하고 삭제하는 것을 배웠습니다. 이제 행을 다뤄야 하는데, 그전에 데이터 인덱싱에 대해 먼저 다룹니다. 데이터 인덱싱에 대한 선행 학습이 되어야 조건 인덱싱 등을 설명할 때 더욱 쉽게 이해되기 때문입니다.

4.5 데이터 인덱싱

데이터를 다루다 보면 데이터 전체보다는 데이터 일부를 추출해야 할 때가 많습니다. 이렇게 데이터의 일부를 선정하는 과정을 인덱싱(Indexing)이라고 부릅니다.

4.5.1 [ ] 연산자 기초

기본적인 [ ] Selection부터 살펴봅니다. lemonade 데이터에서 첫 5줄만 출력합니다.

```
print(lemonade[0:5])
```

[실행 결과]

	Date	Location	Lemon	Orange	...	Leaflets	Price	Sold	Revenue
0	7/1/2016	Park	97	67	...	90.0	0.25	164	41.00
1	7/2/2016	Park	98	67	...	90.0	0.25	165	41.25
2	7/3/2016	Park	110	77	...	104.0	0.25	187	46.75
3	7/4/2016	Beach	134	99	...	98.0	0.25	233	58.25
4	7/5/2016	Beach	159	118	...	135.0	0.25	277	69.25

결괏값을 보면 pd.head() 함수와 좀 비슷합니다. lemonade 데이터를 첫 번째 줄부터 다섯 번째 줄까지 선택합니다. 그런데 만약에 Beach에서 판매한 날들의 데이터만 보고 싶으면 우선 코드로 확인합니다.

```
print(lemonade[lemonade['Location']=='Beach'].head(3))
```

[실행 결과]

	Date	Location	Lemon	Orange	...	Leaflets	Price	Sold	Revenue
3	7/4/2016	Beach	134	99	...	98.0	0.25	233	58.25
4	7/5/2016	Beach	159	118	...	135.0	0.25	277	69.25
5	7/6/2016	Beach	103	69	...	90.0	0.25	172	43.00

먼저 lemonade['Location']='Beach' 결괏값은 True/False로 반환합니다. 즉 lemonade 데이터에서 True 값만 반환한 데이터에서 처음 3개의 데이터만 가져온다는 뜻입니다.

4.5.2 iloc & loc

iloc와 loc는 각각 위치 기반 인덱싱과 명칭 기반 인덱싱을 의미합니다. 내용이 조금 어려울 수 있으나 실습을 통해 확인합니다.

```
print(lemonade.iloc[0:3, 0:2])
```

[실행 결과]

```
      Date Location
0  7/1/2016     Park
1  7/2/2016     Park
2  7/3/2016     Park
```

우선 위치 기반 인덱싱이라면 행과 열에 각각 해당하는 번호를 입력합니다. 이때는 iloc를 사용합니다. [] 연산자 내의 좌측은 행을, 우측은 열을 의미합니다. 0부터 2 위치 값의 행과 0부터 1 위치 값의 열을 호출한 것입니다. 즉 첫 번째부터 세 번째 행을 고르고, 첫 번째와 두 번째 열을 선택한 것입니다. "위치 기반"입니다. 이렇게 주소 값을 활용해 데이터를 추출할 때 사용됩니다. 반대로 loc이 사용되는 예시를 보면 더욱 이해될 것입니다. 특히 열을 추출할 때 어떻게 추출하는지 방법을 잘 살펴보기를 바랍니다.

```
print(lemonade.loc[0:2, ['Date', 'Location']])
```

[실행 결과]

```
      Date Location
0  7/1/2016     Park
1  7/2/2016     Park
2  7/3/2016     Park
```

결괏값은 동일하지만 표현하는 방식은 조금 다릅니다. loc에서도 행을 부르는 좌측 파라미터에는 위치 값이 들어갈 때가 많습니다. 그러나 우측을 보면 전과 다르게 변수명이 들어가고 그에 따라 출력됩니다. 또한 loc은 iloc와 다르게 마지막 수를 포함해 선택합니다. iloc에선 0:3이었는데, loc에서는 0:2를 불러도 동일한 값이 나옵니다. 약간의 문법적인 차이가 있어 처음 입문한 분들에게는 조금 어려울 수도 있습니다. 그러나 데이터 가공 및 전처리는 많이 하면 할수록 자연스럽게 따라옵니다. 또한 관련 예제 등도 풍부하게 많아 지금은 가볍게 보면서 넘어가도 좋습니다.

4.5.3 조건 인덱싱

조건에 따라서 데이터를 추리는 방법입니다. 간단하고 빠르게 필요한 데이터를 추출해 데이터 전처리에서 거의 필수적으로 사용되는 부분입니다. 다음 실습을 같이 보면 lemonade 데이터에서 매출(Revenue)이 45가 넘는 행들만 추출한 뒤 날짜와 매출 열만 출력합니다.

```
print(lemonade.loc[lemonade['Revenue']>45, ['Date', 'Revenue']].head(3))
```

[실행 결과]

```
        Date   Revenue
2   7/3/2016    46.75
3   7/4/2016    58.25
4   7/5/2016    69.25
```

코드와 결괏값을 순차적으로 계속 보면서 이 실습을 꼭 완전히 이해하고 넘어가기를 바랍니다. 우선 열들을 명칭으로 호출해 loc를 사용합니다. 그 후 Revenue 열의 값이 45 이상인 행들만 추린 후 'Date'와 'Revenue' 열들만 뽑아서 출력합니다. 이와 비슷하게 다양한 방법으로 직접 코딩하면서 익숙해지기를 바랍니다.

4.6 기본 데이터 전처리

Pandas 데이터 프레임을 핸들링하다 보면 주로 쓰는 기초 문법 중 대표적으로 sort_values() 함수를 활용한 데이터 정렬과 groupby()를 활용한 연산입니다.

4.6.1 sort_values( )

Numpy의 Sort와 비슷합니다. 3개의 주요 파라미터는 By, Ascending, Inplace로 이루어집니다. By는 어떤 열을 기준으로 정렬할 것인지, Ascending=True/False는 오름차순으로 정렬할 것인지를 뜻합니다. 기본값은 True이므로 오름차순으로 정렬되고, Inplace=True/False는 해당 명령을 본 데이터에 적용할 것인지를 정하고, 기본은 False이므로 따로 바꾸지 않는 이상 데이터에 바로 그 효과가 적용되지는 않습니다. 예제들로 빠르게 진행합니다. 우선 온도 'Temperature' 변수 기준으로 정렬합니다.

```
print(lemonade.sort_values(by=['Temperature']).head(5))
```

[실행 결과]

```
         Date Location  Lemon  Orange  ...  Leaflets  Price  Sold  Revenue
0     7/1/2016     Park     97      67  ...      90.0   0.25   164    41.00
20   7/20/2016     Park     71      42  ...       NaN   0.50   113    56.50
2     7/3/2016     Park    110      77  ...     104.0   0.25   187    46.75
1     7/2/2016     Park     98      67  ...      90.0   0.25   165    41.25
16   7/16/2016    Beach     81      50  ...      90.0   0.50   131    65.50

[5 rowsx9 columns]
```

이번엔 Temperature와 Revenue를 내림차순으로 정렬합니다. 그리고 이 정렬 값이 lemonade에 바로 저장되도록 Inplace를 True로 설정합니다.

```
lemonade.sort_values(by=['Temperature', 'Revenue'], ascending=False,
inplace=True)
print(lemonade.loc[:, ['Date', 'Temperature', 'Revenue']].head(5))
```

[실행 결과]

```
         Date  Temperature   Revenue
25  7/25/2016           84    134.50
12  7/12/2016           84     56.25
26  7/26/2016           83    106.75
11  7/11/2016           83     70.50
24  7/24/2016           82    101.50
```

코드에 대해 부연 설명합니다. lemonade.loc 후에 행의 인덱스에 들어가는 좌측 값에 :
가 들어가는 것은 모든 행을 선택한다는 의미입니다. 결과적으로 우선 Temperature 기
준으로 내림차순으로 정렬되고, 동일 Temperature 값 중에서는 Revenue를 기준으로 최
종적으로 내림차순으로 정렬됩니다.

4.6.2 groupby( )

groupby 함수는 데이터 전처리에서 아주 많이 활용되는 함수입니다. 특정 열을 기준으
로 그 열의 고윳값들로 데이터를 나눕니다. 실습을 통해서 확인해 봅니다.

```
print(lemonade.groupby(by='Location').count())
```

[실행 결과]

	Date	Lemon	Orange	Temperature	Leaflets	Price	Sold	Revenue
Location								
Beach	16	17	17	17	17	17	17	17
Park	15	15	15	15	14	15	15	15

Location으로 Groupby하니 데이터가 Beach와 Park로 분류됩니다. 직관적으로 보기 어렵습니다. 사실 이렇게 분류해도 주어진 결과에서 인사이트를 얻기에는 무언가 부족합니다. 데이터에서 인사이트를 얻으려면 groupby( ) 함수에 agg( ) 함수를 활용하는 것이 좋습니다. Agg는 Aggregation의 약자로, Groupby로 묶인 데이터를 연산하는 유용한 함수입니다.

```
print(lemonade.groupby('Location')['Revenue'].agg([max, min]))
```

[실행 결과]

	max	min
Location		
Beach	95.5	43.0
Park	134.5	41.0

하나의 변수뿐만 아니라 여러 개의 변수를 넣을 수도 있습니다. 'Revenue' 대신에 List를 활용해 ['Revenue', 'Sold']를 추가합니다.

```
print(lemonade.groupby('Location')[['Revenue', 'Sold']].agg([max, min]))
```

```
             Revenue      Sold
           max   min   max  min
Location
Beach     95.5  43.0   282  123
Park     134.5  41.0   305  113
```

4.7 정리

본 튜토리얼은 기초적인 부분에 대해서 다뤄 많은 연습이 필요한 것이 사실입니다. Pandas 공식 홈페이지에는 입문자를 대상으로 다양한 데이터 파일의 입출력, 데이터 가공, 피벗 테이블과 같은 다양한 예제가 준비되어 있습니다. 이러한 튜토리얼을 구글 코랩에서 하나씩 코딩을 실제로 타이핑하면서 연습하는 것을 권합니다. 또한 앞으로 다양한 캐글 데이터를 활용한 예제를 통해서 독자 분들의 데이터 전처리 실력을 조금 더 향상하는 것을 권합니다.

더 읽을거리

- 10 minutes to pandas: https://pandas.pydata.org/pandas-docs/stable/user_guide/10min.html
- Community Tutorials: https://pandas.pydata.org/pandas-docs/stable/getting_started/tutorials.html

파이썬 시각화

간단한 그래프는 다른 어떤 것보다 많은 정보를 제공한다. −존 튜키(John Tukey)

본 Chapter에서는 파이썬 시각화의 기초에 대해 학습합니다. 파이썬에서 제공하는 시각화 패키지는 다양하지만 기본적인 뼈대는 Matplotlib 라이브러리입니다. 그러나 입문자분들이 Matplotlib를 다루기는 쉽지 않습니다. 특히 Chapter 4에서 배운 Matplotlib는 기능이 많지만 한편으로는 그림 하나를 그릴 때 손이 많이 가기 때문에 간편하게 그림을 그리고자 등장한 것이 Seaborn 라이브러리입니다. 특히 통계 결과를 간편하고 아름답게 보여 주는 특징이 있습니다. Chapter 5에서는 두 라이브러리만 집중적으로 배우고, 그 외 지도 시각화 및 동적 시각화는 다루지 않는다는 점 참고하기를 바랍니다.

본격적인 Matplotlib 라이브러리를 배우기에 앞서 파이썬 시각화 그래프의 기본적인 용어를 짚고 넘어갑니다.

[그림 1-5-1]은 여러분들이 그래프를 수동으로 조작하려고 할 때 반드시 기억해야 할 용어들입니다. 파이썬에서는 그래프라는 용어보다는 'Figure'라는 용어를 사용합니다. 그리고 각각의 요소는 수동으로 조작(Customized)이 가능합니다. 각각의 용어를 다음과 같이 정리합니다.

- Axes: 그래프가 그려지는 Figure의 하위 섹션을 의미합니다. Axes는 Title, X-Label,

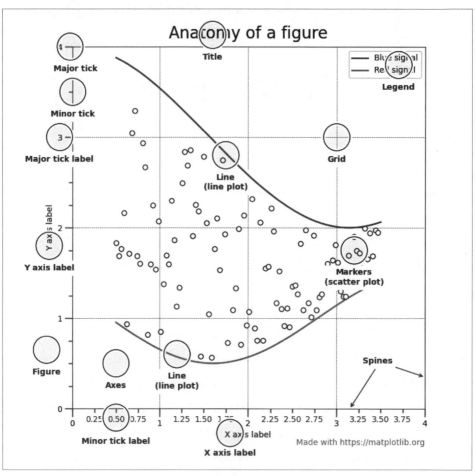

그림 1-5-1 Matplotlib 그래프의 기본 구조
source: https://matplotlib.org/stable/gallery/showcase/anatomy.html

Y-Label 등의 값을 통제합니다. 하나의 figure는 여러 개의 Axes를 가집니다.

- Axis: Axes의 하위 요소를 의미하며, 그래프의 척도를 나타내는 숫자 선입니다. 2차원 그래프는 X와 Y Axis를, 3차원 그래프는 X, Y, Z Axis를 가집니다.

- Label: Figure의 다양한 요소의 이름입니다. 예를 들어서 X Axis Label, Y Axis Label, Graph Label 등이 있습니다.

- Legend: Axes 안에 여러 개의 그림이 있으면 입력값에 따라 각각의 Label이 있습니다.

- Title: 각각의 Axes에 주어진 이름입니다. Figure가 각각의 Title로 여러 개의 Axes를 가진다면 Figure 또한 각각의 Title을 가집니다.

- Ticklabels: 각 'Axis(X, Y 또는 Z)'는 여러 개의 동일한 'Bin'으로 나뉜 값의 범위를 갖습니다. 'Bin'은 두 가지 레벨에서 선택됩니다. [그림 1-5-1] 'Anatomy of a figure'에서 x축 척도의 범위는 0~4이며, 4개의 주요 빈(0~1, 1~2, 2~3, 3~4)으로 나뉘며, 각각의 주요 빈은 4개의 작은 빈(0~0.25, 0.25~0.5, 0.5~0.75)으로 더 세분화됩니다. 'Major Bin'의 양쪽에 있는 'Ticks'를 'Major Ticks'라고 하고, 'Minor Bin'을 'Minor Ticks'라고 하며, 여기에 주어진 이름은 'Major Ticklabels'와 'Minor Ticklabels'입니다.

- Spines: Figure의 가장자리를 'Spines'라고 부릅니다. 각각의 'Axes'에는 네 개의 'Spines'가 있습니다(Top, Bottom, Left, Right).

- Grid: 그래프의 다양한 점의 좌표를 쉽게 읽도록 영역을 Grid로 나눌 수 있습니다. 일반적으로 'Grid'는 x축과 y축의 주요 눈금을 따라 그립니다.

```
import matplotlib.pyplot as plt

dates=[
    '2021-01-01', '2021-01-02', '2021-01-03', '2021-01-04', '2021-01-05',
    '2021-01-06', '2021-01-07', '2021-01-08', '2021-01-09', '2021-01-10']
min_temperature=[20.7, 17.9, 18.8, 14.6, 15.8, 15.8, 15.8, 17.4, 21.8, 20.0]
max_temperature=[34.7, 28.9, 31.8, 25.6, 28.8, 21.8, 22.8, 28.4, 30.8, 32.0]

fig, axes=plt.subplots(nrows=1, ncols=1, figsize=(10, 6))
axes.plot(dates, min_temperature, label='Min Temperature')
axes.plot(dates, max_temperature, label='Max Temperature')
axes.legend()
plt.show()
```

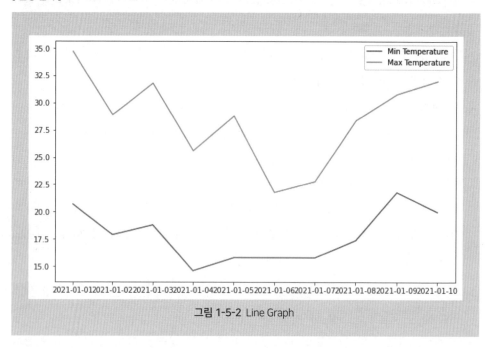

그림 1-5-2 Line Graph

먼저 임의의 날짜 데이터를 List 객체에 포함시킨 뒤 변수 Dates에 저장합니다. 마찬가지로 임의의 변수 Min_Temperature와 Max_Temperature 변수에 각각의 값을 저장합니다. 각기 다른 3개의 변수가 만들어지면 이번에는 시각화 코드를 구현합니다. plt.subplots() 함수는 크게 Figure 객체와 Axes 객체를 반환합니다. 실제로 어떤 차이가 있는지는 print() 함수를 활용해 결괏값을 보면 더욱 분명하게 알 수 있습니다.

- Fig는 Figure를 뜻하며 전체 그래프의 크기를 의미합니다.
- Axes는 전체 그래프 중에서 각각의 개별 그래프를 의미합니다.
- Nrows는 행을 의미합니다. 마찬가지로 Ncols는 열을 의미합니다.
- Figsize는 그래프의 크기를 조절할 수 있습니다.

```
print(fig)
print(axes)
```

[실행 결과]

```
Figure(720×432)
AxesSubplot(0.125, 0.125;0.775×0.755)
```

이제 위의 기본적인 개념을 활용해 본격적으로 라이브러리를 활용해 다양한 그래프를 작성해 봅니다.

5.1 Matplotlib 라이브러리

Matplotlib는 파이썬 라이브러리 개발자인 John Hunter(1968~2012)에 의해 2003년 처음 나타납니다. 이때의 시각화는 상용 분석 도구인 MATLAB의 그래프를 모방한 것이 시초로 알려져 있습니다. Matplotlib는 다양한 파이썬 시각화 라이브러리의 기본 뼈대라고 할 수 있으며, 사용 범위는 정형 데이터, 이미지 시각화 등 매우 다양하게 사용합니다. 더욱 자세한 내용은 공식 홈페이지를 참조하기를 바랍니다. 본 책에서는 기본적으로 구글 코랩을 사용해 별도의 패키지 설치는 필요하지 않습니다. 다만 개별적인 개발 환경을 구축해야 한다면 다음과 같이 실행합니다.

```
python-m pip install-U pip
python-m pip install-U matplotlib
```

5.1.1 선그래프(Line Plot)

연속하는 데이터값들을 직선 또는 곡선 형태로 구하는 것을 말합니다. 특히 주가나 일일 매출 등과 같이 연속적인 값의 변화와 패턴을 파악하는 데 적합합니다. 본 시각화 예제는 모듈에서 제공하는 데이터를 불러와서 작업합니다. 데이터는 가급적 Kaggle과 Standard API를 활용하는 것에 초점을 맞춥니다. 데이터는 Fix_Yahoo_Finance 라이브러리에서 가져옵니다.

- Github: https://github.com/ranaroussi/yfinance

이제 실습해 봅니다. 구글 코랩에서 따라 하면 금방 쉽게 할 수 있습니다.

```python
import yfinance as yf
data=yf.download('AAPL', '2019-08-01', '2020-08-01')
ts=data['Open']
print(ts.head())
```

[실행 결과]

```
Date
2019-08-01    53.474998
2019-08-02    51.382500
2019-08-05    49.497501
2019-08-06    49.077499
2019-08-07    48.852501
Name: Open, dtype: float64
```

먼저 AAPL(애플) 명을 입력하고, 데이터 조회 시작일과 종료일을 입력합니다. Data에는 총 6가지 변수(Open, High, Low, Close, Adj Close, Volume)가 존재하는데, 그중에서 Open 변수만 가져와서 Ts 객체로 저장합니다. Matplotlib 그래프를 구현하는 방법은 크게 2가지가 있습니다.

- Pyplot API: Matplotlib.Pyplot 모듈에 있는 함수들을 각각 불러와서 구현하는 방법인데, 사용하기 편리한 것이 장점입니다.

- 객체 지향 API: Matplotlib에 구현된 객체 지향 라이브러리를 직접 활용하는 방법인데, 만약 그래프의 각 구성 요소를 다양하게 제어하고 싶다면 객체 지향 API 방법을 활용하는 것이 좋습니다.

(1) Matplotlib.Pyplot API

먼저 첫 번째 방법인 Pyplot API 방법을 활용해 그래프를 그립니다.

```python
import yfinance as yf
import matplotlib.pyplot as plt

data=yf.download('AAPL', '2019-08-01', '2020-08-01')
ts=data['Open']
plt.figure(figsize=(10, 6))
plt.plot(ts)
plt.legend(labels=['Price'], loc='best')
plt.title('Stock Market fluctuation of AAPL')
plt.xlabel('Date')
plt.ylabel('Stock Market Open Price')
plt.show()
```

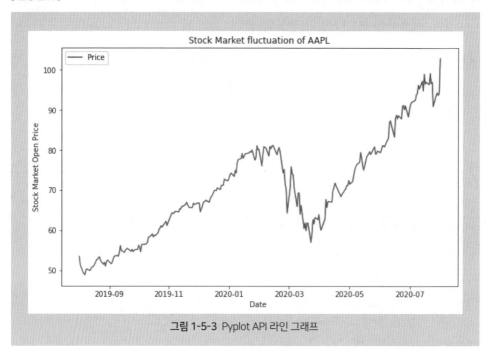

그림 1-5-3 Pyplot API 라인 그래프

우선 코드에서 가장 중요한 것은 Plt의 반복적인 사용입니다. 먼저 figure()에서 그래프의 크기를 지정한 뒤 plot() 메소드 내에 Ts 객체를 넣으면 그래프가 완성됩니다. 그다음부터는 그래프의 제목, x축, y축, 범례 등을 지정합니다.

(2) 객체 지향 API

Matplotlib 아키텍트는 크게 3가지 레이어로 구성됩니다. 입문하는 분들에게는 조금 어려울 수 있어 간단하게 설명하면 다음과 같습니다. 먼저 그림에서 보는 것처럼 Back-end Layer, Artist Layer, Scripting Layer로 구성됩니다.[2]

---

2   https://static.packt-cdn.com/products/9781783987542/graphics/B02036_02_05.jpg

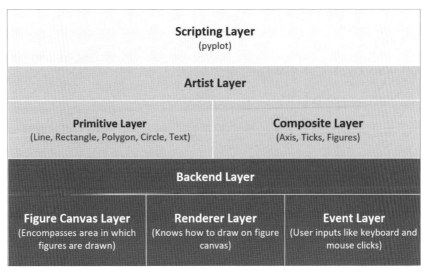

그림 1-5-4 Matplotlib 구조

출처: https://www.kaggle.com/getting-started/146720

이때 흔히 객체 지향의 개념을 도입해 다양하게 커스텀화하는 영역이 Artist Layer입니다. 이것은 Figure Artist라는 객체를 가지는데, 이 객체는 Renderer를 활용해 그래프를 그립니다. 즉 각각의 Subplot은 Artist Layer의 한 객체로 인식되며, 이 영역을 보통 객체 지향 API라고 부르기도 합니다. 실제로 이 영역은 Matplotlib 공식 튜토리얼에서는 중급 레벨로 인식되는 영역이지만, 더욱 정밀한 시각화를 해야 한다면 이 영역을 잘 다뤄야 함을 기억하도록 합니다.

- Artist Tutorial: https://matplotlib.org/3.3.3/tutorials/intermediate/artists.html

내용이 어렵게 흘러가기 전에 이제 본격적으로 코드를 설명하려고 합니다. 객체 지향 방식으로 그림을 그리는 표준적인 방법은 다음과 같습니다.

- 첫 번째, Backend Layer에 해당하는 FigureCanvas를 불러옵니다.
- 두 번째, Artist Layer에 있는 Figure 영역을 불러옵니다.
- 세 번째, Figure 객체를 만들어서 생성자(Constructor)를 만듭니다.

- 네 번째, 가상의 데이터를 만듭니다.

- 다섯 번째, Artist Layer에서 Axes 객체를 만듭니다.

- 여섯 번째, Axes 객체에 있는 hist()를 호출합니다.

- 일곱 번째, Axes 객체에 있는 set_title()을 호출합니다.

- 여덟 번째, 마지막으로 Figure 객체에 구현된 Axes를 담아서 패키징화해 내보냅니다.

이 과정이 전체적인 객체 지향 방법이라고 볼 수 있습니다.

```python
from matplotlib.backends.backend_agg import FigureCanvasAgg as FigureCanvas
from matplotlib.figure import Figure
fig=Figure()

import numpy as np
np.random.seed(6)

x=np.random.randn(20000)
ax=fig.add_subplot(111)
ax.hist(x, 100)
ax.set_title('Artist Layer Histogram')
fig.savefig('Matplotlib_histogram.png')
```

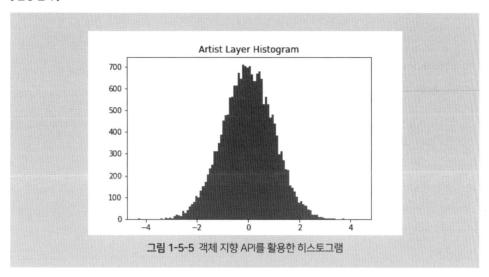

그림 1-5-5 객체 지향 API를 활용한 히스토그램

이 방법이 가장 원시적이라고 할 수 있습니다. 그러나 보는 것처럼 불러와야 할 라이브러리도 많아지고 조금 더 복잡해집니다. 따라서 실전에서는 방법 1과 방법 2를 혼합해 사용하는 것을 자주 봅니다.

(3) Pyplot API+객체 지향 API

Plt 클래스를 활용해 먼저 Figure 객체를 생성하는데, 이 뜻은 Backend Layer를 호출하는 의미를 담고 있습니다. Axes를 선언하는 것은 Artist Layer를 호출한다는 의미입니다. 기존 객체 지향 API와의 차이점은 Plt 클래스를 활용한다는 것입니다. 이외에는 Ax에 해당하는 메소드를 활용한다는 차이점 외에 다른 점이 없습니다.

- Fig, Ax 두 줄로 선언하거나 fig, ax=plt.subplots()와 같이 사용할 수 있습니다.

```
import yfinance as yf
import matplotlib.pyplot as plt
```

```
data=yf.download('AAPL', '2019-08-01', '2020-08-01')
ts=data['Open']

fig=plt.figure()
ax=fig.subplots() #fig, ax=plt.subplots()

ax.plot(ts)
ax.set_title('Stock Market fluctuation of AAPL')
ax.legend(labels=['Price'], loc='best')
ax.set_xlabel('Date')
ax.set_ylabel('Stock Market Open Price')
plt.show()
```

[실행 결과]

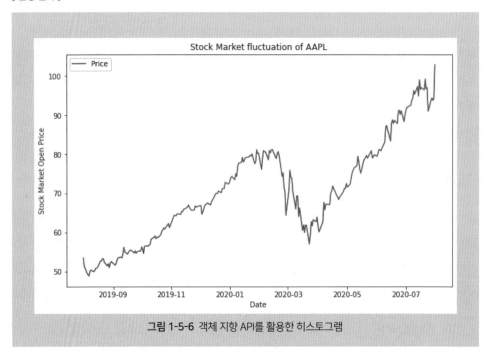

그림 1-5-6 객체 지향 API를 활용한 히스토그램

Axes API에 대한 추가적인 글을 참고하면 좋습니다. 특히 Matplotlib로 옵션에 다양한 변화를 주고 싶다면 다음 홈페이지를 참고하기를 바랍니다. 중간에 3.3.3은 버전에 관한 내용입니다. 버전이 바뀌면 해당 숫자만 바꿔서 접속할 것을 권합니다.

- Matplotlib.axes: https://matplotlib.org/3.3.3/api/axes_api.html

5.1.2 막대그래프(Bar Plot)

막대를 사용해 주로 다른 범주와의 데이터를 비교합니다. 막대 높이의 상대적인 길이 차이를 통해 데이터를 설명합니다. 세로형과 가로형은 표현 형식의 차이일 뿐 의미는 크게 차이가 없습니다. 이번에는 커피 판매 데이터로 월별 시각화를 연습해 봅니다. 먼저 코드로 구현합니다.

```python
import matplotlib.pyplot as plt
import numpy as np
import calendar

month_list=[1, 2, 3, 4, 5, 6, 7, 8, 9, 10, 11, 12]
sold_list=[300, 400, 550, 900, 600, 960, 900, 910, 800, 700, 550, 450]

fig, ax=plt.subplots(figsize=(10, 6))
plt.xticks(month_list, calendar.month_name[1:13], rotation=90)
plot=ax.bar(month_list, sold_list)
for rect in plot:
    height=rect.get_height()
    ax.text(rect.get_x()+rect.get_width()/2., 1.002*height, '%d'%
    int(height), ha='center', va='bottom')

plt.show()
```

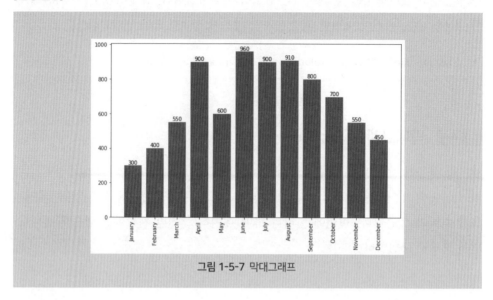

그림 1-5-7 막대그래프

먼저 월을 의미하는 Month_List와 판매량을 의미하는 Sold_List를 정의합니다. 이때의 Sold_List는 독자 분들이 각자 임의의 값으로 정하는 것을 추천합니다. 그리고 객체 지향으로 그래프를 작성하도록 Fig, Ax를 선언합니다. x축에 날짜들을 Calendar의 모듈을 활용해 Calendar.Month_Name[1:13]을 입력합니다. 실제로 출력하면 리스트 형태로 January~December까지 순서대로 출력하는 것을 확인할 수 있습니다. ax.bar()에 정의된 두 개의 리스트 Month_List와 Sold_List 값을 추가합니다. 사실 여기까지만 해도 그래프는 그려집니다. 그런데 우리가 궁금한 것은 각 막대그래프 위에 숫자를 추가하는 것입니다. 이때는 반복문을 활용해 처리합니다.

```
for rect in plot:
    height=rect.get_height()
    ax.text(rect.get_x()+rect.get_width()/2., 1.002*height, '%d'%
    int(height), ha='center', va='bottom')
```

- 'ax.text()': 그래프에 주석을 추가하겠다는 의미입니다.

- 'Rect.Get_x()+Rect.Get_Width()/2': x 좌표 위치에 막대그래프 두께의 절반을 합한 값입니다.

- '1.002*Height': y 좌표인 높이보다 0.2% 높은 주석이 달릴 위치입니다.

- '%d%int(Height)': 각각의 주석 값입니다.

- 'Ha': 'Horizontalalignment'라고도 쓰며, {'Center', 'Right', 'Left'} 중 하나를 고를 수 있습니다.

- 'Va': 'Verticalalignment'라고도 쓰며, {'Center', 'Top', 'Bottom', 'Baseline', 'Center_Baseline'} 중 하나를 고를 수 있습니다.

5.1.3 산점도 그래프

산점도는 두 수치형 변수의 분포를 비교하고 두 변수 사이에 상관관계가 있는지 여부를 확인하는 데 사용됩니다. 데이터 내에 구별되는 군집/분할이 있으면 산점도에서도 명확해집니다. 산점도 그래프는 상관 분석과 연관이 깊은데, 이 부분은 머신러닝 알고리즘 영역에서 조금 더 세부적으로 다룹니다. 이번 그래프는 기존과 다르게 실제 정형 데이터를 불러와서 Matplotlib를 활용하는 점이 조금 다르다고 볼 수 있습니다. 다만 기존 데이터는 Seaborn 라이브러리 내의 데이터를 불러옵니다. 정형 데이터에서 x축에 입력할 데이터에 y축에 입력할 데이터를 각각 따로 저장합니다. 이외의 코드는 기존 코드와 유사하지만, 여기에서 하나 달라지는 점이라면 plot() 대신에 scatter()로 코드를 바꾸면 산점도 그래프를 그릴 수 있습니다.

```
import matplotlib.pyplot as plt
import seaborn as sns

tips=sns.load_dataset("tips")
```

```
x=tips['total_bill']
y=tips['tip']

fig, ax=plt.subplots(figsize=(10, 6))
ax.scatter(x, y)
ax.set_xlabel('Total Bill')
ax.set_ylabel('Tip')
ax.set_title('Tip ~ Total Bill')

fig.show()
```

[실행 결과]

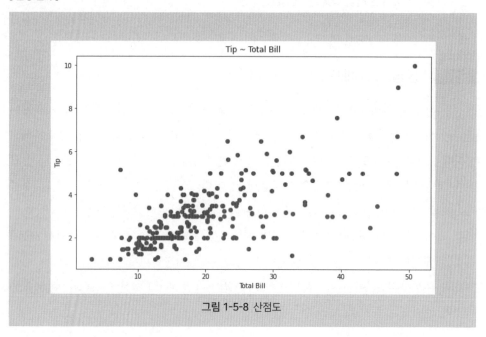

그림 1-5-8 산점도

그러나 위 그래프를 보면 무언가 아쉽다는 생각이 듭니다. 그룹 간의 산점도를 비교하려면 약간의 데이터 전처리가 필요합니다. 먼저 코드를 봅니다.

```
tips=sns.load_dataset("tips")
x=tips['total_bill']
y=tips['tip']

tips['sex_color']=tips['sex'].map({"Female":"#0000FF","Male":"#00FF00"})

fig, ax=plt.subplots(figsize=(10, 6))
for label, data in tips.groupby('sex'):
ax.scatter(data['total_bill'], data['tip'], label=label,
           color=data['sex_color'], alpha=0.5)
  ax.set_xlabel('Total Bill')
  ax.set_ylabel('Tip')
  ax.set_title('Tip ~ Total Bill by Gender')

ax.legend()
fig.show()
```

[실행 결과]

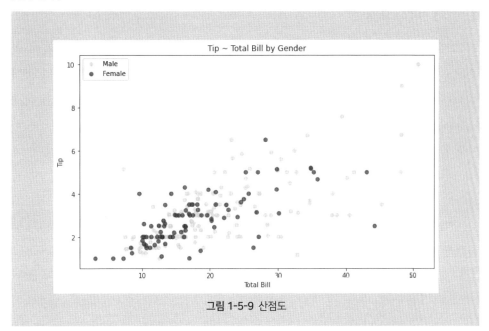

그림 1-5-9 산점도

우선 반복문이 필요합니다. 그 이유는 Male에 해당하는 데이터와 Female에 해당하는 데이터를 각각 나눠 그려야 하기 때문입니다. 그런데 또한 여기에 범례를 추가합니다. 조금 어렵지만 우선 순차적으로 코드에 대해 설명하면 다음과 같습니다. 우선 map() 함수를 사용해 Female에 해당하는 영역에는 RGB 색상인 #0000FF를 삽입하고, Male에는 #00FF00 색상을 삽입합니다. 즉 이 부분은 추후에 독자가 데이터의 유형에 따라 색상을 추가 및 변경할 수 있다는 뜻의 코드이기도 합니다. 이제 반복문을 수행합니다. Pandas 문법에 따라 Female과 Male 기준으로 두 개의 그룹으로 만든 뒤 각 그룹에 따라서 순차적으로 데이터를 그리는 것을 의미합니다. legend()를 추가해 각각의 데이터가 다름을 재차 확인합니다. 마지막으로 Alpha 값은 투명도를 의미하며, 0~1사이의 실숫값으로 표현합니다. 분명 똑같은 데이터이지만 그룹을 추가하면 더욱 의미가 분명해집니다. 보다시피 확인하면 Male 그룹이 Female 그룹보다 Total Bill과 Tip이 더 많습니다.

5.1.4 히스토그램

이 그래프는 연속형 변수의 분포를 그리는 데 사용합니다. 연속형 변수들의 값이 빈(Bin) 수로 분할되어 x축에 표시되며, 각 빈에 포함되는 범위의 수치들은 카운트화되어 y축에 표시됩니다. y축에는 카운트 대신 총량의 백분율을 표시해 확률 분포를 나타내며, 이러한 그래프는 통계 분석에 사용됩니다. 그래프를 그리는 방법은 기존 코드와 매우 유사해 중복되는 코드에 대한 설명은 생략합니다. 다만 여기에서 확인해야 할 코드는 Nbins로 시각화를 Bin으로 21개로 나눕니다. 독자 분들은 21 대신 다른 숫자를 넣어서 어떻게 변경되는지 확인하도록 합니다. axvline()은 데이터의 평균선을 세로로 긋는 함수입니다. 그런데 이 함수를 활용하려면 X 인수에 적당한 값인 age.mean()의 평균값을 넣고, Linewidth는 선 굵기 지정, Color는 선의 색깔을 지정합니다.

```python
import matplotlib.pyplot as plt
import numpy as np
import seaborn as sns

titanic=sns.load_dataset('titanic')
age=titanic['age']

nbins=21
fig, ax=plt.subplots(figsize=(10, 6))
ax.hist(age, bins=nbins)
ax.set_xlabel("Age")
ax.set_ylabel("Frequency")
ax.set_title("Distribution of Aae in Titanic")
ax.axvline(x=age.mean(), linewidth=2, color='r')
fig.show()
```

[실행 결과]

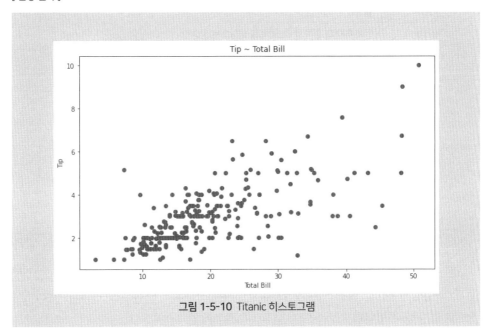

그림 1-5-10 Titanic 히스토그램

박스 플롯(Box Plot) 그래프

이 그래프는 범주형 데이터를 기준으로 수치형 데이터의 분포를 파악하는 데 적합합니다. [그림 1-5-11]을 보면 최솟값, 1분위값, 중간값, 3분위값, 최댓값을 제공합니다.

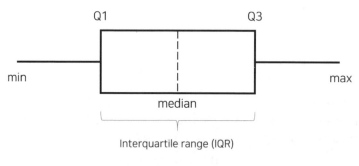

그림 1-5-11 박스 플롯 설명

구분	설명
Median	전체 데이터 중에서 약 50%에 해당하는 중앙값
Min	전체 데이터 중에서 최솟값
Max	전체 데이터 중에서 최댓값
Q1	1사분위수를 의미하며, 전체 데이터의 25% 지점의 값을 의미
Q3	3사분위수를 의미하며, 전체 데이터의 75% 이내의 값을 의미
IQR	InterQuartile Range의 약어를 의미하며, 제3사분위수-제1사분위수로 계산 그래프에 보이는 점들은 이상치 Outlier에 해당

표 1-5-1 박스 플롯 용어

이번에는 코드를 작성합니다. Data는 리스트로 담는데, 그 이유는 Labels에 있는 값과 하나씩 일치시키기 위해서입니다. 첫 번째 리스트 값은 Setosa를 기준으로 Petal_Width를 추출한 것이고, 두 번째 리스트 값은 Versicolor, 마지막 리스트 값은 Virginica를 기준으로 추출한 것입니다.

```
import matplotlib.pyplot as plt
import seaborn as sns

iris=sns.load_dataset('iris')

data=[iris[iris['species']== "setosa"]['petal_width'],
      iris[iris['species']=="versicolor"]['petal_width'],
      iris[iris['species']=="virginica"]['petal_width']]

fig, ax=plt.subplots(figsize=(10, 6))
ax.boxplot(data, labels=['setosa', 'versicolor', 'virginica'])

fig.show()
```

[실행 결과]

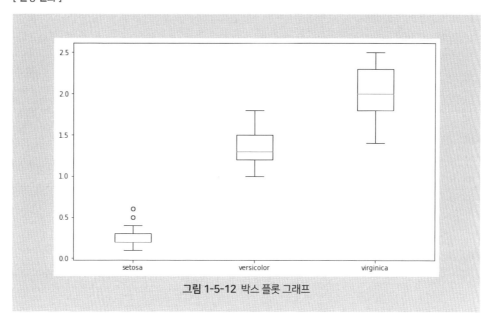

그림 1-5-12 박스 플롯 그래프

5.1.6 히트 맵(Heat Map) 그래프

이 그래프는 열을 뜻하는 히트(Heat)와 지도를 뜻하는 맵(Map)을 결합시킨 단어로 다양한 강도, 다양한 색상으로 데이터 범위를 시각화하는 데 사용됩니다. 여기서는 상관 행렬을 히트 맵으로 표시하는 예를 듭니다. 상관 행렬의 요소는 두 변수 사이의 선형 관계의 강도를 나타내며, 행렬에는 주어진 데이터에 포함된 속성의 모든 조합에 대한 값을 포함합니다. 예를 들어서 데이터에 5개의 속성이 있으면 상관 행렬은 5x5 행렬입니다. 안타깝지만 'Matplotlib' 모듈에서는 'Heat Map'을 바로 사용하는 함수는 존재하지 않습니다. 그 대신 'Imshow' 함수를 활용하는 것이 특징입니다. 이제 코드를 보면 이번에는 Colorbar를 추가해 가독성을 부여합니다.

```python
import matplotlib.pyplot as plt
import numpy as np
import seaborn as sns

flights=sns.load_dataset("flights")
flights=flights.pivot("month","year","passengers")

fig, ax=plt.subplots(figsize=(12, 6))
im=ax.imshow(flights, cmap='YlGnBu')
ax.set_xticklabels(flights.columns, rotation=20)
ax.set_yticklabels(flights.index, rotation=10)
fig.colorbar(im)

fig.show()
```

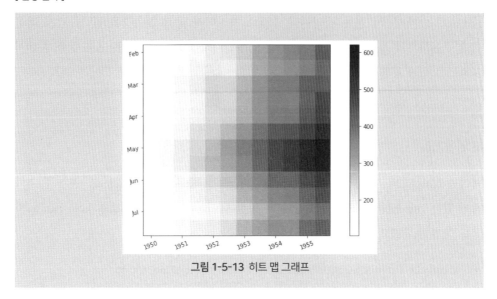

그림 1-5-13 히트 맵 그래프

코드를 살펴보면 imshow( ) 함수 안에 Cmap이라는 인수가 있습니다. 이 부분은 Color-maps에 해당하는 영역으로 종류가 매우 다양합니다. 'YlGnBu' 외에도 Greys, Purples, OrRd와 같은 다양한 Colormaps이 존재합니다. 다양한 색상을 보려면 다음 사이트에서 확인하기를 바랍니다.

- Choosing Colormaps in Matplotlib: https://matplotlib.org/3.3.3/tutorials/colors/color-maps.html

Colorbar를 생성하려면 imshow( )로 구현한 객체를 Im으로 저장한 후 이를 fig.colorbar( )에 추가합니다.

5.1.7 정리

지금까지 구현한 것은 파이썬에서도 Matplotlib 모듈을 활용해 시각화를 구현한 것입니다. 처음 입문자분들에게는 for 문의 반복적인 사용 및 객체 지향형으로 코드를 작성하는 것이 조금 어려울 수 있습니다. 특히 가장 어려운 부분 중 하나는 Data Frame 객체를 List로 변환해 처리하는 것입니다. List로 처리하지 않고 변수명을 입력하면서 더욱 쉽게 구현하도록 등장한 방법이 바로 Seaborn입니다. 이번에는 Seaborn 모듈을 통해서 그래프를 쉽게 구현합니다.

더 읽을거리

웹에는 Matplotlib 시각화 예제들이 많습니다. 가장 좋은 것은 Matplotlib 공식 홈페이지에 있는 Tutorial을 참고하는 것입니다. 또한 Matplotlib를 최초 개발한 John Hunter의 글도 함께 수록했으니 읽어 보기를 권합니다.

- Matplotlib Tutorial: https://matplotlib.org/stable/tutorials/index.html
- Matplotlib: https://www.aosabook.org/en/matplotlib.html

5.2 Seaborn 라이브러리

'Seaborn'은 'Matplotlib'의 기반 위에 만들어진 라이브러리입니다. 특히 Seaborn 라이브러리는 우선 코드가 쉽고 간결하며 다양한 통계 그래프를 그릴 수 있어 매력적입니다. 입문자분들에게 가장 매력적인 부분은 Pandas 데이터 프레임과 매우 밀접하게 연결된 점입니다. Matplotlib 라이브러리와 마찬가지로 개별적인 개발 환경을 구축해야 한다면 다음과 같이 실행합니다.

```
python-m pip install-U pip
python-m pip install-U seaborn
```

산점도, 회귀선이 있는 산점도

산점도는 서로 다른 2개의 연속형(수치형) 변수 사이에 점을 찍는 그래프를 말합니다. 보통은 'Scatterplot'을 사용하지만, 이외에도 'relplot()' 또는 'regplot()'을 사용합니다. 먼저 'scatterplot()'을 활용해 그래프를 작성합니다.

```python
import matplotlib.pyplot as plt
import seaborn as sns

tips=sns.load_dataset("tips")

sns.scatterplot(x="total_bill", y="tip", data=tips)
plt.show()
```

[실행 결과]

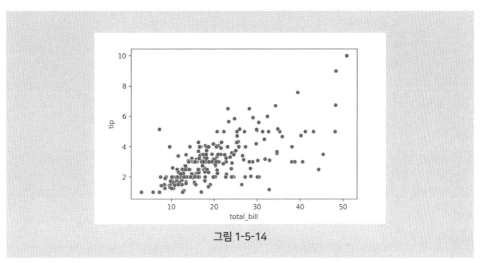

그림 1-5-14

Matplotlib를 활용해 산점도를 그릴 수도 있지만, Seaborn은 별도의 가공 없이 x축과 y축의 변수명을 입력하는 것만으로도 매우 쉽게 시각화하는 것을 경험할 수 있습니다. 이번에는 회귀선까지 추가하는 코드를 작성하는데 'regplot()'을 활용해 그래프를 작성합니다. 이때 Fit_Reg=False로 설정하면 회귀신이 나오지 않고, Fit_Reg=True로 설정하면 회귀선이 그려집니다. 각각의 그림을 동시에 그려 봅니다. 이때 코드상의 특징이 하나 있습니다. 함수 안에 Ax=Ax[0], Ax=Ax[1]을 각각 입력하는데, 이는 각각 열의 숫자에 맞춰 배치한다는 뜻입니다. 구체적인 코드에 대한 설명 및 이해는 Tip에서 조금 더 자세히 다룹니다.

```
fig, ax=plt.subplots(nrows=1, ncols=2, figsize=(15, 5))

sns.regplot(x="total_bill",
            y="tip",
            data=tips,
            ax=ax[0],
            fit_reg=True)

sns.regplot(x="total_bill",
            y="tip",
            data=tips,
            ax=ax[1],
            fit_reg=False)

plt.show()
```

[실행 결과]

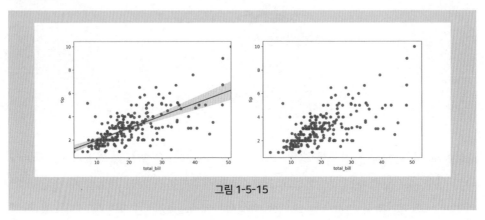

그림 1-5-15

[그림 1-5-15] 시각화를 통해서 두 변수 간 관계의 방향성을 탐색합니다. 'Total_Bill'의 값이 커지면 커질수록 'Tip'이 같이 커지는지 아니면 작아지는지 하는 관계의 방향성을 알려 주는 그래프입니다. 통계적인 내용이 궁금하다면 상관 분석과 회귀 분석에 관한 통계적인 내용을 깊게 다뤄야 하며, 이는 머신러닝 알고리즘에서 다룹니다.

(Tip) Matplotlib와 Seaborn을 동시에 사용한 Subplotting 기법

처음 파이썬 시각화를 배울 때 조금 혼동스러운 것 중 하나가 Matplotlib와 Seaborn의 경계선이 문법적으로 모호하다는 점입니다. 그러나 이러한 모호한 부분도 객체 지향으로 접근하면 조금 도움이 됩니다. 하나씩 살펴봅니다.

```python
import matplotlib.pyplot as plt

fig, ax=plt.subplots()
fig.suptitle('A single Ax')
plt.show()
```

[실행 결과]

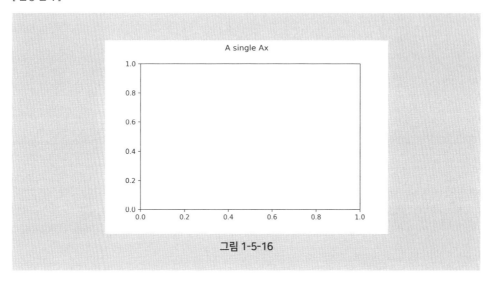

그림 1-5-16

기본적으로는 하나의 그래프만 나타납니다. 이때 subplots() 안에 행의 개수를 의미하는 Nrows와 열의 개수를 의미하는 Ncols를 추가하면 각 행과 열에 맞춰 그래프가 그려집니다.

```python
import matplotlib.pyplot as plt


fig, axes=plt.subplots(1, 2)
fig.suptitle('1rowx2columns axes')
fig.show()
```

[실행 결과]

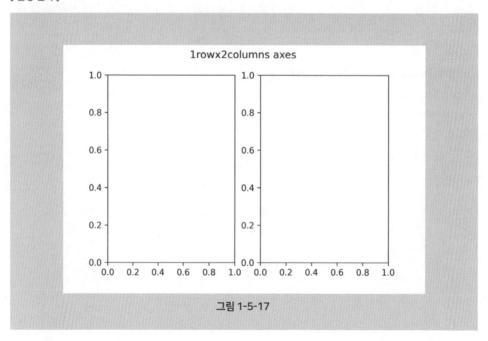

그림 1-5-17

이번에는 각 그래프에 제목을 추가합니다. 이때 전체 그래프의 제목뿐 아니라 각 그래프의 제목도 개별적으로 추가합니다. 이때 Axes의 객체인 Ax를 활용합니다.

```
import matplotlib.pyplot as plt

fig, ax=plt.subplots(1, 2, figsize=(10, 5))
fig.suptitle('Title for all two Axes')
ax[0].set_title('Title for the first chart')
ax[1].set_title('Title for the second chart')
fig.show()
```

[실행 결과]

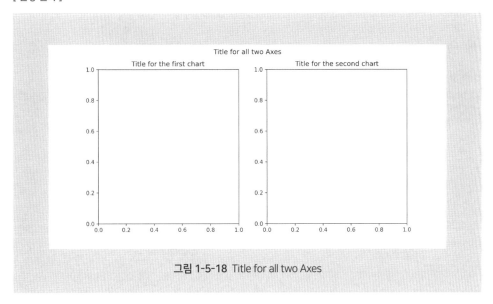

그림 1-5-18 Title for all two Axes

[그림 1-5-18]에서 보는 것처럼 각각의 그래프에 제목을 추가합니다. 이때의 Ax[0]은 보는 그림의 왼쪽 면에 해당하고, Ax[1]은 그림의 오른쪽 면에 해당하는 것을 확인할 수 있습니다. 이러한 성질을 이용해 처음 그린 회귀선에 제목을 추가합니다. 각 그래프는 Ax[숫자]에 따라서 그래프를 추가할 수 있습니다.

```
fig, ax=plt.subplots(1, 2, figsize=(15, 5))

sns.regplot(x="total_bill", y="tip", data=tips,
            ax=ax[0], fit_reg=True)
ax[0].set_title('with linear regression line')

sns.regplot(x="total_bill", y="tip", data=tips,
            ax=ax[1], fit_reg=False)
ax[1].set_title('without linear regression line')

fig.show()
```

[실행 결과]

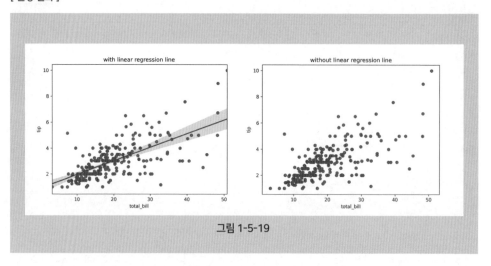

그림 1-5-19

여기까지가 사실상 기초 부분이라고 할 수 있습니다. 조금 더 깊이 있게 시각화를 다루고 싶지만, 이 부분은 캐글 시각화를 소개하면서 결론 부분에서 서술하려고 합니다. 이제 다른 그래프를 또한 추가로 살펴봅니다.

5.2.2 히스토그램/커널 밀도 그래프

히스토그램은 연속형(수치형) 데이터의 분포를 정확하게 나타내는데, 막대그래프와 비슷해 처음 입문하는 사람들이 혼동하기도 합니다. 'Seaborn'에서는 'displot()' 함수를 이용해 사용되며, 기본값으로 히스토그램과 커널 밀도 함수를 그래프로 출력합니다. 이때 커널 밀도 함수는 그래프의 면적이 1이 되도록 하는 것이 특징입니다. 먼저 기본 함수인 displot()을 활용해 그래프를 작성합니다.

```
tips=sns.load_dataset("tips")
sns.displot(x="tip", data=tips)
plt.show()
```

[실행 결과]

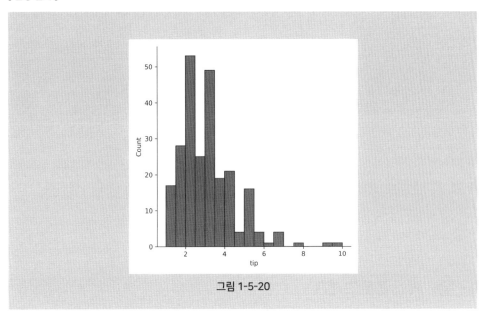

그림 1-5-20

이번에는 히스토그램이 아닌 커널 밀도 그래프를 그립니다. 이때는 Kind="Kde"를 추가합니다.

```
sns.displot(x="tip", kind="kde", data=tips)
plt.show()
```

[실행 결과]

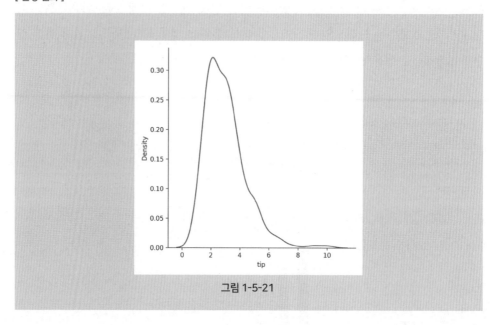

그림 1-5-21

두 그래프의 차이점은 y축 이름이 서로 다른 것을 확인할 수 있습니다. 히스토그램은 x축 데이터에 대해 빈도수로 표시한 반면 커널 밀도 그래프는 비율로 표시합니다. 그래프의 종류이므로 목적에 따라 선택해 사용합니다.

5.2.3 박스 플롯 그래프

박스 플롯은 Matplotlib에서도 설명해 참조하기를 바랍니다. Seaborn에서는 boxplot() 또는 violinplot() 함수를 사용하면 더욱 쉽게 구현이 가능합니다. 그런데 이번에는 box-plot() 외에 swarmplot() 함수를 구현하면 데이터의 분포도 같이 확인할 수 있습니다. Alpha 값을 조정하면서 투명도도 조정할 수 있으니 직접 조정해서 연습합니다.

```
sns.boxplot(x="day", y="total_bill", data=tips)
sns.swarmplot(x="day", y="total_bill", data=tips, alpha=.25)
plt.show()
```

[실행 결과]

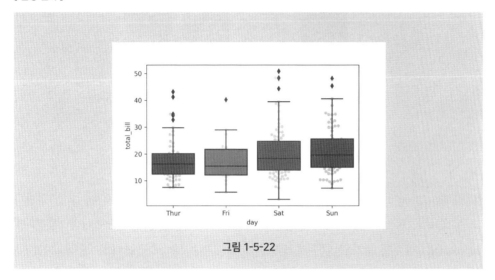

그림 1-5-22

5.2.4 막대그래프

지금까지는 간단한 기본 함수로 그래프를 구현했습니다. 분명 코드상으로는 쉽게 구현이 가능해 편리하지만 탐색적 자료 분석이라고 불리는 EDA를 하기에는 조금 부족한 것도 사실입니다. 조금 난이도를 높여서 진행하는데, 목표는 막대그래프에 텍스트를 추가하는 작업입니다. 이는 실무에서도 자주 사용하는 예제로 잘 참고하도록 합니다. 우선 기본 그래프부터 출발합니다. 빈도 그래프인 'countplot()'을 활용하면 매우 쉽게 구현이 가능합니다.

```
sns.countplot(x="day", data=tips)
plt.show()
```

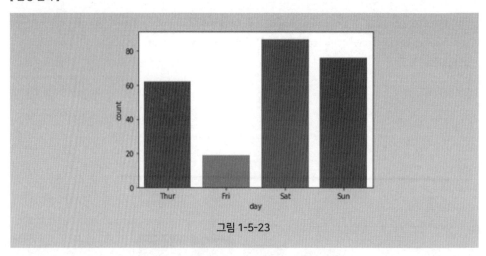

그림 1-5-23

[그림 1-5-23]을 보니 요일별로 정렬되어 좋지만 오름차순 또는 내림차순으로 정렬하고 싶습니다. 이럴 때는 Pandas 문법인 value_counts()의 활용이 필요합니다. 우선 value_counts() 함수는 문자열 함수의 빈도수를 내림차순으로 출력합니다. 만약 오름차순으로 정렬하고 싶다면 value_counts(ascending=true) 형태로 변경합니다.

```
print(tips['day'].value_counts())
print(tips['day'].value_counts().index)
print(tips['day'].value_counts().values)
```

[실행 결과]

```
Sat      87
Sun      76
Thur     62
Fri      19
Name: day, dtype: int64
index: CategoricalIndex(['Sat', 'Sun', 'Thur', 'Fri'], categories=['Thur',
'Fri', 'Sat', 'Sun'], ordered=False, dtype='category')
values: [87 76 62 19]
```

이제 value_counts().index를 countplot()의 인수로 추가합니다. 다음 코드처럼 작성합니다.

```
sns.countplot(x="day", data=tips, order=tips['day'].value_counts().index)
plt.show()
```

[실행 결과]

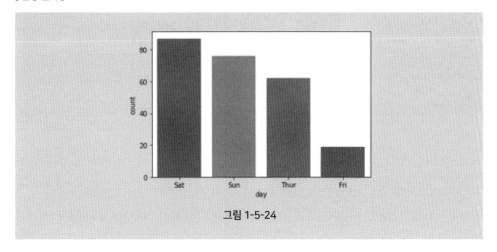

그림 1-5-24

이번에 작업하려고 하는 것은 각각의 숫자를 표시하지만 이때는 반복문이 필요합니다. 우선 코드부터 실행해 그래프를 구현합니다.

```
ax=sns.countplot(x="day", data=tips,
                 order=tips['day'].value_counts().index)
for p in ax.patches:
  height=p.get_height()
  ax.text(p.get_x()+p.get_width()/2., height+3, height, ha='center', size=9)
ax.set_ylim(-5, 100)
plt.show()
```

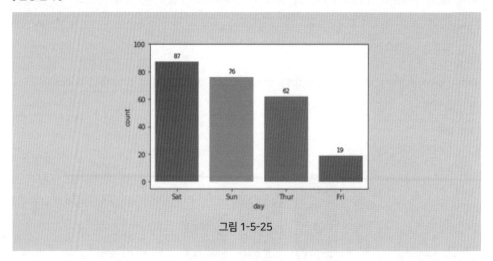

그림 1-5-25

이번에는 Hue 옵션을 추가해 그룹 간 비교를 하는 그래프를 작성합니다. 숫자 또한 동시에 나타나도록 하는 그래프를 구현합니다. 이전 코드와 다른 점은 Hue 옵션에서 성별을 의미하는 'Sex'만 추가한 것인데, 옵션을 하나 추가하는 것만으로도 많은 정보를 알 수 있습니다.

```
Ax=sns.countplot(x="day", data=tips, hue="sex", dodge=True,
                order=tips['day'].value_counts().index)
for p in ax.patches:
height=p.get_height()
ax.text(p.get_x()+p.get_width()/2., height+3, height, ha='center', size=9)
ax.set_ylim(-5, 100)

plt.show()
```

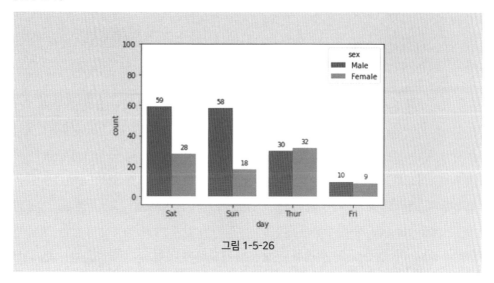

그림 1-5-26

5.2.5 상관관계 히트 맵

두 개 이상의 변수 간 상호 관련성을 판단하도록 상관관계 분석 및 시각화를 진행하려고 합니다. 상관관계 분석의 종류는 변수의 특성 및 표본의 개수에 따라 여러 갈래로 나뉩니다(피어슨, 스피어만, 켄달, 점이연, 이연 상관 계수 관련 표 작성). Chapter 5에서는 수치형 변수로 이뤄진 두 변수 간 연관성을 파악하도록 시각화만 작성합니다. 보통 상관관계를 분석한다고 하면, 피어슨 상관관계 분석(Pearson Correlation Analysis)을 의미합니다. 두 변수 간 선형적 관계의 강도를 'R'로 표현합니다.

(1) 공분산과 상관 계수

수치형 변수 간 상관관계를 나타내는 지표에는 공분산(Covariance)과 상관 계수(Correlation)가 있습니다. 먼저 공분산은 X 변수와 Y 변수가 동시에 변하는 정도를 양으로 표현한 것으로 x의 편차와 y의 편차의 곱의 평균을 말합니다. 공식은 다음과 같이 정의

합니다.

$$Cov[X, Y] = E[(X - \bar{X})(Y - \bar{Y})] = \sigma_{XY} = \frac{\sum(X_i - \bar{X})(Y_i - \bar{Y})}{n}$$

먼저 공분산의 의미는 결괏값이 양수이면 양의 선형 관계, 음수이면 음의 선형 관계가 존재함을 의미하는 방향성만 가집니다. 그런데 이 공분산의 크기는 척도(단위)에 영향을 받아 공분산은 일정한 값을 가질 수 없습니다. 이러한 척도의 크기와 상관없이 계산이 가능하도록 도와주는 표준화 작업을 진행해야 합니다. 예를 들면 몸무게를 다룬다고 할 때 단위 kg을 사용한다면 주로 1~100 사이의 값이 수집되고, 만약 g을 사용한다면 1,000~100,000 값이 수집됩니다. 즉 수집되는 값에 따라 공분산의 값이 크게 변동되는 문제점이 있습니다. 이러한 문제점을 해결하는 것이 상관관계입니다. 먼저 상관관계의 공식을 확인합니다.

$$Correlation = r = \frac{\sum(X_i - \bar{X})(Y_i - \bar{Y})}{\sigma_X \times \sigma_Y} = \frac{\sum(X - \bar{X})(Y - \bar{Y})}{\sqrt{\sum(X - \bar{X})^2 \times \sum(Y - \bar{Y})^2}}$$

상관관계는 공분산을 표준화한 것으로 공분산을 각각 x 편차와 y 편차의 곱으로 나눈 것을 의미하며, 상관 계수는 −1에서 1 사이의 값을 가집니다. 각 수식에 대한 이해도도 물론 중요한 부분이지만, 실무적으로는 주로 결과에 대한 해석이 더욱 중요합니다. 간단하게 설명하면 +1 또는 −1에 가까울수록 두 변수는 밀접하게 연관된다는 뜻입니다. 만약 두 변수 사이에 아무런 관계가 없으면 확실히 0입니다. 상관 계수가 양수이면 한 변수가 증가하면 다른 변수도 같이 증가하고, 상관 계수가 음수이면 두 변수의 변화는 반대 방향으로 나타납니다. 이러한 배경지식에 근거해 시각화를 구현합니다. 우선 상관관계 시각화를 구현하려면 기본적으로 수치형 변수만 추출해야 합니다.

```
import pandas as  pd
import numpy as np
```

```
import seaborn as sns
import matplotlib.pyplot as plt
mpg=sns.load_dataset("mpg")
print(mpg.shape)


num_mpg=mpg.select_dtypes(include=np.number)
print(num_mpg.shape)
```

[실행 결과]

```
(398, 9)
(398, 7)
```

자동차 연비와 관련된 데이터 세트인 Mpg의 총 변수는 9개입니다. 이때 변수를 데이터 타입에 따라 선별적으로 선택하는 select_dtypes() 함수를 활용하면 변수를 효과적으로 추출합니다. 이때 np.number는 모든 수치에 대한 것을 의미합니다. 실제로 수치형 변수만 추출되는지 확인합니다.

```
num_mpg.info()
```

[실행 결과]

```
<class 'pandas.core.frame.DataFrame'>
RangeIndex: 398 entries, 0 to 397
Data columns(total 7 columns):
 #   Column         Non-Null Count   Dtype
---  ------         --------------   -----
 0   mpg            398 non-null     float64
 1   cylinders      398 non-null     int64
 2   displacement   398 non-null     float64
```

결과가 말해 주듯이 모두 수치형 데이터 타입인 float64, int64만 추출된 것을 확인할 수 있습니다. 이외에도 문자열에 해당하는 object, datetimes, timedeltas, category 등을 입력할 수 있습니다. 자세한 것은 공식 문서에서 확인하도록 합니다.

- pandas.DataFrame.select_dtypes: https://pandas.pydata.org/pandas-docs/stable/reference/api/pandas.DataFrame.select_dtypes.html

이제 corr() 함수를 사용해 상관 계수를 구한 뒤 seaborn 라이브러리의 히트 맵 그래프 입력값으로 넣으면 근사한 그래프를 작성할 수 있습니다.

```
num_mpg.corr()
```

[실행 결과]

	mpg	cylinders	displacement	horsepower	weight	acceleration	model_year
mpg	1.000000	-0.775396	-0.804203	-0.778427	-0.831741	0.420289	0.579267
cylinders	-0.775396	1.000000	0.950721	0.842983	0.896017	-0.505419	-0.348746
displacement	-0.804203	0.950721	1.000000	0.897257	0.932824	-0.543684	-0.370164
horsepower	-0.778427	0.842983	0.897257	1.000000	0.864538	-0.689196	-0.416361
weight	-0.831741	0.896017	0.932824	0.864538	1.000000	-0.417457	-0.306564
acceleration	0.420289	-0.505419	-0.543684	-0.689196	-0.417457	1.000000	0.288137
model_year	0.579267	-0.348746	-0.370164	-0.416361	-0.306564	0.288137	1.000000

그림 1-5-27

[그림 1-5-27] 결괏값을 기반으로 해서 히트 맵 그래프를 작성합니다. 숫자가 없는 히트 맵은 왼쪽에, 숫자가 있는 히트 맵은 오른쪽에 배치하는데, 히트 맵 함수 안에 들어가는 파라미터들을 비교하도록 합니다. vmin, vmax는 최솟값, 최댓값을 의미하며, annot은 각 Cell의 값 표기 유무를 표기합니다.

```
fig, ax=plt.subplots(nrows=1, ncols=2, figsize=(16, 5))


sns.heatmap(num_mpg.corr(), ax=ax[0])
ax[0].set_title('Basic Correlation Heatmap', pad=12)


sns.heatmap(num_mpg.corr(), vmin=-1, vmax=1, annot=True, ax=ax[1])
ax[1].set_title('Correlation Heatmap with Number', pad=12)


plt.show()
```

[실행 결과]

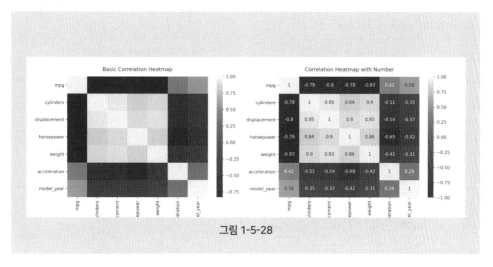

그림 1-5-28

우선 숫자가 나오는 것은 확인했지만, 입문자분들에게는 조금 어렵게 다가옵니다. 쉽게 설명하면 다음과 같습니다.

- 각 변수는 독립적이므로 숫자를 하나씩 판단합니다.
- 숫자를 기준으로 x축과 y축 변수를 찾으면 두 변수 간 상관 계수가 됩니다.
- 1은 같은 변수끼리 계산하는 것을 의미합니다.

예를 들면 [그림 1-5-28] 오른쪽 그림 맨 위에서 −0.83을 확인합니다. −0.83을 기준으로 x축은 weight 변수이고, y축은 mpg입니다. 변수 weight가 커지면 커질수록 변수 mpg는 점점 작아지는 음의 상관관계를 가지는 것을 확인할 수 있습니다. 그러나 여전히 입문자분들에게 가독성이 좋은 그래프는 아닙니다. 즉 이럴 때는 1을 기준으로 우측 그래프는 제거합니다. 약간 트릭(Trick)이 필요할 뿐 내용적으로 크게 어렵지는 않습니다. 우선 heatmap() 파라미터에 mask가 있습니다. mask 파라미터에 입력값을 추가하기만 하면 됩니다. 여기에서 mask는 가면이라는 명사가 아니라 감추다라는 동사의 뜻을 생각하면 더욱 이해하기 쉽습니다. 즉 숫자를 감추는 것입니다.

```
print(int(True))
np.triu(np.ones_like(num_mpg.corr()))
```

[실행 결과]

```
1
array([[1., 1., 1., 1., 1., 1., 1.],
       [0., 1., 1., 1., 1., 1., 1.],
       [0., 0., 1., 1., 1., 1., 1.],
       [0., 0., 0., 1., 1., 1., 1.],
       [0., 0., 0., 0., 1., 1., 1.],
       [0., 0., 0., 0., 0., 1., 1.],
       [0., 0., 0., 0., 0., 0., 1.]])
```

여기에서 1(=True)에 해당하는 값을 감추려고 합니다. 이를 mask에 True/False 값으로 구하려면 다음과 같이 출력합니다.

```
mask=np.triu(np.ones_like(num_mpg.corr(), dtype=np.bool))
print(mask)
```

```
[[True   True  True  True  True  True  True]
 [False  True  True  True  True  True  True]
 [False False  True  True  True  True  True]
 [False False False  True  True  True  True]
 [False False False False  True  True  True]
 [False False False False False  True  True]
 [False False False False False False  True]]
```

즉 True 값만 heatmap(…, mask=mask, …) 형태로 추가하면 True 값에 해당하는 Cell만
사라집니다. 각 Cell 코드로 바로 구현해 봅니다.

```
fig, ax=plt.subplots(figsize=(16, 5))

ax=sns.heatmap(num_mpg.corr(), mask=mask,
               vmin=-1, vmax=1,
               annot=True,
               cmap="BrBG", cbar=True)
ax.set_title('Triangle Correlation Heatmap', pad=16, size=16)
fig.show()
```

[실행 결과]

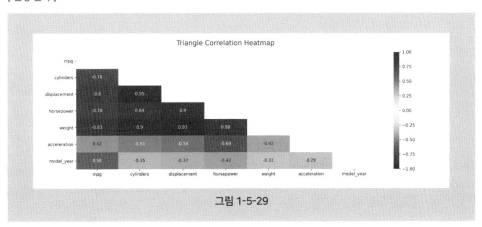

그림 1-5-29

색상을 바꿔 보고 Colorbar도 추가합니다. 처음 작성한 히트 맵보다 더 가독성이 높아진 것을 확인할 수 있습니다. 이처럼 동일한 시각화도 각각의 인수를 추가하면서 더욱 더 간결하지만 가독성 높은 그래프를 구현할 수 있습니다.

5.2.6 정리

Seaborn 그래프의 가장 큰 장점은 Pandas 데이터 프레임을 리스트 형태로 변환하지 않으면서 시각화를 쉽게 구현할 수 있다는 것을 배웠습니다. 또한 코드의 양도 Matplotlib 보다 적어 코드 스크립팅에 대해 부담감을 느끼는 입문자들에게는 분명 이점이 있습니다. 그러나 보다시피 응용하려면 결국 Matplotlib와 Pandas 데이터 프레임을 같이 잘 다뤄야 함을 또한 알게 됩니다. 이제 조금 난이도를 높여서 Matplotlib와 Seaborn을 더욱 정교하고도 조화롭게 사용할 수 있는지 배워 봅니다.

더 읽을거리

- User guide and tutorial: https://seaborn.pydata.org/tutorial.html

5.3 Intermediate Level 도전

본 Chapter에서는 시각화를 꾸며 주는 다양한 옵션에 대해서 설명하려고 합니다. 입문과 중급을 나누는 기준점은 여러 의견이 있을 수 있지만, 필자가 생각하는 기준은 다음과 같습니다.

- 다른 사람의 코드를 보고 응용할 수 있는가?

- 라이브러리 공식 홈페이지에서 원하는 옵션을 찾아서 사용할 수 있는가?

- 구글링을 통해 에러 코드를 해결할 수 있는가?

위 3가지 질문에 모두 "예"라고 하면 중급이라고 할 수 있습니다. 물론 이 부분은 필자의 주관적인 견해입니다. 파이썬 시각화 공부를 본격적으로 시작하는 입문자분들에게 굉장히 좋은 블로그를 소개하려고 합니다. (코드 난이도: ★★★★☆/내용: ★★★★★/작품성: ★★★★★)

- 이제현(한국에너지기술연구원) https://jehyunlee.github.io/

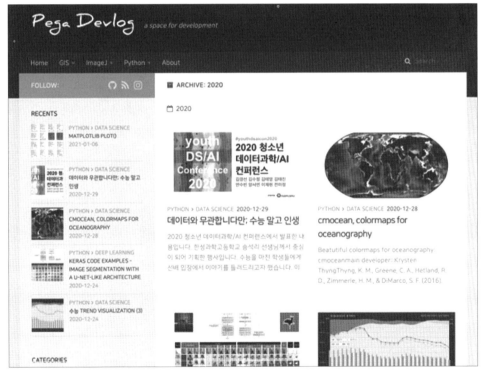

그림 1-5-30 이제현 박사 블로그
source: https://jehyunlee.github.io/

입문자분들에게 코드 난이도는 분명 존재합니다. 객체 지향 API와 For 문의 사용은 입문자분들에게는 조금 어렵게 느껴질 수도 있습니다. 그러나 좋은 블로그에 있는 코드를 자신만의 코드로 응용해 조금 더 발전시키는 과정은 매우 훌륭한 공부이기도 합니다. 본 Chapter에서는 필자가 어떻게 블로그의 내용을 응용하는지 그 과정에 대해 기술하려고 합니다.[3]

5.3.1 블로그 참고 자료

블로그의 제목은 Spines & Grids입니다. 이 Chapter에서 설명하는 내용은 Matplotlib에서 제공하는 옵션 중에서 축과 격자를 설정하는 Axes.spines와 Axes.grid에 관한 내용입니다. 시각화의 중급 레벨에서는 사실 이러한 옵션을 얼마나 잘 컨트롤하는지에 따라서 시각화의 질(Quality)이 결정됩니다. 좋은 그림일수록 연구자의 코드 양과 생각의 깊이는 비례한다고 볼 수 있습니다. 해당 블로그에서는 이러한 연구자의 고민을 엿볼 수 있습니다. 해당 블로그 내에는 다양한 그림이 존재하지만, 마지막 그림은 다음과 같습니다.

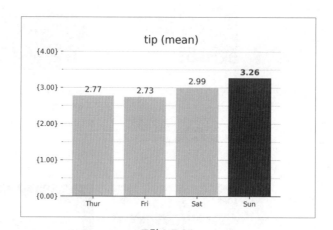

그림 1-5-31

source: https://jehyunlee.github.io/2020/08/27/Python-DS-28-mpl_spines_grids/

---

3 본 내용은 이제현 박사의 저작권 허락 하에 작성하였음을 알려 드립니다(일자: 2021년 1월 8일).

필자가 그리려는 그래프는 마지막 그래프입니다. 이제 어떻게 그래프를 그려야 하는지 확인합니다. 먼저 블로그의 코드를 전체적으로 리뷰합니다. 우선 전체 코드를 확인합니다. 다음 코드는 구글 코랩에서도 실행되는 코드입니다.

```python
import matplotlib.pyplot as plt
from matplotlib.ticker import(MultipleLocator, AutoMinorLocator, FuncFormatter)
import seaborn as sns
import numpy as np

def plot_example(ax, zorder=0):
    ax.bar(tips_day["day"], tips_day["tip"], color="lightgray", zorder=zorder)
    ax.set_title("tip (mean)", fontsize=16, pad=12)

    #Values
    h_pad=0.1
    for i in range(4):
        fontweight="normal"
        color="k"
        if i=3:
            fontweight="bold"
            color="darkred"

        ax.text(i, tips_day["tip"].loc[i]+h_pad, f"{tips_day['tip'].loc[i]:0.2f}",
                horizontalalignment='center', fontsize=12, fontweight=fontweight,
color=color)

    #Sunday
    ax.patches[3].set_facecolor("darkred")
    ax.patches[3].set_edgecolor("black")

    #set_range
    ax.set_ylim(0, 4)
    return ax
```

```
def major_formatter(x, pos):
    return"{%.2f}"%x
formatter=FuncFormatter(major_formatter)


tips=sns.load_dataset("tips")
tips_day=tips.groupby("day").mean().reset_index()


fig, ax=plt.subplots()
ax=plot_example(ax, zorder=2)


ax.spines["top"].set_visible(False)
ax.spines["right"].set_visible(False)
ax.spines["left"].set_visible(False)


ax.yaxis.set_major_locator(MultipleLocator(1))
ax.yaxis.set_major_formatter(formatter)
ax.yaxis.set_minor_locator(MultipleLocator(0.5))


ax.grid(axis="y", which="major", color="lightgray")
ax.grid(axis="y", which="minor", ls=":")
```

5.3.2 라이브러리 소개

먼저 라이브러리 코드를 살펴봅니다.

```
import matplotlib.pyplot as plt
from matplotlib.ticker import(MultipleLocator, AutoMinorLocator, FuncFormatter)
import seaborn as sns
import numpy as np
```

기존에 익숙하지 않은 라이브러리가 눈에 들어옵니다. Ticker는 축의 눈금을 의미합니다. 즉 축의 눈금을 미세 조정하도록 클래스가 존재하며, 주 눈금은 대개 set_major_locator() 함수를 활용해 설정할 수 있고, 보조 눈금은 set_minor_locator() 함수를 활용할 수 있습니다.

- MultipleLocator는 눈금을 숫자의 배수만큼 표시한다는 뜻입니다.
- AutoMinorLocator는 두 개의 주 눈금 사이의 보조 눈금을 4~5개씩 배치하는 것을 의미합니다.
- FuncFormatter는 사용자 정의 함수로 구현된 Label의 세팅을 사용하도록 도와줍니다.

5.3.3 plot_example() 함수

이번에는 plot_example() 함수를 정의합니다.

```python
def plot_example(ax, zorder=0):
    ax.bar(tips_day["day"], tips_day["tip"], color="lightgray", zorder=zorder)
    ax.set_title("tip(mean)", fontsize=16, pad=12)

    #Values
    h_pad=0.1
    for i in range(4):
        fontweight="normal"
        color="k"
        if i=3:
            fontweight="bold"
            color="darkred"
        ax.text(i, tips_day["tip"].loc[i]+h_pad,
                f"{tips_day['tip'].loc[i]:0.2f}", horizontalalignment='center',
```

```
                 fontsize=12, fontweight=fontweight, color=color)
    #Sunday
    ax.patches[3].set_facecolor("darkred")
    ax.patches[3].set_edgecolor("black")

    #set_range
    ax.set_ylim(0, 4)
    return ax
```

먼저 Parameter 2개를 우선적으로 확인합니다. 먼저 ax 파라미터는 plt.subplots()의 ax 객체를 의미하며, 시각화 결괏값을 ax로 반환하겠다는 뜻도 있습니다. zorder를 지정하지 않으면 그래프의 격자가 막대그래프 위로 지나갑니다(책에 모든 것을 다 담을 수 없으므로). 한 번 zorder를 0으로 지정한 후 실행해 보기를 바랍니다. 격자를 막대그래프 안으로 통과시켜 위와 같은 그래프를 지정합니다.

ax.bar()는 Matplotlib의 막대그래프를 의미하는 함수이며, x축과 y축을 각각 입력한 후 색상은 Lightgray로 지정합니다.

반복문이 들어간 이유는 기존과 마찬가지로 각각의 숫자를 막대그래프 위에 표시하기 위해서입니다. 그런데 If 조건문을 추가해 Sunday에 해당하는 숫자는 대비하는 색상을 나타내도록 "Darkred"로 지정합니다.

ax.patches[3]은 4번째 막대그래프를 의미하며, 면과 선을 "Darkred"와 "Black"으로 지정한다는 뜻입니다. 그리고 마지막으로 ax.set_ylim(0, 4)는 y축의 범위를 지정합니다.

그런데 왜 함수를 만들었을까요? 그 이유는 본 블로그에서는 사전에 정의된 함수를 통해서 구현한 후, 나머지 세부 조정은 Spines와 Grids에 집중하기 위해서입니다. 약 80% 형태의 그래프를 갖춘 후에는 나머지 20%는 사용자나 고객사의 요청에 따라 쉽게 수정 및 구현되도록 만들려는 연구자의 의도 또한 엿볼 수 있습니다. 실제로 다양한 형태로 그래프가 변형되는 것을 본 블로그에서 확인할 수 있습니다.

5.3.4 major_formatter() 함수

사용자 정의 함수를 만들어서 formatter로 변환합니다. 이때 두 개의 파라미터는 클래스 FuncFormatter에서 필수적으로 요구하므로 변경하지 않습니다. 추후에 변경해야 하는 것은 return 값에 해당하는 값만 수정해서 사용합니다. 이렇게 정의된 함수를 Func-Formatter 클래스를 통해서 변환해 formatter로 저장합니다. 객체 formatter는 추후에 set_major_formatter() 함수의 입력값으로 들어갑니다.

```
def major_formatter(x, pos):
    return"{%.2f}"%x
formatter=FuncFormatter(major_formatter)
```

5.3.5 시각화 데이터 불러오기

시각화 구현을 위해 기존처럼 tips 데이터를 불러옵니다. 그 이후에 'day'를 기준으로 각 수치형 변수에 대해 평균값을 구한 뒤 재정렬합니다. 우선 결괏값을 확인합니다.

```
tips=sns.load_dataset("tips")
tips_day=tips.groupby("day").mean().reset_index()
print(tips_day)
```

[실행 결과]

```
    day  total_bill       tip      size
0  Thur   17.682742  2.771452  2.451613
1   Fri   17.151579  2.734737  2.105263
2   Sat   20.441379  2.993103  2.517241
3   Sun   21.410000  3.255132  2.842105
```

5.3.6 시각화 구현하기-Spines

객체 지향 형태로 시각화를 구현한 뒤 ax 객체로 리턴합니다. 여기까지만 실행해도 기본적인 시각화는 구현됩니다.

```
fig, ax=plt.subplots()
ax=plot_example(ax, zorder=2)
```

[실행 결과]

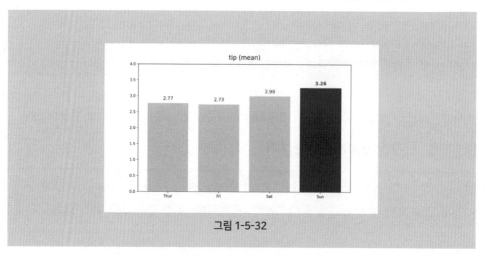

그림 1-5-32

여기까지만 구현해도 성과가 상당하지만, 아직 더 미세한 조정이 필요합니다. 사각형의 테두리를 없앱니다.

```
fig, ax=plt.subplots()
ax=plot_example(ax, zorder=2)


ax.spines["top"].set_visible(False)
ax.spines["right"].set_visible(False)
ax.spines["left"].set_visible(False)
```

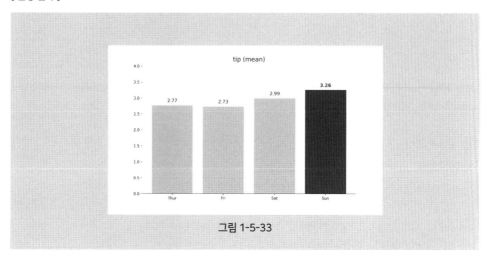

그림 1-5-33

사전적 의미로 Spines는 척추라는 뜻입니다. 시각화에서 Spine은 좌표의 테두리로 이해합니다. 조금 쉽게 이해하면 워드나 한글을 작업할 때 사용자는 표의 테두리 두께를 크게 만들거나 작게 만들 수 있습니다. 마찬가지로 시각화도 기본적으로 표의 테두리를 기본적으로 제공하지만, 조금 더 가독성이 좋은 그래프를 만들려면 불필요한 테두리는 안 보이게 하거나 조정하는 게 좋습니다. 그러한 역할을 하는 코드가 ax.spines() 함수를 의미하며, 사각형을 기준으로 상하좌우 테두리에 해당하는 영역을 지칭한 뒤 set_visible()을 True/False로 지정할 수 있습니다. Default는 True이므로 그동안 별도로 옵션을 지정하지 않아도 사각형 테두리가 그려진 시각화를 그릴 수 있습니다.

5.3.7 시각화 구현하기-Ticker

이제 y축의 눈금을 조정합니다. 단위가 작아 주요 눈금은 set_major_locator(MultipleLocator(1))를 입력합니다. 이는 주요 눈금의 단위를 1씩 변경한다는 뜻입니다. 마찬가지로 set_minor_locator(MultipleLocator(0.5))는 보조 눈금을 0.5 단위로 주요 눈금 사이에 추가한다는 뜻입니다. 마지막으로 set_major_formatter(formatter)는 앞서 정의된 라벨 형태를 눈금에 추가한다는 뜻입니다. 변경된 라벨을 확인합니다. 사용자가 라벨의 정의를 바꾼 뒤 재실행하면 원하는 눈금이 확인됩니다.

```
fig, ax=plt.subplots()
ax=plot_example(ax, zorder=2)

ax.spines["top"].set_visible(False)
ax.spines["right"].set_visible(False)
ax.spines["left"].set_visible(False)

ax.yaxis.set_major_locator(MultipleLocator(1))
ax.yaxis.set_major_formatter(formatter)
ax.yaxis.set_minor_locator(MultipleLocator(0.5))
```

[실행 결과]

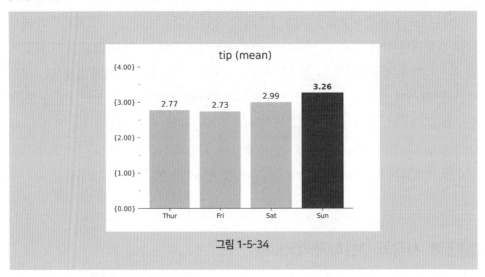

그림 1-5-34

5.3.8 시각화 구현하기-Grid

이제 마지막으로 격자를 추가해 가시적으로 각 요일의 그래프가 얼마나 차이가 나타나는지 확인합니다. 먼저 grid() 안에는 다양한 파라미터가 존재하지만 크게 2가지만 기억합니다. 주요 눈금에 그릴 격자와 보조 눈금에 그릴 격자를 구분해서 생각합니다. 먼저 y축의 눈금을 지정한 후 Which Parameter에 주요 눈금이면 'major', 보조 눈금이면 'minor'를 입력한 후 Line의 색상과 종류 등을 입력합니다. 각각의 파라미터에 대한 보충 설명은 언제나 그렇듯이 공식 홈페이지의 매뉴얼을 참조합니다.

- matplotlib.pyplot.grid: https://matplotlib.org/3.3.3/api/_as_gen/matplotlib.pyplot.grid.html

```python
fig, ax=plt.subplots()
ax=plot_example(ax, zorder=2)

ax.spines["top"].set_visible(False)
ax.spines["right"].set_visible(False)
ax.spines["left"].set_visible(False)

ax.yaxis.set_major_locator(MultipleLocator(1))
ax.yaxis.set_major_formatter(formatter)
ax.yaxis.set_minor_locator(MultipleLocator(0.5))

ax.grid(axis="y", which="major", color="lightgray")
ax.grid(axis="y", which="minor", ls=":")
```

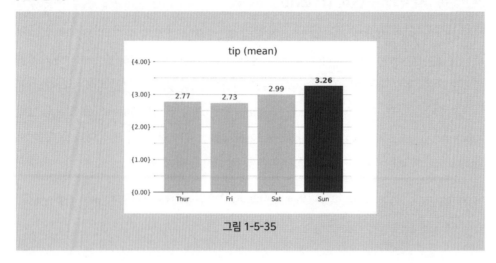

그림 1-5-35

지금까지 한 코드가 블로그에 있던 내용으로 이제 응용합니다. 그런데 Seaborn을 사용한 그래프가 아니라 Matplotlib를 활용한 그래프입니다. 또한 색상을 선정하도록 Sunday를 수동으로 지정하는데, 코드상의 불편함이 있었으니 X축 눈금에 요일의 Full-Name을 지정한 후 Sun도 색상을 바꿉니다. 즉 기존 코드에서 업그레이드하는 과정으로 봅니다. 중복되는 코드는 생략한 후 추가한 코드에 대해서만 설명합니다.

5.3.9 업그레이드된 시각화 구현하기

블로그에서 참고한 그래프를 기반으로 업그레이드한 그래프와 평범한 그래프를 추가해 향후 입문자들이 어떤 그래프를 그려야 하는지 최종 목표를 제안하려고 합니다. 먼저 목표하려는 그래프부터 확인합니다. 왼쪽에 있는 이상적인 막대그래프를 구현합니다.

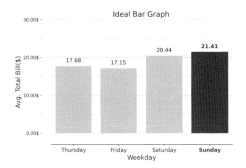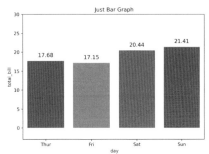

그림 1-5-36

전체 코드는 다음과 같습니다.

```python
import matplotlib.pyplot as plt
from matplotlib.ticker import(MultipleLocator, AutoMinorLocator,
FuncFormatter)
import seaborn as sns
import numpy as np
tips=sns.load_dataset("tips")
fig, ax=plt.subplots(nrows=1, ncols=2, figsize=(16, 5))

def major_formatter(x, pos):
    return"%.2f$"%x
formatter=FuncFormatter(major_formatter)

#Ideal Bar Graph
ax0=sns.barplot(x="day", y='total_bill', data=tips,
                ci=None, color='lightgray', alpha=0.85, zorder=2,
                ax=ax[0])

group_mean=tips.groupby(['day'])['total_bill'].agg('mean')
```

```
h_day=group_mean.sort_values(ascending=False).index[0]
h_mean=np.round(group_mean.sort_values(ascending=False)[0], 2)
for p in ax0.patches:
    fontweight="normal"
    color="k"
    height=np.round(p.get_height(), 2)
    if h_mean=height:
        fontweight="bold"
        color="darkred"
        p.set_facecolor(color)
        p.set_edgecolor("black")
    ax0.text(p.get_x()+p.get_width()/2., height+1, height, ha='center', size=12,
fontweight=fontweight, color=color)

ax0.set_ylim(-3, 30)
ax0.set_title("Ideal Bar Graph", size=16)

ax0.spines['top'].set_visible(False)
ax0.spines['left'].set_position(("outward", 20))
ax0.spines['left'].set_visible(False)
ax0.spines['right'].set_visible(False)

ax0.yaxis.set_major_locator(MultipleLocator(10))
ax0.yaxis.set_major_formatter(formatter)
ax0.yaxis.set_minor_locator(MultipleLocator(5))

ax0.set_ylabel("Avg. Total Bill($)", fontsize=14)

ax0.grid(axis="y", which="major", color="lightgray")
ax0.grid(axis="y", which="minor", ls=":")

ax0.set_xlabel("Weekday", fontsize=14)
for xtick in ax0.get_xticklabels():
    if xtick.get_text()=h_day:
```

```
    xtick.set_color("darkred")
    xtick.set_fontweight("demibold")
ax0.set_xticklabels(['Thursday', 'Friday', 'Saturday', 'Sunday'], size=12)


ax1=sns.barplot(x="day", y='total_bill', data=tips,
                ci=None, alpha=0.85,
                ax=ax[1])
for p in ax1.patches:
  height=np.round(p.get_height(), 2)
  ax1.text(p.get_x()+p.get_width()/2., height+1, height, ha='center', size=12)
ax1.set_ylim(-3, 30)
ax1.set_title("Just Bar Graph")


fig.show()
```

코드가 길어 보이지만 사실 추가한 코드는 몇 줄 되지 않습니다. 순차적으로 설명합니다. 우선 Seaborn 라이브러리에 있는 barplot()을 구현합니다. 이때 오차 막대를 의미하는 ci 파라미터는 None으로 사용하지 않습니다(주의: ax1 이하 그래프는 설명을 생략합니다).

```
import matplotlib.pyplot as plt
from matplotlib.ticker import(MultipleLocator, AutoMinorLocator, FuncFormatter)
import seaborn as sns
import numpy as np

tips=sns.load_dataset("tips")
fig, ax=plt.subplots(nrows=1, ncols=2, figsize=(16, 5))

#Ideal Bar Graph
ax0=sns.barplot(x="day", y='total_bill', data=tips,
```

```
                    ci=None, color='lightgray', alpha=0.85, zorder=2,
                    ax=ax[0])
```

[실행 결과]

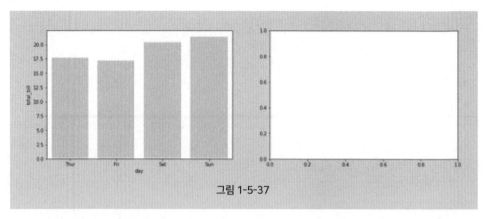

그림 1-5-37

[그림 1-5-37]의 오른쪽 그래프는 따로 코드를 만들지 않아 빈 공간으로 남은 것이고, 왼쪽 그래프는 색상이 Lightgray인 것을 확인할 수 있습니다.

```
group_mean=tips.groupby(['day'])['total_bill'].agg('mean')
h_day=group_mean.sort_values(ascending=False).index[0]
h_mean=np.round(group_mean.sort_values(ascending=False)[0], 2)
print("The Best Day:", h_day)
print("The Highest Avg. Total Biil:", h_mean)
```

[실행 결과]

```
The Best Day: Sun
The Highest Avg. Total Biil: 21.41
```

요일별 평균 Total Bill이 가장 좋은 날은 Sunday이고, 평균 $21.41를 기록한 것을 알 수 있습니다. 이번 코드는 의미가 있습니다. 기존 블로그에서는 인위적으로 Sunday에 색상을 입력했지만, 이번 코드에서는 실제로 가장 좋은 날을 계산해 각각의 변수로 활용했기 때문입니다. 특정한 값을 구한다는 것은 조건문에 따라 색상을 추가할 수도 있다는 의미이기도 합니다. 변수 h_day는 x축의 글자 색상을 추가할 때 조건문에 사용하고, 비슷한 방식으로 h_mean은 막대그래프의 색상을 추가할 때 조건문에 사용합니다. 먼저 코드를 확인합니다.

```python
tips=sns.load_dataset("tips")
fig, ax=plt.subplots(nrows=1, ncols=2, figsize=(16, 5))

#Ideal Bar Graph
ax0=sns.barplot(x="day", y='total_bill', data=tips,
                ci=None, color='lightgray', alpha=0.85, zorder=2,
                ax=ax[0])

group_mean=tips.groupby(['day'])['total_bill'].agg('mean')
h_day=group_mean.sort_values(ascending=False).index[0]
h_mean=np.round(group_mean.sort_values(ascending=False)[0], 2)
for p in ax0.patches:
  fontweight="normal"
  color="k"
  height=np.round(p.get_height(), 2)
  if h_mean=height:
    fontweight="bold"
    color="darkred"
    p.set_facecolor(color)
    p.set_edgecolor("black")
  ax0.text(p.get_x()+p.get_width()/2., height+1, height, ha='center', size=12,
fontweight=fontweight, color=color)

fig.show()
```

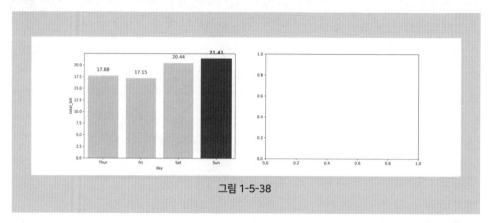

그림 1-5-38

반복문 안의 코드는 유사하지만 조금 다릅니다. 기존 코드에서는 range 함수를 사용하지만, 이번 코드에서는 h_mean과 Height가 일치할 때만 색상을 추가하도록 코드를 살짝 변형합니다. 그 외의 코드는 차이점이 크게 없어 생략하고 넘어갑니다. 기존 블로그처럼 색상은 추가되지만, 눈금 조정이 필요합니다. 이제 눈금이 추가된 코드를 확인합니다.

```
import matplotlib.pyplot as plt
from matplotlib.ticker import(MultipleLocator, AutoMinorLocator, FuncFormatter)
import seaborn as sns
import numpy as np

tips=sns.load_dataset("tips")
fig, ax=plt.subplots(nrows=1, ncols=2, figsize=(16, 5))

def major_formatter(x, pos):
    return"%.2f$"%x
formatter=FuncFormatter(major_formatter)

#Ideal Bar Graph
ax0=sns.barplot(x="day", y='total_bill', data=tips,
```

```
                    ci=None, color='lightgray', alpha=0.85, zorder=2,
                    ax=ax[0])

group_mean=tips.groupby(['day'])['total_bill'].agg('mean')
h_day=group_mean.sort_values(ascending=False).index[0]
h_mean=np.round(group_mean.sort_values(ascending=False)[0], 2)
for p in ax0.patches:
  fontweight="normal"
  color="k"
  height=np.round(p.get_height(), 2)
  if h_mean=height:
    fontweight="bold"
    color="darkred"
    p.set_facecolor(color)
    p.set_edgecolor("black")
  ax0.text(p.get_x()+p.get_width()/2., height+1, height, ha='center', size=12,
fontweight=fontweight, color=color)

ax0.set_ylim(-3, 30)
ax0.set_title("Ideal Bar Graph", size=16)

ax0.spines['top'].set_visible(False)
ax0.spines['left'].set_position(("outward", 20))
ax0.spines['left'].set_visible(False)
ax0.spines['right'].set_visible(False)

ax0.yaxis.set_major_locator(MultipleLocator(10))
ax0.yaxis.set_major_formatter(formatter)
ax0.yaxis.set_minor_locator(MultipleLocator(5))

ax0.set_ylabel("Avg. Total Bill($)", fontsize=14)

ax0.grid(axis="y", which="major", color="lightgray")
```

```
ax0.grid(axis="y", which="minor", ls=":")

fig.show()
```

[실행 결과]

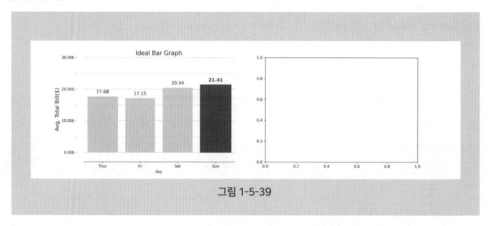

그림 1-5-39

기존 블로그에서 본 그래프가 구현된 것을 확인할 수 있습니다. y축의 제목 및 눈금은 앞에서 얘기한 것처럼 $만 추가해 살짝 변형할 뿐 기존 코드와 크게 달라진 것은 없습니다. Spines에서는 ax0.spines['left'].set_position(("outward", 20))을 추가하는데, 이는 y축과 x축이 만나는 점에서 우측으로 20만큼 축의 그림을 삭제한 것과 같습니다. 기존에 배운 내용을 조금 수정하니, 더욱 근사한 그래프가 구현된 것을 볼 수 있습니다. 그런데 필자는 x축에 무언가 변화를 주고 싶습니다. 아직 완성이 덜 된 느낌입니다. 우선 코드부터 확인합니다. 기존 코드에 다음 코드를 추가합니다.

```
ax0.set_xlabel("Weekday", fontsize=14)
for xtick in ax0.get_xticklabels():
  if xtick.get_text()=h_day:
    xtick.set_color("darkred")
    xtick.set_fontweight("demibold")
ax0.set_xticklabels(['Thursday', 'Friday', 'Saturday', 'Sunday'], size=12)
```

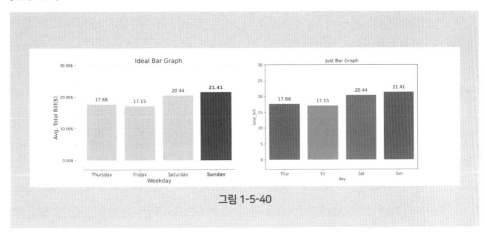

그림 1-5-40

우선 get_xticklabels()는 각 그래프의 텍스트를 포함합니다. 반복문을 통해서 xtick.get_text() 값은 그래프의 Xlabel에 있는 Thur, Fri, Sat, Sun를 순차적으로 반환합니다. 이때 h_day와 일치할 때만 x축 눈금에 표시된 글자의 색상 및 두께를 변경합니다. 그리고 마지막으로 set_xticklabels() 값에 리스트로 각 요일을 수동으로 변경합니다. 이렇게 해서 완성된 그래프를 그릴 수 있습니다. 공식 홈페이지 Seaborn 또는 대다수의 기본 파이썬 분석 시각화 책에서 다루는 시각화는 안타깝게도 오른쪽에서 업데이트되지 않을 때가 많습니다. 그러나 실무에서 사용하려는 그래프는 최소한 왼쪽 그래프를 지향해야 합니다. 독자 분들이 보기에 왼쪽과 오른쪽 그래프 중 어떤 것이 더 직관적으로 보이나요?

5.4 정리

시각화는 매우 중요합니다. Hadley Wickham은 그의 저서 『R For Data Science』에서 기본 문법이나 데이터 전처리와 같은 패키지보다 시각화를 가장 먼저 소개합니다. 필자가 처음 데이터 분석을 공부할 때 왜 시각화가 먼저 소개되는지 의아했던 기억이 납니다. 그런데 실무를 하면서 데이터 분석가 또는 데이터 과학자에게 가장 중요한 영역의 하나는 시각화를 통해서 연구 과제 논문, 파워포인트 보고서 그리고 시각화를 활용한 서비스까지 다양한 분야에서 보편적으로 넓게 활용됨을 알면서, 어려운 통계 분석이나 머신러닝 알고리즘보다 어쩌면 가장 먼저 숙달해야 하는 스킬이 아닌가 생각합니다.

파이썬에서 시각화를 잘하려면 기본적으로 Matplotlib 라이브러리의 객체 지향으로 시각화를 자주 그리는 것을 추천합니다. Matplotlib에서 Seaborn은 독립적인 라이브러리라고 보기는 어렵습니다. 실제로 연습하면서 느끼듯이 Matplotlib 라이브러리와 Seaborn 라이브러리의 상호 보완을 통해서 더욱 효율적으로 그릴 수 있음을 알게 됩니다. 본 Chapter의 핵심은 마지막 그래프에 있습니다. 무언가 전문적인 그래프를 처음부터 새로운 것을 그리기에 입문자분들에게 쉽지는 않습니다. 어렵습니다. 따라서 좋은 블로그나 캐글에 있는 좋은 시각화 예제를 참고해, 독자 분들이 기존 코드에 추가하는 방식을 추천합니다. 또한 가장 쉽게 배우는 지름길입니다. 필자가 추천하는 예제들을 잘 살펴보기를 바랍니다.

더 알아보기

예제1, Visualization with Messages: https://jehyunlee.github.io/2021/03/27/Python-DS-64-kr_pop_sn/

예제2, [TPS-Apr] Highlighting the Data: https://www.kaggle.com/subinium/tps-apr-highlighting-the-data

머신러닝의 역사

머신러닝은 알고리즘과 인공 신경망 모델을 이용해 컴퓨터 시스템의 성능을 점진적으로 향상하는 데 도움을 줍니다. 이러한 머신러닝은 비즈니스와 컴퓨터 과학, 생명 과학 등 다양한 분야의 연구에서 매우 중요한 위치를 차지해 오며 데이터 분석에서도 핵심 역할을 합니다. 머신러닝에서 개발되어 온 알고리즘들이 데이터 분석 방법의 대부분을 차지합니다. 그런 의미에서 머신러닝의 역사를 살펴보는 것은 데이터 분석 알고리즘들을 이해하는 데 도움을 줍니다.

1949년에 Hebb이 사람의 뇌신경 세포인 뉴런 간의 커뮤니케이션 모델을 발표합니다. 이 발표가 머신러닝의 시초라고 일컬어집니다. 한 신경 세포가 다른 신경 세포를 계속 반복해 자극하면, 앞 신경 세포의 액슨(Axon)이 뒤의 신경 세포와 연결된 부분인 시냅스(Synapse)를 강화해 두 신경 세포 간의 커뮤니케이션은 더욱 원활하다는 내용입니다.

이 모델이 인공 신경망으로 모델화됩니다. 뇌신경 세포 뉴런을 노드와 선으로 표현하고, 두 노드 간의 커뮤니케이션이 강한지 약한지는 선에 부여된 크고 작은 가중치(Weight) 수치로 나타내도록 수학적 모델로 만들어집니다. 앞쪽의 여러 개 노드/뉴런에서 Weight를 반영해 들어온 입력들은 현재의 노드/뉴런에서 합해지고 그 결과를 현재 노드/뉴런의 활성화 함수(Activation Function)에 전달하면, 함수는 그 결과를 다음 노드/뉴런에 전달할지 말지 결정합니다. 다음 노드/뉴런에 정보를 전달하기로 결정되면, 현재 노드의 결과는 다음 노드에 연결된 선의 Weight를 반영해 다음 노드로 전달됩니다.

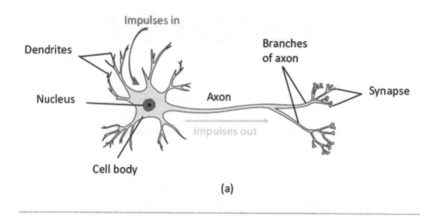

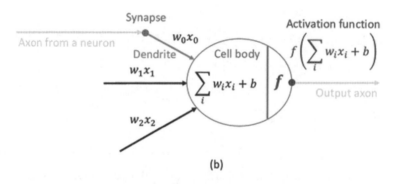

그림 1-6-1 뉴런과 신경망 모델

source: https://www.researchgate.net/figure/1-A-comparison-between-a-human-neuron-and-
an-ANN-neuron-a-Shows-an-illustration-of-a_fig6_317679065

당시 머신러닝은 주로 게임 분야에서 개발되었는데, IBM은 그중에서도 체스 프로그램을 개발하기 시작합니다. 체스는 체스보드 위에 남은 말들의 위치를 나타내는 체스보드 상태와 그 상태에 부여된 보상 점수로 이루어지고, 프로그램은 말을 움직인 결과로 만들어지는 체스보드 상태에 부여된 보상 점수가 자신에게 유리하게 말을 움직이도록 설계됩니다. 그렇게 되면 체스는 말의 움직임에 따라 만들어지는 모든 체스보드 상태가 나무 모양으로 서로 연결되고, 게임은 결국 이 나무 모양에서 자신에게 유리한 체스보드를 탐색하며 찾아갑니다.

그림 1-6-2 체스보드와 체스보드 상태들의 나무 구조
source: https://m.blog.naver.com/PostView.nhn?blogId=cw091231&logNo=90179380910&
proxyReferer=https:%2F%2Fwww.google.com%2F&view=img_8

그래서 체스보드 상태에 부여된 보상 점수가 자신에게 유리하도록 체스보드를 탐색해 가는 미니맥스(Minimax) 알고리즘이 개발됩니다. 이를 개발한 사람은 아서 새뮤얼(Arthur Samuel)로, 체스보드에 남은 말들을 근거로 특정 체스보드 상태의 보상 점수를 계산하는 함수를 만들고, 한 번 플레이 된 체스보드의 상태를 메모리에 저장한 뒤, 각 상태에 부여된 보상 점수와 연계해 게임에 활용하는 로트 러닝(Rote Learning)이라는 기법을 개발해, 1952년 처음으로 '머신러닝(Machine Learning)'이라는 용어를 사용하기 시작합니다.

1957년에는 로젠블랏(Rosenblatt)이 헵(Hebb)의 모델과 새뮤얼(Samuel)의 머신러닝 결과를 결합해 퍼셉트론(Perceptron)을 개발합니다. 인공 신경망의 출발 신호와 같은 기념비적 성과입니다. 퍼셉트론은 이미지 인식을 위해 개발되고, IBM 컴퓨터에서 돌아가도록 설계됩니다. 퍼셉트론은 한동안 인공 지능 연구에 활기를 불어넣어 미디어에서도 많이 회자됩니다. 그런데 퍼셉트론이 얼굴을 비롯한 여러 가지 시각적 패턴을 인식하지 못한다는 문제점들이 드러나면서 인공 신경망을 주제로 하는 연구들은 추운 겨울을 맞이합니다.

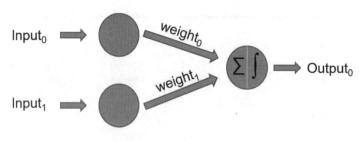

그림 1-6-3 퍼셉트론

1960년대에 들어서면서 퍼셉트론은 변화를 겪습니다. 인공 신경망에 두 개 이상의 히든 레이어(Hidden Layers)를 추가하면서 이전에 하나의 레이어만 있던 퍼셉트론보다 월등한 성능을 보입니다. 레이어가 추가되면서 1960, 70년대에는 맥컬로(McCulloch), 켈리(Kelley), 드레퓌스(Dreyfus) 등의 연구 결과에 힘입어 역전파(Backpropagation)가 등장합니다. 이것은 인공 신경망의 에러를 역방향으로 전파함으로써 인공 신경망의 내부에 추가된 히든 레이어의 노드들이 새로운 상황이나 패턴에 적응하도록 하는 기법으로, 이에 의해 인공 신경망의 훈련이 가능하게 됩니다. 그렇지만 역전파는 그로부터 십여 년의 시간이 지난 후에야 빛을 발합니다.

데이터를 유사한 그룹으로 나누거나 분류하는 것은 머신러닝에서 자주 일어나는 중요한 일입니다. 데이터 분류 알고리즘 중에 제일 많이 사용되는 것이 SVM입니다. 예를 들면 데이터에 포함된 점들이 이미 두 개의 그룹으로 분류될 때 데이터에 새로 추가된 점을 어떤 그룹으로 분류해야 하는가 하는 문제에서, SVM은 데이터의 점들이 존재하는 n 차원의 공간을 그보다 차원이 하나 낮은 n−1 차원의 초평면으로 분리함으로써 데이터를 두 그룹으로 분류하는 알고리즘입니다. 이렇게 데이터를 분류하는 초평면은 하나가 아니라 여러 개일 수 있습니다.

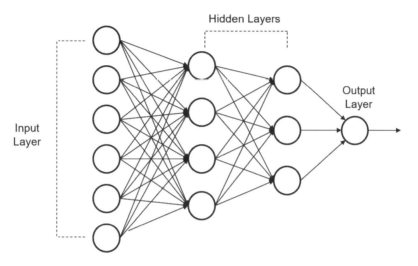

그림 1-6-4 다중 레이어 인공 신경망

그중에서 제일 좋은 초평면을 찾는 방법은 두 그룹 사이에서 가장 큰 마진(Margin)을 가지는 초평면, 즉 초평면에서 가장 가까운 각 그룹 데이터 점 간의 거리를 최대로 만드는 초평면을 선택합니다. [그림 1-6-5]에서는 데이터가 놓인 2차원 평면을 1차원의 직선(초평면)으로 나눕니다. 이 중 Z2로 표시된 마진이 Z1으로 표시된 마진보다 더 커서 더 좋은 초평면으로 선택됩니다. 바프니크(Vapnik)와 체르보넨키스(Chervonenkis)가 1963년에 최초의 SVM 알고리즘을 만듭니다. 그 후 바프니크가 기용(Guyon), 보스레(Bosre)와 함께 커널 트릭을 이용해 알고리즘을 비선형 분류 알고리즘으로 확장, 발전시켜 1992년에 이를 발표합니다. 그 후 SVM이 손으로 쓴 숫자를 인식하는 문제에서 그 어느 머신러닝 알고리즘보다 탁월한 성과를 나타내는 것이 알려지면서 다양한 분야에서 최고의 머신러닝 분류 기법으로 널리 쓰입니다.

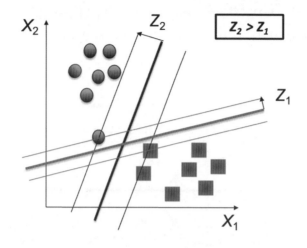

그림 1-6-5 SVM: Z2 마진 > Z1 마진

1967년에는 최초의 패턴 인식 머신러닝으로 최근접 이웃(Nearest Neighbor) 알고리즘이 탄생합니다. 당시 이 알고리즘은 계산 복잡도 이론에서 해를 구하기 어려운 대표적 문제로 알려진 순회 외판원 문제(Travelling Salesman Problem)에서 가장 효율적인 루트를 찾아내는 데 사용됩니다. 이 문제에서 외판원이 첫 방문 도시에서 가장 가까이에 있는 도시를 방문하고, 두 번째 방문한 도시에서도 가장 가까이에 있는 다음 도시를 방문하는 방식으로 모든 도시를 방문할 때까지 반복적으로 최근접 이웃 알고리즘을 사용해 최단 여행 경로를 찾아내게 합니다. 이 알고리즘은 머신러닝 커뮤니티에서는 비지도 학습 머신러닝으로 주어진 데이터를 여러 개의 그룹으로 나누는 문제에서 kNN이라는 이름으로 활용됩니다.

1975년에는 의사 결정 나무(Decision Tree)를 구현하는 모델이 호주 시드니 대학의 퀸란(Quinlan)에 의해 발표됩니다. ID3(Iterative Dichotomiser 3)로 명명된 이 알고리즘은 여러 단계의 의사 결정을 거쳐야 하고, 여러 개의 가능한 해결 방안이 있는 복잡한 상황에서 가장 효율적인 해결 방안을 찾아내는 데 사용됩니다.

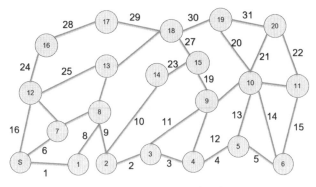

그림 1-6-6 순회 외판원 문제

이런 복잡한 상황에서 만들어지는 수많은 결정 나무 중 가장 작고 가장 효율적인 결정 나무를 만들어 내는 알고리즘입니다. 그 후 퀸란은 이 알고리즘을 계속 발전시켜 1993년에 C4.5로 만들고, 그 후 다시 발전된 버전으로 현재 머신러닝 커뮤니티에서 사용되는 C5.0을 발표합니다. 그 후 이 알고리즘을 기반으로 랜덤 포레스트(Random Forest)라는 앙상블 기법이 개발되는데, 머신러닝 커뮤니티에서 가장 많이 쓰이는 알고리즘입니다.

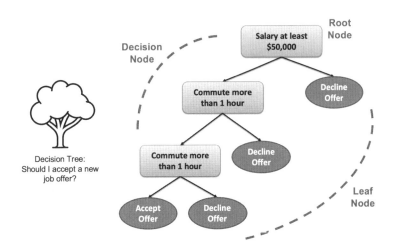

그림 1-6-7 의사 결정 나무(Decision Tree)

1970년대 전반까지 머신러닝은 인공 지능 훈련 프로그램의 일부로 사용되어 옵니다. 그런데 1970년대 후반, 1980년대 초반에 이르러 인공 지능 연구는 인공 신경망 관련 연구를 포기하고 논리와 지식 기반 접근법으로 바뀌기 시작합니다. 인공 신경망 연구들의 결과가 기대에 부응하지 못한 것이 원인입니다. 그로부터 첫 번째 인공 지능의 겨울이 시작되고, 그러면서 머신러닝과 인공 지능은 결별하고 서로 다른 길을 걷습니다. 머신러닝은 산업계의 실질적인 문제를 해결하려고 인공 지능이 아닌 확률 이론이나 통계 방법에 초점을 둡니다. 이 시기에 머신러닝은 회귀, 결정 나무, SVM, PCA 등의 알고리즘들에 주로 집중해 이 알고리즘들의 다양한 적용과 발전이 이루어집니다.

1979년에 후쿠시마(Fukushima)는 네오코그니트론(Neocognitron)이라는 인공 신경망을 발표하는데, 합성곱(Convolutional) 신경망의 개념이 처음으로 도입됩니다. 이로써 인공 신경망이 영상 패턴을 학습하는 것이 가능해집니다. 그러나 당시 후쿠시마의 합성곱 신경망 CNN은 요즈음의 합성곱 개념과 흡사하긴 하지만 여러 층의 레이어를 반복해 활성화시키면서 노드를 연결하는 선들의 가중치(Weight)를 증가시키는 강화 전략(Reenforcement Strategy)으로 훈련시키고, 중요한 피처들과 연결된 일부 선들의 가중치는 수동으로 증가시키도록 디자인된 점에서 많이 다릅니다.

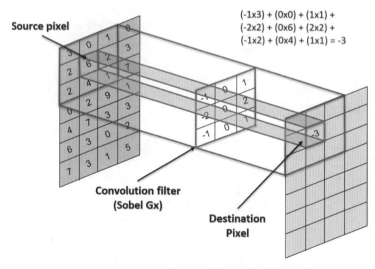

그림 1-6-8 최근의 합성곱(Convolution)

1985년에 이르러서야 룸멜하르트(Rumelhart), 윌리엄스(Williams), 힌튼(Hinton)에 의해 처음으로 역전파(Backpropagation)가 인공 신경망에 적용됩니다. 이 시도에 의해 인공 지능 커뮤니티에서는 인지 심리학적 측면에서의 인간의 이해 과정을 컴퓨터 프로그램으로 복원하는 것은 부호 논리를 활용한 논리 계산으로도 가능하지만(Computationalism이라고 함), 인공 신경망 같은 분산된 표현 방식에 의해서도 가능하다(Connectionism이라고 함)는 것을 알게 됩니다. 1989년에 르쿤(LeCun)은 실제로 Backpropagation과 Convolutional 신경망을 결합해 손으로 쓴 숫자를 인식하는 데 적용해, 수표를 자동으로 읽는 것에서 성과를 거둡니다.

1980년대 후반에서 1990년대 초반에 이르기까지 두 번째 인공 지능의 겨울이 닥쳐옵니다. 이 기간에 포기하지 않고 끈기 있게 AI와 딥러닝 연구에 매진하여 성과를 거둔 사람들이 있습니다. 2018년에 인공 지능의 노벨상이라 할 만한 튜어링 상을 함께 받은 제프리 힌튼(Jeffry Hinton), 얀 르쿤(Yann LeCun), 요수아 벤지오(Yoshua Vengio)가 대표적입니다. 그 덕분에 오랜 기간 연구 성과가 좋지 않은데도 이들의 연구를 지원해 주어 딥러닝을 꽃피우게 한 캐나다의 토론토 대학은 딥러닝의 성지가 됩니다.

1997년에 이르러 슈미트후버(Schmidhuber)와 호크라이터(Hochreiter)가 순환 신경망(RNN: Recurrent Neural Network)을 위한 LSTM(Long Short-Term Memory) 기법을 발표합니다. 순환 신경망과 LSTM 기법은 음성 인식 훈련에 쓰이는 딥러닝 기법으로, 음성 인식에서는 오래전에 일어난 앞 단계에서의 이벤트를 기억하는 것이 매우 중요한데, LSTM 기법이 이러한 음성 인식 학습을 가능하게 합니다. 그 후 2007년에는 LSTM이 전통적인 음성 인식 프로그램들의 성능을 능가하고, 2015년에는 보완된 LSTM을 사용한 구글의 음성 인식 프로그램이 현격한 성능의 향상을 가져옵니다.

1999년에 GPU가 등장하면서 인공 신경망의 계산과 이미지를 처리하는 컴퓨터의 속도는 이전보다 엄청나게 빨라집니다. 10년 사이에 거의 1,000배 가까이 빨라집니다. 당시 SVM과 경쟁 관계이던 인공 신경망은 빨라진 컴퓨팅 속도로 인해 유리한 고지를 점령합니다. 같은 데이터를 사용할 때 SVM과 비교해 속도가 느리긴 하지만 성과는 조금 나은 신경망은 GPU의 등장으로 속도가 빨라지고, 게다가 SVM과 달리 데이터가 많을

수록 더 좋은 성과를 보여 여러 분야에서 점점 SVM보다 나은 머신러닝 기법으로 평가받기 시작합니다.

그림 1-6-9 그래픽 처리 장치(GPU)
source: https://ko.wikipedia.org/wiki/그래픽_처리_장치

2006년에는 다양한 안면 인식 알고리즘들의 평가가 있었는데, 그 결과는 충격적입니다. 그 당시 가장 최신 안면 인식 알고리즘은 2002년에 만들어진 알고리즘보다는 10배, 1995년에 만들어진 알고리즘보다는 100배의 정확성이 있는 것으로 나타납니다. 2012년 구글은 1,000개의 컴퓨터를 연결해 만든 인공 신경망이 라벨링되지 않은 1,000만 개의 유튜브 영상을 읽어서 비지도 학습 형태로 학습해 고양이가 포함되는지를 자동으로 판별하는 인공 신경망을 만듭니다. 이 프로젝트가 성공하면서 인공 신경망을 사용한 비지도 학습의 가능성을 열고, 2014년에는 페이스북이 사람과 같은 수준의 정확도로 사진에서 사람을 판별하는 알고리즘인 딥 페이스(Deep Face) 알고리즘을 개발하기도 합니다.

2015년 구글 브레인(Google Brain) 팀은 자신들이 수년간 개발해 구글 포토, 구글 스피치 등에서 사용해 오던 대규모 머신러닝에 적합한 라이브러리 텐서플로우(Tensorflow)

를 오픈 소스로 공개합니다. 그 후 텐서플로우는 이미지 처리, 추천 시스템, 자연어 처리 등 수많은 프로젝트에 사용되며 가장 인기 있는 딥러닝 라이브러리가 됩니다. 2016년에는 페이스북의 인공 지능 연구팀이 개발해 사용하던 머신러닝 라이브러리 파이토치(Pytorch)가 오픈 소스로 발표됩니다. 텐서플로우와 파이토치 모두 파이썬(Python) 기반의 딥러닝 라이브러리입니다. 파이토치가 텐서플로우보다 코드도 간결하고 난이도도 낮은 편인데도 텐서플로우의 선점 효과로 파이토치의 사용자는 텐서플로우보다 적은 편입니다.

최근 스탠퍼드 대학은 머신러닝을 "명시적으로 프로그램되지 않아도 컴퓨터가 스스로 행동하도록 만드는 과학"이라고 정의합니다. 머신러닝은 현재 자율 주행과 같은 산업에서 괄목할 만한 발전을 이끄는 견인차 역할을 할 뿐 아니라 로봇 알고리즘, 지도/비지도 학습, 사물 인터넷, 챗봇, 데이터 분석 등의 분야에서도 주도적 역할을 합니다. 비즈니스의 영역에서는 구매 제품 추천, 판매 데이터 분석, 다이내믹 가격 결정 등의 분야에서 머신러닝이 사용됩니다. 비즈니스 분석과 머신러닝이 결합되면서 비즈니스 조직 내에서 일어나는 다양하고 복잡한 문제가 해결 가능해 앞으로 점점 더 활발하게 사용될 것으로 봅니다.

캐글에서 사용되는 다양한 머신러닝 알고리즘

7.1 지도 학습과 비지도 학습

지도 학습(Supervised Learning)은 훈련 데이터에 타깃(Target) 또는 레이블(Label)이라고 불리는 정답이 포함됩니다. 분류(Classification)의 문제가 지도 학습의 전형적인 유형이며, 숫자 인식이나 사진 인식 등이 대표인 예입니다. 예를 들면 강아지와 고양이의 사진을 컴퓨터에 인식시키고 그 사진이 강아지인지 고양이인지를 분류하는 문제라든지 기업들의 매출액, 부채 비율, 상환 지체 일수 등의 특성값을 입력해서 해당 기업이 부도가 날지 아닌지를 분류 예측하는 문제가 이에 해당합니다. 이때 데이터에 이 사진은 강아지, 저 사진은 고양이라고 일일이 알려 주는 정답을 포함시키거나 이 기업은 부도, 저 기업은 안전하다고 하나하나 알려 주는 정답을 포함시킨 훈련 데이터를 이용해 기계 학습 모델을 훈련하는데, 여기에 사용되는 정답을 타깃 또는 레이블이라고 부릅니다. 이렇게 훈련된 기계 학습 모델에 훈련 데이터에 포함되지 않은, 지금까지 훈련에 사용된 적 없는 새로운 사진을 보여 주면 강아지 또는 고양이라고 답하거나 새로운 기업의 특성값을 입력하면 이 기업은 부도다 아니다를 예측합니다. 그러므로 타깃 또는 레이블이라고 불리는 정보가 없으면 지도 학습은 불가능합니다.

이러한 지도 학습에 속하는 기계 학습 모델에는 선형 회귀(Linear Regression), 로지스틱 회귀(Logistic Regression), SVM(Support Vector Machine), 의사 결정 나무(Decision Tree), 랜덤 포레스트(Random Forest), k-NN(k-Nearest Neighbor), 신경망(Neural Network) 등이 있습니다.

지도 학습과는 달리 비지도 학습(Unsupervised Learning)은 훈련 데이터에 타깃이나 레이블에 관한 정보가 포함되지 않습니다. 따라서 훈련 데이터에 아무런 가이드라인이 없어 기계 학습 모델이 스스로 학습해야 합니다. 이런 방식으로 학습해서 배울 수 있는 것으로는 전체 데이터를 몇 개의 작은 군집으로 나누는 것(군집화)과 데이터 사이의 연관된 규칙을 찾아내는 것(연관 규칙) 그리고 매우 많은 데이터의 차원을 가능하면 정보를 잃지 않으면서 소수의 차원으로 축소하는 것(차원 축소) 등이 있습니다.

지도 학습에 속하는 기계 학습 모델들을 보면 k-평균(k-Means), 계층 군집 분석(Hierarchical Cluster Analysis), 이상치 탐지(Outlier Detection), 원-클래스(One-Class) SVM 등은 군집화(Clustering)에 속하는 것들이고, 주성분 분석(Principle Component Analysis), 커널 PCA(kernel PCA), SVD(Singular Value Decomposition), 지역적 선형 임베딩(Locally-Linear Embedding) 등은 차원 축소에 해당하고, 아프리오리(Apriori) 등은 연관 규칙에 해당합니다.

7.2 회귀 모형

회귀라는 말은 영어로 Regression입니다. 회귀 분석에서 회귀에 해당하는 Regression이라는 단어의 뜻은 복귀하다, 되돌아오다라는 뜻입니다. 왜 이런 의미의 단어가 통계학이나 데이터 분석에서 사용될까요? 영국의 골턴 경은 진화론을 주장한 찰스 다윈의 사촌입니다. 기상학, 심리학, 통계학, 법의학의 분야에서 엄청난 업적을 쌓지만, 골턴이 막상 가장 공을 들인 분야는 우생학입니다. 골턴은 스위트피(Sweet Pea)로 복귀 유전

(Reversion)이라고 불린 회귀에 관한 실험을 합니다. 그 내용은 이렇습니다.

먼저 스위트피의 씨앗을 무게에 따라 여러 개의 집단으로 나눕니다. 그리고 각 집단 내에서 자가 교배시켜 자손 집단을 만들고, 각 자손 집단의 씨앗 무게를 재서 그 평균을 계산합니다. 그러면 무거운 무게의 부모 집단에서 자가 교배를 거쳐 태어난 자손 집단의 평균 씨앗 무게는 당연히 가벼운 무게의 부모 집단에서 태어난 자손 집단의 평균 씨앗 무게보다 무거워야 하지 않습니까? 그런데 그렇지 않다는 것을 볼턴 경이 발견한 것입니다.

각 자손 집단의 평균 씨앗 무게는 다르지만, 특이한 점은 각 자손 집단 씨앗의 평균 무게가 부모 집단 씨앗의 평균 무게가 아니라 자손 집단 전체의 평균 무게에 다욱 가깝습니다. 따라서 자손의 씨앗 무게가 부모의 씨앗 무게를 따르기보다는 자손 전체의 평균 씨앗 무게로 돌아가려는 경향을 띤다는 것을 나타내려는 의미로 회귀라는 이름을 붙입니다. 씨앗 무게는 세대를 거듭해도 무거운 것은 더 무거워지고 가벼운 것은 더 가벼워지는 것이 아니라 전체 집단의 평균을 중심으로 안정적으로 유지된다는 것을 발견하고 '평균으로의 회귀'라는 의미의 이름을 붙입니다. 회귀 분석은 이처럼 데이터값이 평균과 같은 일정한 값으로 돌아가려는 경향을 이용하는 통계학 그리고 데이터 분석 기법입니다.

그림 1-7-1 프랜시스 골턴 경(Sir Francis Galton, 1822~1911)
source: https://commons.wikimedia.org/wiki/File:Sir_Francis_Galton_by_Gustav_Graef.jpg

회귀는 오랫동안 통계학의 중심 기둥 역할을 해 오고, 회귀 분석은 경제학, 공학, 의학 등의 분야가 발전하는 데 크게 공헌합니다. 통계학의 의미로 회귀 분석은 여러 개의 독립 변수와 한 개의 종속 변수 간의 상관관계를 모델로 만드는 기법입니다. 예를 들어 아파트의 가격(종속 변수)은 방의 개수, 해당 지역 교사 한 명당 학생 비율, 고속도로까지의 접근성, 해당 지역의 범죄 발생률 등 여러 개의 독립 변수와 어떤 관계를 갖는지 모델링하고 이를 이용해 예측합니다. 이것을 수식으로는 다음과 같이 표현할 수 있습니다.

$$Y = W_1 * X_1 + W_2 * X_2 + W_3 * X_3 + W_4 * X_4 + \cdots$$

여기에서 Y는 종속 변수인 아파트 가격 X_1, X_2, X_3, X_4는 독립 변수들로 X_1은 방의 개수, X_2는 해당 지역 교사 한 명당 학생 비율, X_3는 고속도로까지의 접근성, X_4는 해당 지역의 범죄 발생률입니다. 머신러닝에서는 X_1, X_2, X_3, X_4를 피처(Feature)라고 부르고, 종속 변수를 가장 잘 예측하는 독립 변수들과 그 조합을 찾아내는 것을 피처 엔지니어링(Feature Engineering)이라고 부르는데, 이 분야는 머신러닝에서 매우 중요하게 다루어지는 분야입니다. W_1, W_2, W_3, W_4는 회귀 계수(Regression Coefficient)라고 불리는데, 이 계수는 각 독립 변수가 종속 변수인 아파트 가격에 얼마나 영향을 주는지를 나타냅니다. 다른 의미로는 이 계수들은 위에서 이야기한 종속 변수와 각 독립 변수 간의 상관관계입니다.

이쯤에서 통계학에서 회귀 분석을 바라보는 관점과 머신러닝에서 회귀 분석을 바라보는 관점의 차이에 대해 알아볼 필요가 있습니다. 그러려면 먼저 통계학에 대해 이해해야 합니다. 통계학은 크게 기술 통계학(Descriptive Statistics)과 추론 통계학(Inferential Statistics)으로 나눕니다. 기술 통계학은 데이터가 어떤 분포를 하는지, 왜 그런 분포를 하는지를 파악합니다. 그리고 현장 데이터는 이론적인 완벽한 분포를 가지지 않아 이상치, 결측치 등을 잘 가려내고 처리해서 일반적인 상황의 데이터는 어떤 분포를 가지는지 정확하게 파악하는 것이 중요합니다. 그래야 이상한 경우를 일반적인 상황으로 이해하지 않기 때문입니다.

추론 통계학은 기술 통계학에서 파악한 데이터의 분포를 기반으로 해서 예측합니다. 그러기 위해서 통상적으로 가설 검정이라는 과정을 거치는데, 앞의 아파트 가격의 예처럼 이러이러한 종속 변수에는 이러이러한 독립 변수들이 연관되리라는 가설을 세우고 검증합니다. 가설이 검증을 통과하면 그 모델을 활용해서 좋은 예측을 합니다. 따라서 가설 검정 과정에서 데이터가 가진 분포의 형태와 정규성, 등분산성 등을 살피고, 가설에 사용된 변수가 적합하고 타당한 변수인지를 검증합니다. 이런 과정을 거쳐 변수들을 선택하고, 그렇게 선정된 변수들로 모델을 만들어 예측합니다.

그런데 통계학에서 다루는 회귀 분석은 오랫동안 소규모의 데이터를 대상으로 합니다. 따라서 통계학은 더욱 정교한 수학 방법론들을 발전시켜 소량의 데이터에서 의미를 찾아내려고 노력해 오고, 이를 위해 데이터에 관한 다양한 탐색을 하는 데 중점을 둡니다. 일단 탐색이 마무리되고 가설 검정이 끝난 후 만들어진 모델(예를 들면 회귀 모델)들은 더는 바뀌지 않는 상태로 예측에 사용됩니다. 그렇기에 통계학에서는 탐색이 중요합니다.

그런데 데이터가 많아지고 커지기 시작하면 이야기가 달라집니다. 게다가 머신러닝이 사용되기 시작하면서 통계학에서 중시되던 탐색보다는 예측의 정확성에 중점을 둡니다. 다시 말하자면 통계학에서는 탐색을 통해서 모델을 찾아내는데, 그 과정에서 주로 전문성과 경험의 인간 지능이 사용된다면, 머신러닝에서는 방대한 데이터를 기반으로 어떤 모델이 적합한지 다양하게 테스트해 보고 그 가운데 예측력이 가장 뛰어난 모델을 선정하고, 선정된 모델이 더 높은 성과를 내게 하고 기계 지능, 즉 인공 지능과 머신러닝을 활용한다는 것이 차이입니다.

앞의 수식을 다시 예로 들면, 통계학은 소규모 데이터를 기반으로 정교한 방법론과 깊이 있는 탐색을 통해 독립 변수들을 선정하고, 가설 검정을 통해 모델(수식의 W_1, W_2, W_3, W_4)이 결정됩니다. 이렇게 결정된 모델이 예측에 사용됩니다. 이와 달리 머신러닝은 방대한 데이터로 학습시켜 모델을 만드는데, 이때 인간의 지능에 의한 정교한 방법론이나 깊이 있는 탐색 대신 데이터 자체의 패턴을 활용해 기계적인 학습이 일어나고 그 결과로 W_1, W_2, W_3, W_4가 결정됩니다. 그래서 통계학에서는 모델을 만드는 데 인간 지능이 사용되어 선형 회귀(Linear Regression) 이외의 복잡한 모델은 생각하기 쉽지 않지만, 머신러닝에서는 비선형 회귀(Non-Linear Regression) 등의 복잡한 모델도 더욱 수월하게 찾아낼 수 있습니다.

여기에서 머신러닝과 데이터 분석에서 아주 중요하게 다루는 문제가 발생합니다. 머신러닝은 주어진 데이터를 기반으로 엄청난 컴퓨팅 과정을 통해 모델을 찾아가 과적합(Overfitting)의 문제가 생깁니다. 머신러닝은 해당 데이터만을 대상으로 수없이 반복되는 학습을 통해 모델을 찾아내고, 그렇게 찾아진 모델은 때로는 과도하게 해당 데이터에만 적합하게 만들어져, 학습에 사용되지 않은 새로운 데이터에 적용시키면 예측 성능이 떨어지는 과적합의 문제가 발생합니다.

머신러닝에서는 과적합의 문제를 해결하려고 데이터의 양적 확대, 증강(Augmentation), 규제(Regularization) 등 다양한 방법을 사용하는데, 회귀에서는 규제가 많이 사용되며 그 사용 방법에 따라 네 가지 유형으로 나뉩니다. 첫째, 규제를 적용하지 않은 일반 선형 회귀, 둘째, 큰 회귀 계수의 예측 영향력을 감소시키려고 회귀 계수값을 작게 만드는 릿지(Ridge) 회귀, 셋째, 예측 영향력이 작은 피처의 회귀 계수를 0으로 만들어 해당 피처가 아예 예측에 사용되지 않도록 하는 라쏘(Lasso) 회귀, 넷째, 릿지와 라쏘 두 가지 방법을 결합해 사용하는 엘라스틱 넷(Elastic Net) 회귀입니다.

이상에서 이야기한 회귀들은 독립 변수 혹은 피처들과 회귀 계수들로 이루어진 수식을 활용해 연속형 수치(Continuous Number)로 종속 변수를 예측하는 회귀 문제에 활용되는 반면, 로지스틱 회귀(Logistic Regression)라고 불리는 회귀는 위 수식의 로지스틱 함수 변환을 통해 종속 변숫값이 이산형 값(Discrete Number)이 되도록 함으로써 종속 변수가 어떤 카테고리(Category)에 속하는지를 예측하는 분류의 문제에 활용됩니다.

이외에도 회귀가 선형인가 아닌가에 따라 선형 회귀(Linear Regression), 비선형 회귀(Non-Linear Regression)로 나뉘고, 독립 변수의 개수에 따라 단일 회귀(Simple Regression), 다중 회귀(Multiple Regression)로 나뉩니다,

구분		회귀명
독립 변수의 개수	한 개	단순 회귀(Simple Regression)
	두 개 이상	다중 회귀(Multiple Regression)
예측 함수의 형태	선형 함수	선형 회귀(Linear Regression)
	비선형 함수	비선형 회귀(Non-Linear Regression)
선형 회귀에서 규제의 유무와 형태	없음	일반 선형 회귀(General Linear Regression)
	L2 규제	릿지 회귀(Ridge Regression)
	L1 규제	라쏘 회귀(Lasso Regression)
	L1과 L2 결합 규제	엘라스틱 넷 회귀(Elastic Net Regression)

표 1-7-1 회귀의 유형

그럼 어떤 회귀가 좋은 회귀일까요? 좋은 회귀를 판단하는 근거는 무엇일까요? 이것을 설명하기 위해 앞에서 사용한 예를 단순화시켜서 생각해 봅니다. 아파트의 가격(종속 변수)이 단 하나의 독립 변수, 방의 개수에 의해서 결정된다고 생각해 봅니다. 그러면 수식은 다음과 같습니다.

$$Y = W_1 * X_1 + W_0 + error$$

이를 그래프로 나타내면 다음과 같습니다.

[그림 1-7-2]에서 검은 점들은 각 아파트를 나타내는 데이터 포인트이고, 세 개의 직선은 다양한 W_1, W_0과 error의 값으로 그려지는 이들 데이터들을 위한 회귀선들입니다. 종속 변수와 독립 변수가 각각 하나인 이런 회귀를 단순 선형 회귀(Simple Linear Regression)라고 합니다. 여기에서 W_0은 절편이고, W_1은 직선의 기울기를 나타내는데, 이들 W_1, W_0을 회귀 계수라고 부릅니다. 위 수식의 $W_1 * X_1 + W_0$ 부분은 X_1에 대한 Y의 값을 예측하는 회귀 모델이고, 오차 Error는 회귀 모델에 의해 예측된 아파트 가격과 실제 아파트 가격의 차이, 즉 예측 회귀 모델의 오차를 의미합니다.

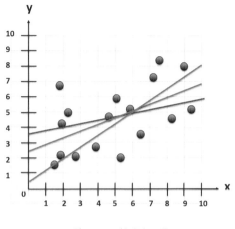

그림 1-7-2 회귀식 그래프

그렇다면 위의 세 가지 중 어떤 것이 가장 좋은 회귀 모델일까요? 이에 대한 답으로는 오차가 가장 적은 것이 가장 좋은 회귀 모델이라고 할 수 있습니다. 그 회귀 모델에 의해 예측한 아파트 가격이 실제 아파트 가격과 차이가 가장 적기 때문입니다. 그러니까 여러 가지 가능한 회귀 모델 중 오차가 가장 적은 회귀 모델을 찾아내는 것이 매우 중요합니다.

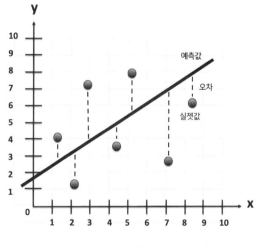

그림 1-7-3 회귀 오차

오차는 실젯값과 예측값의 차이를 나타내므로, 실젯값을 Y, 예측값을 Ŷ로 표시하면 다음과 같습니다.

$$\hat{Y} = W_1 * X_1 + W_0$$

$$error = Y - \hat{Y} = Y - (W_1 * X_1 + W_0)$$

[그림 1-7-3]에서 초록색 점선으로 그려진 직선상의 점들은 모두 Ŷ에 해당되고, 직선을 벗어나 아래나 위에 있는 빨간 점들이 실젯값 Y에 해당합니다. 그런데 그림에서 보듯 X의 값에 따라 실젯값들이 어떤 때는 점선 위에 있어서 예측값보다 커서 오차가 양수이고, 어떤 때는 점선 아래에 위치해 오차가 음수라, 모든 오차를 그대로 합한다면 양의 오차와 음의 오차가 상쇄되어 오차의 합이 오히려 작아질 수 있습니다. 그래서 통상적으로 오차에 제곱을 하고, 모든 X의 값에 대한 오차 제곱의 합이 최소화되는 회귀 모델을 찾는 것입니다. 때로는 오차의 제곱 대신 절댓값을 사용하기도 하는데, 이후의 미분 등의 계산을 하기에 편리하도록 대부분 절댓값보다는 제곱을 사용합니다. 오차에 제곱을 하면 식은 다음과 같습니다.

$$error^2 = (Y - \hat{Y})^2 = (Y - (W_1 * X_1 + W_0))^2$$

이 식은 X_1에 대한 2차 함수가 되는데, 실수의 제곱은 음이 될 수 없으므로 오차 제곱의 합이 최소인 것은 0일 수밖에 없고, 그래서 이 함수의 값이 0이 되도록 하는 해를 구하면 오차가 최소인 W_1과 W_0을 구할 수 있습니다. 통계학의 회귀 분석에서는 이러한 방법으로 회귀 계수인 W_1, W_0을 구해 함수를 완성하고, 이 함수의 회귀 계수가 통계적으로 유의미한지 점검한 후, 이 함수를 사용해 모델의 회귀 계수 계산에 사용된 적이 없는 새로운 X에 대해 Y 예측치, 즉 Ŷ을 계산하는데 이러한 내용이 추론 통계학에 해당합니다.

그런데 머신러닝의 회귀 분석에서는 X의 데이터가 주어지고, 이 데이터를 활용해 위의 함수를 훈련시켜 오차 제곱의 합을 가장 작게 만드는 W_1, W_0을 찾습니다. 통계학의 회귀와 머신러닝의 회귀가 서로 비슷하게 보일지 모르지만 관점이 다릅니다. 오차 제곱의 합을 최소화하는 회귀 계수 W_1, W_0을 학습을 통해서 찾는 것이 머신러닝 기반 회귀의 핵심입니다. 그러니까 머신러닝에서는 독립 변수 X, 종속 변수 Y는 중심 변수가 아니라 훈련하는 데 필요한 데이터에 불과하고, 회귀 계수인 W_1, W_0이 중심 변수입니다. 이 개념을 분명하게 이해하는 것이 매우 중요합니다.

머신러닝 기반 회귀에서 오차 제곱의 합은 비용(Cost)으로 간주됩니다. 그러므로 머신러닝은 계속 학습하면서 이 비용을 가장 적게 만드는 회귀 계수를 찾습니다. 때로는 비용이 아니라 손실(Loss)이라고 부르기도 합니다.

그러면 오차 제곱의 합, 즉 비용을 최소화하는 회귀 계수 W_1, W_0을 학습을 통해 찾는다는 것은 구체적으로 어떻게 하는 것일까요? 머신러닝에서는 회귀 계수 W_1, W_0을 파라미터(Parameter)라고 부릅니다. 파라미터가 몇 개 되지 않으면 통계학에서의 회귀 분석처럼 방정식으로 해결하지만, 독립 변수가 하나인 단순 회귀 분석이 아니라 X_1, X_2, $X_3 \cdots X_n$처럼 독립 변수, 즉 피처가 많아지고 그에 따라 W_1, W_2, $W_3 \cdots W_n$으로 파라미터가 많아지면 고차원 방정식으로도 해결하기 어렵습니다. 여기에 머신러닝의 강점이 필요합니다. 머신러닝에서는 데이터를 기반으로 스스로 학습해 비용을 최소화하는, 즉 오차가 최소인 파라미터들을 구하는데, 이러한 방법을 경사 하강법(Gradient Descent)이라고 합니다.

경사 하강법은 매우 직관적이어서 이해하기 어렵지 않습니다. 등산을 가서 해가 저물고 달도 없이 깜깜한 밤에 산을 내려온다고 상상해 보면 쉽게 이해될 것입니다. 한 발한 발 낮은 곳을 향하다 보면 언젠가는 산 아래 마을에 도착합니다. 어떻게 보면 매우 단순해 보이지만, 파라미터가 많아 매우 복잡한 고차 방정식으로도 해결이 안 될 때도 조금씩 오차가 작아지도록 파라미터들을 계속해서 수정해 나가면, 결국에는 오차를 최소화하는 파라미터들을 구한다는 것이 경사 하강법의 내용입니다.

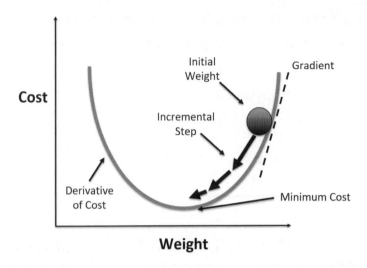

그림 1-7-4 경사 하강법

경사 하강법의 핵심은 오차가 작아지게 하는 방향으로 파라미터의 값을 조정해 나가는 것입니다. [그림 1-7-4]에서 2차 함수 곡선이 비용(오차 제곱의 합)을 나타낸다면, 비용 최소점은 2차 함수 곡선의 맨 아래에 있는 점입니다. 처음 시작점이 검은 점의 위치라면, 비용 최소점에 도달하려면 2차 함수를 미분한 결과인 1차 함수의 기울기, 즉 해당 점에서의 접선을 따라 움직여야 합니다. 그다음 점에 도달할 때는 다시 그 점에서의 2차 함수 미분 결과인 1차 함수의 기울기를 따라 움직여야 합니다. 최종으로 최저점에 이르면 그곳에서의 2차 함수 미분 결과인 1차 함수의 기울기가 0이 되어 더는 움직이지 않습니다. 그 점에서 비용의 최소화를 달성합니다.

경사 하강법은 머신러닝에서 매우 중요한 역할을 담당합니다. 딥러닝의 기반을 이루는 인공 신경망에서 학습을 담당하는 역전파(Backpropagation)에서도 경사 하강법을 사용하므로, 이 개념을 이해하는 것이 딥러닝에서도 중요합니다.

7.3 의사 결정 나무

직관적으로 이해하기 쉽고 분류(Classification)와 회귀(Regression)에 다 쓰이는 다양한 능력이 있는 머신러닝 알고리즘입니다. 게다가 의사 결정 나무는 최근 각광받는 랜덤 포레스트의 기본 알고리즘이기도 합니다. 나무가 많이 모이면 숲, 포레스트가 되는 것처럼 말입니다.

의사 결정 나무는 여러 개의 노드와 노드를 잇는 가지로 이루어집니다. 노드는 맨 위에 있는 루트 노드와 맨 끝에 달린 리프 노드로 이루어지고, 그 중간에 있는 노드들은 규칙 노드라고 불립니다. 이러한 의사 결정 나무가 어떻게 분류하는 데 사용되는지 예를 들어 봅니다.

어느 자동차 대리점에서 차를 구입한 적이 있는 50명의 고객 데이터가 있다고 해 봅니다. 이 고객 데이터를 이용해 새로운 고객이 올 때 그 고객이 원하는 차가 어떤 차일지 예측하는 문제를 생각해 봅니다. 고객 데이터에는 고객에 관한 정보, 예를 들어 고객의 나이와 결혼 여부에 관한 정보가 있다고 해 봅니다. 말하자면 고객에 관한 정보, 즉 고객의 피처(Feature)는 두 개입니다. 50명의 고객을 이 두 개의 피처로 분류한다고 할 때 어떻게 분류해야 그렇게 만들어진 의사 결정 나무로 새로운 고객이 어떤 차종을 원할지 정확하게 예측할 수 있을까요? 여기에서 중요한 것은 의사 결정 나무를 만들 때 각각의 리프 노드에는 가능하면 동일한 차종을 구매한 고객들이 들어가도록 나무를 만듭니다.

예를 들어 두 가지 피처 중 나이를 먼저 사용해 봅니다. 일정 나이를 기준으로 50명의 고객을 나눕니다. 30살을 기준으로 30살이 넘은 고객과 30살보다 어린 고객으로 나눕니다. 그렇게 두 개의 그룹이 만들어지는데, 만일 30살보다 어린 고객들이 모두 스포츠카를 구매한다면 리프 노드입니다. 모두 동일한 차종을 원하는 고객들이니 더는 나눌 필요가 없습니다. 그런데 30살 위인 고객들이 원하는 차종은 SUV와 세단으로 혼재된다면, 이 노드는 다시 더 작은 노드로 나눠야 합니다. 이때 남은 피처, 즉 결혼 여부를 사용합니다. 결혼한 그룹과 미혼인 그룹으로 나누는데, 이때 결혼한 그룹은 세단보다 SUV를 구매한 고객이 더 많고, 미혼인 그룹은 SUV보다 세단을 구매한 고객이 더 많다고 해 봅니다.

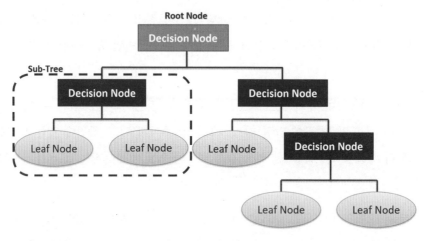

그림 1-7-5 의사 결정 나무

이렇게 의사 결정 나무가 만들어지면 새로운 고객이 올 때 의사 결정 나무를 이용해 예측할 수 있습니다. 새로운 고객이 30살 미만이면 스포츠카를 구매할 것으로 예측하고, 30살 이상이면 결혼 여부를 물어보고 결혼했다면 SUV를 권하고, 미혼이면 세단을 권합니다. 50명의 고객 데이터로 훈련시킨 의사 결정 나무의 예측에 근거해서 말입니다.

그런데 여기에서 의문이 생깁니다. 두 개의 피처 중 연령이 아니라 결혼 여부를 먼저 적용하면 어떻게 될까요? 그다음에 연령을 적용하면? 그러면 위에서 만든 의사 결정 나무와는 전혀 다른 나무가 생깁니다. 그럼 그다음 질문이 생깁니다. 두 개의 의사 결정 나무 중 어떤 나무가 더 정확한 예측을 할까요?

여기에서 아주 중요한 정보 경제학(Information Economics)의 주요 개념이 필요합니다. 인포메이션 게인(Information Gain)이라는 것입니다. 정보 수익이라고 번역되기도 하는 이 개념을 이해하려면 엔트로피(Entrophy)에서부터 출발해야 합니다. 엔트로피는 잘 알려진 것처럼 물리학에서 만들어진 개념입니다. 물리학에서는 자연의 모든 현상은 엔트로피가 증가하는 방향으로 일어난다고 설명합니다. 이것은 모든 자연 현상은 무질서한 상태로 나아가려는 경향을 보인다는 의미입니다. 예를 들어 물에 잉크를 떨어뜨리면 잉크 분자가 물 전체에 골고루 퍼지는 것이나 동물이 죽으면 사체가 분해되고 흙으로 변해 땅에 퍼지는 것이 그렇다는 것입니다. 그렇듯 무질서 상태가 증가한다는 것인데, 무질서 상태가 심하다는 것은 곧 엔트로피가 높다는 의미입니다.

이 개념을 데이터 분석, 의사 결정 나무에 적용해 볼까요? 의사 결정 나무는 위에서 본 것처럼 맨 아래의 리프 노드가 가능하면 동일한 차종이 되도록 만들어야 분류나 예측의 성능이 좋습니다. 이것을 리프 노드의 순수도(Purity)가 높다고 이야기합니다. 여기에서 순수도를 측정하는 방법이 바로 엔트로피입니다. 순수도의 반대는 불순도(Impurity)일 텐데요, 이것은 위의 예에서는 여러 가지 차종이 뒤섞인 것을 의미하므로, 엔트로피가 높은 무질서한 상태와 같은 것으로 볼 수 있습니다.

그러니까 두 개의 피처를 어떤 순서로 적용해야 최종 만들어지는 리프 노드들의 순수도가 높아질 것인지, 다시 말하면 엔트로피가 낮아질 것인지가 의사 결정 나무를 만드는 데 매우 중요한 핵심입니다. 루트 노드에서 시작해서 연령을 먼저 적용해 30세 이상과 이하로 나누느냐, 아니면 결혼 여부를 먼저 적용해 결혼과 미혼으로 나누느냐 하는 것은, 그렇게 만들어지는 자녀 노드들의 엔트로피가 어떤 때 더 낮아지느냐, 즉 어떤 때 순수도가 더 높아지느냐 하는 것으로 결정합니다. 그래서 부모 노드의 엔트로피를 구하고, 자녀 노드들의 엔트로피를 구해서 그 차이를 계산하는데, 이 차이를 인포메이션 게인이라고 합니다. 그러니까 부모 노드의 엔트로피와 자녀 노드의 엔트로피의 차이가 인포메이션 게인입니다.

루트 노드에서 연령을 기준으로 나눠 자녀 노드를 만들 때 생기는 부모 노드와 자녀 노드의 엔트로피의 차이(인포메이션 게인)와 루트 노드에서 결혼 여부를 기준으로 해 자녀 노드를 만들 때 생기는 부모 노드와 자녀 노드의 엔트로피의 차이(인포메이션 게인)를 비교해, 인포메이션 게인이 더 큰 쪽의 기준을 우선 적용해 만들어야 더 성능이 좋은 의사 결정 나무를 만들 수 있습니다.

불순도를 계산할 때 쓰이는 방법이 또 하나 있습니다. 지니 계수(Gini Index)로, 엔트로피, 인포메이션 게인과 비슷한 개념이라 여기에서는 상세한 설명은 생략합니다. 의사 결정 나무를 만들어 주는 프로그램은 여러 가지인데, 어떤 것은 엔트로피를 사용하고 어떤 것은 지니 계수를 사용합니다.

의사 결정 나무에서는 이렇게 데이터가 가진 피처들을 이용해 상위 노드에서 하위 노드로 나누는 규칙을 만듭니다. 피처가 많아서 규칙을 많이 만들어 하위 노드로 많이 나누면 나무가 깊어지고 복잡해집니다. 과적합(Overfitting)으로 이어질 가능성이 높습니다. 나무가 무성해질수록, 즉 깊이가 깊어지고 리프 노드가 많아질수록 과적합으로 인해 의사 결정 나무의 예측 성능은 나빠질 가능성이 높습니다. 따라서 엔트로피, 인포메이션 게인, 지니 계수 등을 이용해 가능하면 단순한 최적의 의사 결정 나무를 만들려고 합니다.

7.4 앙상블 학습

여러 개의 기계 학습 알고리즘을 결합함으로써 더욱 정확한 최종 예측을 도출하는 기법입니다. 넷플릭스가 자체적으로 개발해 사용하던 영화 추천 시스템보다 10%의 성능 향상을 이루는 팀에게 백만 달러의 상금을 내걸고 2006년에 시작된 경연 대회가 2009년 막바지에 이르자 8~9%의 성능 향상을 이룹니다. 하지만 우승의 문턱에 다다른 팀들은 10% 성능 향상에 이르려면 한 가지 기계 학습 알고리즘만으로는 불가능하다는 것을 깨닫습니다. 그러한 접근법의 한계를 느껴 각자 다른 기계 학습 알고리즘에 정통한 팀들이 서로 협력하기 시작합니다. 그렇게 해서 여러 팀과 개인들이 모여 앙상블(The Ensemble)이라는 팀을 만듭니다. 이 팀이 결국 10%의 기준을 달성하며 백만 달러의 상금을 거머쥡니다. 다른 한 팀과 공동 우승을 하지만 이 과정에서 다양한 결합 기법이 탄생됩니다. 그 후 여러 개의 서로 같거나 다른 기계 학습 알고리즘을 결합하는 기계 학습 기법을 앙상블 기법이라고 부릅니다.

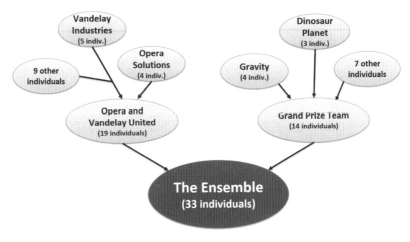

그림 1-7-6 앙상블 팀의 구성

잘 알려진 것처럼 이미지나 동영상, 음성 등의 비정형 데이터(Unstructured Data)를 분석하는 데는 인공 신경망에 기반한 딥러닝(Deep Learning)이 우수한 성능을 보이는 반면, 정형 데이터(Structured Data)를 분석할 때는 앙상블 기법이 뛰어난 성능을 보입니다.

7.5 배깅(Bagging)

여러 개의 서로 다른 기계 학습 기법들을 어떻게 결합할까요? 예를 들어 기업의 부도를 예측하는 문제가 있다고 할 때 기업의 특성(또는 피처(Feature))을 나타내는 여러 가지 수치가 있을 것입니다. 연간 매출액, 연간 제품 생산량, 연간 제품 판매량, 대출액,

부채/자본 비율, 채무 상환 지연 횟수 등 여러 특성값이 있을 것입니다. 이 특성값들을 이용해 부도를 예측하는 문제입니다. 이 문제를 접근하는 방법은 기업의 부도냐 아니냐로 답하는 분류의 문제로 접근할 수도 있고, 기업의 특성값들을 변수로 해 기업이 부도가 날 확률을 구하는 회귀 문제로 접근할 수도 있습니다. 여기서는 분류 문제로 접근한다고 가정합니다.

기계 학습에는 분류 문제를 해결하는 분류기(Classifier)가 여러 가지 있습니다. 의사 결정 나무, 랜덤 포레스트, 로지스틱 회귀, SVM 등이 대표적입니다. 각각의 분류기를 이용해 특정 기업이 부도가 날 것인지 안 날 것인지를 분류 예측한다고 할 때 그 기업에 대한 각 분류기의 분류 예측 결과는 같을 수도 있고 다를 수도 있습니다. 의사 결정 나무는 A 기업이 부도가 난다고 하는데, SVM은 A 기업은 부도가 안 난다고 예측하는 경우입니다. 네 가지 분류기가 모두 같은 답으로 분류 예측한다면 네 가지 분류기를 결합하기가 쉽지만, 결합하는 의미는 없을 것입니다. 그런데 네 가지 분류기가 서로 다르게 분류 예측하면 그 분류기들을 어떻게 결합해야 할까요?

우선 생각해 볼 수 있는 방법은 네 가지 분류기의 분류 중 더 많은 수의 분류 예측으로 최종 결정할 수 있습니다. 그러니까 A 기업에 대해서 네 가지 분류기로 분류 예측을 시도할 때 부도로 분류 예측한 것이 3개, 부도가 아니라고 분류 예측한 것이 1개라면 다수결에 의해서 A 기업은 부도가 난다고 최종적으로 분류 예측합니다. 즉 A 기업의 부도 여부에 대해서 4개의 분류기가 투표한 것이고, 3표를 얻은 '부도'가 최종 예측 결과입니다. 이러한 결합 방법을 보팅(Voting)이라고 부릅니다. 똑똑한 한 개인의 의견보다 대중의 모인 의견이 더 낫다고 할 수 있습니다. 이러한 방법을 사용하는 배경에는 통계학의 큰 수의 법칙(또는 대수의 법칙(Law of Large Numbers))이라는 원리가 있습니다. 이 원리가 보팅 방법이 옳다는 것을 보증해 줍니다.

한편 위와 같이 서로 다른 기계 학습을 결합할 때도 있지만, 이와 달리 하나의 기계 학습에 학습시키는 훈련 데이터 세트를 다르게 해 여러 가지 서로 다른 훈련 결과를 얻는 앙상블 학습 방법이 있습니다. 이는 주어진 하나의 훈련 데이터 세트에서 여러 개의 하위 훈련 데이터 세트를 만드는데, 그 방법이 두 가지로 나뉩니다. 첫째는, 하위 훈련 데이터 세트를 만드는데, 한 번 뽑힌 데이터를 다른 하위 훈련 데이터 세트를 만들 때 다시 사용하도록 중복을 허용하는 방법입니다. 이 방법을 배깅(Bagging)이라고 부르는데, 이 이름은 백(Bag)에서 꺼낸다는 의미가 아니라 부트스트랩 어그리게이팅(Bootstrap Aggregating)이라는 전혀 다른 의미의 줄인 말입니다. 통계학에서 중복을 허용해 샘플링하는 방법을 부트스트래핑(Bootstrapping)이라고 부르는 데서 따온 것입니다. 둘째는, 중복을 허용하지 않는 샘플링 방법으로 페이스팅(Pasting)이라고 부릅니다. 어쨌든 배깅과 페이스팅 모두 원래의 훈련 데이터 세트를 여러 개의 하위 훈련 데이터 세트로 나눠 여러 개의 기계 학습 기법을 훈련하는 데 사용하는데, 배깅은 중복을 허용하면서 샘플링해 여러 개의 하위 훈련 데이터 세트를 만든다는 것이 차이점입니다.

하나의 기계 학습 기법이 하나의 훈련 데이터 세트에 의해 훈련되면 하나의 분류기(또는 예측기)가 됩니다. 그런데 배깅은 하나의 기계 학습 기법(예를 들어 의사 결정 나무)을 사용하는 데도 중복을 허용해 샘플링한 여러 개의 다른 훈련 데이터 세트로 훈련시켜, 그 결과로 여러 개의 서로 다른 분류기가 만들어집니다. 이렇게 만들어진 여러 분류기의 예측을 결합해 최종적인 분류 예측으로 결정합니다.

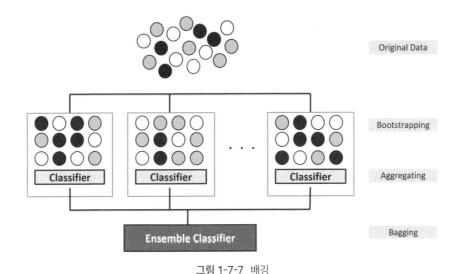

그림 1-7-7 배깅

하나의 분류기는 특정 기업은 부도가 날 것이다 또는 안 날 것이다로 분류하는데, 여러 개의 분류기가 있어서 그 결과를 결합해야 할 때 각 분류기의 결과에 따른 가능한 분류 중에서 최대 빈도수를 가진 분류를 최종 분류로 결정하는 방법이 사용됩니다. 이 과정이 다수결에 의해 투표하는 것처럼 보여 보팅(Voting)이라는 이름으로 불립니다.

그런데 특정 기업이 부도날 확률을 계산하는 기계 학습 기법은 훈련된 기계 학습 기법을 분류기가 아니라 예측기라고 부릅니다. 이것은 원래의 훈련 데이터 세트를 중복 허용 샘플링으로 여러 개 훈련 데이터 세트로 만들고, 이 훈련 데이터 세트들로 한 종류의 기계 학습 기법(예를 들어 의사 결정 나무)을 훈련시키면 여러 개의 예측기를 가집니다. 이렇게 만들어진 여러 개의 예측기에 특정 기업의 특성치를 입력하면 해당 기업의 부도 확률이 예측기의 수만큼 계산되어 보팅을 적용하기가 불가능합니다. 따라서 이것은 여러 예측기가 계산한 예측치들의 평균값을 구해 이것을 최종 부도 확률로 결정합니다. 이러한 결합 방법을 평준화(Averaging) 기법이라고 부릅니다.

7.6 랜덤 포레스트(Random Forest)

위에서 설명한 배깅의 대표적인 기계 학습 알고리즘입니다. 랜덤 포레스트는 먼저 주어진 훈련 데이터 세트에서 배깅 방식으로 여러 개의 하위 훈련 데이터 세트를 샘플링합니다. 샘플링으로 하위 훈련 데이터 세트를 만들 때는 원래의 훈련 데이터 세트보다 작은 사이즈로 만들지만, 통상적으로 랜덤 포레스트에서는 원래 훈련 데이터 세트와 같은 사이즈의 하위 훈련 데이터 세트를 만들어 사용합니다. 배깅 방식의 샘플링에서는 중복을 허용해 가능합니다. 이렇게 만들어진 여러 개의 하위 훈련 데이터 세트로 의사 결정 나무를 훈련시킵니다.

각자의 하위 훈련 데이터 세트로 훈련된 의사 결정 나무는 서로 다른 모양을 가지는

데, 나무의 노드 수도 다르고, 상위 노드를 하위 노드로 분할할 때 사용하는 데이터의 피처도 다릅니다. 특히 의사 결정 나무에서 설명한 엔트로피나 인포메이션 게인, 지니 계수를 사용해 전체 피처 중에서 최선의 피처를 찾아내어 그것부터 사용하는 여러 방법이 있습니다. 하위 훈련 데이터 세트로 훈련받는 모든 의사 결정 나무에 똑같이 적용하는 것이 아니고 각 개별 의사 결정 나무를 훈련할 때 전체 데이터 피처 중에서 랜덤하게 뽑은 일부 피처들만으로 그 안에서 최적의 피처 순서로 노드를 분할합니다. 그러므로 각 의사 결정 나무가 만들어질 때 사용된 피처들의 조합조차 달라 랜덤 포레스트라는 이름이 붙은 것입니다.

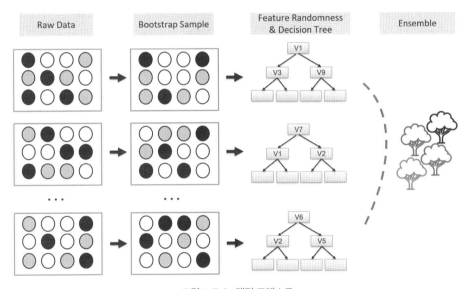

그림 1-7-8 랜덤 포레스트

이렇게 해서 만들어진 여러 개의 의사 결정 나무의 결과는 보팅 방식으로 결합해 최종 결과를 만들어 냅니다.

7.7 부스팅 기법(Boosting Methods)

여러 개의 머신러닝 기법을 차례대로 학습해 예측하고 잘못된 예측에 벌점을 주거나 가중치를 높여 오류를 개선해 가면서 학습하는 방법입니다. 약한 기법을 여러 개 순서대로 사용하면서 단점을 보강해 점차 강하게 만들어 가는 앙상블 기법입니다. 부스팅 기법에는 여러 가지가 있지만 그중 가장 많이 쓰이는 것은 에이다부스트(AdaBoost)와 그레이디언트 부스팅 머신(GBM)입니다. AdaBoost는 Adaptive Boosting의 줄임말이고, GBM은 Gradient Boosting Machine의 줄임말입니다.

에이다부스트에서는 이전 단계의 학습에서 과소 적합(Underfitting)한 훈련 데이터 샘플의 가중치를 더 높여서 다음 단계의 학습을 진행합니다. 이렇게 해서 학습하기 어려운 데이터 샘플을 더 잘 학습하도록 하는 것이 에이다부스트의 핵심입니다.

예를 들어 분류 문제에서 의사 결정 나무를 에이다부스트에 사용한다고 할 때, 먼저 의사 결정 나무를 훈련시켜서 그 결과로 만들어진 의사 결정 나무 분류기로 분류를 예측합니다. 그 결과를 보고 예측이 잘못된 데이터 샘플의 가중치를 높게 수정한 새로운 데이터 세트를 만들고, 이를 이용해 의사 결정 나무를 다시 훈련시킵니다. 그러면 의사 결정 나무는 가중치가 높은 데이터 샘플을 다른 데이터 샘플보다 더 잘 분류하도록 훈련시키고, 그렇게 새로운 의사 결정 나무 분류기가 만들어집니다. 이 분류기로 다시 분류 예측을 합니다. 여기에서도 예측이 잘못된 데이터 샘플이 있다면, 다시 그 데이터 샘플들의 가중치를 높여 새로운 훈련 데이터 세트를 만듭니다. 이렇게 수정해 만들어진 훈련 데이터 세트로 다시 의사 결정 나무를 훈련시킵니다. 이 과정이 계속 반복됩니다.

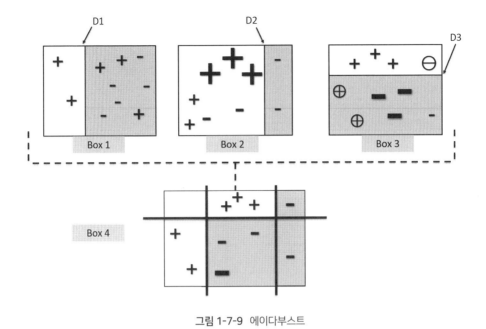

그림 1-7-9 에이다부스트

두 번째는 그레이디언트 부스팅 머신(GBM)인데요, GBM은 다양한 분야에서 인기가 높은 머신러닝 기법으로 캐글 대회에서도 우승 팀을 여럿 만들어 내고 있습니다. GBM은 에이다부스트처럼 머신러닝 기법을 순차적으로 학습하고 예측해 잘못 예측된 부분을 수정해 점차 강화된 머신러닝 분류기나 예측기로 만들어 가는 것은 같지만, 에이다부스트처럼 과소 적합된 데이터 샘플의 가중치를 증가시켜서 훈련에 사용하는 대신, 이전 예측기가 만들어 낸 잔여 오차(Residual Error)에 머신러닝 기법을 다시 학습시키는 것이 다릅니다. 그리고 랜덤 포레스트는 여러 개의 독립적인 의사 결정 나무가 아주 깊은 숲의 형태로 앙상블을 만드는 반면, GBM은 전 단계의 의사 결정 나무 예측 결과가 다음 단계의 의사 결정 나무 훈련에 도움을 주는 일들이 순차적으로 진행되면서 성능을 높여 가는 얕은 숲의 형태로 앙상블을 만듭니다.

GBM 중에서도 많이 사용되는 GBRT(Gradient Boosting Regression Tree)의 예를 들어 봅니다. GBRT는 의사 결정 나무를 기반 예측기로 사용해 회귀 문제를 해결하는 머신러닝 모델로, 주어진 훈련 데이터 세트로 의사 결정 나무를 훈련시킵니다. 이렇게 훈련시켜서 만든 첫 번째 의사 결정 나무 예측기로 예측하고, 그 예측값과 실젯값의 차이인 잔여 오차를 구한 다음, 그 잔여 오차를 다음 단계에서 훈련 데이터 세트로 사용합니다. 그렇게 잔여 오차를 훈련 데이터 세트로 해 훈련된 두 번째 의사 결정 나무 예측기가 만들어지면 이 예측기로 다시 예측하고, 이 예측값과 실젯값의 차이인 잔여 오차를 다시 구합니다. 두 번째로 만들어진 이 잔여 오차를 훈련 데이터 세트로 사용해 다시 의사 결정 나무를 훈련시키고, 그렇게 해서 세 번째 의사 결정 나무 예측기가 만들어집니다.

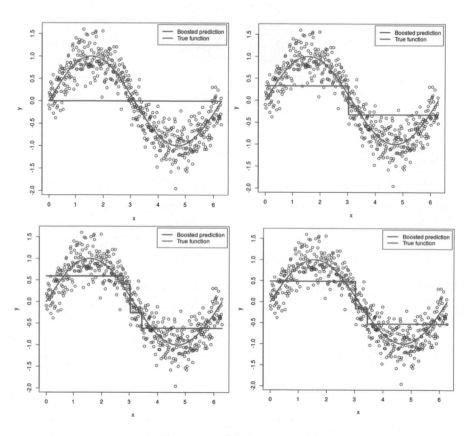

그림 1-7-10 그레이디언트 부스팅 머신

source: https://images.app.goo.gl/M5apmadS5TR9FvXx6

이렇게 세 개의 의사 결정 나무 예측기가 만들어지는 과정에서, 첫 번째 의사 결정 나무 예측기의 성능보다는 두 번째 의사 결정 나무 예측기의 성능이 좋아지고, 두 번째 의사 결정 나무 예측기의 성능보다는 세 번째 의사 결정 나무 예측기의 성능이 좋아지는 것을 볼 수 있습니다. 그렇게 하다 보면 의사 결정 나무가 앙상블에 추가될수록 앙상블의 예측은 점점 좋아집니다.

7.8 스태킹 또는 블렌딩 기법 (Stacking or Blending Methods)

스태킹(Stacking)은 Stacked Generalization의 줄임말로, 여러 가지 머신러닝 기법으로 만들어진 예측기들의 예측을 취합하는 방법입니다. 보팅처럼 간단한 함수를 사용하는 대신 이러한 여러 예측기의 예측을 입력으로 받아들여 이들을 취합하는 모델을 훈련하려는 것이 기본적인 아이디어입니다. 이전 레이어의 모델에서 만들어진 결과가 다음 레이어의 모델을 훈련하는 데이터로 사용되도록 여러 레이어로 만들어진 앙상블 기법이라서 쌓는다는 의미의 스태킹이라는 이름이 붙은 것입니다. 이전 레이어 모델이 만든 결과들을 훈련 데이터로 입력받아 만들어지는 모델은 메타 러너(Meta Learner) 또는 블렌더(Blender)라고 불립니다. 이전 레이어의 결과들을 뒤섞는다는 의미에서 붙여진 이름입니다. 넷플릭스 대회에서 수상한 벨코어 프래그매틱 카오스(BellKor's Pragmatic Chaos) 팀은 수백 가지 피처로 스태킹 앙상블 기법을 사용해 큰 성과를 거둡니다.

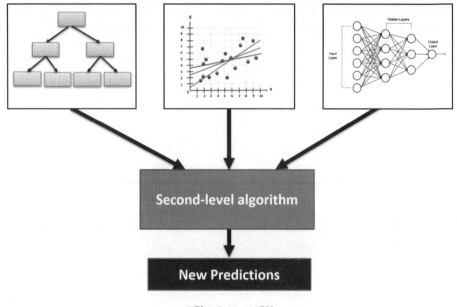

그림 1-7-11 스태킹

7.9 사이킷런(Scikit-Learn)

필자가 처음 머신러닝을 공부할 때는 어디까지 공부하는 것이 좋을까 하는 것이었는데, 이는 상당히 흥미로우면서 어려운 주제입니다. AI를 전문적으로 공부하는 사람들은 당연히 기존의 알고리즘보다 더 좋은 알고리즘을 개발하는 것이 목적이므로 선형대수, 통계 등의 공부를 많이 해야 하는 것은 당연합니다. 그러나 비전공자나 입문자분들은 선형 대수나 통계 등을 얼마나 공부해야 하는지 당연히 의구심이 생깁니다. 호주의 머신러닝 전문가인 제이슨 브라운리(Jason Brownlee) 박사는 머신러닝 입문자들이 하는 실수들을 5가지로 요약했습니다.[4] 자세한 내용은 원문을 찾아서 보는 것을 추천

---

4 출처 https://machinelearningmastery.com/beginners-get-it-wrong/

합니다.

- 머신러닝을 이론으로 시작하지 않는다(Don't Start with Theory).

- 머신러닝의 모든 것을 공부하지 않는다(Don't Study All of Machine Learning).

- 머신러닝 알고리즘에 깊이 빠져들지 않는다(Don't Fiddle Around with Algorithms).

- 처음부터 모든 것을 만들려고 하지 않는다(Don't Implement Everything From Scratch).

- 머신러닝을 위한 도구를 자주 바꾸지 않는다(Don't Change Tools All The Time).

처음 머신러닝을 공부할 때는 이러한 기본적인 원칙을 이해하는 것이 중요합니다. 머신러닝을 통해서 궁극적으로 얻으려는 것은 예측의 정확도를 높이는 것이며, 구현된 모델을 실무에 적용하는 개발 과정이 동반되는 것이 머신러닝의 세계입니다. 실제 모형을 개발하는 것은 입문자분들이 생각한 것처럼 프로그래밍적으로 어려운 과정은 아닙니다. 어려운 것은 개발한 모형이 실무에 적용하도록 어떻게 예측 정확도를 높일지 고민하는 과정입니다. 그렇다면 왜 프로그래밍적으로 어려운 과정이 아닐까요? 지금부터 소개하는 것은 프레임워크(Framework)에 관한 내용입니다.

프레임워크는 간단히 말하면 일정하게 정해진 틀 안에서 일한다고 정의할 수 있습니다. 예를 들어 장난감 키트를 조립하려면 기본적인 설명서들이 있고, 사용자는 기본적인 설명서를 읽어 가면서 조립해 원하는 장난감을 만들어 냅니다. 이때 설명서들을 제대로 읽지 않으면 조립이 잘되지 않는 경험을 합니다.

마찬가지로 이러한 복잡한 알고리즘을 입문자가 처음부터 모두 구현할 수는 없습니다. 또한 하나의 머신러닝을 구현하더라도 또 다른 머신러닝을 구현해야 하는 난제가 있습니다. 이러한 공통적인 문제를 해결하도록 전 세계 유능한 분들이 각각의 다양한 알고리즘을 구현한 프레임워크를 만들어, 이를 사용자가 불러와서 쓰는 형태입니다. 지금까지 넘파이(NumPy), 판다스(Pandas), 시본(Seaborn) 등을 불러와서 썼다면, 사이킷런(Scikit-Learn)을 불러와서 사용할 수 있습니다.

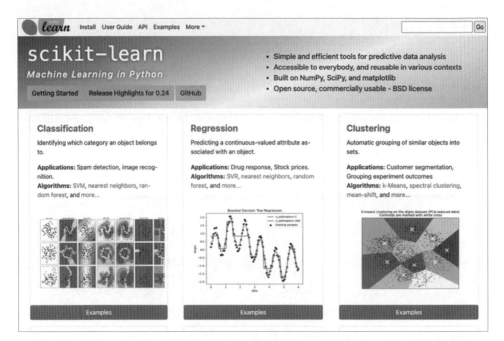

그림 1-7-12 Scikit-Learn 공식 홈페이지

source: https://scikit-learn.org/stable/

그런데 하나 중요한 것이 있습니다. 지금까지는 기능이 돌아가는지 여부만 판단했지만, 머신러닝 프레임워크를 사용할 때는 결괏값에 대한 해석이 매우 중요하며 각각의 파라미터(Parameter) 등에 대해서도 정확히 이해하고 넘어가는 것이 중요합니다. 소스 코드는 간결하지만, 매뉴얼에 대한 내용, 특히 통계적인 개념과 머신러닝의 원리에 대해 이해하는 능력이 추가로 요구됩니다. 최근에 각광받고 있는 PyCaret 프레임워크나, Tensorflow, PyTorch와 같은 딥러닝 프레임워크를 사용할 때도 동일합니다. 역설적으로 말하면, 즉 하나의 프레임워크 사용법만 제대로 알면 다른 프레임워크를 배우는 데 큰 어려움이 없다는 뜻입니다. 이제 샘플 코드를 진행하면서 활용법에 대해서 배웁니다. 머신러닝 코드의 전체적인 흐름은 대략적으로 다음과 같습니다.

- 1단계, 먼저 라이브러리를 불러옵니다.

- 2단계, 데이터를 불러옵니다.

- 3단계, 불러온 데이터에 대해 전처리 및 탐색적 자료 분석(Exploratory data analysis) 을 실시해 주요 변수를 설정합니다.

- 4단계, 훈련 및 테스트 데이터로 분리합니다.

- 5단계, 각각의 태스크(Task)에 맞는 머신러닝 알고리즘을 불러옵니다.

- 6단계, 머신러닝 알고리즘 및 훈련 데이터를 활용해 학습을 진행합니다.

- 7단계, 학습된 알고리즘을 검증 데이터에 적용하고 예측값을 산출합니다.

- 8단계, 예측값과 실제 테스트 값을 비교해 오차를 측정한 후 평가 지표를 산출합 니다.

- 9단계, 앞에서 진행한 3~8단계를 반복적으로 수행해 알고리즘의 평가 지표를 계 속해서 개선합니다.

총 9단계에 해당하는 내용을 PART II~III에서 반복해서 배웁니다. 그리고 현업에서 자 주 사용하는 데이터 전처리, 피처 엔지니어링(Feature Engineering), 교차 검증, 최신 알 고리즘 등을 단계별로 기술할 예정입니다. 먼저 본 Chapter에서는 간단한 머신러닝을 수행합니다. 수년째 해결되지 않은 국내 집값을 생각해 봅니다. 국내 데이터는 아니지 만, 집값을 예측하는 변수로 범죄 발생률, 고속도로 접근 용이도 등 다양한 변수가 포 함된 데이터를 학습해 본다면 집값을 예측해 볼 수 있지 않을까요?

7.9.1 라이브러리 불러오기

먼저 주요 라이브러리 및 버전을 확인합니다.

```
import numpy as np
import pandas as pd
import matplotlib as plt
```

```
import seaborn as sns
import sklearn

from sklearn.datasets import load_boston

print("NumPy Version", np.__version__)
print("Pandas Version", pd.__version__)
print("Matplotlib Version", plt.__version__)
print("Seaborn Version", sns.__version__)
print("Scikit-Learn Version", sklearn.__version__)
```

[실행 결과]

```
NumPy Version 1.19.5
Pandas Version 1.1.5
Matplotlib Version 3.2.2
Seaborn Version 0.11.1
Scikit-Learn Version 0.22.2.post1
```

7.9.2 데이터 불러오기

데이터를 불러오는 방법에는 여러 가지가 존재하지만, 본 예제에서는 사이킷런(Scikit-Learn) 내장 데이터를 불러옵니다.

```
boston=load_boston()
boston_df=pd.DataFrame(boston.data, columns=boston.feature_names)
boston_df.head()
```

	CRIM	ZN	INDUS	CHAS	NOX	RM	AGE	DIS	RAD	TAX	PTRATIO	B	LSTAT
0	0.00632	18.0	2.31	0.0	0.538	6.575	65.2	4.0900	1.0	296.0	15.3	396.90	4.98
1	0.02731	0.0	7.07	0.0	0.469	6.421	78.9	4.9671	2.0	242.0	17.8	396.90	9.14
2	0.02729	0.0	7.07	0.0	0.469	7.185	61.1	4.9671	2.0	242.0	17.8	392.83	4.03
3	0.03237	0.0	2.18	0.0	0.458	6.998	45.8	6.0622	3.0	222.0	18.7	394.63	2.94
4	0.06905	0.0	2.18	0.0	0.458	7.147	54.2	6.0622	3.0	222.0	18.7	396.90	5.33

그림 1-7-13 boston_df 확인

각각의 변수의 의미는 다음과 같습니다.

- CRIM: 지역별 범죄 발생률

- ZN: 25,000 평방 피트를 초과하는 거주 지역의 비율

- INDUS: 비상업 지역 토지의 비율

- CHAS: 찰스 강에 대한 더미 변수(강의 경계에 위치하면 1, 아니면 0)

- NOX: 일산화질소 농도

- RM: 주택 1가구당 평균 방의 개수

- AGE: 1940년 이전에 건축된 소유 주택의 비율

- DIS: 5개 보스턴 고용 센터까지의 접근성 지수

- RAD: 고속도로까지의 접근성 지수

- TAX: 10,000달러당 재산세율

- PTRATIO: 지역별 교사 한 명당 학생 비율

- B: 지역의 흑인 거주 비율

- LSTAT: 하위 계층 비율(%)

- MEDV: 타깃(Target). 자신 소유의 주택 가격(중앙값)(단위: $1,000)

머신러닝을 수행하기 전에 각 변수의 의미에 대해서 이해하는 것이 중요합니다. 몇몇 변수는 간혹 약어로 기재해 놓아, 각각의 변수에 대한 이해도가 없는 상황에서 머신러닝을 수행하는 것은 굉장히 위험해 권유하지 않습니다. 따라서 데이터를 불러온 뒤에는 탐색적 자료 분석을 수행하면서 변수 간의 관계에 대한 철저한 이해도가 필요합니다. 이 부분은 실제 캐글 데이터로 실습할 때 자세하게 다룹니다.

다시 본 데이터로 돌아와서 보스턴(Boston) 데이터는 다양한 변수가 내장되어 있지만, 제일 중요한 가격이 포함되어 있지 않습니다. 본 데이터는 사실 독립 변수들만 있는 데이터로, 종속 변수인 가격은 따로 호출해 추가해야 합니다. 이렇게 해서 하나의 전체 데이터 형태를 가질 수 있습니다.

```
boston_df['PRICE']=boston.target
boston_df['PRICE']
```

[실행 결과]

```
0      24.0
1      21.6
2      34.7
3      33.4
4      36.2
       ...
501    22.4
502    20.6
503    23.9
504    22.0
505    11.9
Name: PRICE, Length: 506, dtype: float64
```

전체 데이터 크기를 확인하면, 총 506개의 행과 14가지 열이 있음을 확인할 수 있습니다.

```
print('boston_df 데이터 사이즈:', boston_df.shape)
```

[실행 결과]

```
boston_df 데이터 사이즈: (506, 14)
```

7.9.3 훈련 및 테스트 데이터 분리

훈련 및 테스트 데이터를 분리하기에 앞서, 기본적으로는 데이터 전처리 및 탐색적 자료 분석 과정이 필요하다는 것을 이해하면서 훈련 및 테스트 데이터를 분리합니다. 먼저 Y_Target은 별도로 분리하는 것이 좋습니다. 추후에 실젯값과 예측값의 오차를 계산할 때 다시 활용합니다. 사용자가 독립 변수를 3~4개 등으로 별도로 추출할 수도 있지만, 여기에서는 변수 PRICE를 제외한 다른 데이터는 모두 사용합니다. 여기에서 Sklearn.Model_Selection.Train_Test_Split를 사용합니다. 파라미터 Test_Size=0.3은 훈련 및 테스트 데이터를 분리할 때 테스트 데이터를 30%의 비율로 분리한다는 의미입니다. 숫자는 변경이 가능합니다. 파라미터 Random_State는 일종의 실험 재현성을 의미합니다. 이때의 숫자는 큰 의미가 없지만 0 또는 42를 관례상 자주 사용합니다.

```
from sklearn.model_selection import train_test_split

y_target=boston_df['PRICE']
x_data=boston_df.drop(['PRICE'], axis=1, inplace=False)

x_train, x_test, y_train, y_test=train_test_split(x_data, y_target, test_size=0.3,
random_state=0)

print('x_train 데이터 사이즈:', x_train.shape)
print('x_test 데이터 사이즈:', x_test.shape)
print('y_train 데이터 사이즈:', y_train.shape)
print('y_test 데이터 사이즈:', y_test.shape)
```

```
x_train 데이터 사이즈: (354, 13)
x_test 데이터 사이즈: (152, 13)
y_train 데이터 사이즈: (354,)
y_test 데이터 사이즈: (152,)
```

7.9.4 머신러닝 알고리즘 모델 학습

훈련 데이터와 테스트 데이터를 분리한 후에는 모델 학습을 진행합니다.

```
from sklearn.linear_model import LinearRegression

lr=LinearRegression()
lr.fit(x_train, y_train)
```

[실행 결과]

```
LinearRegression(copy_X=True, fit_intercept=True, n_jobs=None, normalize=False)
```

이 부분이 가장 기초적인 모델을 학습하는 영역입니다. 여기에서 선형 모델 외에 기존에 배운 알고리즘 또한 추가할 수 있습니다. 간단한 예시로 의사 결정 나무(Decision Tree)를 추가합니다. 이때 중요한 것은 매뉴얼을 보면서 익히는 것이 중요합니다.

- User Guide: https://scikit-learn.org/stable/user_guide.html
- Decision Tress Regression: https://scikit-learn.org/stable/modules/tree.html#regression

해당 페이지에 가서 샘플 코드를 확인하고 코드를 작성합니다.

```
from sklearn import tree
clf=tree.DecisionTreeRegressor()
clf.fit(x_train, y_train)
```

[실행 결과]

```
DecisionTreeRegressor(ccp_alpha=0.0, criterion='mse', max_depth=None,
                      max_features=None, max_leaf_nodes=None,
                      min_impurity_decrease=0.0, min_impurity_split=None,
                      min_samples_leaf=1, min_samples_split=2,
                      min_weight_fraction_leaf=0.0, presort='deprecated',
                      random_state=None, splitter='best')
```

위와 같이 매뉴얼을 보면 머신러닝 알고리즘을 추가해 코드를 작성할 수 있습니다. 그런데 선형 회귀 모형과 다르게 의사 결정 나무(Decision Tree)는 다양한 파라미터가 존재합니다. 즉 여기서부터는 각각의 파라미터에 대한 개념을 이해하는 것이 중요합니다. 이 부분은 모형에 관한 하이퍼 파라미터(Hyper Parameter) 영역이라고 말하며, 이 부분은 PART III에서 조금 더 자세히 다룹니다.

7.9.5 모형 테스트 및 평가

이제 알고리즘에 대한 성능을 테스트합니다. 회귀 모형과 분류 모형에 대한 평가 방법은 다릅니다. 회귀 모형과 달리 분류 모형의 평가 방법은 입문자들이 보기에 다소 어려울 수 있고, 고려해야 할 부분도 많습니다. 이 부분은 PART II에서 자세히 다룹니다. 일반적으로 회귀 모형은 접근하기가 쉬워 간단한 개념에 대해 설명하려고 합니다. 수치를 예측하는 회귀 모형은 실젯값과 예측값의 차이만 고려하도록 합니다. 평가 지표에 대한 수식을 정확히 모르더라도 기본적인 개념은 오차의 값이 크다는 것은 예측이 그만큼 빗나갈 가능성이 크다는 뜻입니다. 즉 평가 지표를 확인할 때 평가 지표의 값이 작으면 작을수록 성능이 좋다고 봐도 좋습니다. 각각의 평가 지표에 대한 구체적인 설명은 PART II에서 한 번 더 다룹니다. 현재 두 개의 모형이 만들어져 각각 비교해 봅니다.

```python
from sklearn.metrics import mean_squared_error, r2_score #

y_pred_lr=lr.predict(x_test)
mse_lr=mean_squared_error(y_test, y_pred_lr)
rmse_lr=np.sqrt(mse_lr)
r2_lr=r2_score(y_test, y_pred_lr)

y_pred_clf=clf.predict(x_test)
mse_clf=mean_squared_error(y_test, y_pred_clf)
rmse_clf=np.sqrt(mse_clf)
r2_clf=r2_score(y_test, y_pred_clf)

print("- linear regression -")
print("lr MSE:", round(mse_lr, 3))
print("lr RMSE:", round(rmse_lr, 3))
print("- tree regression -")
print("lr MSE:", round(mse_clf, 3))
print("lr RMSE:", round(rmse_clf, 3))
```

[실행 결과]

```
- linear regression -
lr MSE: 17.297
lr RMSE: 4.159
- tree regression -
lr MSE: 9.775
lr RMSE: 3.126
```

평가 메트릭에 대해서 자세히 알지 못하더라도 기본적인 개념으로도 두 개의 모형 중 어떤 모형이 더 좋은지는 확인 가능합니다. 본 학습 데이터에서는 선형 회귀(Linear Regression)보다는 나무 회귀(Tree Regression)가 더 좋은 모형입니다. 이 부분을 보통 기본 모델(Base Model)이라고 부르며, 모형의 성능을 올리도록 데이터 전처리부터 교차 검증, 하이퍼 파라미터, 여러 모형의 결괏값으로 조합하는 스태킹 등 다양한 기법이 발전합니다.

그런데 머신러닝의 많은 양의 이론과 비교해 코드는 매우 간결하고 쉬운 것을 알 수 있습니다. 서두에 머신러닝을 이론 및 알고리즘부터 시작하지 말라는 뜻이 여기에 있습니다. 복잡한 머신러닝 알고리즘을 모르더라도 프레임워크를 활용해 모형을 만들 수는 있습니다. 그러나 프레임워크는 도구로 모형의 성능을 올리는 것은 결국 알고리즘에 대한 깊이와 데이터에 대한 정확한 이해도와 비례합니다. 그러나 사용자가 쉽게 알고리즘을 활용할 수 있다는 것은 분명히 프레임워크의 강점입니다.

7.10 정리

머신러닝의 역사와 알고리즘에 대한 기본적인 내용 그리고 Sample 데이터를 활용해 머신러닝 코드를 작성해 봤습니다. Chapter 7에서는 가급적 머신러닝에 관한 복잡한 수식은 넣지 않았습니다. 필자와 같은 비전공자분들, 특히 문과생들에게는 복잡한 수식보다는 가능하면 개념적인 부분을 서술로 풀어 가려고 노력했습니다. 그러나 필요하다면 해당 알고리즘의 시초인 기본 논문을 읽어 보거나 논문에 대한 해설 등을 찾아서 공부하는 것을 추천합니다.[5] 기본적인 내용을 이해했다면, 이제 본격적으로 캐글 데이터를 직접 구글 코랩(Google Colab)에서 다운로드해 본격적으로 학습을 진행합니다.

---

5   Scikit-Learn 홈페이지에서 각 모형을 검색하면, 반드시 해당 모형 알고리즘의 근간이 되는 논문을 Reference 영역에서 찾을 수 있습니다. https://scikit-learn.org/stable/modules/tree.html#classification

주요 논문 더 알아보기

L. Breiman, J. Friedman, R. Olshen, and C. Stone. Classification and Regression Trees. Wadsworth, Belmont, CA, 1984.[6]

Breiman, "Random Forests", Machine Learning, 45(1), 5-32, 2001.[7]

---

6   https://en.wikipedia.org/wiki/Decision_tree_learning
7   https://www.stat.berkeley.edu/~breiman/randomforest2001.pdf

PART II.

Kaggle
Basic

PART I 에서는 주로 기초적인 문법과 데이터 전처리, 가공 그리고 머신러닝의 기본적인 내용에 대해 배웠다면, PART II에서는 캐글(Kaggle) 데이터를 활용한 머신러닝 알고리즘 개발 및 실제 경쟁(Competition)에 참여하는 방법을 서술하며, 필수적으로 알아야 하는 피처 엔지니어링에 관한 기본적인 내용들을 추가합니다. 모든 코드는 구글 코랩(Google Colab)을 기준으로 작업합니다.

캐글 노트북 (Kaggle Notebook)에 관한 흥미로운 토론

처음 입문하는 분들에게 직접 코딩하라고 한다면, 그건 사실 매우 어려운 얘기입니다. 파이썬(Python) 또는 R이 쉬운 프로그래밍 언어라고 하더라도 보지 않고 코딩하는

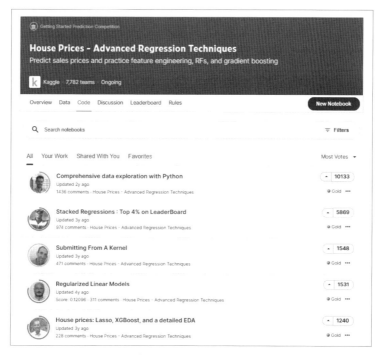

그림 2-1-1 캐글 대회 참가 목록

건 절대로 쉬운 일이 아닙니다. 입문자에게는 참고할 만한 일종의 롤 모델이 필요하며, 캐글(Kaggle)은 입문자들에게 일종의 공부할 기회를 제공합니다. 이때 좋은 노트북(Notebooks)과 토론(Discussion)을 찾는 과정이 중요합니다.

[그림 2-1-1]에서 보는 것처럼 지금까지(2021년 4월 1일 기준) 캐글 대회에 총 7,782팀이 참여했습니다. 그중에서 몇몇 Notebook은 Gold 메달 및 찬성(Upvote) 숫자가 많은 것을 볼 수 있는데, 이는 많은 사람이 참고한 자료라 처음 공부할 때는 이러한 코드들을 가이드로 삼는 것이 중요합니다. 그런데 여기에서 간혹 처음 입문하는 분들이 간과하는 것이 노트북 표절(Notebook Plagiarism)입니다. 캐글 노트북을 참조하는 것은 어디까지나 공부 목적이어야 하지, 해당 코드를 복사해 결괏값을 그대로 제출하는 것은 삼가야 합니다. 또한 해당 코드를 참조한다면 출처 등은 온전히 표기하는 기본적인 룰을 지키는 것이 중요합니다. 기본적으로 머신러닝 및 딥러닝 알고리즘 경진 대회는 학술적인 경진 대회라고 볼 수도 있어, 특정 데이터에 대한 문제를 해결하는 다양한 학문과 이론을 배우는 차원에서 겸손한 마음으로 또한 학문을 배운다는 생각으로 임하는 것이 중요합니다. 가장 중요한 것은 복사해 붙여 결과를 제출하기보다는 한 줄 한 줄씩 코드를 작성하면서 자기만의 독창적인 코드로 변환하는 것이 중요합니다. 예를 들면 Matplotlib로 구현된 시각화를 Seaborn으로 바꿔서 작업하는 등 자신만의 코드로 재구성하는 과정이나 주어진 코드를 자신만의 독창적인 코드로 함수화 또는 클래스로 재

그림 2-1-2 코드 표절 관련 의견

구현하는 것은 굉장히 좋은 공부이며, 이를 실무나 다른 대회에서도 사용하도록 도와줍니다. 이러한 논쟁은 2020~2021년에 열린 이미지 분류 경진 대회에서 중요한 Discussion으로 Kaggler 사이에서는 화제이기도 했습니다.[8]

이러한 문제를 근본적으로 해결하는 것은 캐글에 처음 입문하는 분들이 단순히 코드를 전체 표절하기보다는 하나씩 코드를 직접 치면서 실제 겪는 에러도 수정해 가면서 정석대로 공부하는 것을 권합니다. 이러한 방식으로 코드를 필사하면서 공부할 때 참여하는 대회가 늘어나면 늘어날수록 데이터를 보는 시각화, 코드 향상 등 실무에서 쓰일 만한 실력을 서서히 갖출 수 있습니다. 이러한 기대를 하면서 본격적으로 코딩합니다.

---

8 https://www.kaggle.com/c/cassava-leaf-disease-classification/discussion/212586

주택 가격 예측 문제

코딩을 하는 방법은 크게 3가지가 있습니다. 첫 번째는, 데이터를 개인 노트북 환경으로 다운로드 받은 후 코딩하는 방법입니다. 두 번째는, 캐글 노트북에서 직접 작성하는 방법입니다. 세 번째는 구글 코랩에서 하는 방법입니다. 본 책에서는 구글 코랩에서 코드를 작성합니다. 구글 코랩에서 코드를 작성하면 데이터를 다운로드 받아야 합니다. 그런데 데이터를 다운로드 받는 방법에는 크게 두 가지가 있습니다. 첫 번째 방법은, 캐글에서 CSV 형태의 데이터를 다운로드 받아서 구글 드라이브에 올린 뒤 구글 코랩과 드라이브를 연동하는 방법입니다. 두 번째 방법은, 캐글에서 제공하는 API를 활용해 직접 데이터를 다운로드 받는 방법입니다. 두 번째 방법을 익히면 훨씬 간결하게 데이터를 다운로드 받을 수 있고, 드라이브와 연동도 불필요합니다. 따라서 앞으로의 캐글 데이터는 가급적 API를 통해서 데이터를 받도록 합니다.

먼저 대회에 나가기에 앞서 Competition Rules에 동의해야 합니다. 캐글 대회의 [Data] 탭을 누른 뒤 하단으로 내려가면 다음과 같은 형태의 사전 동의를 구하는 창이 확인됩니다. "I understand and agree." 버튼을 누릅니다.

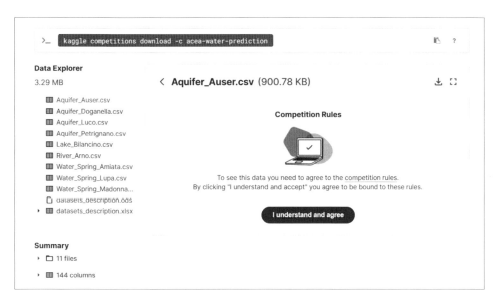

그림 2-2-1 데이터 설명

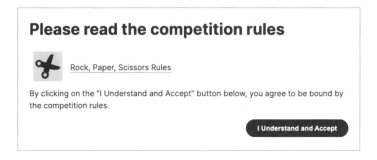

그림 2-2-2 대회 규칙 동의

어떤 대회는 Join Competition 탭을 클릭해야 할 때도 있습니다. 이러한 사전 동의 부분을 진행하지 않으면 Kaggle API를 통해서 데이터를 다운로드 받을 수 없어 사전에 반드시 동의해 주기를 바랍니다.

각 대회의 개요를 확인합니다. [Overview] 탭을 클릭하면 Description, Evaluation, Prizes 등과 메뉴를 확인할 수 있습니다. 이때 주의 깊게 봐야 하는 것은 Evaluation입니다.

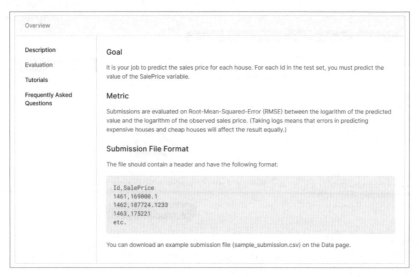

그림 2-2-3 Evaluation 탭

2.1 Kaggle API 다운로드

다음 두 단계를 통해서 캐글 API를 다운로드 받을 수 있습니다. 다운로드 받은 kaggle. json 파일을 구글 코랩에서 업로드할 것입니다.

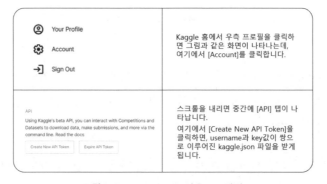

그림 2-2-4 Kaggle API 다운로드 방법

2.2 Kaggle API 업로드

구글 코랩에서는 캐글 라이브러리가 없어 별도로 설치를 우선 진행해야 합니다. 구글 코랩에서 라이브러리를 설치할 때는 !pip 명령어를 입력합니다.

```
!pip install kaggle
```

[실행 결과]

```
Requirement already satisfied: kaggle in /usr/local/lib/python3.6/dist-packages
(1.5.10)
Requirement already satisfied: six≥1.10 in /usr/local/lib/python3.6/dist-
packages (from kaggle) (1.15.0)
Requirement already satisfied: urllib3 in /usr/local/lib/python3.6/dist-
packages (from kaggle) (1.24.3)
Requirement already satisfied: certifi in /usr/local/lib/python3.6/dist-packages
(from kaggle) (2020.12.5)
Requirement already satisfied: python-dateutil in /usr/local/lib/python3.6/
dist-packages (from kaggle) (2.8.1)
Requirement already satisfied: tqdm in /usr/local/lib/python3.6/dist-packages
(from kaggle) (4.41.1)
Requirement already satisfied: python-slugify in /usr/local/lib/python3.6/dist-
packages (from kaggle) (4.0.1)
Requirement already satisfied: requests in /usr/local/lib/python3.6/dist-
packages (from kaggle) (2.23.0)
Requirement already satisfied: text-unidecode≥1.3 in /usr/local/lib/python3.6/
dist-packages (from python-slugify→kaggle) (1.3)
Requirement already satisfied: chardet<4, ≥3.0.2 in /usr/local/lib/python3.6/
dist-packages (from requests→kaggle) (3.0.4)
Requirement already satisfied: idna<3, ≥2.5 in /usr/local/lib/python3.6/dist-
packages (from requests→kaggle) (2.10)
```

패키지 설치가 완료되면 로컬 환경에 kaggle.json 파일을 업로드해 캐글 데이터를 불러올 환경을 만듭니다. 코드는 kaggle.json 파일을 업로드해 구글 코랩 환경에서 사용하도록 적당한 위치에 이동합니다.

```python
from google.colab import files
uploaded=files.upload()
for fn in uploaded.keys():
  print('User uploaded file"{name}" with length {length} bytes'.format(
      name=fn, length=len(uploaded[fn])))

#Then move kaggle.json into the folder where the API expects to find it.
!mkdir -p ~/.kaggle/  && mv kaggle.json ~/.kaggle/  && chmod 600 ~/.kaggle/
kaggle.json
```

[실행 결과]

```
kaggle.json(application/json)-64 bytes, last modified: 1/22/2021-100% done
Saving kaggle.json to kaggle.json
User uploaded file"kaggle.json" with length 64 bytes
```

크롬 시크릿 모드에서 사용하면 구글 코랩에서 파일이 업로드되지 않을 때가 종종 있습니다. 따라서 일반 크롬에서 구글 코랩을 사용하기를 바랍니다. 또한 자신 계정으로 로그인해서 사용하기를 바랍니다.

2.3 Kaggle 데이터 다운로드 및 불러오기

이제 캐글 리스트에서 데이터를 불러오는 코드를 작성합니다.

```
!kaggle competitions list
```

[실행 결과]

```
ref                                        deadline             category
reward   teamCount   userHasEntered
--------------------------------------------------------------------------
---------------------------------
contradictory-my-dear-watson               2030-07-01 23:59:00  Getting
Started     Prizes        111          False
gan-getting-started                        2030-07-01 23:59:00  Getting
Started     Prizes        219          False
tpu-getting-started                        2030-06-03 23:59:00  Getting
Started   Knowledge      673          False
digit-recognizer                           2030-01-01 00:00:00  Getting
Started   Knowledge      3708         False
titanic                                    2030-01-01 00:00:00  Getting
Started   Knowledge      29810         True
house-prices-advanced-regression-techniques 2030-01-01 00:00:00  Getting
Started   Knowledge      7783          True
connectx                                   2030-01-01 00:00:00  Getting
Started   Knowledge       645         False
nlp-getting-started                        2030-01-01 00:00:00  Getting
Started   Knowledge      2083         False
competitive-data-science-predict-future-sales 2022-12-31 23:59:00 Playground
Kudos        10851          False
jane-street-market-prediction              2021-08-23 23:59:00  Featured
$100, 000     4245           False
hungry-geese                               2021-07-26 23:59:00  Playground
Prizes        471           False
coleridgeinitiative-show-us-the-data       2021-06-22 23:59:00  Featured
$90, 000      402            False
bms-molecular-translation                  2021-06-02 23:59:00  Featured
$50, 000      428            False
```

```
birdclef-2021                                    2021-05-31 23:59:00  Research
$5, 000          119              False
iwildcam2021-fgvc8                               2021-05-26 23:59:00  Research
Knowledge        16               False
herbarium-2021-fgvc8                             2021-05-26 23:59:00  Research
Knowledge        36               False
plant-pathology-2021-fgvc8                       2021-05-26 23:59:00  Research
Knowledge        183              False
hotel-id-2021-fgvc8                              2021-05-26 23:59:00  Research
Knowledge        44               False
hashcode-2021-oqr-extension                      2021-05-25 23:59:00  Playground
Knowledge        110              False
indoor-location-navigation                       2021-05-17 23:59:00  Research
$10, 000         868              False
```

현재 진행 중인 대회를 보여 줍니다. 또한 각 대회에 가면 캐글 명령어를 복사해 구글 코랩에 붙이고 맨 앞에 !만 추가합니다. 예를 들면 [House Prices-Advanced Regression Techniques]-[Data]를 클릭하면, 화면 중간에 [kaggle competitions download-c house-prices-advanced-regression-techniques] 명령어를 복사합니다. 그리고 다음과 같이 명령어를 입력하면 데이터를 다운로드 받을 수 있습니다.

```
!kaggle competitions download-c house-prices-advanced-regression-techniques
```

[실행 결과]

```
Warning: Looks like you're using an outdated API Version, please consider
updating (server 1.5.10/client 1.5.4)
Downloading train.csv to /content
  0% 0.00/450k [00:00<?, ?B/s]
```

```
100% 450k/450k [00:00<00:00, 66.9MB/s]
Downloading data_description.txt to /content
  0% 0.00/13.1k [00:00<?, ?B/s]
100% 13.1k/13.1k [00:00<00:00, 13.2MB/s]
Downloading sample_submission.csv to /content
  0% 0.00/31.2k [00:00<?, ?B/s]
100% 31.2k/31.2k [00:00<00:00, 31.6MB/s]
Downloading test.csv to /content
  0% 0.00/441k [00:00<?, ?B/s]
100% 441k/441k [00:00<00:00, 54.1MB/s]
```

이렇게 하면 데이터를 매우 쉽게 다운로드 받을 수 있습니다. 그런데 여기에서 한 가지 주의할 것이 있습니다. 캐글은 장기간 펼쳐지는 경연 대회이다 보니, 데이터를 받은 후에 단 몇 시간 또는 하루 만에 끝나는 과정은 아닙니다. 모형 성능을 향상하려면 매일 꾸준하게 업데이트해야 하는데, 구글 코랩에서 하면 위와 같이 데이터를 불러오는 작업을 반복해서 수행해야 하는 번거로움이 있습니다. 구글 드라이브에 파일을 올려놓아도 동일합니다. 이러한 작업이 번거롭다면 로컬 환경을 구축해야 하지만, 이때는 일반 노트북에서는 GPU를 사용할 수 없어 사용자가 선택해야 합니다. 데이터를 다운로드 받은 후 이제 데이터를 불러옵니다.

```
import pandas as pd
train=pd.read_csv('train.csv')
test=pd.read_csv('test.csv')
print('Data Loading is done!')
```

[실행 결과]

```
Data Loading is done!
```

2.4 데이터 둘러보기

데이터를 불러온 후 이제 데이터를 확인하는 작업을 진행합니다. Shape 함수, info 함수를 활용해 각각의 Column 명과 결측치 여부 등을 확인합니다.

```
print("The shape of Train Data is:", train.shape)
print("The shape of Test Data is:", test.shape)
```

[실행 결과]

```
The shape of Train Data is: (1460, 81)
The shape of Test Data is: (1459, 80)
```

데이터의 개수보다 Column의 숫자가 많은 것을 알 수 있습니다. 또한 한 가지 특이한 것이라면, Column의 숫자가 다른 것을 볼 수 있습니다. 전체적인 Column 명을 확인하면서, 테스트 데이터에는 어떤 Column이 없는지를 또한 확인합니다(전체적인 결과는 구글 코랩에서 확인하도록 합니다). 먼저 Train 데이터의 전체적인 Column과 info를 확인합니다.

```
print(train.info())
```

[실행 결과]

```
<class 'pandas.core.frame.DataFrame'>
RangeIndex: 1460 entries, 0 to 1459
Data columns(total 81 columns):
 #   Column        Non-Null Count  Dtype
---  ------        --------------  -----
 0   Id            1460 non-null   int64
 1   MSSubClass    1460 non-null   int64
```

```
 2    MSZoning        1460 non-null    object
 3    LotFrontage     1201 non-null    float64
 .

 .
 78   SaleType        1460 non-null    object
 79   SaleCondition   1460 non-null    object
 80   SalePrice       1460 non-null    int64
dtypes: float64(3), int64(35), object(43)
memory usage: 924.0+ KB
```

이번에는 테스트 데이터를 확인해 봅니다.

```
print(test.info())
```

[실행 결과]

```
<class 'pandas.core.frame.DataFrame'>
RangeIndex: 1459 entries, 0 to 1458
Data columns(total 80 columns):
 #    Column          Non-Null Count  Dtype
 —    ———             ————————        —
 0    Id              1459 non-null    int64
 1    MSSubClass      1459 non-null    int64
 2    MSZoning        1455 non-null    object
 3    LotFrontage     1232 non-null    float64.
 .

 .
 78   SaleType        1458 non-null    object
 79   SaleCondition   1459 non-null    object
dtypes: float64(11), int64(26), object(43)
memory usage: 912.0+ KB
```

각각의 Column 명과 함께 숫자가 있는데, 보면 중간중간마다 숫자가 다른 것을 확인할 수 있습니다. 숫자는 전체 입력된 데이터의 개수이며, 숫자가 다르다는 것은 결측치(Missing Data)가 있다는 것을 의미합니다. 또한 각각의 데이터 타입은 정수인지(Int64), 숫자인지(Float64), 문자인지(Object) 확인할 수 있습니다. 또한 마지막 변수명을 보면, 훈련 데이터는 SalePrice라는 변수명이 있지만, 테스트 데이터에는 없다는 것을 확인할 수 있습니다.

2.5 머신러닝 Workflow

피처 엔지니어링이란 무엇일까요? 이 용어를 공부하기에 앞서, 데이터 분석의 전반적인 과정에 대해 이해할 필요가 있습니다. 부동산 가격을 예측하는 데 80개의 변수(Feature)를 다 사용하는 것이 합리적일까요? 예를 들면 ID는 중복이 허용되지 않는데, ID를 예측 변수로 사용하는 것이 맞을까요? 특정 변수에 따라서 같이 움직이는 변수들을 모두 사용하는 것이 좋을까요? 만약 결측치가 매우 많으면 그 변수는 어떻게 해야 할까요? 머신러닝에서 가장 어려운 부분의 하나는 부동산 가격을 예측하는 데 가장 중요한 피처를 추출하는 과정입니다. 그렇다면 피처 엔지니어링의 정확한 의미와 종류는 무엇이 있을까요? 전체적인 머신러닝의 Workflow는 다음과 같습니다.

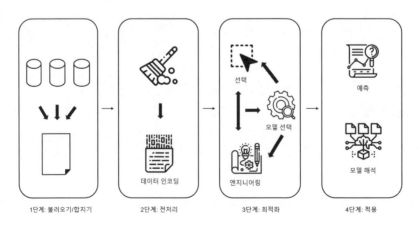

그림 2-2-5 머신러닝 Workflow

먼저 데이터를 불러와서 하나의 데이터로 합치는 과정이 필요합니다. 본 데이터에서는 예시로 훈련 데이터와 테스트 데이터를 합칩니다. 이때 종속 변수가 되는 훈련 데이터 변수 중 SalePrice는 Y 값으로 별도로 저장합니다. 두 번째 단계는 데이터를 전처리하는 과정입니다. 이에는 중복값, ID, 결측치들을 제거합니다. 또한 문자 데이터는 Encoding 작업을 통해 숫자로 바꿉니다. 왜 숫자로 바꿀까요? 머신러닝 알고리즘은 수식으로 구성되어 있습니다. 회귀식에서 보는 것처럼 각 알고리즘은 수식을 입력받아 처리해 문자 데이터는 입력될 수 없습니다. 따라서 해당 문자 데이터를 제거하거나 수치로 바꿔야 하는데, 이때부터가 사실상 피처 엔지니어링의 영역으로 들어갑니다. 또한 수치 데이터는 정규화, 표준화 등의 작업을 진행합니다. 필요하다면 변수 간 조합을 통해 새로운 변수를 만들어 내는 과정을 진행합니다.

2.6 피처 엔지니어링

이제 본격적으로 피처 엔지니어링 과정을 수행합니다. 본 Chapter에서는 숙련도 향상을 위해 처음 회귀 모형을 개발할 때는 이상치 제거, 종속 변수 변환, 결측치 채우기 등으로 진행합니다. 분류 모형을 개발할 때는 라벨 인코딩 및 원핫 인코딩에 대한 설명을 추가하는 과정으로 준비합니다.

2.6.1 이상치 제거

가장 먼저 이상치를 제거해야 합니다. 이상치는 수치형 데이터에 빈번하게 나타납니다. 특히 가격 예측처럼 데이터의 범위가 매우 크면 클수록 예측 정확도는 떨어질 수 있어 한 번씩 확인하고 넘어가야 합니다. 여기에서 주의해야 하는 것은 이상치의 개념을 단지 숫자로만 이해해 제거할 때가 있는데, 이상치 데이터는 말 그대로 적정하지 않게 측정된 데이터를 의미합니다. 예를 들면 집 상태가 좋지 않은데 집값이 비쌀 때는 입력이 제대로 되지 않을 가능성이 있습니다. 예를 들면 OverallQual 또는 Overall-Cond는 객관적인 수치라기보다는 설문 조사자의 주관적인 편향성을 드러낼 가능성이 있습니다. 이러한 주관성이 반영된 데이터는 적정하게 삭제하는 것이 중요합니다. 여러 변수의 특징 중 교집합을 활용하면 해결할 수 있습니다. 물론 이때의 기준점은 연구자가 정할 수 있습니다. 코드로 구현합니다.

```
train.drop(train[(train['OverallQual']<4) & (train['SalePrice']>200000)].
index, inplace=True)
train.drop(train[(train['OverallCond']<4) & (train['SalePrice']>200000)].
index, inplace=True)
train.reset_index(drop=True, inplace=True)
print(train.shape)
```

[실행 결과]

```
(1455, 80)
```

위 결괏값으로 총 5개의 데이터가 삭제된 것을 알 수 있습니다.

2.6.2 종속 변수의 로그 변환

이번에는 SalePrice에 대해 이해합니다. 즉 먼저 시각화를 통해서 데이터의 분포를 확인합니다. Seaborn 라이브러리 내의 histplot()을 사용합니다.

```
import seaborn as sns
import matplotlib.pyplot as plt
from scipy.stats import norm
```

```
(mu, sigma)=norm.fit(train['SalePrice'])
print("The value of mu before log transformation is:", mu)
print("The value of sigma before log transformation is:", sigma)

fig, ax=plt.subplots(figsize=(10, 6))
sns.histplot(train['SalePrice'], color="b", stat="probability")
ax.xaxis.grid(False)
ax.set(ylabel="Frequency")
ax.set(xlabel="SalePrice")
ax.set(title="SalePrice distribution")

plt.axvline(mu, color='r', linestyle='--')
plt.text(mu+10000, 0.11, 'Mean of SalePrice', rotation=0, color='r')
fig.show()
```

[실행 결과]

```
The value of mu before log transformation is: 180921.19589041095
The value of sigma before log transformation is: 79415.29188606751
```

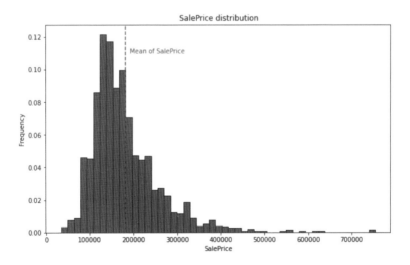

그림 2-2-6 SalePrice Distribution 그래프

앞의 데이터에서 보면 주택 가격이 정규 분포를 이루지 않는 것을 알 수 있습니다. 일반적인 선형 회귀는 정규 분포를 만족해야 해서 np.log1p()를 활용해 SalePrice를 변환 처리합니다. ·

```python
import numpy as np
train["SalePrice"]=np.log1p(train["SalePrice"])

(mu, sigma)=norm.fit(train['SalePrice'])
print("The value of mu before log transformation is:", mu)
print("The value of sigma before log transformation is:", sigma)

fig, ax=plt.subplots(figsize=(10, 6))
sns.histplot(train['SalePrice'], color="b", stat="probability")
ax.xaxis.grid(False)
ax.set(ylabel="Frequency")
ax.set(xlabel="SalePrice")
ax.set(title="SalePrice distribution")

plt.axvline(mu, color='r', linestyle='-')
plt.text(mu+0.05, 0.111, 'Mean of SalePrice', rotation=0, color='r')
plt.ylim(0, 0.12)
fig.show()
```

[실행 결과]

```
The value of mu before log transformation is: 12.0233397799989
The value of sigma before log transformation is: 0.3989191793099824
```

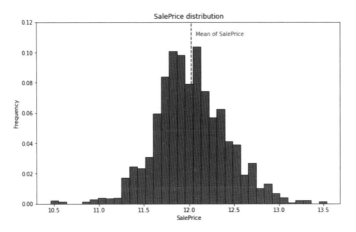

그림 2-2-7 로그 변환된 SalePrice Distribution

이제 정상적으로 로그 변환을 통해 종속 변수에 변화를 준 후, 이번에는 데이터를 합치는 코드를 작성합니다.

2.6.3 데이터 합치기

훈련 데이터와 테스트 데이터를 합치기에 앞서, 먼저 입력 변수로 사용할 ID는 별도로 객체를 저장한 후 삭제합니다.

```
train_ID=train['Id']
test_ID=test['Id']
train.drop(['Id'], axis=1, inplace=True)
test.drop(['Id'], axis=1, inplace=True)
train.shape, test.shape
```

[실행 결과]

```
((1455, 80), (1459, 79))
```

이번에는 훈련 데이터에 있는 SalePrice 변수를 별도로 추출해 저장한 후 훈련 데이터에서 삭제합니다.

```
y=train['SalePrice'].reset_index(drop=true)
train=train.drop('SalePrice', axis=1)
train.shape, test.shape, y.shape
```

[실행 결과]

```
((1455, 79), (1459, 79)), ((1458,))
```

위 결괏값에 보면 변수의 개수가 동일한 것을 알 수 있습니다. 이제 두 데이터를 합칩니다.

```
all_df=pd.concat([train, test]).reset_index(drop=True)
all_df.shape
```

[실행 결과]

```
(2914, 79)
```

2.6.4 결측치 처리

결측치는 중간에 데이터값이 비어 있는 경우입니다. 결측치를 확인해 비율로 계산한 뒤 내림차순으로 정렬하는 사용자 정의 함수를 만듭니다. 이 함수는 앞으로도 이것을 참고하면 좋습니다. 파라미터 head_num=6은 결측치가 존재하면 최소 6개가 나오게 합니다. 독자 분들은 이 숫자를 바꿔서 진행하는 것을 추천합니다.

```
def check_na(data, head_num=6):
    isnull_na=(data.isnull().sum()/len(data))*100
    data_na=isnull_na.drop(isnull_na[isnull_na==0].index).sort_values(ascending= False)
```

```
missing_data=pd.DataFrame({'Missing Ratio' :data_na,
                                  'Data Type': data.dtypes[data_na.index]})
print("결측치 데이터 칼럼과 건수:\n", missing_data.head(head_num))

check_na(all_df, 20)
```

[실행 결과]

결측치 데이터 칼럼과 건수:

	Missing Ratio	Data Type
PoolQC	99.657417	object
MiscFeature	96.402878	object
Alley	93.216855	object
Fence	80.438506	object
FireplaceQu	48.646797	object
LotFrontage	16.649538	float64
GarageFinish	5.447071	object
GarageYrBlt	5.447071	float64
GarageQual	5.447071	object
GarageCond	5.447071	object
GarageType	5.378554	object
BsmtExposure	2.809181	object
BsmtCond	2.809181	object
BsmtQual	2.774923	object
BsmtFinType2	2.740665	object
BsmtFinType1	2.706406	object
MasVnrType	0.822199	object
MasVnrArea	0.787941	float64
MSZoning	0.137033	object
BsmtFullBath	0.068517	float64

필자에게 데이터 분석 중 가장 어려운 부분이 무엇이냐고 묻는다면 결측치 처리라고 말하고 싶습니다. 결측치를 처리하는 방법은 여러 가지가 있지만, 필자는 상위 6개

변수 ['PoolQC', 'MiscFeature', 'Alley', 'Fence', 'FireplaceQu', 'LotFrontage']를 모두 제거합니다.

```
all_df.drop(['PoolQC', 'MiscFeature', 'Alley', 'Fence', 'FireplaceQu',
'LotFrontage'], axis=1, inplace=True)
check_na(all_df, 20)
```

[실행 결과]

```
결측치 데이터 칼럼과 건수:
              Missing Ratio Data Type
GarageQual         5.447071     object
GarageFinish       5.447071     object
GarageYrBlt        5.447071    float64
GarageCond         5.447071     object
GarageType         5.378554     object
BsmtCond           2.809181     object
BsmtExposure       2.809181     object
BsmtQual           2.774923     object
BsmtFinType2       2.740665     object
BsmtFinType1       2.706406     object
MasVnrType         0.822199     object
MasVnrArea         0.787941    float64
MSZoning           0.137033     object
BsmtFullBath       0.068517    float64
BsmtHalfBath       0.068517    float64
Functional         0.068517     object
Utilities          0.068517     object
Exterior1st        0.034258     object
Exterior2nd        0.034258     object
SaleType           0.034258     object
```

이제 남은 데이터를 확인합니다. 결측치를 채우는 함수로는 fillna가 있습니다. 보통 결측치를 채울 때는 두 가지 전략이 있습니다. 첫 번째 방법은 각각의 변수를 확인해서 개별적으로 필요한 데이터를 채워 넣는 것입니다. 이때 사용되는 주요 방법은 문자 데이터는 빈도수 위주로 채워 넣고, 수치 데이터는 평균 또는 중간값으로 채워 넣습니다. 두 번째 방법은 한꺼번에 0 또는 None 값을 채워 넣는 것입니다. 본 Chapter에서는 문자열 데이터는 빈도수 중 가장 높은 값으로, 수치 데이터는 Median으로 채워 넣습니다.

결측치 데이터 처리-문자열 데이터

이제 문자열 데이터를 변환합니다. 먼저 Object에 해당하는 변수명만 별도로 추출합니다. 그런데 이때 사전에 결측치의 비율에 따라 제거한 변수들이 존재해, 이 변수들을 제외한 다른 변수들에 적용해야 합니다. 이때는 반복문을 통해 처리해 final_cat_vars 변수로 저장합니다. 실제로 두 개의 리스트 길이가 다른 것을 확인할 수 있습니다. 이번에는 결측치를 채워 넣는 fillna()와 문자열 데이터의 빈도수를 확인하는 mode를 활용해 가장 많이 나온 값을 추출합니다.

```python
import numpy as np

cat_all_vars=train.select_dtypes(exclude=[np.number])
print("The whole number of all_vars", len(list(cat_all_vars)))

final_cat_vars=[]
for v in cat_all_vars:
    if v not in ['PoolQC', 'MiscFeature', 'Alley', 'Fence', 'FireplaceQu',
'LotFrontage']:
        final_cat_vars.append(v)
print("The whole number of final_cat_vars", len(final_cat_vars))

for i in final_cat_vars:
  all_df[i]=all_df[i].fillna(all_df[i].mode()[0])
```

```
check_na(all_df, 20)
```

[실행 결과]

```
The whole number of all_vars 43
The whole number of final_cat_vars 38
결측치 데이터 칼럼과 건수:
              Missing Ratio  Data Type
GarageYrBlt       5.447071    float64
MasVnrArea        0.787941    float64
BsmtHalfBath      0.068517    float64
BsmtFullBath      0.068517    float64
GarageArea        0.034258    float64
GarageCars        0.034258    float64
TotalBsmtSF       0.034258    float64
BsmtUnfSF         0.034258    float64
BsmtFinSF2        0.034258    float64
BsmtFinSF1        0.034258    float64
```

결측치 데이터 처리-수치형 데이터

이번에는 문자열 데이터와 마찬가지로 수치형 데이터에도 그대로 적용할 수 있습니다. 다만 수치형 데이터에 결측치를 채워 넣을 때는 코드가 조금 다릅니다. 우선 사전에 제거한 수치형 변수는 LotFrontage 하나여서 remove() 함수를 활용해 제거합니다. 그다음에는 median()을 활용해 각 변수마다 중간값을 넣어 주는 코드를 작성합니다.

```
import numpy as np

num_all_vars=list(train.select_dtypes(include=[np.number]))
print("The whole number of all_vars", len(num_all_vars))
```

```
num_all_vars.remove('LotFrontage')

print("The whole number of final_cat_vars", len(num_all_vars))
for i in num_all_vars:
  all_df[i].fillna(value=all_df[i].median(), inplace=True)

check_na(all_df, 20)
```

[실행 결과]

```
The whole number of all_vars 36
The whole number of final_cat_vars 35
결측치 데이터 칼럼과 건수:
 Empty DataFrame
Columns: [Missing Ratio, Data Type]
Index: []
```

2.6.5 왜도(Skewness) 값 처리

왜도는 크게 분포의 비대칭도를 나타내는 통계량을 의미합니다. 정규 분포와 같이 대칭인 분포는 왜도가 0입니다. 즉 자료의 대칭성을 알아보는 하나의 측도라고 볼 수 있습니다. 수치형 데이터에 적용하며, 예측 변수를 활용할 때 이러한 왜도를 보정하는 것이 또한 중요합니다. 이는 종속 변수를 다룰 때와 같은 이유입니다. 더욱더 신뢰할 수 있는 예측 모델을 만들 수 있어 수치형 데이터를 확인하는 작업이 중요합니다.

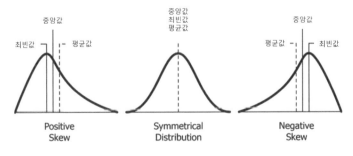

그림 2-2-8 왜도(Skewness) 종류

우선 수치형 데이터의 왜도를 전부 구해서 내림차순으로 정렬하는 코드를 작성합니다.

```
from scipy.stats import skew

def find_skew(x):
  return skew(x)
skew_features=all_df[num_all_vars].apply(find_skew).sort_values(ascending=False)
skew_features
```

[실행 결과]

MiscVal	21.939672
PoolArea	16.892477
LotArea	12.867139
LowQualFinSF	12.084539
3SsnPorch	11.372080
KitchenAbvGr	4.318923
BsmtFinSF2	4.144503
EnclosedPorch	4.013741
ScreenPorch	3.945101
BsmtHalfBath	3.929996
MasVnrArea	2.615714
OpenPorchSF	2.534326
WoodDeckSF	1.841876
1stFlrSF	1.469798
BsmtFinSF1	1.429239
MSSubClass	1.374726
GrLivArea	1.271773
TotalBsmtSF	1.165468
BsmtUnfSF	0.919795
2ndFlrSF	0.860643
TotRmsAbvGrd	0.760404
Fireplaces	0.734449
HalfBath	0.695072

```
BsmtFullBath      0.626733
OverallCond       0.584601
BedroomAbvGr      0.329555
GarageArea        0.241611
OverallQual       0.196514
MoSold            0.195229
FullBath          0.164226
YrSold            0.132129
GarageCars       -0.218309
GarageYrBlt      -0.398311
YearRemodAdd     -0.451063
YearBuilt        -0.600023
dtype: float64
```

이번에는 위 데이터를 기준으로 시각화를 진행합니다. 시각화 코드를 통해서 변환되지 않는 수치형 데이터의 일반적인 분포를 확인합니다. 변수 LotArea의 값이 매우 커서 다른 변수들의 비대칭 분포도를 제대로 확인하기 어려워서 제거합니다. 다른 변수들에 대해 시각화를 진행합니다.

```python
skewnewss_index=list(skew_features.index)
skewnewss_index.remove('LotArea')
all_numeric_df=all_df.loc[:, skewnewss_index]

fig, ax=plt.subplots(figsize=(10, 6))
ax.set_xlim(0, all_numeric_df.max().sort_values(ascending=False)[0])
ax=sns.boxplot(data=all_numeric_df[skewnewss_index], orient="h", palette=
"Set1")
ax.xaxis.grid(False)
ax.set(ylabel="Feature names")
ax.set(xlabel="Numeric values")
ax.set(title="Numeric Distribution of Features Before Box-Cox Transformation")
```

```
sns.despine(trim=True, left=True)
```

[실행 결과]

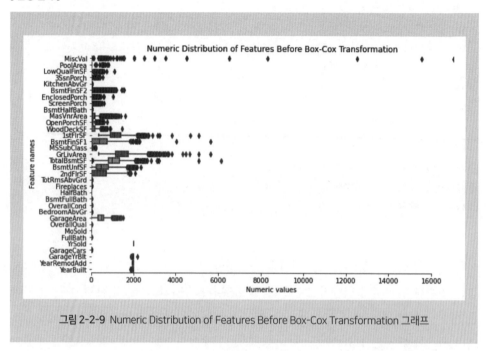

그림 2-2-9 Numeric Distribution of Features Before Box-Cox Transformation 그래프

왜도가 높으면 높을수록 Box가 잘 나타나지 않는 것을 볼 수 있습니다. 다시 말하면 오른쪽으로 치우친 데이터를 많이 확인할 수 있습니다. 이렇게 가공되지 않은 수치형 변수들을 입력 변수로 활용하면 특히 수치형 데이터를 예측해야 하는 시점에서 선형 회귀와 같은 알고리즘을 사용할 때 입력값이 왜곡되어 떨어질 수도 있습니다. 이러한 때 Box-Cox Transformation을 시도합니다.

```
from scipy.special import boxcox1p
from scipy.stats import boxcox_normmax

high_skew=skew_features[skew_features>1]
```

```
high_skew_index=high_skew.index
print("The data before Box-Cox Transformation: \n", all_df[high_skew_index].head())

for num_var in high_skew_index:
    all_df[num_var]=boxcox1p(all_df[num_var], boxcox_normmax(all_df[num_var]+1))

print("The data after Box-Cox Transformation: \n", all_df[high_skew_index].
head())
```

[실행 결과]

```
The data before Box-Cox Transformation:
    MiscVal  PoolArea  LotArea  ...  MSSubClass  GrLivArea  TotalBsmtSF
0        0         0     8450  ...          60       1710        856.0
1        0         0     9600  ...          20       1262       1262.0
2        0         0    11250  ...          60       1786        920.0
3        0         0     9550  ...          70       1717        756.0
4        0         0    14260  ...          60       2198       1145.0

[5 rowsx18 columns]
The data after Box-Cox Transformation:
    MiscVal  PoolArea    LotArea  ...  MSSubClass  GrLivArea  TotalBsmtSF
0      0.0       0.0  13.454344  ...    6.505897   7.219262   294.614887
1      0.0       0.0  13.725427  ...    4.252612   6.933523   404.051498
2      0.0       0.0  14.066408  ...    6.505897   7.260108   312.423510
3      0.0       0.0  13.714276  ...    6.869385   7.223100   266.274241
4      0.0       0.0  14.584552  ...    6.505897   7.454890   373.304502

[5 rowsx18 columns]
```

도출 변수 생성

도출 변수란 주어진 변수 내에서 새로운 변수를 도출하는 과정을 말합니다. 1차원적으로 접근하면 날짜 데이터를 쪼개서 연도, 월, 요일 등과 같이 나눠 조금 더 세분화해 보는 것도 좋은 방법입니다. 그러나 엄밀히 말하면 이는 하나의 날짜라는 개념으로 다시 통합할 수 있어 도출 변수라고 보기는 어렵습니다. 여기에서 우리는 하나의 힌트를 얻을 수 있습니다. 변수가 아무리 많아도 여러 변수를 조합해 하나의 변수로 재그룹화하면, 변수의 개수를 줄일 수 있다는 아이디어를 얻을 수 있습니다. 변수를 줄인다는 관점에서는 차원 축소와 비슷하지만 조금은 다릅니다. 차원 축소는 주로 PCA(Principal Component Analysis)라는 기법을 수치형 데이터에 약간은 통계적이고도 기계적으로 적용하지만, 계산식으로 추출된 주성분들은 기본적으로 변수들이 가진 본연의 특성을 잃습니다. 반면에 도출 변수는 기존 변수들의 특징을 고려해 새로운 변수를 만들어 내, 조금 더 연구자의 주관적인 분석이 들어간다고 볼 수 있습니다. 본 데이터를 기준으로 구체적으로 도출 변수에 대해서 설명합니다.

```
all_df['TotalSF']=all_df['TotalBsmtSF']+all_df['1stFlrSF']+all_df['2ndFlrSF']
all_df.drop(['TotalBsmtSF', '1stFlrSF', '2ndFlrSF'], axis=1)

print(all_df.shape)
```

[실행 결과]

```
(2917, 77)
```

먼저 각 주택의 전체 크기를 구하도록 TotalBsmtSF, 1stFlrSF 그리고 2ndFlrSF를 모두 합해 새로운 객체 TotalSF를 생성합니다. 각각의 변수의 설명을 보면 공통으로 Square Feet로 풀이됩니다. 즉 각 층마다의 면을 의미하는데, 집의 크기가 크면 클수록 집값이 높다는 것은 일반 상식이라 하나의 변수로 통합해도 큰 무리가 없습니다. 이때 새로운 변수를 하나 만들었으므로 기존의 3가지 변수는 삭제합니다. 이와 유사한 방식으로 다음 코드들을 또한 추가합니다. 0.5라고 기재한 것은 Half의 의미를 포함하는 것으로 추가로 넣은 숫자입니다.

```
all_df['Total_Bathrooms']=(all_df['FullBath']+(0.5*all_df['HalfBath'])+all_
df['BsmtFullBath']+(0.5*all_df['BsmtHalfBath']))

all_df['Total_porch_sf']=(all_df['OpenPorchSF']+all_df['3SsnPorch']+all_
df['EnclosedPorch']+all_df['ScreenPorch'])

all_df=all_df.drop(['FullBath', 'HalfBath', 'BsmtFullBath', 'BsmtHalfBath',
'OpenPorchSF', '3SsnPorch', 'EnclosedPorch', 'ScreenPorch'], axis=1)

print(all_df.shape)
```

[실행 결과]

```
(2917, 66)
```

이번에는 조금 다른 접근 방법으로 변수를 추정합니다. 변수 중에는 연도와 관련 있는 데이터가 총 4개 있습니다. 우선 연도와 관련 있는 변수를 추출하는 코드를 작성합니다.

```
num_all_vars=list(train.select_dtypes(include=[np.number]))
year_feature=[]
for var in num_all_vars:
  if 'Yr' in var:
    year_feature.append(var)
  elif 'Year' in var:
    year_feature.append(var)
  else:
    print(var,"is not related with Year")
print(year_feature)
```

```
MSSubClass is not related with Year
.

.

MoSold is not related with Year
['YearBuilt', 'YearRemodAdd', 'GarageYrBlt', 'YrSold']
```

이번에는 SalePrice와 연관 지어서 시각화를 구현합니다. 이때는 SalePrice가 훈련 데이터에만 있어 Train 데이터를 응용합니다.

```python
fig, ax=plt.subplots(3, 1, figsize=(10, 6), sharex=True, sharey=True)
for i, var in enumerate(year_feature):
  if var ≠'YrSold':
    ax[i].scatter(train[var], y, alpha=0.3)
    ax[i].set_title('{}'.format(var), size=15)
    ax[i].set_ylabel('SalePrice', size=15, labelpad=12.5)

plt.tight_layout()
plt.show()
```

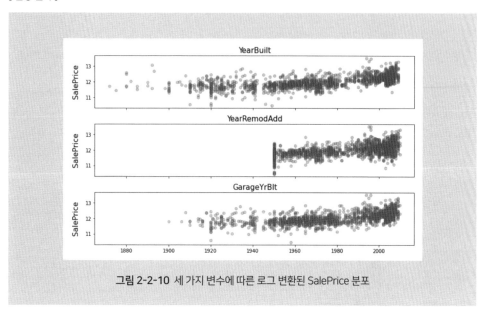

그림 2-2-10 세 가지 변수에 따른 로그 변환된 SalePrice 분포

우선 SalePrice는 로그 변환한 값입니다. 변수의 이름은 다르지만, 2000년대로 올수록 SalePrice의 가격이 모두 우측으로 상향하는 것을 볼 수 있습니다. 세 가지 변수를 모두 활용해도 좋지만, 보통 리모델링을 진행하면 주택 가격의 호가를 높여 부를 수 있어 리모델링만 기준삼고 나머지 변수는 삭제합니다. 여기에서 통계적으로 유사한 변수들을 모아서 상관관계를 분석하는 것도 도움이 됩니다.

```
all_df=all_df.drop(['YearBuilt', 'GarageYrBlt'], axis=1)
print(all_df.shape)
```

[실행 결과]

```
(2917, 64)
```

그러나 여기에서 하나의 도출 변수를 더 만듭니다. YrSold와 YearRemodAdd 연도 차이 값에 대한 변수 YearsSinceRemodel을 만든 후 SalePrice와 시각화를 진행합니다. 이때는 도출된 값이 크면 클수록 SalePrice의 값이 하향하는 그래프를 기대할 수 있습니다.

```
YearsSinceRemodel=train['YrSold'].astype(int)-train['YearRemodAdd'].astype(int)

fig, ax=plt.subplots(figsize=(10, 6))
ax.scatter(YearsSinceRemodel, y, alpha=0.3)
fig.show()
```

[실행 결과]

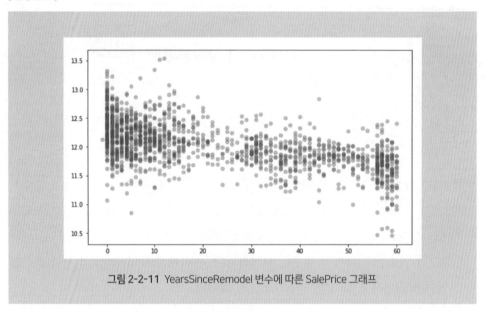

그림 2-2-11 YearsSinceRemodel 변수에 따른 SalePrice 그래프

이번에는 전체 데이터에 차이 값을 저장하는 코드를 작성한 후 YrSold와 YearRemodAdd
변수는 삭제합니다.

```
all_df['YearsSinceRemodel']=all_df['YrSold'].astype(int)-all_df['YearRemodAdd']
.astype(int)
all_df=all_df.drop(['YrSold', 'YearRemodAdd'], axis=1)
print(all_df.shape)
```

```
(2917, 62)
```

지금까지 다양한 변수를 활용해 새로운 변수들을 작성하는 코드 및 기존 변수들을 삭제하는 과정에 대해 학습을 진행했습니다. 이러한 방법은 예시라고 할 수 있습니다. 데이터에 대한 이해도에 따라 다양한 방식으로 변수 추가 및 삭제를 진행합니다.

2.6.7 더미 변수의 응용

보통 통계에서는 더미 변수의 범주형을 수치형으로 바꾸는 방법이라고 표현합니다. 예를 들면 '남과 여'와 같은 성별을 1과 2로 바꾸는 방법을 말합니다. 이러한 방법을 더미 변환(Dummy Transformation)이라고 부릅니다. 본 Chapter는 이러한 더미 변환의 개념을 다음 변수에 적용하려고 합니다.

```
all_df['PoolArea'].value_counts()
```

[실행 결과]

```
0.000000    2904
4.721829       1
5.913421       1
6.161330       1
5.854879       1
5.786591       1
5.553561       1
5.843016       1
6.048366       1
5.130821       1
6.231252       1
5.945809       1
```

```
5.922801        1
5.718338        1
Name: PoolArea, dtype: int64
```

위와 같은 데이터는 어떻게 처리하는 것이 좋을까요? 해당 변수를 삭제하는 것도 하나의 방법일 수 있지만, 여기에서는 1 이상이면 1로 처리해 0과 1로 값을 단순화합니다. 이러한 방법은 보통 Data Binding이라는 표현을 사용하는데, 조금 더 쉽게 표현하면 연속형 변수를 재그룹화하는 개념으로 봐도 좋습니다. 이제 코드를 응용합니다. 먼저 count_dummy() 함수를 만들어서 간단하게 0보다 크면 1로 반환하고, 그 외에는 모두 0으로 반환하는 코드를 작성합니다.

```python
def count_dummy(x):
  if x>0:
    return 1
  else:
    return 0

all_df['PoolArea']=all_df['PoolArea'].apply(count_dummy)
all_df['PoolArea'].value_counts()
```

[실행 결과]

```
0        2904
1          13
Name: PoolArea, dtype: int64
```

이번에는 GarageArea 변수와 Fireplaces 변수에도 똑같이 적용합니다.

```python
all_df['GarageArea']=all_df['GarageArea'].apply(count_dummy)
all_df['GarageArea'].value_counts()
```

[실행 결과]

```
1    2760
0     157
Name: GarageArea, dtype: int64
```

```
all_df['Fireplaces']=all_df['Fireplaces'].apply(count_dummy)
all_df['Fireplaces'].value_counts()
```

[실행 결과]

```
1    1497
0    1420
Name: Fireplaces, dtype: int64
```

2.6.8 Label Encoding, Ordinal Encoding, One-Hot Encoding

범주형 데이터를 수치형으로 변환하는 작업을 더미 변환이라고 배웠습니다. 그러나 더미 변환은 성별처럼 두 개의 값이 존재할 때 주로 사용합니다. 만약 값이 3개 이상이면 어떻게 해야 할까요? 예를 들면 서울특별시부터 제주도까지 시도를 숫자로 바꿔야 한다면 어떻게 바꾸는 것이 이상적일까요? 이러한 범주형 데이터를 수치형으로 변환할 때 자주 등장하는 기법은 Label Encoding, Ordinal Encoding, One-Hot Encoding입니다. 간단하게 그림을 비교하면 [그림 2-2-12]와 같습니다.

Ordinal & Label Encoding

Workclass
공무원
자영업자
개인
개인
개인

➡

Workclass
0
1
2
2
2

One Hot Encoding

음식 이름	칼로리
사과	95
치킨	231
참외	50

➡

음식 이름	음식 이름_사과	음식 이름_치킨	음식 이름_참외	칼로리
사과	1	0	0	95
치킨	0	1	0	231
참외	0	0	1	50

그림 2-2-12 인코딩 종류

Label Encoding은 문자열 데이터를 각 범주의 개수에 따라 숫자로 변환하는 작업입니다. 만약에 FoodName 내 값의 개수가 10개라면, Label Encoding은 1~10으로 변환되어 저장합니다. 반대로 One-Hot Encoding은 각 값을 변수로 변환해 1과 0으로 변환합니다. [그림 2-2-12]와 비슷한 가상의 데이터를 만들어 Label Encoding과 One-Hot Encoding을 만들어 봅니다. 먼저 Label Encoding을 진행해 최종 결괏값을 보면 알파벳 순으로 숫자가 변환된 것을 확인할 수 있습니다.

```python
from sklearn.preprocessing import LabelEncoder
import pandas as pd

temp=pd.DataFrame({'Food_Name': ['Apple', 'Chicken', 'Broccoli'],
                   'Calories': [95, 231, 50]})

encoder=LabelEncoder()
encoder.fit(temp['Food_Name'])
labels=encoder.transform(temp['Food_Name'])
print(list(temp['Food_Name']),"⟹", labels)
```

[실행 결과]

```
['Apple', 'Chicken', 'Broccoli'] ⟹[0 2 1]
```

이번에는 OrdinalEncoding 코드를 확인합니다. labelencoder()와 유사하지만 입력하는 형태를 배열로 바꿔야 하며, 반환값의 형태로 정수형이 아닌 실수형으로 출력됩니다.

```python
from sklearn.preprocessing import OrdinalEncoder
import pandas as pd

temp=pd.DataFrame({'Food_Name': ['Apple', 'Chicken', 'Broccoli'],
                   'Calories': [95, 231, 50]})
```

```
encoder=OrdinalEncoder()
labels=encoder.fit_transform(temp[['Food_Name']])
print(list(temp['Food_Name']),"⟹", labels.tolist())
```

[실행 결과]

```
['Apple', 'Chicken', 'Broccoli'] ⟹[[0.0], [2.0], [1.0]]
```

이번에는 One-Hot Encoding을 진행합니다. 그런데 이때는 Pandas의 get_dummies( ) 함수를 활용합니다. Sklearn에도 원핫 인코딩을 지원하지만, 텍스트를 Label Encoding을 먼저 사용해서 바꾼 후 Reshape로 변환해야 합니다. 이러한 번거로움 때문에 Pandas에서 제공하는 get_dummies( ) 함수를 사용합니다.

```
import pandas as pd

temp=pd.DataFrame({'Food_Name': ['Apple', 'Chicken', 'Broccoli'],
                   'Calories': [95, 231, 50]})

temp=pd.get_dummies(temp)
print(temp)
print(temp.shape)
```

[실행 결과]

```
   Calories  Food_Name_Apple  Food_Name_Broccoli  Food_Name_Chicken
0        95                1                   0                  0
1       231                0                   0                  1
2        50                0                   1                  0
(3, 4)
```

코드는 쉽게 구현되지만 머신러닝에서는 언제 사용되는지가 중요합니다. 표를 통해서 정리하면 다음과 같습니다.

기법	대상 데이터	공식 문서 설명
LabelEncoder[9]	종속 변수(y)	0과 n_classes-1 사이의 값으로 대상 레이블을 인코딩합니다. X가 아니라 대상 값, 즉 y를 인코딩하는 데 사용해야 합니다.
OneHotEncoder[10]	독립 변수(X)	범주형 변수를 0과 1의 정수 배열로 인코딩합니다.
OrdinalEncoder[11]	독립 변수(X)	범주형 변수를 정수로 인코딩합니다.

표 2-2-1 인코딩 기법

그런데 독립 변수를 변환하는 방법에는 One-Hot Encoder와 OrdinalEncoder 중 어느 시점에 사용하는지 이해하려면 데이터 타입의 유형에 따라 달라집니다. 또한 추가적인 전처리도 요구될 수 있습니다. 우선 범주형 변수는 크게 명목 척도와 서열 척도로 구분할 수 있습니다. 서열 척도(예: 등급)는 구간에 따라 의미가 있어 ordinalencoder()를 적용하는 것이 합리적입니다. 그런데 서열 척도라도 데이터는 서열 척도라고 인식하지 않습니다. ordinalencoder()를 바로 쓰더라도 여전히 수치형으로 변하는 규칙은 A~Z 순으로 바뀝니다. 즉 서열 척도의 원래 기능을 잘 살리지 못합니다. ordinalencoder()를 좀 더 응용해야 하지만, 필자는 가독성이 좋은 Pandas를 활용하는 게 낫다고 생각합니다. 따라서 다음과 같이 코딩해 봅니다.

```
import pandas as pd
temp=pd.DataFrame({'Food_Name': ['Apple', 'Chicken', 'Broccoli'],
                   'Calories': [95, 231, 50]})

temp[['Food_No']]=temp.Food_Name.replace(to_replace=['Chicken', 'Broccoli',
'Apple'],
                   value=[1, 2, 3])
```

---

9 https://scikit-learn.org/stable/modules/generated/sklearn.preprocessing.LabelEncoder.html

10 https://scikit-learn.org/stable/modules/generated/sklearn.preprocessing.OneHotEncoder.html

11 https://scikit-learn.org/stable/modules/generated/sklearn.preprocessing.OrdinalEncoder.html

```
print(temp[['Food_Name', 'Food_No']])
```

[실행 결과]

```
   Food_Name  Food_No
0      Apple        3
1    Chicken        1
2   Broccoli        2
```

위와 같은 형태로 각각의 범주형 데이터를 중요도에 따라 숫자로 바꿀 수 있습니다. 반면에 명목 척도(예: 성별)를 ordinalencoder()를 적용하면 남자가 여자보다 더 중요한 것으로 인식됩니다(반대의 경우도 해당됩니다). 각 구간의 값에는 서로 차이가 없지만 ordinalencoder()하면 서로 차이가 있는 것으로 오인될 우려가 있습니다. 이러한 것을 방지하려면 단순하게 0과 1로 변환하는 One-Hot Encoding을 적용하는 것이 더 합리적입니다. 그러나 여전히 여기에도 문제는 있습니다. 만약에 전체 데이터 개수는 10,000 개인데 범주형 값이 5,000개라면 어떻게 해야 할까요? 이때는 5,000개의 변수가 추가로 생기는 것과 같습니다. 즉 차원의 저주(Curse of Dimensionality)에 걸립니다. 즉 이러한 때는 전처리를 사전에 진행해 5,000개의 값을 적당한 숫자로 줄이는 것이 매우 중요합니다. 그런데 적당한 숫자로 줄이는 범위는 일괄적으로 정해진 것이 없습니다. 전체적인 비율에 따라서 불필요한 부분을 "Other"로 재그룹화할 수도 있습니다. 각 산업 또는 데이터 세트에 따라 머신러닝 개발자가 나름의 기준을 설정하는 과정이 중요합니다.

OrdinalEncoding과 One-Hot Encoding은 머신러닝 알고리즘의 선택에도 영향을 줍니다. One-Hot Encoding만을 적용할 때는 상대적으로 의사 결정 나무 계열의 머신러닝 알고리즘보다는 선형 회귀, 로지스틱 회귀 분석, Support Vector Machine과 같은 Non-Tree 기반 알고리즘에 적용할 때 더 좋은 성능이 나타나는 것으로 알려져 있습니다. 반대로 Ordinal Encoding을 적용하면 의사 결정 나무, 랜덤 포레스트와 같은 Tree 기반 알고리즘에 적용할 때 더 좋은 성능이 나타나는 것으로 알려져 있습니다. 그러나 이러한 현상이 꼭 현재 사용자의 데이터에 똑같이 적용되지는 않아, 다양한 모형을 학습한 후 비교해서 결정하는 과정이 중요합니다. 이제 본 데이터로 넘어와서 One-Hot Encoding 을 진행합니다.

```
all_df=pd.get_dummies(all_df).reset_index(drop=True)
all_df.shape
```

[실행 결과]

```
(2917, 258)
```

2.6.9 정리

머신러닝 전체 과정 중에서 피처 엔지니어링이 가장 어렵습니다. 이는 캐글 대회뿐 아니라 실제 데이터 분석을 하는 과정에서도 마찬가지입니다. 실무에서는 데이터 수집부터가 난관이고, 주어진 데이터로 어떤 변수를 살리고 버릴지 신중하게 고민하면서 작업해야 하는 영역입니다. 이때 다양한 시각화를 진행하면서 변수에 대한 이해도를 높이는 과정이 매우 중요합니다. 캐글의 다양한 노트북을 보면 실제 시각화에 상당히 많은 노력을 합니다. 이는 각 참여자가 시각화하면서 변수에 대해 이해하면서 피처 엔지니어링을 수행한다는 뜻이기도 합니다. 본 Chapter에서는 간단히 몇몇 예시를 진행하며 코드를 작성했지만, 실제로는 다양한 시각화를 통해 개별 변수에 대한 분석 및 이해하는 과정이 매우 중요합니다.

더 보기

Zheng, A., & Casari, A. (2018). Feature Engineering for Machine Learning:

Principles and Techniques for Data Scientists (1st ed.). O'Reilly Media.

Kuhn, M., & Johnson, K. (2013). Applied Predictive Modeling (1st ed. 2013, Corr. 2nd printing 2018 ed.). Springer.

Brownlee, J. (2020, August 17). Ordinal and One-Hot Encodings for Categorical Data. Machine Learning Mastery. https://machinelearningmastery.com/one-hot-encoding-for-categorical-data/

When to use One Hot Encoding vs LabelEncoder vs DictVectorizor? (2015, December 19). Data Science Stack Exchange. https://datascience.stackexchange.com/questions/9443/when-to-use-one-hot-encoding-vs-labelencoder-vs-dictvectorizor

2.7 머신러닝 모형 학습 및 평가

합친 데이터 세트를 다시 분리합니다. 기존에 Train 데이터와 Test 데이터를 합친 것을 재분리하는 단순 과정입니다. 기존과 달라진 것이라면 Feature 개수가 최초 80개에서 258개로 변형되고, 데이터 개수는 기존과 변동이 없음을 확인할 수 있습니다.

```
X=all_df.iloc[:len(y), :]
X_test=all_df.iloc[len(y):, :]
X.shape, y.shape, X_test.shape
```

[실행 결과]

```
((1458, 258), (1458, 1), (1459, 258))
```

통상적으로는 이후에 다음 예제 코드를 통해 훈련 데이터와 검증 데이터를 분리하는 작업을 진행합니다.

```
from sklearn.model_selection import train_test_split
X_train, X_test, y_train, y_test=train_test_split(X, y, test_size=0.25, random_
state=0)


X_train.shape, X_test.shape, y_train.shape, y_test.shape
```

[실행 결과]

```
((1093, 258), (365, 258), (1093, 1), (365, 1))
```

2.7.1 Train, Validation, Test

보통 인문학에서는 하나의 사건, 주장 등을 서로 다른 시각의 관점과 근거 자료를 토대로 서로 모순되는 자료는 없는지 등을 조사하는 방법으로, Crosscheck라는 용어를 사용합니다. 이때 사용되는 용어도 교차 검증입니다. 대표적으로 역사학에서 이러한 조사 방법론을 사용합니다. 또한 최근에는 Fact-Checking을 통해 객관적이고 중립적인 검증 정보를 제공하는 용어로 많이 사용합니다.

이는 머신러닝에서도 동일한 관점에서 접근이 가능합니다. 훈련을 한 번 한 뒤 예측으로 적용해 사용할 수는 없습니다. 훈련 데이터와 검증 데이터를 나누더라도 분리된 데이터 자체가 왜곡되어 편향된 예측 모형을 만들어 낼 수 있기 때문입니다. 그렇다면 어떻게 왜곡을 방지할 수 있을까요? 머신러닝에서는 이러한 방법론을 Cross Validation 이라고 부릅니다. 우선 훈련 데이터, 검증 데이터, 테스트 데이터에 대해 간단히 용어를 정리하고 넘어갑니다.

그림 2-2-13 데이터 분리

먼저 훈련 데이터(Train)는 머신러닝 모형을 만들 때 사용하는 데이터라고 정의할 수 있습니다. 검증 데이터(Validation)는 훈련 데이터에서 일부 빼내어 머신러닝이 모델을 잘 예측하는지 성능을 평가하는 데이터라고 정의할 수 있습니다. 이때 최종 모델을 선정하는 과정이 필요합니다. 마지막으로 테스트 데이터(Test)는 선정된 최종 모델을 적용하고 최종 평가를 내립니다. 그런데 일반적으로 캐글에서 마지막 테스트 데이터는 최종 제출일 이전까지 잘 공개하지 않습니다. 대회 기간에는 Public Score에서 항상 1위를 하던 팀이 실제 테스트에서는 순위가 다소 떨어질 때가 있는데, 이는 모형을 안정적으로 만드는 데 실패할 때 발생합니다. 따라서 이러한 테스트 데이티는 실제로는 없는 것으로 판단하는 것이 옳습니다. 정리하면 훈련 데이터로 다양한 머신러닝 모형을 만들고, 검증 데이터로 최종 모델을 선정하고, 테스트 데이터로 선정된 최종 모델을 평가합니다.

2.7.2 교차 검증(Cross Validation)

교차 검증은 훈련 데이터에서 일부 빼내어 검증 데이터를 만드는 과정을 진행합니다. 그런데 한 번만 모형을 학습해 테스트할 때는 데이터의 편향성이 생길 수 있습니다. 각 데이터의 모양과 색상이 다 다를 수 있다는 가정이 필요하며, 학습 모형이 지나치게 왜곡될 수 있다는 것을 늘 고려해야 합니다. 따라서 이러한 것을 방지하도록 교차 검증을 합니다. [그림 2-2-14]는 훈련 데이터와 검증 데이터를 나누는 방법을 크게 3가지 형태로 진행한다는 의미입니다. 이때는 3-Fold 교차 검증 형태라고 부를 수 있습니다. 그런데 만약 검증 데이터의 크기를 3으로 하면, 이때는 4-Fold도 가능합니다. 즉 전체 데이터 크기는 고정한 채로 3-Fold를 할지, 4-Fold를 할지 결정합니다. 이러한 방식을 K-Fold 교차 검증이라고 합니다.

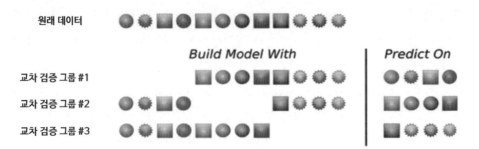

원래 데이터

Build Model With | Predict On

교차 검증 그룹 #1

교차 검증 그룹 #2

교차 검증 그룹 #3

그림 2-2-14 교차 검증 모델

그렇다면 통상적으로 교차 검증을 얼마나 진행하면 좋을까요? 객관화된 수치는 사실 존재하지 않습니다. 그러나 경험적으로는 5-Fold 교차 검증을 수행하는데, 이는 데이터 세트의 크기뿐 아니라 모형의 학습 시간을 고려합니다. 교차 검증은 일반적으로 전체적인 훈련 데이터가 적을 때 주로 사용합니다. 그런데 만약 훈련 데이터가 매우 많다면, 5-Fold 교차 검증을 수행하는 것도 연산 비용이 많이 듭니다. 이러한 부분을 고려해 적정하게 고려하는 것이 좋습니다.

K-Fold 교차 검증의 종류는 LOOCV(Leave-One-Out Cross Validation), GCV(Generalized Cross Validation) 등이 있습니다. 그러나 일반적으로 자주 쓰는 기법은 K-Fold입니다. 이때 주의해야 할 것은 K-Fold를 처음부터 쓸 요량이라면, 본 데이터에서는 테스트 데이터가 존재해 본 Chapter에서는 train_test_split() 함수는 굳이 사용할 필요가 없습니다. 간단하게 독립 변수로 구성된 데이터 프레임과 종속 변수만 있으면 됩니다. 크게 3가지 파라미터가 사용되며, 파라미터에서 중요한 것은 n_splits입니다. n_splits의 입력 값에 따라 Fold의 개수가 정해집니다. Shuffle은 데이터를 섞는다는 뜻이며, random_state는 모형의 재현성을 위해 숫자를 입력합니다. 객체 cv는 머신러닝 모형을 구현할 때 입력값으로 들어갑니다.

```
from sklearn.model_selection import KFold

cv=KFold(n_splits=5, random_state=42, shuffle=True)
```

2.7.3 회귀 모형 평가 지표[12]

회귀 모형에서 평가 지표는 오차(Error)입니다. 오차는 쉽고, 직관적이며, 누구나 이해하기 쉽습니다. 오차를 기반으로 다양한 공식이 존재합니다. 우선 오차를 구하는 공식부터 확인하면 다음과 같습니다. 즉 실젯값에서 예측값의 차이가 오차입니다.

$$Error = True\ Value - Predicted\ Value$$

그런데 예측값이 더 큰 경우가 발생하면 음수(–)로 출력되므로 이를 절댓값으로 바꿉니다. 용어로 다시 표현하면 Absolute Error라고 표현합니다.

$$Absolute\ Error = ABS(True\ Value - Predicted\ Value)$$

MAE는 Mean Absolute Error의 약자로 모든 절대 오차값의 평균을 의미합니다. 이를 수식으로 표현하면 다음과 같이 표현할 수 있습니다.

$$MAE = \frac{1}{n}\sum_{i=1}^{n}|Y_i - \hat{Y}_i|$$

위 식을 다음과 같은 함수로 구현해 사용할 수 있습니다.

```python
import numpy as np

def mean_absolute_error(y_true, y_pred):

  error=0
  for yt, yp in zip(y_true, y_pred):
    error=error+np.abs(yt-yp)
```

---

12 본 코드는 Approaching (Almost) Any Machine Learning Problem 교재를 참조하였습니다. https://github.com/abhishekkrthakur/approachingalmost

```
    mae=error/len(y_true)
  return mae
```

이와 유사하게 음수를 보정하는 방법으로는 차이의 제곱을 사용할 수 있습니다.

$$Squared\ Error = (True\ Value - Predicted\ Value)^2$$

위 식을 다시 평균으로 나누면 Mean Squared Error가 됩니다. 수식으로 표현하면 다음과 같습니다.

$$MSE = \frac{1}{n} \sum_{i=1}^{n} (Y_i - \hat{Y}_i)^2$$

위 식을 다음과 같은 함수로 구현해 사용할 수 있습니다.

```
import numpy as np

def mean_squared_error(y_true, y_pred):

  error=0
  for yt, yp in zip(y_true, y_pred):
    error=error+(yt-yp)**2

  mse=error/len(y_true)
  return mse
```

RMSE는 Root Mean Squared Error의 약자로, MSE에 루트를 씌운 것이 가장 큰 특징입니다. 수식으로 표현하면 다음과 같습니다.

$$RMSE = \sqrt{\frac{1}{n}\sum_{i=1}^{n}(Y_i - \hat{Y}_i)^2}$$

위 식을 함수로 구현하면 다음과 같이 구할 수 있습니다. 기존 mean_squared_error 함수와 똑같고, 추가로 MSE 결괏값에 루트를 씌우기만 하면 됩니다.

```python
import numpy as np

def root_rmse_squared_error(y_true, ypred):
  error=0

  for yt, yp in zip(y_true, y_pred):
    error=error+(yt-yp)**2

  mse=error/len(y_true)
rmse=np.round(np.sqrt(mse), 3)

  return rmse
```

이제 실제 모형을 테스트합니다.

```python
y_true=[400, 300, 800]
y_pred=[380, 320, 777]

print("MAE:", mean_absolute_error(y_true, y_pred))
print("MSE:", mean_squared_error(y_true, y_pred))
print("RMSF:", root_rmse_squared_error(y_truc, y_pred))
```

```
MAE: 21.0
MSE: 443.0
RMSE: 21.048
```

그런데 여기에서 두 가지 기본적인 질문을 할 수 있습니다. 첫 번째는 MAE, MSE, RMSE의 값을 어떻게 해석해야 할지와 두 번째는 MAE, MSE, RMSE 평가 지표 중 어떤 것이 더 중요한가입니다. 그리고 왜 RMSE를 주로 평가 지표로 캐글에서 사용할까요? 우선 첫 번째 답은 매우 쉽게 접근이 가능합니다. 오차의 공식을 보면 오차의 값이 작으면 작을수록 좋은 모형이라고 할 수 있습니다. 그런데 여기에서 중요한 것은 절대적으로 낮은 기준점은 없어, 이는 다양한 머신러닝 및 피처 엔지니어링을 반복적인 과정을 통해 최대한 낮춰야 합니다. 두 번째 답은 결론부터 말하면 오차가 크면 클수록 RMSE의 값이 크게 흔들립니다. 즉 주택 가격을 예측하려는 모형의 가치는 오차가 적어야 하는데, MAE로는 실제 오차가 큰 값이 평가 지표에 제대로 반영하지 못할 수도 있습니다. 실제로 테스트해 봅니다.

```
y_true=[400, 300, 800, 900]
y_pred=[380, 320, 777, 600]

print("MAE:", mean_absolute_error(y_true, y_pred))
print("MSE:", mean_squared_error(y_true, y_pred))
print("RMSE:", root_rmse_squared_error(y_true, y_pred))
```

[실행 결과]

```
MAE: 90.75
MSE: 22832.25
RMSE: 151.103
```

첫 번째 테스트할 때는 MAE와 RMSE 값의 차이가 비슷합니다. 그런데 두 번째 테스트에서는 오차가 커질 때 값을 비교해 보면 MAE의 상승 폭보다 RMSE의 상승 폭이 매우 커진 것을 확인할 수 있습니다. 즉 제대로 예측되지 않은 것을 직관적으로 확인할 수 있습니다. 따라서 일반적으로 RMSE를 사용합니다.

그렇다면 예측의 정확도는 어떻게 판단할 수 있을까요? 통계에서는 보통 Coefficient of Determination(결정 계수)이라고 말하는 지표를 사용합니다. 또한 R^2(R-Squared)라고 부르기도 합니다. R^2는 분산 기반으로 예측 성능을 평가하며, 1에 가까울수록 성능이 좋다는 의미입니다. 수식으로 표현하면 다음과 같습니다.

$$R^2 = 1 - \frac{Variance\ of\ Predicted\ Value}{Variance\ of\ True\ Value} = 1 - \frac{\sum_{i=1}^{N}(y_{p_i} - y_{p_{mean}})^2}{\sum_{i=1}^{N}(y_{t_i} - y_{t_{mean}})^2}$$

이외에도 SLE(Squared Logarithmic Error), MSLE(Mean Squared Logarithmic Error), RMSLE(Root Mean Squared Logarithmic Error), MAPE(Mean Absolute Percentage Error) 등 다양한 평가 지표가 있지만, 대중적으로 사용하는 RMSE와 R^2를 주로 사용합니다.

앞에서 정의한 사용자 정의 함수를 만들어 사용해도 좋지만, Scikit-Learn 라이브러리를 활용하면 더욱 쉽게 MAE, MSE, R^2와 같이 평가 지표를 다양하게 사용할 수 있습니다.[13] 그런데 RMSE는 별도의 함수가 내장되지 않아 MSE 모듈을 활용해 사용자 정의 함수를 만들어 사용하는 것이 관례입니다. 따라서 다음과 같은 사용자 정의 함수를 일반적으로 만들어 사용합니다.

```
from sklearn.metrics import mean_squared_error

def rmsle(y_true, y_pred):
    return np.sqrt(mean_squared_error(y_true, y_pred))
```

---

13 https://scikit-learn.org/stable/modules/model_evaluation.html

2.7.4 모형 정의, 학습, 검증 평가

이제 모형을 정의하고, 교차 검증을 통해 모형을 학습하고, 평가까지 진행하는 코드를 작성합니다. 먼저 Linear Regression을 활용해 값을 구합니다. 그런데 이때는 교차 검증을 진행하는 것이므로 앞서 말한 것처럼 별도로 검증 데이터를 만들 필요는 없습니다. 교차 검증을 진행할 때는 cross_val_score() 함수를 구현합니다. 또한 이때는 Scoring 파라미터에서 함수 적용 값을 입력합니다. 조금 헷갈릴 수 있으니 표로 정의하면 다음과 같습니다. 그 외에는 모두 동일합니다.

Metric	Scoring	Function
MAE	'neg_mean_absolute_error'	metrics.mean_absolute_error
MSE	'neg_mean_squared_error'	metrics.mean_squared_error
MSLE	'neg_mean_squared_log_error'	metrics.mean_squared_log_error
R^2	'r2'	metrics.r2_score
MAPE	'neg_mean_absolute_percentage_error'	metrics.mean_absolute_percentage_error

표 2-2-2

이제 코드로 직접 구현합니다. 먼저 교차 검증을 할 때마다 RMSE를 확인하는 함수 cv_rmse를 구현합니다. 각각의 RMSE를 List로 반환받은 뒤 딕셔너리 rmse_scores에 입력합니다. 3개의 알고리즘을 추가해 비교할 때 활용합니다.

```python
from sklearn.metrics import mean_squared_error
from sklearn.model_selection import KFold, cross_val_score
from sklearn.linear_model import LinearRegression

def cv_rmse(model, n_folds=5):
```

```
    cv=KFold(n_splits=n_folds, random_state=42, shuffle=True)
    rmse_list=np.sqrt(-cross_val_score(lr_model, X, y, scoring='neg_mean_squared_
error', cv=cv))
    print('CV RMSE value list:', np.round(rmse_list, 4))
    print('CV RMSE mean value:', np.round(np.mean(rmse_list), 4))
    return (rmse_list)


n_folds=5
rmse_scores={}
lr_model=LinearRegression()

score=cv_rmse(lr_model, n_folds)
print("linear regression-mean: {:.4f} (std: {:.4f})".format(score.mean(),
score.std()))
rmse_scores['linear regression']=(score.mean(), score.std())
```

[실행 결과]

```
CV RMSE value list: [0.139  0.1749 0.1489 0.1102 0.1064]
CV RMSE mean value: 0.1359
linear regression-mean: 0.1359 (std: 0.0254)
```

2.7.5 첫 번째 최종 예측값 제출

이제 최종적으로 제출합니다. 이때는 아직 사용하지 않은 Test 데이터를 활용한 뒤 예측값을 내보냅니다. 이제 모형을 학습해서 최종적인 예측값을 구한 뒤 업로드까지 진행합니다. 본 소스 코드에서는 지금까지 다루지 않은 X_Test 데이터도 활용합니다. 먼저 모형을 학습(lr_model.fit)해 lr_model.fit로 저장합니다. 모형을 예측할 때는 보통 lr_model.fit.predict(X_Test)만 해도 충분합니다. 그런데 np.expm1과 np.floor 함수가 사용됩니다. 먼저 np.expm1() 로그로 변환된 값을 원래 값으로 변환하는 것을 의미합니다. 피처 엔지니어링을 진행할 때 종속 변수에 해당하는 SalePrice를 로그로 치환합니다. 이를 원래의 값으로 바꾸려면 지수 연산을 진행하는데, 이때 사용하는 함수가 np.expm1()입니다. 수식으로 표현하면 $f(x)=e^x-1$로 정의할 수 있고, 이는 자연 상수를 밑으로 하는 지수 함수를 적용한 뒤 1을 뺍니다. 매매 가격은 보통 소수점 이하는 표시하지 않아 내림 함수를 의미하는 np.floor로 한 번 더 적용하면, 실제 매매 가격처럼 예측값을 구할 수 있습니다. 이제 코드로 구현합니다.

```
from sklearn.model_selection import cross_val_predict

X=all_df.iloc[:len(y), :]
X_test=all_df.iloc[len(y):, :]
X.shape, y.shape, X_test.shape

lr_model_fit=lr_model.fit(X, y)
final_preds=np.floor(np.expm1(lr_model_fit.predict(X_test)))
print(final_preds)
```

[실행 결과]

```
[[117164.]
 [158072.]
 [187662.]
 ...
 [173438.]
 [115451.]
 [219376.]]
```

실제로 출력하면 final_preds가 정수로 출력된 것을 확인할 수 있습니다. 이제 마지막으로 최종 예측값을 양식에 맞춰 제출하는 것까지 진행합니다.

먼저 sample_submission.csv 파일을 불러온 뒤 예측값인 final_preds를 submission 파일에 추가합니다. 실제로 잘 출력되는지 확인합니다. 그다음에 to_csv()를 활용해 파일명을 입력한 뒤 실행합니다. 이제 구글 코랩에서 필요한 모든 작성 코드는 1차로 완료되었습니다.

```
submission=pd.read_csv("sample_submission.csv")
submission.iloc[:, 1]=final_preds
print(submission.head())
submission.to_csv("The_first_regression.csv", index=False)
```

[실행 결과]

	Id	SalePrice
0	1461	117164.0
1	1462	158072.0
2	1463	187662.0
3	1464	197265.0
4	1465	199692.0

이제 최종 제출 파일을 다운로드 받아서 제출합니다.

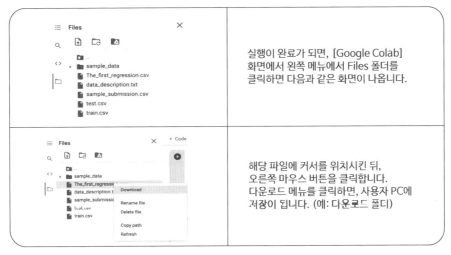

그림 2-2-15 완료 파일 다운로드 받기

캐글 경진 대회 홈페이지로 돌아가서 Submit Predictions 버튼을 클릭합니다.

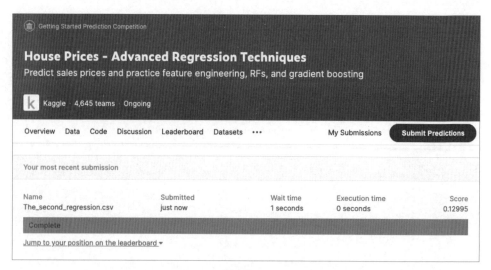

그림 2-2-16 캐글 경진 대회 홈페이지

다음 화면에서 업로드를 의미하는 버튼을 클릭해 The_first_regression.csv 파일을 업로드
합니다.

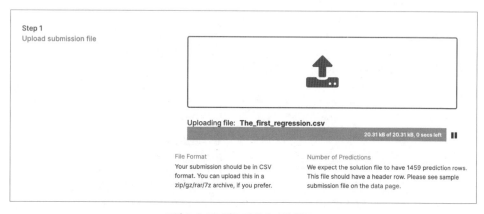

그림 2-2-17 캐글 대회에 파일 업로드

이때 간혹 업로드할 때 에러가 생길 수 있습니다. 이는 Id 또는 예측값이 중간에 유실되어 발생할 에러이므로 정상적으로 입력되는지 재확인이 필요합니다.

Step2는 옵션입니다. 특별한 기재 사항이 없다면 생략하고 Make Submission을 클릭합니다.

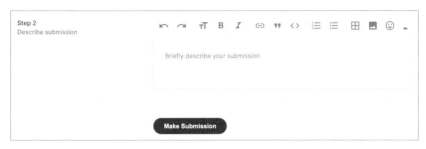

그림 2-2-18 파일 제출하기

정상적으로 파일이 업로드되면, [그림 2-2-19]와 같이 Score 점수가 반영되는 것을 확인할 수 있습니다. Jump to your position on the leaderboard를 클릭하면, 전체 4,566팀 중에서 어느 위치에 해당하는지 확인할 수 있습니다.

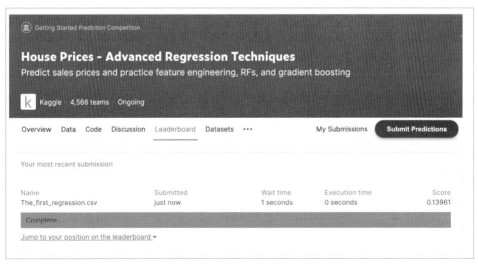

그림 2-2-19 제출 완료 화면

여기까지 진행하면 첫 번째 완주를 한 것입니다. 그러나 제출한 것이 끝이 아닙니다. 지금까지 진행한 것은 선형 회귀 모델 하나만 적용한 것이고, 여러 모델을 만들어 다시 적용해야 합니다.

2.7.6 모형 알고리즘 추가

모형의 성능 개선을 위해 Decision Tree, Random Forest, GBM 모형을 추가해 기존의 선형 모델까지 비교하는 코드를 구현합니다. 각 모형에 대한 설명은 PART I을 참고하기를 바랍니다.

```python
from sklearn.ensemble import RandomForestRegressor, GradientBoostingRegressor
from sklearn.tree import DecisionTreeRegressor
from sklearn.linear_model import LinearRegression


#LinearRegresison
lr_model=LinearRegression()

#Tree Decision
tree_model=DecisionTreeRegressor()

#Random Forest Regressor
rf_model=RandomForestRegressor()

#Gradient Boosting Regressor
gbr_model=GradientBoostingRegressor()
```

Decision Tree, Random Forest, GBM 모형을 각각 cv_rmse에 적용해 값을 구한 후, 시각화 구현을 위해 rmse_scores에 추가합니다.

```
score=cv_rmse(tree_model, n_folds)
print("Decision Tree Regressor-mean: {:.4f} (std: {:.4f})".format(score.mean(),
score.std()))
rmse_scores['Decision Tree Regressor']=(score.mean(), score.std())
```

[실행 결과]

```
CV RMSE value list: [0.184  0.2232 0.2183 0.1819 0.1707]
CV RMSE mean value: 0.1956
Decision Tree Regressor-mean: 0.1956 (std: 0.0211)
```

```
score=cv_rmse(rf_model, n_folds)
print("RandomForest Regressor-mean: {:.4f} (std: {:.4f})".format(score.mean(),
score.std()))
rmse_scores['RandomForest Regressor']=(score.mean(), score.std())
```

[실행 결과]

```
CV RMSE value list: [0.1534 0.1563 0.1492 0.1409 0.1276]
CV RMSE mean value: 0.1455
RandomForest Regressor-mean: 0.1455 (std: 0.0103)
```

```
score=cv_rmse(gbr_model, n_folds)
print("Gradient Boosting Regressor-mean: {:.4f} (std: {:.4f})".format(score.
mean(), score.std()))
rmse_scores['Gradient Boosting Regressor']=(score.mean(), score.std())
```

[실행 결과]

```
CV RMSE value list: [0.1309 0.1379 0.1326 0.1222 0.1155]
CV RMSE mean value: 0.1278
Gradient Boosting Regressor-mean: 0.1278 (std: 0.0080)
```

총 4개의 머신러닝을 학습한 뒤 rmse_scores에 모두 저장합니다. 시각화를 통해서 어떤 머신러닝 알고리즘이 가장 낮은 RMSE를 기록하는지 확인합니다.

```
fig, ax=plt.subplots(figsize=(10, 6))

ax=sns.pointplot(x=list(rmse_scores.keys()), y=[score for score, _ in rmse_
scores.values()], markers=['o'], linestyles=['-'], ax=ax)
for i, score in enumerate(rmse_scores.values()):
    ax.text(i, score[0]+0.002, '{:.6f}'.format(score[0]), horizontalalignment
='left', size='large', color='black', weight='semibold')

ax.set_ylabel('Score (RMSE)', size=20, labelpad=12.5)
ax.set_xlabel('Model', size=20, labelpad=12.5)
ax.tick_params(axis='x', labelsize=13.5, rotation=10)
ax.tick_params(axis='y', labelsize=12.5)
ax.set_ylim(0, 0.25)
ax.set_title('Rmse Scores of Models without Blended_Predictions', size=20)

fig.show()
```

[실행 결과]

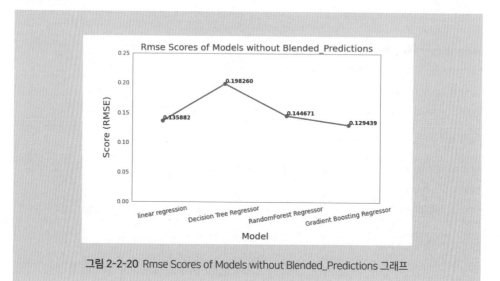

그림 2-2-20 Rmse Scores of Models without Blended_Predictions 그래프

이제 4개의 모형을 만들어 결괏값을 출력하는데, 가중치를 모형에 따라 줄 수 있습니다. 이러한 기법을 Blending이라고 표현합니다. 모형이 많아지면 많아질수록 이러한 가중치의 숫자는 변경이 가능합니다. 실제로 RMSE를 계산해 보면 성능이 더욱더 개선된 것을 확인할 수 있습니다.

```python
lr_model_fit=lr_model.fit(X, y)
tree_model_fit=tree_model.fit(X, y)
rf_model_fit=rf_model.fit(X, y)
gbr_model_fit=gbr_model.fit(X, y)

def blended_learning_predictions(X):
  blended_score=(0.3*lr_model_fit.predict(X))+\
  (0.1*tree_model_fit.predict(X))+\
  (0.3*gbr_model_fit.predict(X))+\
  (0.3* rf_model_fit.predict(X))
return blended_score
```

```python
blended_score=rmsle(y, blended_learning_predictions(X))
rmse_scores['blended']=(blended_score, 0)
print('RMSLE score on train data:')
print(blended_score)
```

[실행 결과]

```
RMSLE score on train data:
0.062751010791447864
```

```python
fig, ax=plt.subplots(figsize=(10, 6))

ax=sns.pointplot(x=list(rmse_scores.keys()), y=[score for score, _ in rmse_scores.values()], markers=['o'], linestyles=['-'], ax=ax)
```

```
for i, score in enumerate(rmse_scores.values()):
    ax.text(i, score[0]+0.002, '{:.6f}'.format(score[0]), horizontalalignment
='left', size='large', color='black', weight='semibold')

ax.set_ylabel('Score (RMSE)', size=20, labelpad=12.5)
ax.set_xlabel('Model', size=20, labelpad=12.5)
ax.tick_params(axis='x', labelsize=13.5, rotation=10)
ax.tick_params(axis='y', labelsize=12.5)
ax.set_ylim(0, 0.25)

ax.set_title('Rmse Scores of Models with Blended_Predictions', size=20)

fig.show()
```

[실행 결과]

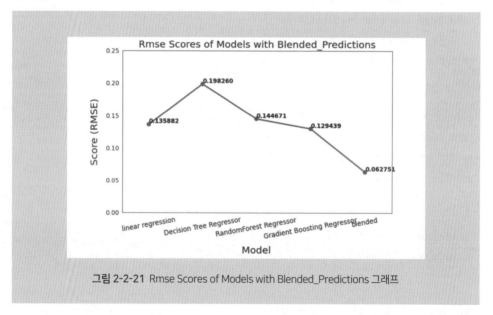

그림 2-2-21 Rmse Scores of Models with Blended_Predictions 그래프

최종 파일로 다시 만들어 제출한 뒤 기존 Score(0.13961)보다 향상된 0.12995로 약 0.01
이 개선된 것을 확인할 수 있습니다. 실제 캐글 대회에서는 0.01의 수치는 매우 큰 향

상을 보인 것입니다. 필자는 등수가 약 1,000등 가까이 올라, 현재는 1,210등(2021년 1월 30일 기준, 4,645팀 중에서)을 기록한 것을 확인했습니다. 그러나 모형의 성능을 더 올리려면 다시 피처 엔지니어링뿐만 아니라 모형 추가 등의 기법을 적용해 모형의 성능을 업그레이드할 수 있습니다.

```
submission.iloc[:, 1]=np.floor(np.expm1(blended_predictions(X_test)))
submission.to_csv("The_second_regression.csv", index=False)
```

[실행 결과]

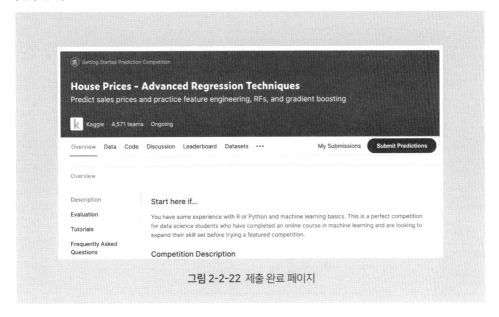

그림 2-2-22 제출 완료 페이지

Chapter

03

진짜 재난 뉴스
판별기 만들기

지도 학습의 또 다른 기법인 분류(Classification)는 실제 비즈니스에서 매우 자주 사용되는 머신러닝 알고리즘의 하나입니다. 주어진 데이터를 기반으로 새로운 범주형 클래스를 예측하는 기법입니다. 분류 문제는 실제 비즈니스에서 자주 사용되는 기법입니다.

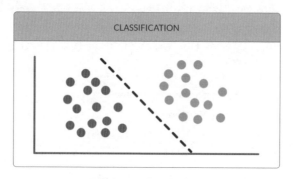

그림 2-3-1 Classification

예를 들면 고객의 이탈 유무 판별, 신용 카드 연체 유무 판별, 스팸 이메일 감지, 암 진단 유무 등 다양한 곳에서 활용이 가능합니다. 분류의 종류에는 이진 분류(Binary Classification) 외에도 다중 분류(Multiclass Classification)가 존재합니다. 다중 분류의 가장 대표적인 예는 IRIS 데이터의 종 분류입니다.

272   **Part II.** Kaggle Basic

분류와 관련된 최신 경진 대회의 경향은 주로 딥러닝 알고리즘을 활용한 이미지 분류가 주를 이룹니다. 그러나 실제 마케터들이나 인문대생들, 비전공자들이 주로 접하는 데이터는 오히려 텍스트 위주의 데이터가 많습니다. 쇼핑몰에서 고객의 댓글을 분석하는 마케터분들은 대부분 인문계열 학생이 많습니다. 실제로 필자가 강의하면서도 전자 공학이나 컴퓨터 공학 계열의 수강생들은 주로 Computer Vision 등을 주로 선호하고, 인문계 학생들은 주로 자연어 처리 특히 텍스트 마이닝 쪽에 관심이 더 많은 것을 느낍니다. 따라서 본 Chapter에서는 캐글의 여러 데이터 중 트위터 뉴스를 활용한 진짜 재난 뉴스 판별기를 만들어 가는 과정 및 평가 메트릭에 대해 공부하는 시간을 가집니다.

본격적으로 먼저 자연어 처리(NLP: National Language Processing)와 텍스트 분석(Text Analytics)의 차이점에 대해서 간단히 비교 설명하자면, 자연어 처리는 주로 기계 번역, 질문에 대해 곧바로 답하는 Q&A 시스템 등 텍스트를 활용한 기술이라고 볼 수 있습니다. 텍스트 분석은 텍스트에서 의미 있는 정보를 추출하는 것에 더욱더 중점을 둡니다. 텍스트 분석의 대표적인 예로는 워드 클라우드와 같은 부분입니다. 머신러닝은 텍스트 분석을 더욱더 발전시키도록 도와주는 매우 훌륭한 도구입니다. 대표적으로 텍스트 분류, 감성 분석 등에 적용할 수 있는데, 진짜 재난 뉴스 판별기도 일종의 감성 분석과 비슷한 형태로 분석 절차가 이뤄집니다.

3.1 텍스트 분석 수행 과정

텍스트 분석을 할 때 공통으로 수행해야 하는 과정이 있습니다. 큰 틀에서는 기존 정형 데이터와 마찬가지로 데이터 불러오기-데이터 전처리-데이터 시각화-머신러닝 학습/예측/평가 형태로 진행합니다. 그런데 피처 엔지니어링하는 과정에서는 기존의 정형 데이터와는 다른 형태로 진행합니다. 조금 더 구체적으로 살펴봅니다.

- 첫 번째, 텍스트 데이터를 불러옵니다. 일반적으로는 웹 크롤링을 통한 댓글 또는 리뷰 데이터를 수집합니다. 이외에는 PDF 등에서 데이터를 추출합니다.
- 두 번째, 텍스트 전처리를 수행합니다. 공통적으로는 정규 표현식을 활용한 특수 문자 삭제, 대소문자 변경, 의미 없는 단어 제거, 어근 추출 등의 작업을 수행합니다.
- 세 번째, 머신러닝 수행 시 독립 변수로 활용하려면 문자를 숫자로 변환해야 합니다. 이때는 크게 Count 기반과 TF-IDF 기반의 벡터화가 있습니다.
- 네 번째, 숫자로 변환된 독립 변수를 ML 모델에 적용해 학습/예측/평가의 일반적인 절차를 수행합니다. 본 Chapter에서는 분류 모형의 평가 지표에 대해 더욱 상세하게 다룰 예정입니다.

이번 Chapter에서는 "Natural Language Processing with Disaster Tweets" 데이터를 활용해 실습합니다. 캐글 홈페이지에서 다음 대회를 검색한 후 참여 버튼을 클릭합니다.

- https://www.kaggle.com/c/nlp-getting-started

그림 2-3-2 NLP 기반 재난 뉴스 판별 대회

3.2 Kaggle 데이터 불러오기

캐글 API를 활용해 먼저 데이터를 다운로드해 불러옵니다. 앞서 주택 가격에서 API에 관해 설명해 본 Chapter에서는 생략합니다. 다음 명령어를 입력해서 받습니다.

```
!kaggle competitions download-c nlp-getting-started
```

[실행 결과]

```
Warning: Looks like you're using an outdated API Version, please consider
updating (server 1.5.10/client 1.5.4)
Downloading sample_submission.csv to /content
  0% 0.00/22.2k [00:00<?, ?B/s]
100% 22.2k/22.2k [00:00<00:00, 8.37MB/s]
Downloading train.csv to /content
  0% 0.00/965k [00:00<?, ?B/s]
100% 965k/965k [00:00<00:00, 31.3MB/s]
Downloading test.csv to /content
  0% 0.00/411k [00:00<?, ?B/s]
100% 411k/411k [00:00<00:00, 136MB/s]
```

먼저 불러온 데이터의 크기를 확인합니다.

```
import os
DATA_PATH="./"
for file in os.listdir(DATA_PATH):
  if 'csv' in file and 'zip' not in file:
    print(file.ljust(30)+str(round(os.path.getsize(file)/1000000, 2))+'MB')
```

```
train.csv                      0.99MB
test.csv                       0.42MB
sample_submission.csv          0.02MB
```

지금은 입문용 대회의 데이터를 활용하지만, 실제 대회에서는 GB 단위의 데이터를 자주 접합니다. 이때 위 코드를 사용해 전체 데이터의 크기를 확인하는 데 사용할 수 있습니다. 이번에는 데이터를 불러와서 데이터를 확인합니다.

```python
import pandas as pd
train=pd.read_csv('train.csv')
test=pd.read_csv('test.csv')
train.head()
```

[실행 결과]

	id	keyword	location	text	target
0	1	NaN	NaN	Our Deeds are the Reason of this #earthquake M...	1
1	4	NaN	NaN	Forest fire near La Ronge Sask. Canada	1
2	5	NaN	NaN	All residents asked to 'shelter in place' are ...	1
3	6	NaN	NaN	13,000 people receive #wildfires evacuation or...	1
4	7	NaN	NaN	Just got sent this photo from Ruby #Alaska as ...	1

그림 2-3-3 Train 데이터 확인

데이터는 "id", "keyword", "location", "text", "target" 등 총 5개 변수로 이루어집니다. id 는 각 트위터 데이터의 식별자로 볼 수 있습니다. keyword는 해당 트윗의 특정 키워드 를 말합니다. location은 트위터가 작성된 장소, text는 실제 트윗의 메시지입니다. 마지막 target은 트위터가 실제로 재난이라면 1을 표시하고, 가짜라면 0이라고 표시합니다.

그런데 주택 가격과 마찬가지로 Train, Test 데이터를 확인하면, Test 데이터에 target 변수명이 없는 것을 확인할 수 있습니다.

```
print(test.info())
```

[실행 결과]

```
<class 'pandas.core.frame.DataFrame'>
RangeIndex: 3263 entries, 0 to 3262
Data columns(total 4 columns):
 #   Column    Non-Null Count  Dtype
---  ------    --------------  -----
 0   id        3263 non-null   int64
 1   keyword   3237 non-null   object
 2   location  2158 non-null   object
 3   text      3263 non-null   object
dtypes: int64(1), object(3)
memory usage: 102.1+ KB
```

3.3 탐색적 자료 분석

수치를 예측하는 회귀 문제와 달리 범주를 예측하는 분류 문제에서 가장 중요한 것은 종속 변수를 시각화해 분포를 확인하는 것입니다. 종속 변수를 시각화해 진짜 재난 뉴스와 가짜 뉴스의 분포를 확인합니다.

```
import matplotlib.pyplot as plt
import seaborn as sns
```

```
news_class=train['target'].value_counts()
labels=['Non-Disaster', 'Disaster']

fig, ax=plt.subplots(figsize=(10, 6))
ax.bar(labels, news_class, color=['green', 'orange'])

fig.show()
```

[실행 결과]

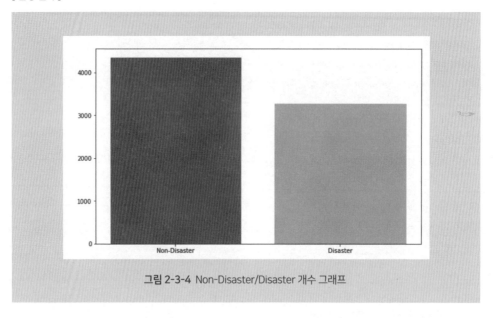

그림 2-3-4 Non-Disaster/Disaster 개수 그래프

Non Disaster의 개수는 4,342개이고, Real Disaster의 개수는 3,271개로 Non-Disaster의 개수가 더 많은 것을 확인할 수 있습니다. 보통 분류 문제의 종속 변수는 [그림 2-3-4]와 같이 데이터의 개수가 불균형할 때가 많습니다. 평가 지표에서 구체적으로 비대칭 데이터(Imbalanced Data)에 대해 자세히 다루겠지만, 분류 문제에서의 핵심은 이러한 비대칭 데이터를 어떻게 샘플링해 학습시킬 것인지가 가장 핵심이므로, 시각화를 통해 가장 먼저 확인해야 한다는 것을 꼭 기억해야 합니다.

이번에는 독립 변수로 활용할 트윗 데이터를 시각화합니다. Disaster일 때의 트윗의 길이와 Non Disaster일 때의 트윗의 길이의 분포를 시각화합니다.

```
disaster_tweet_len=train[train['target']== 1]['text'].str.len()
non_disaster_tweet_len=train[train['target']== 0]['text'].str.len()

fig, ax=plt.subplots(1, 2, figsize=(12, 6))
ax[0].hist(disaster_tweet_len, color='green')
ax[0].set_title("Disaster Tweet Length")

ax[1].hist(non_disaster_tweet_len, color='orange')
ax[1].set_title("Non Disaster Tweet Length")

fig.suptitle('All words in Tweets')
plt.show()
```

[실행 결과]

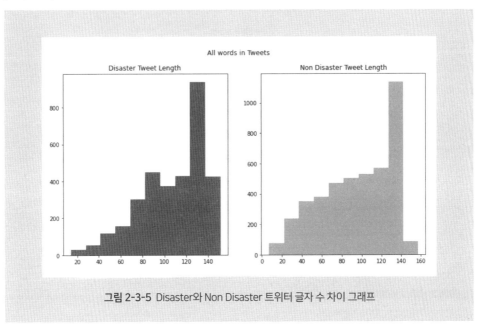

그림 2-3-5 Disaster와 Non Disaster 트위터 글자 수 차이 그래프

두 개의 그래프 모두 비슷한 분포를 보입니다. 그런데 특이한 것이라면 길이가 140 이후에 Non Disaster는 급격하게 떨어지는 특성이 있습니다. 양 그래프의 글자 수를 박스 플롯을 통해 비교합니다. 박스 플롯 그래프에서 파라미터 showmeans는 평균값을 그래프에 표시하도록 지정하면, 세모 모양을 그래프에서 확인할 수 있습니다. 이제 그래프를 그려 봅니다.

```python
fig, ax=plt.subplots(1, 2, figsize=(12, 6))
ax[0].boxplot(disaster_tweet_len, labels=['counts'], showmeans=True)
ax[0].set_title("Disaster Tweet Length")
ax[1].boxplot(non_disaster_tweet_len, labels=['counts'], showmeans=True)
ax[1].set_title("Non Disaster Tweet Length")
fig.suptitle('All words in Tweets')
plt.show()
```

[실행 결과]

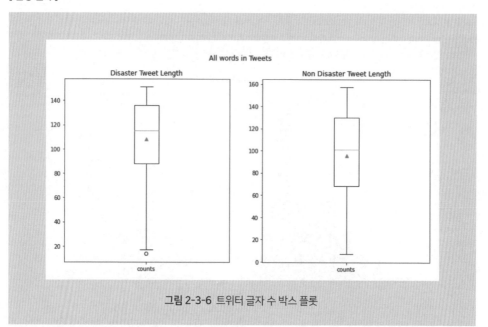

그림 2-3-6 트위터 글자 수 박스 플롯

두 데이터 모두 중간값보다는 작은 값을 나타내는 것을 확인할 수 있습니다. 전반적으로 보면 Disaster 트윗 문장의 길이가 Non Disaster 트윗의 글자 수보다는 많은 것을 확인할 수 있습니다. 또한 이상치 데이터도 확인되는 것을 알 수 있습니다. NumPy 모듈을 활용해 여러 가지 통계 값을 구할 수 있습니다.

```python
import numpy as np
disaster_tweet_len=train[train['target']== 1]['text'].str.len()
non_disaster_tweet_len=train[train['target']== 0]['text'].str.len()

print("Max Length of Disaster Tweet: {}".format(np.max(disaster_tweet_len)))
print("Min Length of Disaster Tweet: {}".format(np.min(disaster_tweet_len)))
print("Mean Length of Disaster Tweet: {:.2f}".format(np.mean(disaster_tweet_
len)))
print("Median Length of Disaster Tweet: {}".format(np.median(disaster_tweet_
len)))

print("Max Length of Non Disaster Tweet: {}".format(np.max(non_disaster_tweet_
len)))
print("Min Length of Non Disaster Tweet: {}".format(np.min(non_disaster_tweet_
len)))
print("Mean Length of Non Disaster Tweet: {:.2f}".format(np.mean(non_disaster_
tweet_len)))
print("Median Length of Non Disaster Tweet: {}".format(np.median(non_disaster_
tweet_len)))
```

[실행 결과]

```
Max Length of Disaster Tweet: 151
Min Length of Disaster Tweet: 14
Mean Length of Disaster Tweet: 108.11
Median Length of Disaster Tweet: 115.0
Max Length of Non Disaster Tweet: 157
Min Length of Non Disaster Tweet: 7
```

```
Mean Length of Non Disaster Tweet: 95.71
Median Length of Non Disaster Tweet: 101.0
```

이번에는 워드 클라우드를 통해서 주로 사용된 데이터의 빈도수를 확인합니다. 워드
클라우드는 빈도수를 기반으로 설정되는데, 매우 직관적으로 독자들에게 어필됩니다.
실제 두 개의 트윗이 어떻게 차이가 나는지 직관적으로 확인합니다. STOPWORDS 모
듈은 자주 사용되는 영어의 불용어를 처리하도록 도와주는 모듈입니다.

```python
from wordcloud import WordCloud, STOPWORDS

disaster_tweet_keywords=dict(train[train['target']== 1]['keyword'].value_
counts())
non_disaster_tweet_keywords=dict(train[train['target']== 0]['keyword'].value_
counts())

stopwords=set(STOPWORDS)
disaster_wordcloud=WordCloud(stopwords=stopwords, width=800, height=400,
background_color="white").\
generate_from_frequencies(disaster_tweet_keywords)
non_disaster_wordcloud=WordCloud(stopwords=stopwords, width=800, height=400,
background_color="white").\
generate_from_frequencies(non_disaster_tweet_keywords)

fig, ax=plt.subplots(1, 2, figsize=(16, 10))
ax[0].imshow(disaster_wordcloud, interpolation='bilinear')
ax[0].axis('off')
ax[0].set_title("Disaster Tweet")
ax[1].imshow(non_disaster_wordcloud, interpolation='bilinear')
ax[1].axis('off')
ax[1].set_title("Non Disaster Tweet")
fig.show()
```

그림 2-3-7 Disaster/Non-Disaster 트위터 워드 클라우드

먼저 Disaster 트윗은 Typhoon(태풍), Wreckage(난파), Outbreak(어떤 사건의 발생), Derailment(탈선) 등처럼 명사 하나로도 충분하게 설명되는 것이 진짜 재난 뉴스라면, Non Disaster 트윗은 명사보다는 주로 형용사나 동사가 주로 사용되는 것을 확인할 수 있습니다. 여러 문장에 나온 단어의 빈도수를 확인해 직관적으로 시각화하도록 도와주는 워드 클라우드를 통해서 진짜 재난 뉴스와 가짜 재난 뉴스의 차이점을 확인할 수 있습니다.

3.4 피처 엔지니어링

일반적인 정형 데이터와 달리 텍스트를 대상으로 한 피처 엔지니어링은 조금 다릅니다. 수치형 데이터가 나오지 않을 뿐만 아니라 일반적인 정형 데이터에서 나오는 범주형 데이터와도 다릅니다. 텍스트만을 대상으로 해서 사전에 손질해야 할 전처리 작업이 많습니다. 실제 텍스트 데이터는 어떻게 전처리하는지 확인합니다.

결측치 확인

시각화를 통해서 텍스트 데이터를 확인한 후 데이터 전처리를 진행합니다. 먼저 결측치가 있는지부터 확인합니다.

```python
import pandas as pd
def check_na(data):
  isnull_na=(data.isnull().sum()/len(data))*100
  data_na=isnull_na.drop(isnull_na[isnull_na=0].index).sort_values(ascending=
False)
  missing_data=pd.DataFrame({'Missing Ratio': data_na,
                             'Data Type': data.dtypes[data_na.index]})
  print("결측치 데이터 칼럼과 건수:\n", missing_data)

check_na(train)
check_na(test)
```

[실행 결과]

```
결측치 데이터 칼럼과 건수:
          Missing Ratio  Data Type
location      33.272035     object
keyword        0.801261     object
결측치 데이터 칼럼과 건수:
          Missing Ratio  Data Type
location      33.864542     object
keyword        0.796813     object
```

다행히도 독립 변수로 활용할 text 변수에는 결측치가 없음을 확인할 수 있습니다. 나머지 변수는 모두 제거합니다. test_id만 따로 추출해 저장합니다. 마지막 제출할 때 재사용합니다.

```
test_id=test['id']
for datas in [train, test]:
  datas=datas.drop(['id', 'keyword', 'location'], axis=1, inplace=True)


train.shape, test.shape
```

[실행 결과]

```
((7613, 2), (3263, 1))
```

3.4.2 텍스트 전처리 함수 만들기

실무에 종사하는 분들이 아니라면 텍스트 데이터를 얻는 가장 흔하면서 좋은 방법은 댓글이나 뉴스 기사를 웹 크롤링하는 것입니다. 그런데 댓글에는 이모티콘도 제거해야 하고, #과 같은 태그도 제거해야 합니다. 이러한 것을 한꺼번에 처리하는 전처리 함수를 만들어 적용합니다. 텍스트 전처리 함수의 내부 구성은 다음과 같습니다.

-   먼저 URL에 해당하는 문자들을 삭제합니다.

-   그리고 html 태그에 해당하는 문자들을 삭제합니다.

-   이모티콘들을 삭제합니다.

-   영어가 아닌 특수 문자를 공백으로 바꿉니다.

-   구두점과 같은 기호들을 삭제합니다.

-   영어의 경우 대소문자가 존재하는데, 대문자를 소문자로 변환합니다.

-   마지막으로 불용어를 제거합니다.

이 함수는 기본 공통으로 사용할 수 있습니다. 기본 전처리 함수를 기반으로 더 다양한 부분을 채워 넣을 수 있습니다. 캐글의 다른 노트북을 확인해 보면, 약어를 변환해 정리하기도 합니다. 예를 들면 okwx를 Oklahoma City Weather로 변환합니다. 보충 설명을 하자면 텍스트 마이닝은 텍스트 전처리 함수에 얼마나 정성을 들이느냐에 따라 성능이 좌우될 만큼 매우 중요한 부분이라, 본 책에 나온 내용 외에도 캐글의 다른 노트북을 확인해 조금씩 추가하는 것을 추천합니다. 이제 본격적으로 전처리 함수를 만들고 하나씩 설명합니다.

```python
import string
import re
from nltk.corpus import stopwords
import nltk
nltk.download('stopwords')

def data_cleansing(text, remove_stopwords=False):
  #remove url
  url=re.compile(r'https?: //\S+|www\.\S+')
  cleaned_text=url.sub(r'', text)

  #remove html
  html=re.compile(r'<.*?>')
  cleaned_text=html.sub(r'', cleaned_text)

  #remove emoji
  emoji_pattern=re.compile("["
                           u"\U0001F600-\U0001F64F"  #emoticons
                           u"\U0001F300-\U0001F5FF"  #symbols & pictographs
                           u"\U0001F680-\U0001F6FF"  #transport & map symbols
                           u"\U0001F1E0-\U0001F1FF"  #flags (iOS)
                           u"\U00002702-\U000027B0"
                           u"\U000024C2-\U0001F251"
                           "]+", flags=re.UNICODE)

  cleaned_text=emoji_pattern.sub(r'', cleaned_text)

  #Special Letters to empty space
  cleaned_text=re.sub("[^a-zA-Z]","", cleaned_text)
```

```
#Remove Punctuation
table=str.maketrans('', '', string.punctuation)
cleaned_text=cleaned_text.translate(table)

#Lowercase
cleaned_text=cleaned_text.lower().split()

if remove_stopwords:
    stops=set(stopwords.words("english"))
    cleaned_text=[word for word in cleaned_text if not word in stops]
    clean_review=' '.join(cleaned_text)
else:
    clean_review=' '.join(cleaned_text)

return clean_review

clean_train_reviews=[]
for datas in [train, test]:
    datas['cleaned_text']=datas['text'].apply(lambdax: data_cleansing(x, remove_
stopwords=True))

train.head(5)
```

[실행 결과]

```
[nltk_data] Downloading package stopwords to /root/nltk_data…
[nltk_data]   Unzipping corpora/stopwords.zip.
```

	text	target	cleaned_text
0	Our Deeds are the Reason of this #earthquake M...	1	deeds reason earthquake may allah forgive us
1	Forest fire near La Ronge Sask. Canada	1	forest fire near la ronge sask canada
2	All residents asked to 'shelter in place' are ...	1	residents asked shelter place notified officer...
3	13,000 people receive #wildfires evacuation or...	1	people receive wildfires evacuation orders cal...
4	Just got sent this photo from Ruby #Alaska as ...	1	got sent photo ruby alaska smoke wildfires pou...

그림 2-3-8 데이터 전처리된 Train 데이터

텍스트 마이닝을 하려면 텍스트 정보를 단위별로 나누는 것이 매우 일반적인 절차입니다. 이를 Tokenize라고 부릅니다. 한 문장을 단어 단위로 쪼개서 분석하는 방법으로, 이때 파이썬에서 활용하는 대표적인 영어 라이브러리로는 NLTK(Natural Language Toolkit)와 Spacy가 가장 많이 활용됩니다. NLTK에는 다양한 모듈이 있지만, 본 Chapter에서는 영어 불용어를 추가할 때만 사용합니다. 그러나 실제 텍스트 마이닝을 본격적으로 공부할 때는 필수로 NLTK의 다양한 모듈을 사용하니 사이트에서 직접 확인하기를 바랍니다.

- https://www.nltk.org/

이때 라이브러리를 불러온 것만으로는 바로 사용할 수 없습니다. NLTK에는 다양한 말뭉치(Corpus)가 존재해 연동해야 합니다. 이때 nltk.download('stopwords')를 실행하면 영어 불용어를 다운로드 받을 수 있습니다.

re

먼저 정규 표현식(Regular Expression)과 관련한 모듈 re에 대해 배워 봅니다. 파이썬을 설치하면 같이 자동으로 설치되는 내장 라이브러리로, re를 활용해 문자열을 쉽게 다루도록 도와줍니다. 정규 표현식을 작성할 때는 특별한 의미를 가진 문자나 기호를 사용합니다. 간단한 표를 통해서 의미를 파악합니다. 표는 기본적인 참고용이며, 실전에서는 직접 하나씩 짜 보는 것을 권유합니다.

^	문자열의 시작
$	문자열의 끝
*	문자열의 반복(0회 이상)
+	문자열의 반복(1회 이상)
[a-zA-Z]	알파벳 모두
[0-9]	숫자
[abc]	a, b, c 중 한 개의 문자와 일치

표 2-3-1 정규 표현식 기호

자세한 내용은 파이썬의 문서로 확인하기를 바랍니다.

- Regular Expression HOWTO (URL: https://docs.python.org/3/howto/regex.html)

이번에는 url을 제거하는 부분은 정규 표현식을 활용해 http가 포함된 문자열을 찾습니다. 그다음 해당되는 문자열을 re.sub 메소드를 활용해 공백으로 만들면 제거할 수 있습니다. 간단한 예시를 보면 다음과 같습니다.

```python
import re
def remove_url(text):
  url=re.compile(r'https?://\S+|www\.\S+')
  return url.sub(r'', text)

sample_text="새로운 캐글 대회가 열렸습니다. 주소: https://www.kaggle.com/c/nlp-getting-started"
remove_url(sample_text)
```

[실행 결과]

새로운 캐글 대회가 열렸습니다. 주소:

그다음은 html 태그를 제거하는 부분입니다. 웹에서 데이터를 수집할 때는 필연적으로 태그를 수집할 때가 많습니다. 함수를 사용하는 방법은 기존과 마찬가지이며, 이때도 정규 표현식을 사용합니다. 여기에서 잠깐 정규 표현식에 대해 서술하자면, 문자열에 나타나는 특정한 규칙이 있는 문자열의 집합을 표현하는 데 사용하는 언어라고 정의할 수 있습니다. 즉 일정한 표현식에 따라서 정규 표현식을 작성할 수 있고, 이를 활용해 특정 문자열의 패턴을 찾아내서 제거하는 원리입니다.

```python
def remove_html(text):
  html=re.compile(r'<.*?>')
```

```
    return html.sub(r'', text)

sample_text ="""<div>
<h1>Real News or Fake News </h1>
<p>Kaggle Machine Learning </p>
</div>"""

print(remove_html(sample_text))
```

[실행 결과]

```
Real News or Fake News
Kaggle Machine Learning
```

온라인에서는 다양한 이모티콘을 굉장히 빈번히 사용합니다. 이모티콘이 들어간 텍스트들을 제거하는 함수를 만들어 사용합니다. 본 Chapter에서는 가장 기본적인 이모티콘만 제거하는 함수를 작성하고, 한자어를 삭제하는 등 업데이트 버전을 원한다면, 다음 링크에서 확인하기를 바랍니다.

- Reference: https://gist.github.com/slowkow/7a7f61f495e3dbb7e3d767f97bd7304b

```
def remove_emoji(text):
  emoji_pattern=re.compile("["
                      u"\U0001F600-\U0001F64F"  #emoticons
                      u"\U0001F300-\U0001F5FF"  #symbols & pictographs
                      u"\U0001F680-\U0001F6FF"  #transport & map symbols
                      u"\U0001F1E0-\U0001F1FF"  #flags (iOS)
                      u"\U00002702-\U000027B0"
                      u"\U000024C2-\U0001F251"
                      "]+", flags=re.UNICODE)
  return emoji_pattern.sub(r'', text)
```

```
remove_emoji("Hello, 🤗")
```

[실행 결과]

```
'Hello, '
```

영어가 아닌 특수 문자를 공백으로 바꿉니다. 이때도 마찬가지로 정규 표현식을 적용해 특수 문자들을 제거합니다. 특히 트위터에서는 '#'이 빈번하게 사용되어 해당 함수가 실제로 '#'을 제거하는지도 확인합니다.

```
def remove_punct(text):
  return re.sub("[^a-zA-Z]","", text)

sample_text="Hello!, Can I have one question?.., Is it #Outbreak?"
remove_punct(sample_text)
```

[실행 결과]

```
Hello   Can I have one question    Is it Outbreak
```

이제 불용어를 추가합니다. 이번에는 NLTK의 불용어에 대해 구체적으로 알아봅니다.

```
import nltk
nltk.download('stopwords')
from nltk.corpus import stopwords

print("Total Length of stopwords:", len(stopwords.words('english')))
print(stopwords.words('english')[:10])
```

[실행 결과]

```
[nltk_data] Downloading package stopwords to /root/nltk_data…
```

```
[nltk_data]   Package stopwords is already up-to-date!
Total Length of stopwords: 179
['i', 'me', 'my', 'myself', 'we', 'our', 'ours', 'ourselves', 'you',"you're"]
```

위와 같이 전체적인 불용어는 179개가 있고, 대표적으로는 i, me와 같은 언어가 있는 것을 볼 수 있습니다. 만약 대문자가 있다면 적용이 안 될 수도 있어 모든 영어 문자를 소문자로 바꾸는 과정을 거칩니다. 위와 같은 전처리가 끝난다면 반복문을 활용해 모든 데이터에 적용합니다. 이제 모델링에 들어가기에 앞서 특징 추출에 대해 배워 봅니다.

3.4.3 Scikit-Learn 라이브러리를 활용한 특징 추출

텍스트 마이닝에서 가장 기본인 특징 추출에 대해 알아보는 시간을 가집니다. 텍스트 마이닝에서 가장 어렵고 중요한 부분의 하나가 단어나 문장들을 개별적인 값으로 바꾸는 것입니다. 머신러닝의 독립 변수로 활용하려면 수치화하는 작업이 필요합니다. Scikit-Learn에는 크게 2가지 방법론이 있습니다. 두 가지 방법은 CountVectorizer, TfidfVectorizer 등이며, 모두 텍스트 데이터를 수치형으로 변환합니다. 그중에서 가장 일반적으로 사용하는 기법이 TfidfVectorizer입니다. 최근 자연어 처리에 대한 관심도가 많아지면서 몇몇 책에서 자세히 다루기는 하지만, 본 Chapter에서는 간단하게 개념만 짚고 넘어갑니다.

CountVectorizer

먼저 CountVectorizer는 각각의 텍스트 데이터를 분할해 단순하게 몇 번 나왔는지 숫자를 세는 개념입니다. Scikit-Learn에서는 이러한 단어의 빈도를 Vector로 만들어 주는 CountVectorizer 클래스를 지원하는데 간단한 예제로 확인합니다. 먼저 하나의 말뭉치를 의미하는 Corpus에 영어 문장 1개를 저장합니다. CountVectorizer 클래스의 객체를 생성한 뒤 이를 변환합니다.

```
from sklearn.feature_extraction.text import CountVectorizer
corpus=['As you know, I want to be with you']
vector=CountVectorizer()
print(vector.fit_transform(corpus).toarray())
print(vector.vocabulary_)
```

[실행 결과]

```
[[1 1 1 1 1 2]]
{'as': 0, 'you': 6, 'know': 2, 'want': 4, 'to': 3, 'be': 1, 'with': 5}
```

예제 문장을 보면 you 인덱스의 위치는 6에 위치하는 것을 알 수 있습니다. 그런데 array로 변환한 값을 보면 숫자 2가 기록되는데, 이는 you가 두 번 나타난다는 의미입니다. 이번에는 문장을 하나 더 추가해 봅니다.

```
from sklearn.feature_extraction.text import CountVectorizer
corpus=['As you know, I want to be with you',
        'Thank you, but I cannot be with you']
vector=CountVectorizer()
print(vector.fit_transform(corpus).toarray())
print(vector.vocabulary_)
```

[실행 결과]

```
[[1 1 0 0 1 0 1 1 1 2]
 [0 1 1 1 0 1 0 0 1 2]]
{'as': 0, 'you': 9, 'know': 4, 'want': 7, 'to': 6, 'be': 1, 'with': 8, 'thank':
5, 'but': 2, 'cannot': 3}
```

이번에는 0 값이 기록되는 것을 확인할 수 있고, array 결괏값의 길이도 더 길어진 것을 확인할 수 있습니다. 또한 you의 위치도 6에서 9로 달라진 것을 확인할 수 있습니다. 딕셔너리에 있는 값이 일종의 사전이라고 정의한다면, 정의된 사전에 맞춰 각 단어가 출현하는 것을 개수로 표현하는 것이 CountVectorizer의 특징이라고 볼 수 있습니다. 그런데 한 가지 문제는 단순히 횟수만을 특징으로 잡아, 만약 불용어 전처리가 잘되지 않으면 I, You, To 등이 가장 중요한 단어로 인식될 수 있습니다. 이러한 문제점을 보완하도록 나온 기법이 TF-IDF 방식입니다.

TfidfVectorizer

TfidfVectorizer는 TF-IDF는 Term Frequency-Inverse Document Frequency의 약자로, 단어의 빈도와 역 문서(문장) 빈도를 사용해 문서(문장) 내의 각 단어마다 가중치를 부여하는 것을 말합니다. 쉽게 풀어서 설명하자면 TF(Term Frequency)는 특정 단어가 하나의 데이터 안에서 등장하는 횟수를 말합니다. DF(Document Frequency)는 문서의 빈도 값을 말하며, 특정 단어가 여러 문서에 얼마나 자주 등장하는지를 알려 주는 지표입니다. IDF는 역수를 취해서 구하는데, 이것이 의미하는 바는 특정 단어가 다른 문서에 등장하지 않을수록 중요도가 커진다는 의미입니다. 간단한 예를 들면 I, You, To와 같은 단어들은 10개면 10개의 문장에 나타날 수 있습니다. 그런데 중요한 의미를 담는 명사나 동사는 자주 등장하지 않아 명사와 동사의 중요도를 높이는 방법이라고 생각하도록 합니다. 실제 코드를 통해서 개념을 조금 더 분명하게 이해합니다.

```
from sklearn.feature_extraction.text import TfidfVectorizer
corpus=['Can I have lunch with you?',
        'No, I cannot have it with you.',
        'Because, I need to study later']
tfidfv=TfidfVectorizer().fit(corpus)
print(np.round(tfidfv.transform(corpus).toarray(), 2))
```

```
print(tfidfv.vocabulary_)
```

```
[[0.    0.52 0.    0.39 0.    0.    0.52 0.    0.    0.    0.39 0.39]
 [0.    0.    0.46 0.35 0.46 0.    0.    0.    0.46 0.    0.    0.35 0.35]
 [0.45 0.    0.    0.    0.    0.45 0.    0.45 0.    0.45 0.45 0.    0.   ]]
{'can': 1, 'have': 3, 'lunch': 6, 'with': 11, 'you': 12, 'no': 8, 'cannot': 2,
'it': 4, 'because': 0, 'need': 7, 'to': 10, 'study': 9, 'later': 5}
```

먼저 가장 높은 점수를 기록한 단어는 첫 번째 문장의 can과 lunch로 0.52를 기록합니다. 가장 낮은 점수를 기록한 것은 두 번째 문장의 have, with, you로 0.35를 기록하는데, 이는 첫 번째 문장에서도 나타나기 때문입니다. 이렇게 TF-IDF 값을 사용하면 단순 횟수를 이용하는 것보다 훨씬 더 Text 데이터의 특성을 반영해, 일반적으로는 TfidfVectorizer 클래스를 활용하는 것을 볼 수 있습니다. 그러나 TfidfVectorizer의 가장 큰 단점은 희소 행렬(Sparse Matrix)의 발생으로 인한 저장 공간 및 머신러닝 연산 학습 시의 메모리 낭비 등이 거론되기도 한다는 것입니다.

본 데이터에서는 TfidfVectorizer 클래스를 활용합니다. 최종 변환된 데이터를 x 객체로 저장합니다. 또한 종속 변수인 target을 y 값으로 저장합니다.

```
vectorizer=TfidfVectorizer(min_df=0.0, analyzer='char', sublinear_tf=True,
ngram_range=(1, 3), max_features=10000)
X=vectorizer.fit_transform(train['cleaned_text']).todense()
y=train['target'].values
print(X.shape)
print(y.shape)
```

```
(7613, 9444)
(7613,)
```

먼저 7613은 학습할 데이터의 숫자를 말합니다. 9444는 현재 데이터에 사용된 전체 단어의 개수를 의미합니다. 이제 본격적으로 모형을 학습합니다.

3.5 머신러닝 모형 학습 및 평가

본 Chapter에서는 모형보다는 분류 모형의 평가에 초점을 맞춰 설명합니다. 입문자분들에게 분류 모형의 평가는 다소 어렵게 느껴집니다. 따라서 더욱 간결하고 쉽게 설명하려고 모형에 대한 설명은 간략하게 넘어가고 분류 모형의 평가에 대해 조금 더 자세하게 설명하려고 합니다. 먼저 스코어 점수를 확인하는 과정을 진행합니다.

3.5.1 로지스틱 회귀 모델

머신러닝 알고리즘과 관련해 분류 모형에서 가장 많이 등장하는 초기 모델은 로지스틱 회귀 모델입니다. 로지스틱 회귀 모델은 선형 모델의 결괏값에 로지스틱 함수를 적용하면 0~1 사이의 값으로 변환합니다. 이때 기준값(또는 임계값)을 설정해 1에 가까우면 1, 0에 가까우면 0으로 예측합니다. Default 값은 0.5를 설정합니다.

이제 학습 데이터와 검증 데이터를 분류해 학습을 진행한 뒤 우선 평가 없이 결괏값을 제출하는 코드를 작성합니다.

3.5.2 머신러닝 모형 학습

먼저 모형을 학습하기에 앞서 데이터를 훈련 데이터와 검증 데이터로 분류합니다.

```
from sklearn.model_selection import train_test_split
X_train, X_valid, y_train, y_valid=train_test_split(X, y, test_size=0.3,
random_state=0)
X_train.shape, X_valid.shape, y_train.shape, y_valid.shape
```

[실행 결과]

```
((5329, 9444), (2284, 9444), (5329,), (2284,))
```

이번에는 로지스틱 회귀 모델을 적용해 모형을 학습합니다. 이때 class_weight = 'bal-anced'의 의미에 대해 간단히 설명하면, 통상적으로 분류 모형은 데이터가 비대칭을 이룹니다. 따라서 이러한 특성을 반영하도록 디자인하는 로지스틱 회귀 분석의 파라미터입니다. 또한 실행 결과에 다양한 파라미터가 출력됩니다. 파라미터들을 어떻게 공부해야 하는지는 Part III에서 다룹니다.

```
from sklearn.linear_model import LogisticRegression
lgs=LogisticRegression(class_weight='balanced')
lgs.fit(X_train, y_train)
```

[실행 결과]

```
LogisticRegression(C=1.0, class_weight='balanced', dual=False,
                   fit_intercept=True, intercept_scaling=1, l1_ratio=None,
                   max_iter=100, multi_class='auto', n_jobs=None, penalty='l2',
                   random_state=None, solver='lbfgs', tol=0.0001, verbose=0,
                   warm_start=False)
```

모형을 학습한 후에는 곧바로 테스트 데이터를 적용해 결괏값을 적용하고 Submission 파일을 만들기까지 일련의 코드를 작성합니다.

```
import numpy as np
from sklearn.feature_extraction.text import TfidfVectorizer

X_testset=vectorizer.transform(test['cleaned_text']).todense()
print("The Shape of Test Dataset:", X_testset.shape)

y_test_pred=lgs.predict(X_testset)
print("The Predict Value:", y_test_pred)
y_test_pred=np.where(y_test_pred≥0.5, 1, 0)
print("The Predict Class:", y_test_pred)

submission_file=pd.DataFrame({'id': test_id, 'target': y_test_pred})
print(submission_file.head())

submission_file.to_csv('submission_lgs_20210210.csv', index=False)
```

[실행 결과]

```
The Shape of Test Dataset: (3263, 9444)
The Predict Value: [1 0 1 … 1 1 1]
The Predict Class: [1 0 1 … 1 1 1]
   id  target
0  0      1

1  2      0
2  3      1
3  9      1
4  11     1
```

해당 파일을 다운로드 해 기존 Submission 파일에 적용하면 Score 점수를 곧바로 확인할 수 있습니다. Score 점수는 F1 Score를 의미하며, 0.78148로 나오는 것을 확인할 수 있습니다. 그런데 F1 Score란 무엇일까요? 또한 0.78148은 어떻게 해석해야 할까요? 분류 모형의 평가에 대해서 기술합니다.

그림 2-3-9 분류 모형의 평가

3.5.3 머신러닝 모형의 평가[14]

평가 지표(Evaluation Metric)는 일반적으로 예측하려는 모델이 분류냐 회귀냐에 따라 달라집니다. 앞 Chapter에서는 회귀 모형의 평가 지표에 대해 배웠습니다. 회귀 모형의 평가 지표는 예측값과 실젯값의 차이에 따른 오차 평균값에 기반하므로 상대적으로 이해하기는 어렵지 않습니다. 그런데 분류 평가 방법뿐만 아니라 실제 적용하는 부분도 상대적으로 어려워 실제 현업에 있는 현직자들도 어려워하는 부분입니다. 특히 본 대회의 평가 지표인 F1 스코어는 정밀도와 재현율을 결합한 지표로 입문자분들에게는 다소 어려울 수 있습니다. 우선 분류 모형의 기초적인 평가 지표들에 무엇이 있는지 확인합니다.

- 정확도(Accuracy)

- 정밀도(Precision)

- 재현율(Recall)

- F1 Score

- Area Under the ROC(Receiver Operating Characteristic) Curve or simply AUC

이외에도 Log Loss나 G-Mean과 같은 평가 지표도 있지만, 특수한 경우가 아니면 잘 사용하지 않아 여기에서는 다루지 않습니다. 그리고 정확도, 정밀도, 재현율의 기본 지

---

14 본 코드는 Approaching (Almost) Any Machine Learning Problem 교재를 참조했습니다.
https://github.com/abhishekkrthakur/approachingalmost

표는 Confusion Matrix라고 하는 혼동 행렬 또는 오차 행렬에서 계산됩니다(여기에서는 혼동 행렬이라고 부릅니다). 또한 분류는 클래스 값 종류의 유형에 따라 긍정/부정과 같은 2개의 결괏값만을 가지는 이진 분류와 3개 이상의 결정 클래스 값을 가지는 멀티 분류로 나뉩니다. 우선 혼동 행렬에 대해 배웁니다.

혼동 행렬

이진 분류에서 성능 지표로 활용되는 혼동 행렬도 실젯값과 예측값의 차이를 구분합니다. 다만 구분해야 하는 것이 하나가 아니라 둘이라 분류하는 데 어려움이 있습니다. 간단하게 예를 들면 암 진단을 분류한다면 양성과 음성 두 개의 범주가 존재합니다. 즉 실젯값도 양성과 음성 두 개가 존재하지만, 예측값도 양성과 음성 두 개가 존재합니다. 이를 혼동 행렬 표로 작성하면 다음과 같이 나타낼 수 있습니다.

		예측값 (Predicted Class)	
		음성 (Negative)	양성 (Positive)
실젯값 (Actual Class)	음성 (Negative)	TN (True Negative)	FP (False Positive)
	양성 (Positive)	FN (False Negative)	TP (True Positive)

표 2-3-2 혼동 행렬 표

혼동 행렬 표는 실젯값을 기준으로 양성과 음성으로 분류한 뒤 예측값을 양성과 음성으로 다시 분류합니다. 암 진단을 예로 들어 각각의 유형이 어떻게 나뉘는지 설명하면 다음과 같습니다.

- True Positive(TP): 예측 모형은 암이 양성이라고 진단했는데, 실제로도 양성인 경우

- True Negative(TN): 예측 모형은 암이 음성이라고 진단했는데, 실제로도 음성인 경우

- False Positive(FP): 예측 모형은 암이 양성이라고 진단했는데, 실제로는 음성인 경우

- False Negative(FN): 예측 모형은 암이 음성이라고 진단했는데, 실제로는 양성인 경우

이번에는 실제 사용자 정의 함수를 사용해 각각의 값을 구합니다.

```python
def true_positive(y_true, y_pred):
  tp=0
  for yt, yp in zip(y_true, y_pred):
    if yt=1 and yp=1:
      tp +=1
  return tp

def true_negative(y_true, y_pred):
  tn=0
  for yt, yp in zip(y_true, y_pred):
    if yt=0 and yp=0:
      tn +=1
  return tn

def false_positive(y_true, y_pred):
  fp=0
  for yt, yp in zip(y_true, y_pred):
    if yt=0 and yp=1:
      fp +=1
  return fp

def false_negative(y_true, y_pred):
  fn=0
  for yt, yp in zip(y_true, y_pred):
    if yt=1 and yp=0:
      fn +=1
```

```
return fn

y_true=[0, 1, 1, 1, 0, 0, 0, 1, 0, 1]
y_pred=[0, 0, 1, 0, 0, 0, 0, 1, 1, 0]

print("True Negative {}".format(true_negative(y_true, y_pred)))
print("False Positive {}".format(false_positive(y_true, y_pred)))
print("False Negative {}".format(false_negative(y_true, y_pred)))
print("True Positive {}".format(true_positive(y_true, y_pred)))
```

[실행 결과]

```
True Negative 4
False Positive 1
False Negative 3
True Positive 2
```

위 코드는 1은 양성을 의미하고, 0은 음성을 의미한다고 가정합니다. 실젯값이 1일 때
예측값이 1인 경우는 두 번뿐이고, 실젯값이 0일 때 예측값도 0인 경우는 네 번입니
다. 이와 같이 각 조건식에 따라 값을 하나씩 더해 혼동 행렬 표를 만들 수 있습니다.
Scikit-Learn 모듈은 오차 행렬을 더욱 쉽게 구하도록 confusion_matrix() API를 제공합
니다.

```
from sklearn.metrics import confusion_matrix
confusion_matrix(y_true, y_pred)
```

[실행 결과]

```
array([[4, 1],
       [3, 2]])
```

만약에 각각의 결괏값이 필요하다면 Tuple 형태로 결괏값을 저장할 수 있습니다.

```
tn, fp, fn, tp=confusion_matrix(y_true, y_pred).ravel()
tn, fp, fn, tp
```

```
(4, 1, 3, 2)
```

그런데 여기에서 코로나를 진단한다고 가정해 봅니다. 코로나 검사를 진단받을 때 가장 중요한 지표는 무엇일까요? 환자 입장에서 한번 생각해 봅니다. 확진자와 접촉 후 1차로 검사를 받습니다. 검사받을 때 음성이기를 기대합니다. 그런데 만약에 음성으로 진단받은 후 일상생활을 하다가 발열이 심화되어 재검사받을 때 양성으로 재진단받는다고 가정하면 어떻게 될까요? 차라리 양성으로 진단받아서 격리되는 것이 가족이나 주변 지인에게는 더 안전할 것입니다. 분류 모형에서 양성을 양성이라 예측하는 것과 음성을 음성이라 예측하는 것은 중요한 지표가 아닐 수도 있습니다(정확도). 만약 두 번의 검사를 할 수 있다면, 검사자 입장에서는 1차 검사에서 검사 수치가 애매하면 차라리 양성 판정으로 격리하는 것이 더 나을 수 있습니다. 즉 이때 코로나나 암 진단은 FN을 낮추는 것이 더 나은 지표일지도 모릅니다(재현율). 그런데 이번에는 스팸 메일을 분류한다고 가정합니다. 보통 스팸 메일이 매우 많아 일일이 다 확인할 수 없습니다. 이때는 차라리 1차로 내용상 애매하면 정상 메일로 분류하기보다 차라리 스팸 메일로 분류하는 것이 더 나을 수도 있습니다(정밀도). 이와 같이 어떤 문제를 해결할 것인지에 따라서 중요하게 봐야 하는 지표가 달라집니다. 이것이 분류 모형 평가 지표에서 어려운 부분입니다. 정확도와 재현율 그리고 정밀도에 대해 하나씩 설명합니다.

정확도

전체 데이터 수를 실젯값과 예측값이 동일한 개수로 나눈 비율을 말합니다. 공식은 다음과 같이 정의할 수 있습니다.

$$Accuracy = \frac{(TN + TP)}{(TN + FP + FN + TP)}$$

위 공식을 파이썬 코드로 구현하면 다음과 같습니다. 실제로 계산해 보면 TN은 4개, TP는 2개를 더하면 총 6개입니다. 전체 10을 기준으로 계산하면 정확도는 0.6을 나타냅니다.

```python
def accuracy_v2(y_true, y_pred):
  tp=true_positive(y_true, y_pred)
  tn=true_negative(y_true, y_pred)
  fp=false_positive(y_true, y_pred)
  fn=false_negative(y_true, y_pred)

  accuracy_score=(tp+tn)/(tp+tn+fp+fn)
  return accuracy_score

print(round(accuracy_v2(y_true, y_pred), 2))
```

[실행 결과]

```
0.6
```

정밀도(Precision)와 재현율(Recall)

정밀도와 재현율은 다음과 같은 공식으로 계산됩니다.

$$Precision = \frac{(TP)}{(FP + TP)} \qquad\qquad Recall = \frac{(TP)}{(FN + TP)}$$

공식에 대한 설명을 하기에 앞서 코로나 검사를 다시 한번 생각해 봅니다. 코로나 진단 분류기 A를 만들어 테스트를 진행 중인 업체가 있습니다. 테스트 결과는 다음과 같다고 가정합니다.

- 실제 음성을 음성으로 예측한 경우는 82명, 실제 음성을 양성으로 예측한 경우는 8명

- 실제 양성을 양성으로 예측한 경우는 8명, 실제 양성을 음성으로 예측한 경우는 2명

  만약에 정확도만을 기준으로 한다면, 분류기의 정확도는 90%입니다. 그런데 진단 분류기 B의 결과는 다음과 같이 나옵니다.

- 실제 음성을 음성으로 예측한 경우는 82명, 실제 음성을 양성으로 예측한 경우는 2명

- 실제 양성을 양성으로 예측한 경우는 8명, 실제 양성을 음성으로 예측한 경우는 8명

이 분류기의 정확도 역시 90%입니다. 그런데 만약에 이 글을 읽는 독자가 질병관리청 소속 심사관으로 둘 중 하나만 선택해야 한다면, 어떤 코로나 진단 분류기를 선택할까요? B를 선택할 수는 없을 것입니다. 정확도는 분명 90%로 동일하지만, A 진단 분류기가 B진단 분류기보다 훨씬 더 좋은 모델임을 알 수 있습니다. A와 B의 결과 지표를 비교해 봅니다. 먼저 진단 분류기의 A에 대해 혼동 행렬 표로 만들면 다음과 같습니다.

		예측값 (Predicted Class)	
		음성 (Negative)	양성 (Positive)
실젯값 (Actual Class)	음성 (Negative)	8	2
	양성 (Positive)	8	82

표 2-3-3 A의 혼동 햄렬 표

진단 분류기	정확도	재현율	정밀도
A	((82+8))/ ((100))=0.9	82/((82+2))=0.97	82/((82+8))=0.91

표 2-3-4 진단 분류기 A의 정확도, 재현율, 정밀도

이번에는 진단 분류기의 B에 대해 혼동 행렬 표로 만들면 다음과 같습니다.

		예측값 (Predicted Class)	
		음성 (Negative)	양성 (Positive)
실젯값 (Actual Class)	음성 (Negative)	8	8
	양성 (Positive)	2	82

표 2-3-5 A의 혼동 행렬 표

진단 분류기	정확도	재현율	정밀도
B	((82+8))/ ((100))=0.9	82/((82+8))=0.91	82/((82+8))=0.97

표 2-3-6 진단 분류기 B의 정확도, 재현율, 정밀도

정확도는 그대로이지만 재현율과 정밀도의 값이 서로 다름을 알 수 있습니다. 즉 이때 좋은 분류기를 선정하는 모델은 정확도나 정밀도가 아니라 재현율임을 표를 통해 알 수 있습니다. 만약 스팸 메일이라면 정밀도가 더 중요한 지표입니다. 이렇게 예측하려

는 데이터의 목적에 따라서 정확도뿐만 아니라 재현율과 정밀도를 동시에 고려해야 합니다. 정밀도와 재현율을 코드로 다시 한번 정리합니다.

먼저 정밀도(Precision)를 구하는 함수를 직접 만들어 봅니다. 여기에서 필요한 함수는 true_positive()와 false_positive() 함수입니다. 또한 Scikit-Learn 평가 지표에서 동일한 함수를 가져와서 비교해 실제로 일치하는지 확인합니다.

```python
from sklearn.metrics import precision_score

def precision(y_true, y_pred):
  tp=true_positive(y_true, y_pred)
  fp=false_positive(y_true, y_pred)

  precision=tp/(tp+fp)
  return precision

print("user function:", precision(y_true, y_pred))
print("scikit-learn function:", precision_score(y_true, y_pred))
```

[실행 결과]

```
user function: 0.6666666666666666
scikit-learn function: 0.6666666666666666
```

이번에는 재현율(Recall)을 구하는 함수를 직접 만들어 봅니다. 이때도 마찬가지로 true_positive()와 false_negative() 함수를 사용합니다. 또한 Scikit-Learn 함수를 사용해 동일한 결과가 나오는지 확인합니다.

```python
from sklearn.metrics import recall_score

def recall(y_true, y_pred):
```

```
    tp=true_positive(y_true, y_pred)
    fn=false_negative(y_true, y_pred)

    recall=tp/(tp+fn)
    return recall

print("user function:", recall(y_true, y_pred))
print("scikit-learn function:", recall_score(y_true, y_pred))
```

[실행 결과]

```
user function: 0.4
scikit-learn function: 0.4
```

정밀도와 재현율에 대한 개념을 배웠다면 한 가지 기억해야 할 것이 있습니다. 앞선 코로나 진단 분류기에서 확인한 것처럼 정밀도와 재현율은 서로 트레이드오프(Trade-Off)의 관계입니다. 이것은 어느 한쪽을 강제로 높이면 다른 하나의 수치는 떨어지는 것입니다. 그런데 여기에서 한 가지 간과한 것이 있습니다. 혼동 행렬을 만들 때 처음부터 클래스가 정해질까요? 그렇지 않습니다. 모든 분류 알고리즘은 예측 데이터가 특정 클래스에 속하는지를 계산하도록 확률로 나타납니다. 예를 들면 코로나에 걸릴 확률이 0.97, 그렇지 않을 확률 0.03 이런 형태로 출력됩니다. 그러면 확률값에 근거해 0.5를 기준으로 나눠 클래스를 정하고, 정해진 클래스를 기준으로 실젯값과 예측값이 구분됩니다.

그런데 나온 수치가 코로나에 걸릴 확률이 0.51, 그렇지 않을 확률이 0.49라고 가정합니다. 이 수치는 어떻게 해석해야 할까요? 0.5를 기준으로 하는 것이 꼭 맞다고 볼 수 있을까요? 마찬가지로 스팸 확률인 0.51은 어떻게 처리해야 할까요? 임계값의 기준을 보수적으로 정할지 아니면 관대하게 정할지에 따라 임계값은 달라집니다. 실제 코드로 증명합니다. 여기에서 y_pred 값은 랜덤하게 정해 실제 독자 분들의 결괏값과는 다를 수 있습니다.

```
import numpy as np
y_true=[0, 0, 0, 1, 0, 0, 0, 0, 0, 0, 1, 0, 0, 0, 0, 0, 0, 0, 1, 0]
y_pred=np.random.rand(20)
print(y_pred)

len(y_true), len(y_pred)
```

[실행 결과]

```
[0.7144996  0.23265129 0.42988543 0.45928614 0.48641133 0.47166813
 0.1554408  0.99762907 0.12115582 0.3912992  0.78465343 0.34665747
 0.80075069 0.65732527 0.65803511 0.99911659 0.47521477 0.41078811
 0.74086076 0.72754495]
(20, 20)
```

이제 각 threshold의 값에 따라 재현율과 정밀도가 어떻게 달라지는지 확인합니다.

```
import pandas as pd

precisions=[]
recalls=[]

thresholds=[0.1, 0.2, 0.3, 0.4, 0.5, 0.6, 0.7, 0.8, 0.9]

for i in thresholds:
    temp_prediction=[1 if x>=i else 0 forxin y_pred]
    p=precision(y_true, temp_prediction)
    r=recall(y_true, temp_prediction)

    precisions.append(p)
    recalls.append(r)
```

```
print(pd.DataFrame({"threshold": thresholds,"Precision": precisions,"Recall":
recalls}))
```

[실행 결과]

	threshold	Precision	Recall
0	0.1	0.150000	1.000000
1	0.2	0.166667	1.000000
2	0.3	0.176471	1.000000
3	0.4	0.200000	1.000000
4	0.5	0.222222	0.666667
5	0.6	0.222222	0.666667
6	0.7	0.285714	0.666667
7	0.8	0.000000	0.000000
8	0.9	0.000000	0.000000

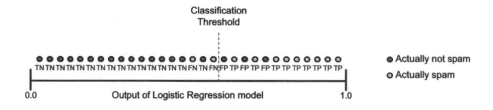

그림 2-3-10 Classification: 정밀도와 재현율

지금 보는 것처럼 임계값을 조정하면 특정 시점에 따라서 정밀도와 재현율이 바뀌는 것을 확인할 수 있습니다. 추가로 지금 나오는 지표에 대해서는 크게 의미를 부여하지 않아도 됩니다. 위 코드는 단순히 임계값에 따라 정밀도와 재현율이 바뀌는 것을 보여 줍니다.

그런데 여기에서 독자 분 중에서 최적의 임계값이 있지 않을까 질문할 수 있습니다. G-Mean 스코어나 ROC Curve를 활용하는 방법 등 다양한 방법론이 있는데, 이 부분은 입문 서적의 수준을 넘어서는 내용이라 필자가 추천하는 글을 직접 읽고 참고하기를 바랍니다.

- Optimal Threshold For Imbalanced Classification(Audhi Aprilliant)

  URL: https://towardsdatascience.com/optimal-threshold-for-imbalanced-classification-5884e870c293

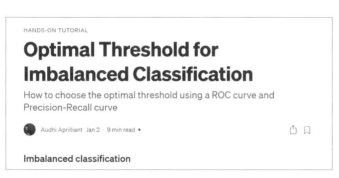

그림 2-3-11 불균형적 분류를 위한 최적 임계값 관련 글 캡처

F1 Score

F1 스코어(Score)는 정밀도와 재현율을 결합하는 지표입니다. 그런데 왜 F1 스코어를 사용할까요? 정밀도와 재현율은 트레이드오프 관계입니다. 두 개의 예측 모델을 만든다고 가정합니다. 모델 A는 재현율이 0.7이고, 정밀도는 0.3입니다. 모델 B는 재현율이 0.55이고, 정밀도는 0.45입니다. 정확도는 동일하게 0.8입니다. 선뜻 어떤 모형이더 좋은지 구분하기 어렵습니다. F1 스코어 점수가 1에 가까울수록 더 좋은 모델이라고 판단하기에, F1 스코어를 통해서 어떤 모형이 더 좋은지 알 수 있습니다. 먼저 F1 스코어의 공식은 재현율과 정밀도만 필요합니다.

$$F1\ Score = \frac{2}{\frac{1}{Precision} + \frac{1}{Recall}} = 2 \times \frac{Precision \times Recall}{Precision + Recall}$$

앞의 공식을 통해서 모델 A의 F1 스코어는 0.42이고, 모델 B의 F1 스코어는 0.495입니다. 이를 통해서 모델 B가 A보다 더 좋다고 결론 내릴 수 있습니다. Scikit-Learn은 F1 스코어를 더 쉽게 구하도록 f1_score()라는 API를 제공합니다. 코드로 다시 한번 정리합니다.

```
from sklearn import metrics
def f1(y_true, y_pred):
  p=precision(y_true, y_pred)
  r=recall(y_true, y_pred)
  score=2*p*r/(p+r)
return score

y_true=[0, 0, 0, 1, 0, 0, 0, 0, 0, 0, 1, 0, 0, 0, 0, 0, 0, 0, 1, 0]
y_pred=[0, 0, 1, 0, 0, 0, 1, 0, 0, 0, 1, 0, 0, 0, 0, 0, 0, 0, 1, 0]

print(f1(y_true, y_pred))
print(metrics.f1_score(y_true, y_pred))
```

[실행 결과]

```
0.5714285714285715
0.5714285714285715
```

직접 구현한 F1 스코어와 Scikit-Learn F1_score 함수와 동일한 것을 확인할 수 있습니다.

ROC 곡선과 AUC

ROC Curve는 보통 이진 분류나 Medical Application에서 많이 쓰는 성능 척도입니다. ROC 곡선(Receiver Operation Characteristic Curve)은 본래 2차 대전 때 통신 장비 성능을 평가하도록 나온 수치인데, 이진 분류 모델의 예측 성능을 판단하는 중요한 평가 지표로 사용합니다.

[그림 2-3-12]처럼 ROC 곡선을 보면 크게 2개의 선이 있습니다. 또한 AUC는 Area Under ROC Curve의 약자로 면적을 의미합니다. 만약에 AUC가 0이라면, 이 부분은 모형 자체가 잘못된 것이라 이때는 모형 설계 및 코드를 재확인해야 합니다. 일반적으로 가운데 직선보다 높은 형태로 그림이 형성됩니다. 세 번째 그림이 ROC 곡선의 최젓값으로 보면 됩니다. AUC로는 0.5입니다. 통상적으로 AUC는 0.5~1.0 사이의 값을 나타내며, 1에 가까울수록 좋은 모형으로 판단합니다.

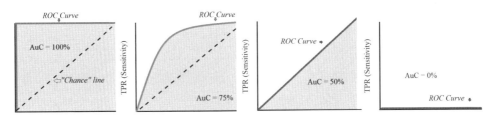

그림 2-3-12 ROC 곡선

출처: https://docs.paperspace.com/machine-learning/wiki/auc-area-under-the-roc-curve

그렇다면 ROC Curve는 어떻게 그릴까요? 먼저 x축은 FPR(False Positive Rate)라고 하며, FP/(FP+TN)로 구합니다. y축은 TPR(True Positive Rate)이며 재현율을 말합니다. 이때 FPR을 0부터 1까지 변경하면서 TPR의 변화값을 구합니다. 그런데 어떻게 0부터 1까지 변경이 가능할까요? 임계값을 변화시키면 가능합니다. 임계값에 변화를 주면서 ROC Curve를 직접 그려 봅니다.

```python
import pandas as pd
import matplotlib.pyplot as plt

tpr_list=[]
```

```
fpr_list=[]
auc_list=[]

y_true=[0, 0, 0, 0, 1, 0, 1, 0, 0, 1, 0, 1, 0, 0, 1]
y_pred=[0.1, 0.3, 0.2, 0.6, 0.8, 0.05, 0.9, 0.5, 0.3, 0.66, 0.3, 0.2, 0.85,
0.15, 0.99]
thresholds=[0, 0.1, 0.2, 0.3, 0.4, 0.5, 0.6, 0.7, 0.8, 0.85, 0.9, 0.99, 1.0]


for thresh in thresholds:
    temp_pred=[1 if x ≥ thresh else 0 forxin y_pred]
    temp_tpr=tpr(y_true, temp_pred)
    temp_fpr=fpr(y_true, temp_pred)
    temp_fpr=round(temp_fpr, 1)
    tpr_list.append(temp_tpr)
    fpr_list.append(temp_fpr)

print(pd.DataFrame({"threshold": thresholds,
                    "fpr": fpr_list,
                    "tpr": tpr_list}))

fig, ax=plt.subplots(figsize=(10, 6))
ax.fill_between(fpr_list, tpr_list, alpha=0.4)
ax.plot(fpr_list, tpr_list, lw=2, label='ROC')
plt.plot([0, 1], [0, 1], lw=2, color='r', label='Random')
ax.set_xlim(0, 1.0)
ax.set_ylim(0, 1.0)
ax.set_xlabel("FPR", fontsize=15)
ax.set_ylabel("TPR", fontsize=15)
plt.legend()
plt.show()
```

	threshold	fpr	tpr
0	0.00	1.0	1.0
1	0.10	0.9	1.0
2	0.20	0.7	1.0
3	0.30	0.6	0.8
4	0.40	0.3	0.8
5	0.50	0.3	0.8
6	0.60	0.2	0.8
7	0.70	0.1	0.6
8	0.80	0.1	0.6
9	0.85	0.1	0.4
10	0.90	0.0	0.4
11	0.99	0.0	0.2
12	1.00	0.0	0.0

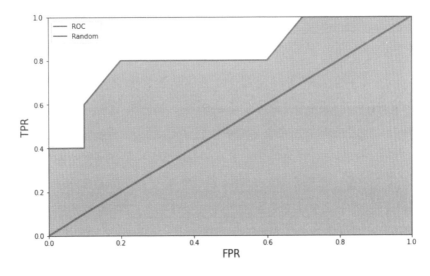

그림 2-3-13 ROC 곡선 그래프

ROC 곡선을 통해 그래프를 보았다면, 이번에는 분류 성능 지표로 사용되는 AUC 값을 구합니다. AUC 값은 1에 가까울수록 좋은 수치입니다.

```
from sklearn.metrics import roc_auc_score

y_true=[0, 0, 0, 0, 1, 0, 1, 0, 0, 1, 0, 1, 0, 0, 1]
y_pred=[0.1, 0.3, 0.2, 0.6, 0.8, 0.05, 0.9, 0.5,
        0.3, 0.66, 0.3, 0.2, 0.85, 0.15, 0.99]

print("AUC:", roc_auc_score(y_true, y_pred))
```

[실행 결과]

```
AUC: 0.8300000000000001
```

3.6 정리

이번 Chapter에서는 텍스트 마이닝을 활용해 분류 모형 설계 및 평가 지표에 대해서 집중적으로 배웠습니다. 입문자분들에게 조금 어려운 부분이 평가 지표입니다. 일반적인 회귀와 다르게 분류 모형은 혼동 행렬부터 시작해 정확도, 재현율, 정밀도, F1 Score 그리고 ROC Curve와 AUC까지 다양한 평가 지표는 입문자분들에게 분류 모형을 활용하는 데 조금 어려울지도 모릅니다. 그러나 각각의 평가 지표를 활용하는 궁극적인 목적은 단 하나로, 예측 모형의 성능을 높이려는 것입니다. 그리고 기본적인 내용은 실젯값과 예측값의 차이를 계산한 식이라는 것뿐입니다. 이러한 지표를 활용해 PART III 에서는 조금 더 복잡한 모형을 설계하고, 하이퍼 파라미터 튜닝을 활용해 모형 성능을 조금 더 업데이트하는 기법에 대해 배웁니다.

캐글 노트북 더 알아보기

House Prices – Advanced Regression Techniques

- Stacked Regressions: Top 4% on LeaderBoard https://www.kaggle.com/serigne/stacked-regressions-top-4-on-leaderboard

- How I made top 0.3% on a Kaggle Competition https://www.kaggle.com/lavanyashukla01/how-i-made-top-0-3-on-a-kaggle-competition

Natural Language Processing with Disaster Tweets

- Natural Language Processing (NLP) for Beginners https://www.kaggle.com/faressayah/natural-language-processing-nlp-for-beginners

- Disaster Tweets – EDA, Tokenisation, XGB, Ensemble https://www.kaggle.com/datark1/disaster-tweets-eda-tokenisation-xgb-ensemble

PART III.

Kaggle
Intermediate

PART I에서는 주로 기초적인 문법과 데이터 전처리, 가공 그리고 머신러닝의 기본적인 내용에 대해 배웠다면, PART II에서는 캐글 데이터를 활용한 머신러닝 알고리즘 개발 및 실제 Competition에 참여하는 방법을 서술하며, 필수적으로 알아야 하는 피처 엔지니어링에 관한 기본적인 내용들과 각 모형의 평가 지표를 추가합니다. PART III에서는 새로운 최신 알고리즘에 대한 소개와 함께 비교적 큰 데이터를 다루는 과정을 소개합니다. 그리고 이러한 데이터를 모두 학습시킬 때 모형 학습 시간이 매우 길어지는 기이한(?) 현상을 경험합니다.

Part II를 공부해 기본적인 것들은 이미 모두 배운 것이나 다름없습니다. 그러나 본 Chapter에서는 실제 캐글 프로젝트를 수행하는 데 필수적인 최신 머신러닝 기법 그리고 모형의 안정성을 위한 교차 검증, 모형의 최적화를 위한 하이퍼 파라미터의 기본적인 내용을 소개합니다. 모든 코드는 구글 코랩에서 작업합니다.

Boosting
알고리즘의 발전

Part I의 Chapter 7에서 설명한 대로 부스팅 기법은 여러 개의 약한 머신러닝 기법을 차 례대로 학습하는 과정에서 오류를 개선해 가면서 최종 성능을 높여 가는 앙상블 기법 입니다. 부스팅 기법은 여러 나무를 병렬 방식으로 학습하는 랜덤 포레스트 등의 방식 보다는 느릴 수밖에 없는데, 그 이유는 여러 나무 또는 머신러닝 기법들을 직렬 방식 으로 순차적으로 학습하기 때문입니다. 그래서 속도의 문제를 해결하려고 새로운 부스 팅 모델들이 개발되는데, 그중 최근 캐글대회에서 많이 사용되는 XGBoost, LightGBM 그리고 CatBoost에 대해 알아봅니다.

한편 부스팅 기법, 특히 GBM은 실젯값들과 그 평균의 차이인 잔차(Residual)를 학습하 는 모델을 만들고, 이를 활용해 잔차를 예측한 값에 Learning Rate를 곱한 후 평균에 더 해 실제 예측값을 업데이트하는 과정을 계속 반복합니다. 이 과정에 여러 번 잔차 학 습이 이루어지며, 잔차를 줄이는 방향으로 학습이 진행되므로 결국 과적합의 문제가 필연적으로 발생합니다. 따라서 GBM 이후에 개발되는 부스팅 기법들은 어떤 형태로 든 속도의 문제와 더불어 이 과적합의 문제를 해결하는 방법을 포함하는 것이 중요한 과제입니다. 위의 세 가지 부스팅 기법이 이 두 가지 문제를 어떻게 해결하려는지를 중심으로 이야기해 봅니다.

1.1 XGBoost[15]

캐글 경연 대회에서 두각을 나타내면서 널리 알려져 각광을 받은 알고리즘으로, 특히 분류에서 뛰어난 예측 성능을 나타냅니다. XGBoost는 직렬 학습을 근간으로 하는 GBM에 기반을 두면서도 병렬 학습을 가능하게 하고, 이외에도 다양한 기능으로 빠르게 학습을 완료해 속도 문제를 해결합니다. 예를 들면 나무를 형성할 때 더 이득이 없으면 가지치기해서 나무의 가지 만들기를 멈추게 합니다. 또한 학습 데이터와 평가 데이터 세트에 대한 교차 검증을 통해 평가 데이터 세트의 평가값이 최적화되면 더는 학습을 반복하지 않게 해 속도를 증가시킵니다. 그런데도 랜덤 포레스트보다는 어쩔 수 없이 속도가 느립니다. 한편 과적합 문제를 해결하려고 규제(Regulation) 기능을 도입함으로써 과적합에 대한 저항력도 향상시킵니다. 그리고 교차 검증, 성능 평가, 피처 중요도 등에 관한 시각화 기능이 있어 여러 가지 상황에서 판단을 용이하게 합니다.

XGBoost의 파이썬 패키지 이름은 'XGBoost'입니다. 먼저 윈도우나 리눅스 환경에서 이 패키지를 설치한 다음, 파이썬 코드에서 XGBoost 모듈을 임포트하면 사용할 준비가 됩니다. XGBoost에는 두 가지 버전의 패키지가 포함됩니다. 하나는 파이썬 패키지이고, 다른 하나는 파이썬 이용자들이 사이킷런을 많이 사용해 이와 연동 가능하도록 개발된 사이킷런 패키지입니다. 이 두 패키지는 본질적으로는 기능이 같지만 제공하는 메소드가 다릅니다. 따라서 사용법이 달라 사용할 때 어떤 버전을 사용하는지 주의를 기울여야 합니다.

---

15 논문: https://arxiv.org/pdf/1603.02754.pdf

1.2 LightGBM[16]

부스팅 계열의 알고리즘에서 XGBoost와 더불어 가장 많이 활용되는 것이 LightGBM입니다. XGBoost가 병렬 학습을 가능하게 하는 등 다양한 방법으로 학습 속도를 향상시키지만, 대용량 데이터를 처리하거나 파라미터를 튜닝하기 위해 반복적으로 학습하기에는 속도가 느립니다. 그래서 XGBoost가 나온 후 2년 뒤에 XGBoost의 장점은 살리고 단점을 보완하는 방식으로 LightGBM이 개발됩니다.

대부분의 나무 기반 기법들은 균형 나무 분할(Level-Wise) 방식을 사용해 최대한 나무의 균형을 유지하면서 분할해 나무의 깊이를 줄이려고 합니다. 이렇게 균형 잡힌 나무를 만들어야 과적합에 더 강한 구조를 가진다고 알려져 있기 때문입니다. 이와 달리 LightGBM이 사용하는 리프 중심 나무 분할(Leaf-Wise)은 나무의 균형을 유지하는데 신경 쓰기보다는 최대 손실값을 갖는 리프 노드들을 찾아 해당 노드들만을 계속 분

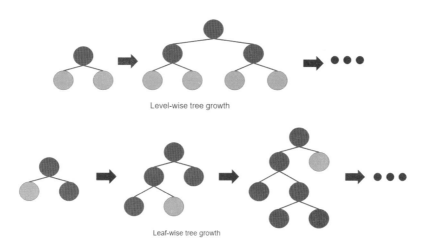

그림 3-1-1 Level-Wise Tree 알고리즘과 Leaf-Wise Tree 알고리즘
출처:https://images.app.goo.gl/WW8H5zpfTLQQΓ6tr7

---

16 논문: https://www.microsoft.com/en-us/research/wp-content/uploads/2017/11/lightgbm.pdf

할함으로써 비대칭적이고 깊이가 깊은 나무를 만듭니다. 이렇게 나무를 만들어 학습을 반복할수록 XGBoost의 Level-Wise 방식보다 예측 오류 손실을 최소화한다는 것이 LightGBM의 핵심입니다. 그래서 그런지 LightGBM은 XGBoost보다 학습 시간이 훨씬 짧고 메모리 사용량도 상대적으로 적으면서도 예측 성능은 XGBoost와 별 차이가 없습니다. 그런데 데이터의 양이 10,000건 이하로 적어지면 과적합이 발생하기 쉽다는 단점이 있습니다.

LightGBM의 파이썬 패키지 이름은 'LightGBM'입니다. LightGBM도 두 가지 버전의 패키지가 포함되는데, 하나는 파이썬 패키지이고, 다른 하나는 사이킷런 패키지입니다. 그렇지만 사이킷런 패키지가 파이썬 패키지의 역할을 다해 사이킷런 패키지만 사용할 줄 알아도 문제되지 않습니다. 사이킷런 패키지에는 분류를 위한 LGBMClassifer 클래스와 회귀를 위한 LGBMRegressor 클래스가 포함됩니다.

1.3 CatBoost[17]

LightGBM은 Leaf-Wise로 나무를 만들어 나가지만, CatBoost는 XGBoost처럼 Level-Wise로 나무를 만들어 나갑니다. CatBoost는 나무의 균형을 더 중요시합니다. 그래서 기존의 부스팅 과정과 전체적인 양상은 비슷해 보이지만 몇 가지 다른 측면이 있는데, 그 중 중요한 특징들을 살펴봅니다.

앞에서 기존의 부스팅 모델은 잔차를 학습하는 모델을 만들고, 이 모델을 활용해 잔차를 예측하고, 이를 실제 예측값을 업데이트하는 데 사용하는 과정을 되풀이한다고 설명했습니다. 조금 구체적으로 보면 잔차를 학습할 때 기존의 부스팅 모델은 훈련 데이

---

17 논문: https://arxiv.org/pdf/1706.09516.pdf

터 전체로 학습하는 데 반해, CatBoost는 일부 훈련 데이터로 잔차를 계산하고 이것으로 학습해 모델을 만듭니다. 그리고 이 모델을 이용해 나머지 훈련 데이터의 잔차를 예측해 사용하는 과정을 되풀이합니다. 이것을 Ordered Boosting이라고 하는데, 조금 더 자세히 살펴봅니다.

10개의 데이터가 있다고 해 봅니다. Ordered Boosting은 우선 첫 번째 데이터의 잔차만 계산하고 이를 기반으로 학습해 모델을 만듭니다. 그리고 이 모델을 이용해 두 번째 데이터의 잔차를 예측합니다. 그다음에는 잔차가 만들어진 첫 번째, 두 번째의 데이터를 이용해 학습하고 모델을 만듭니다. 그러고는 이 모델을 이용해 세 번째와 네 번째 데이터의 잔차를 예측합니다. 그래서 이제 네 개의 데이터가 잔차를 갖습니다. 그럼 이제 이 네 개의 잔차로 학습해 모델을 만들어 그다음 네 개, 즉 다섯 번째, 여섯 번째, 일곱 번째, 여덟 번째 데이터의 잔차를 예측합니다. 이 과정이 모든 데이터의 잔차를 만들 때까지 계속 되풀이됩니다.

이렇게 Ordered Boosting을 하다 보면 데이터 순서가 같아 매번 같은 순서로 잔차를 예측하는 모델을 만듭니다. 이렇게 되면 과적합의 문제가 발생할 가능성이 높아집니다. 그래서 CatBoost에서는 잔차를 예측할 데이터를 순서대로 하지 않고 셔플링해 랜덤하게 선정되도록 합니다. 이것을 Random Permutation이라고 부르는데, 이렇게 하는 이유는 결국 나무를 다각적으로 만들어 과적합을 방지할 수 있기 때문입니다.

XGBoost나 LightGBM은 파라미터 튜닝에 매우 민감합니다. 예를 들면 파라미터를 어떻게 설정하는가에 따라 나무의 깊이가 달라지면서 과적합에 영향을 줍니다. 이와 달리 CatBoost는 기본 파라미터의 최적화가 잘되어 굳이 파라미터를 튜닝할 필요가 없습니다. 튜닝하더라도 대부분 결과치가 큰 차이를 보이지 않아, 파라미터 튜닝에 소요되는 시간을 줄이려는 것입니다.

New York City Taxi Fare Prediction

캐글의 뉴욕 택시 요금 예측 경진 대회에서 사용된 데이터 세트를 이용해 새로운 알고리즘을 적용합니다. 먼저 참여하는 대회는 [그림 3-2-1]과 같습니다. 캐글 검색창에서 New York City Taxi Fare Prediction을 검색하고 대회 참여를 진행합니다.

그림 3-2-1 캐글 뉴욕 택시 요금 예측 대회

2.1 Kaggle 데이터 다운로드

구글 코랩에서 Kaggle API를 활용해 데이터를 직접 다운로드 받습니다. 기존에 진행한 코드와 다르지 않아 이제는 많이 익숙해졌을 것입니다. 먼저 패키지를 설치합니다.

```
!pip install kaggle
```

```
Requirement already satisfied: kaggle in /usr/local/lib/python3.6/dist-packages
(1.5.10)
Requirement already satisfied: python-dateutil in /usr/local/lib/python3.6/
dist-packages (from kaggle) (2.8.1)
Requirement already satisfied: urllib3 in /usr/local/lib/python3.6/dist-
packages (from kaggle) (1.24.3)
Requirement already satisfied: tqdm in /usr/local/lib/python3.6/dist-packages
(from kaggle) (4.41.1)
Requirement already satisfied: certifi in /usr/local/lib/python3.6/dist-packages
(from kaggle) (2020.12.5)
Requirement already satisfied: six ⩾ 1.10 in /usr/local/lib/python3.6/dist-
packages (from kaggle) (1.15.0)
Requirement already satisfied: python-slugify in /usr/local/lib/python3.6/dist-
packages (from kaggle) (4.0.1)
Requirement already satisfied: requests in /usr/local/lib/python3.6/dist-
packages (from kaggle) (2.23.0)
Requirement already satisfied: text-unidecode ⩾ 1.3 in /usr/local/lib/python3.6/
dist-packages (from python-slugify→kaggle) (1.3)
Requirement already satisfied: idna<3, ⩾ 2.5 in /usr/local/lib/python3.6/dist-
packages (from requests→kaggle) (2.10)
Requirement already satisfied: chardet<4, ⩾ 3.0.2 in /usr/local/lib/python3.6/
dist-packages (from requests→kaggle) (3.0.4)
```

패키지를 설치한 다음에는 Kaggle.Json 파일을 업로드합니다.

```
from google.colab import files
uploaded=files.upload()

for fn in uploaded.keys():
  print('User uploaded file"{name}" with length(bytes)'.format(name=fn, length
=len(uploaded[fn])))

!mkdir-p ~/.kaggle/  && mv kaggle.json ~/.kaggle/  && chmod 600 ~/.kaggle/
kaggle.json
```

[실행 결과]

```
kaggle.json(application/json)-64 bytes, last modified: 1/22/2021-100% done
Saving kaggle.json to kaggle.json
User uploaded file "kaggle.json" with length(bytes)
```

정상적으로 Kaggle.Json 파일을 업로드한 후, 이제 캐글 명령어를 활용해 데이터를 다운로드 받습니다.

```
!kaggle competitions download-c new-york-city-taxi-fare-prediction
!unzip new-york-city-taxi-fare-prediction.zip
```

[실행 결과]

```
Warning: Looks like you're using an outdated API Version, please consider
updating (server 1.5.10/client 1.5.4)
Downloading train.csv.zip to /content
100% 1.56G/1.56G [00:34<00:00, 34.6MB/s]
100% 1.56G/1.56G [00:34<00:00, 48.1MB/s]
Downloading sample_submission.csv to /content
  0% 0.00/335k [00:00<?, ?B/s]
100% 335k/335k [00:00<00:00, 108MB/s]
Downloading GCP-Coupons-Instructions.rtf to /content
```

```
  0% 0.00/486 [00:00<?, ?B/s]
100% 486/486 [00:00<00:00, 437kB/s]
Downloading test.csv to /content
  0% 0.00/960k [00:00<?, ?B/s]
100% 960k/960k [00:00<00:00, 62.7MB/s]
unzip: cannot find or open new-york-city-taxi-fare-prediction.zip, new-york-
city-taxi-fare-prediction.zip.zip or new-york-city-taxi-fare-prediction.zip.
ZIP.
```

총 4개 파일-train.csv.zip, sample_submission.csv, GCP-Coupons-Instructions.rtf, test.csv
를 다운로드 받을 수 있습니다. 그런데 train.csv.zip 파일이 있어 한 번 더 unzip 코드를
실행합니다. 이때 시간이 다소 소요됩니다. 5GB 단위의 제법 큰 데이터라 인내심이 약
간 필요합니다.

```
!unzip train.csv.zip
```

[실행 결과]

```
Archive: train.csv.zip
  inflating: train.csv
```

이번에는 데이터의 파일 크기를 알려 주는 새로운 함수를 작성하려고 합니다. 전체적
인 데이터의 크기 등을 확인할 때 도움됩니다.

```
import os

def convert_bytes(file_path, unit=None):
  size=os.path.getsize(file_path)
  if unit="KB":
```

```
      return print('File size: '+str(round(size/1024, 3))+' Kilobytes')
   elif unit="MB":
      return print('File size: '+str(round(size/(1024*1024), 3))+' Megabytes')
   elif unit="GB":
      return print('File size: '+str(round(size/(1024*1024*1024), 3))+' Gigabytes')
   else:
      return print('File size: '+str(size)+' bytes')

file_path='train.csv'
convert_bytes(file_path)
convert_bytes(file_path, 'GB')
```

[실행 결과]

```
File size: 5697178298 bytes
File size: 5.306 Gigabytes
```

파일의 경로만 안다면 다양한 데이터 크기를 쉽게 구할 수 있습니다. 다음 코드는 train, test, sample_submission 파일 크기를 Bytes, KB, MB, GB 단위로 각각 출력합니다.

```
file_list=['train.csv', 'test.csv', 'sample_submission.csv']
for file in file_list:
   print("The {file} size:".format(file=file))
   convert_bytes(file)
   convert_bytes(file, 'KB')
   convert_bytes(file, 'MB')
   convert_bytes(file, 'GB')
   print("-"*5)
```

```
The train.csv size:
File size: 5697178298 bytes
File size: 5563650.682 Kilobytes
File size: 5433.253 Megabytes
File size: 5.306 Gigabytes
─────
The test.csv size:
File size: 983020 bytes
File size: 959.98 Kilobytes
File size: 0.937 Megabytes
File size: 0.001 Gigabytes
─────
The sample_submission.csv size:
File size: 343271 bytes
File size: 335.226 Kilobytes
File size: 0.327 Megabytes
File size: 0.0 Gigabytes
─────
```

2.2 데이터 시각화

데이터 시각화를 위한 라이브러리를 불러옵니다.

```
import numpy as np
import pandas as pd
import seaborn as sns
import matplotlib.pyplot as plt
```

```python
def skip_logic(index, skip_num):
    if index%skip_num=0:
        return False
    return True


train=pd.read_csv('./train.csv', skiprows=lambda x: skip_logic(x, 4), parse_
dates=["pickup_datetime"])
print(train.shape)
test=pd.read_csv('./test.csv')
submission=pd.read_csv('./sample_submission.csv')
```

메모리 관리를 위해 전체 데이터를 올리기보다는 일부만 올립니다. 구글 코랩에 주어진 Part II보다는 응답 속도가 다소 걸릴 수 있습니다. 여기에서 왜 캐글 데이터를 활용해야 하는지 부연 설명을 하려고 합니다.

데이터 분석가 또는 데이터 사이언티스트, 머신러닝 엔지니어가 되려고 이 책을 읽는 독자 분들을 위해 책을 쓴 이유가 여기에 있습니다. 대학생 및 취업 준비생이 회사에서 제공하는 양질의 데이터를 얻기란 사실상 불가능한 일입니다. 각 회사에서 보유한 데이터는 회사의 자산이라 잘 내놓으려고 하지 않습니다(필자는 사실 이 부분에 대해서 매우 아쉽습니다. 최근 들어서 자사의 데이터를 오픈하려는 노력을 많이 하지만, 여전히 국내외 관공서 및 금융 기관 그리고 유니콘 같은 스타트업이 점점 많아지는 국내 기업이 자사의 축적된 데이터를 API로 일부 무료로 오픈하는 것은 데이터 과학의 관점에서 매우 좋은 생태계를 가꿔 가는 것 중의 하나이고, 이를 통해서 다양한 서비스가 나오는 기회를 제공한다는 점에서 매우 기대가 크지만, 여전히 그렇지 못한 것이 매우 아쉽습니다). 비전공자인 필자가 처음 R을 통해서 조금 더 난이도가 있는 데이터를 공부하려고 할 때 가장 크게 어려웠던 것 중의 하나가 고급 데이터의 획득이었습니다. 만약 자체적으로 데이터를 구축한다면, 분석보다는 Database 구축, 크롤링 코드 에러 없이 작성하기 등이 우선적으로 수행되어야 합니다. 그런데 이제 막 코딩에 입문한 분들이 Database 구축 및 웹 크롤링 코드를 에러 없이 작성하기가 쉬울까요? 절대 그렇지 않습니다. 그렇다고 해서 IRIS 데이터를 활용해 다양한 알고리즘을 적용하는 것이 포트폴리오에 도움이 될까요? 그렇지 못합니다. 그 이유는 IRIS와 같이 매우 깔끔한 데이터는 현업에서 존재하지 않아 그렇습니다. 즉 데이터 수집, 전처리 및 가공은 필수이며, SI 업체는 분석가나 연구자가 원하는 데이터가 없는 경우도 매우 많습니다. 그러면 데이터 수집부터 데이터 분석 및 머신러닝 프로젝트의 과정이라고 할 수 있습니다. 그런데 캐글은 실제 서비스를 운영하는 회사에서 약간의 전처리를 진행한 후 양질의 데이터를 제공하는데, 이는 입문자분들이 현업에 근접한 데이터를 매우 쉽게 획득한다는 장점이 있습니다. 단순하게 경진 대회에 참여하는 것이 목저이 아닌 데이터 획득의 관점에서 바라보면 데이터 과학의 입문은 캐글 데이터와 시작하는 것이 매우 좋습니다. 비교적 크기가 큰 데이터를 자유자재로 다룰 때 현업에서 10GB, 100GB, 1TB 이상 단위의 데이터를 어떻게 다룰지에 대해 고민하기 시작하기 때문입니다. 캐글 데이터를 다루는 데 익숙해진다면 그다음부터는 직접 Database를 구축해 보고, 트위터나 또는 기타 API를 활용해 분석 보고서 자동화로 발전시키는 것이 전체적인 데이터 과학의 프로세스입니다. 그런 관점에서 입문자가 가장 먼저 접해야 하는 데이터가 캐글 데이터라고 할 수 있습니다.

실제 필자가 취업 준비생 및 대학생들을 대상으로 강의할 때도 강의가 2주든, 한 달이든, 3~4개월이든 각종 경진 대회 참여를 독려합니다. 그 이유는 경진 대회 참여를 통해서 책이나 강사가 제공하는 기본적으로 배운 것을 곧바로 실전에 적용해 보는 훈련이 매우 중요하기 때문입니다. 이제 다시 코드로 돌아옵니다.

지도 학습에서 시각화한다고 하면 시작점은 무조건 종속 변수부터 시각화해 보는 것이 중요합니다. 예측하려는 데이터가 수치이면 우선 정규 분포를 이루는지 아닌지 확인하는 과정은 기초 통계의 여러 통계 모델을 적용할 때 매우 중요합니다. 먼저 훈련 및 테스트 데이터의 기본 정보를 탐색한 후 종속 변수를 확인해 시각화를 그려 봅니다.

```
train.info()
```

```
<class 'pandas.core.frame.DataFrame'>
RangeIndex: 13855964 entries, 0 to 13855963
Data columns(total 8 columns):
 #   Column              Dtype
---  ------              -----
 0   key                 object
 1   fare_amount         float64
 2   pickup_datetime     datetime64[ns, UTC]
 3   pickup_longitude    float64
 4   pickup_latitude     float64
 5   dropoff_longitude   float64
 6   dropoff_latitude    float64
 7   passenger_count     int64
dtypes: datetime64[ns, UTC](1), float64(5), int64(1), object(1)
memory usage: 845.7+ MB
```

test.info()

『실행 결과』

```
<class 'pandas.core.frame.DataFrame'>
RangeIndex: 9914 entries, 0 to 9913
Data columns(total 7 columns):
 #   Column              Non-Null Count   Dtype
---  ------              --------------   -----
 0   key                 9914 non-null    object
 1   pickup_datetime     9914 non-null    object
 2   pickup_longitude    9914 non-null    float64
 3   pickup_latitude     9914 non-null    float64
 4   dropoff_longitude   9914 non-null    float64
 5   dropoff_latitude    9914 non-null    float64
 6   passenger_count     9914 non-null    int64
dtypes: float64(4), int64(1), object(2)
memory usage: 542.3+ KB
```

두 데이터를 비교한 결과 Fare_Amount가 테스트 데이터에 없는 것으로 보아 종속 변수로 추정할 수 있습니다. 실제로 대회 페이지의 Evaluation을 보면, Fare_Amount를 예측해야 하는 것으로 확인할 수 있습니다. 이번에는 독립 변수를 확인합니다. 독립 변수는 크게 7개로 구성됩니다.

- Key: 일반적으로 Key는 각 행을 구별하는 고유한 문자열

- Pickup_Datetime: 택시 승차 시 시간

- Pickup_Longitude: 택시 승차 시 경도

- Pickup_Latitude: 택시 승차 시 위도

- Dropoff_Longitude: 택시 하차 시 경도

- Dropoff_Latitude: 택시 하차 시 위도

- Passenger_Count: 택시 승객 수

- Fare_Amount: 택시 요금($)

변수의 의미를 파악했다면, 이번에는 첫 5행까지의 데이터만 출력해 봅니다.

```
train.head()
```

[실행 결과]

	key	fare_amount	pickup_datetime	pickup_longitude	pickup_latitude	dropoff_longitude	dropoff_latitude	passenger_count
0	2012-04-21 04:30:42.0000001	7.7	2012-04-21 04:30:42+00:00	-73.987130	40.733143	-73.991567	40.758092	1
1	2012-01-04 17:22:00.00000081	16.5	2012-01-04 17:22:00+00:00	-73.951300	40.774138	-73.990095	40.751048	1
2	2012-12-24 11:24:00.00000098	5.5	2012-12-24 11:24:00+00:00	0.000000	0.000000	0.000000	0.000000	3
3	2013-11-23 12:57:00.000000190	5.0	2013-11-23 12:57:00+00:00	0.000000	0.000000	0.000000	0.000000	1
4	2014-12-06 20:36:22.0000008	4.0	2014-12-06 20:36:22+00:00	-73.979815	40.751902	-73.979446	40.755481	1

그림 3-2-2 Train 데이터 출력 결과

이번에는 종속 변수에 해당하는 Fare_Amount의 최댓값과 최솟값을 구합니다.

```
print("Minimum Value of train:", train['fare_amount'].min())
print("Maximum Value of train:", train['fare_amount'].max())
```

[실행 결과]

```
Minimum Value of train:-300.0
Maximum Value of train: 93963.36
```

그런데 데이터를 보면 최솟값이 −300이 나옵니다. 언뜻 보기에도 이해하기 어려운 데이터입니다. 해석하기 어려운 데이터는 가급적 삭제하는 것이 좋습니다. 총 음수의 개수가 몇 개인지 확인합니다.

```
print("Fare Amount<0:", sum(train['fare_amount']<0))
print("Fare Amount>0:", sum(train['fare_amount']>0))
```

[실행 결과]

```
Fare Amount<0: 610
Fare Amount>0: 13855007
```

```
from collections import Counter
Counter(train['fare_amount']<0)
```

[실행 결과]

```
Counter({False: 13855354, True: 610})
```

총 610개의 음수 데이터가 있는 것을 확인합니다. 이제 이 데이터를 삭제합니다.

```
train=train.drop(train[train['fare_amount']<0].index, axis=0).reset_index
(drop=True)
Counter(train['fare_amount']<0)
```

```
Counter({False: 13855354})
```

정상적으로 삭제된 것을 확인할 수 있습니다. 이번에는 500달러 이상 지급된 데이터가 총 6개입니다. 그중에서 특정 데이터는 93963.36달러가 나오는데, 실제 이 금액이 나온 것인지 단순히 전산 오류인지 확인하기 어려워 이러한 극단적인 데이터는 제거하는 것이 좋습니다. 이외에도 여러 극단값이 나와 제거합니다.

```
Counter(train['fare_amount']>500)
```

[실행 결과]

```
Counter({False: 13855348, True: 6})
```

```
train=train.drop(train[train['fare_amount']>500].index, axis=0).reset_index
(drop=True)
print("Minimum Value of train:", train['fare_amount'].min())
print("Maximum Value of train:", train['fare_amount'].max())
```

[실행 결과]

```
Minimum Value of train: 0.0
Maximum Value of train: 500.0
```

그런데 데이터의 개수가 매우 많음을 볼 수 있습니다. 보통 머신러닝 모형을 만들 때 시각화의 주목적은 데이터의 주요 특징을 효과적으로 파악하는 데 있습니다. 미적인 요소보다는 간결하게 다양한 그래프를 그리는 것이 주목적입니다. 그런데 약 1천만 개의 데이터를 한꺼번에 시각화하는 것은 바람직하지 않습니다. 그 이유는 시각화를 작성하는 것 자체가 메모리를 소모하는데, 데이터가 크면 한 장의 시각화를 출력하는 데에도 시간이 매우 오래 소요될 수도 있기 때문입니다. 이럴 때는 어떻게 하면 좋을까요? 데이터의 크기를 줄이는 것이 매우 좋습니다. 이때 데이터 샘플링을 통해서 표본의 크기를 줄이는 것이 좋습니다. 임의로 표본을 추출할 수도 있지만, 일반적으로 기존 데이터와 가장 유사한 형태로 표본을 추출하는 것이 좋습니다. 이때 주로 쓰는 기법 중의 하나가 층화 추출 샘플링(Stratified Sampling)입니다. 이것은 간단히 말하면 모집단이 중복되지 않도록 특정 그룹의 비율로 층을 나눈 다음 각 층에서 표본을 추출하는 방법을 말합니다. [그림 3-2-3]을 보면 총 4개의 그룹이 있는데, 각 그룹에서 한 명씩 추출하는 방법을 말합니다. 만약에 그룹 간 비교를 할 때 비율이 다르면 어떻게 추출할까요? 비율의 크기에 따라서 추출합니다. 예를 들면 특정 설문 조사에서 남성 그

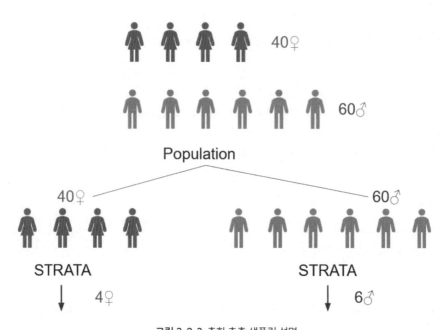

그림 3-2-3 층화 추출 샘플링 설명

룹이 60명이고, 여성 그룹이 40명이라면, 각 그룹당 10% 비율로 추출한다고 하면 남성은 6명, 여성은 4명을 각각 추출하는 기법입니다.

이제 코드로 확인합니다. 여러 변수 중에서 Passenger_Count를 그룹으로 하는 것이 좋습니다. 그런데 이 데이터에도 이상치가 존재합니다. 하나씩 확인해 봅니다.

```
train['passenger_count'].unique()
```

[실행 결과]

```
array([ 1,  3,  6,  2,  5,  4,  0, 208, 129, 51,  8,  9])
```

결괏값을 보면 0, 208, 129, 51, 8, 9명의 숫자가 출력된 것을 볼 수 있습니다. 우선 0 명인데 비용이 나온 것은 선뜻 이해되지 않습니다. 또한 8명 또는 9명은 대형 택시라고 생각해서 이해할 수 있지만, 51명, 208명은 전산 오류라고밖에는 설명하기 어렵습니다. 따라서 이러한 데이터는 삭제하는 것이 좋습니다. 먼저 6 이상 데이터는 삭제합니다.

```
train=train.drop(train[train['passenger_count']>6].index, axis=0).reset_index
(drop=True)
train['passenger_count'].unique()
```

[실행 결과]

```
array([1, 3, 6, 2, 5, 4, 0])
```

이번에는 0에 해당하는 데이터를 삭제합니다.

```
train=train.drop(train[train['passenger_count']=0].index, axis=0).reset_index
(drop=True)
train['passenger_count'].unique()
```

[실행 결과]

```
array([1, 3, 6, 2, 5, 4])
```

이번에는 Passenger_Count의 비율을 확인합니다. 이때 주의할 것은 value_counts() 안에 반드시 Normalize=True를 해야 합니다.

```
train['passenger_count'].value_counts(normalize=True)
```

[실행 결과]

```
1    0.693959
2    0.148144
5    0.071225
3    0.044029
4    0.021383
6    0.021260
Name: passenger_count, dtype: float64
```

1명 탑승한 택시 승객의 비율이 약 70%에 해당하는 것을 확인할 수 있습니다. 이제 남은 것은 층화 추출입니다. Pandas 라이브러리를 활용해 층화 추출을 할 수도 있습니다. 그러나 Sklearn을 활용하면 더욱 가독성 있는 코드로 구현할 수 있어 StratifiedShuffleSplit 모듈을 활용합니다.

```
import pandas as pd
import numpy as np
```

```
from sklearn.model_selection import StratifiedShuffleSplit

sample=pd.DataFrame({'group': np.repeat(['A', 'B', 'C'], (60, 40, 20)),
                     'sample_value': np.random.randn(120)})

split=StratifiedShuffleSplit(n_splits=1, test_size=0.7, random_state=42)

for train_index, test_index in split.split(sample, sample['group']):
  strata_train_set=sample.loc[train_index]
  test_set=sample.loc[test_index]

print(sample['group'].value_counts(normalize=True))
print(sample.shape)
print(strata_train_set['group'].value_counts(normalize=True))
print(strata_train_set.shape)
```

[실행 결과]

```
A     0.500000
B     0.333333
C     0.166667
Name: group, dtype: float64
(120, 2)
A     0.500000
B     0.333333
C     0.166667
Name: group, dtype: float64
(36, 2)
```

위 결괏값이 보여 주는 것은 매우 분명합니다. 변수 Group 내 A, B, C 기준으로 동일한 비율로 표본이 추출된 것을 확인할 수 있습니다. 이때 Test_Size 비율을 다르게 적용해서 실행해도 데이터의 크기만 달라질 뿐, A, B, C는 그대로 적용할 수 있습니다. 이번에는 본 데이터에 적용합니다.

```
split=StratifiedShuffleSplit(n_splits=1, test_size=0.001, random_state=42)

for large_index, sample_index in split.split(train, train['passenger_count']):
  large_df=train.loc[large_index]
sample_df=train.loc[sample_index]

print("train:\n", train['passenger_count'].value_counts(normalize=True),
train.shape)
print("sample:\n", sample_df['passenger_count'].value_counts(normalize=True),
sample_df.shape)
```

[실행 결과]

```
train:
 1    0.693959
 2    0.148144
 5    0.071225
 3    0.044029
 4    0.021383
 6    0.021260
Name: passenger_count, dtype: float64 (13806160, 8)
sample:
 1    0.693996
 2    0.148113
 5    0.071196
 3    0.044036
 4    0.021366
 6    0.021294
Name: passenger_count, dtype: float64 (13807, 8)
```

데이터의 크기는 전체 표본에서 0.1%로 줄어들지만, 비율은 그대로인 것을 확인할 수
있습니다. 이제 간단한 시각화를 그려 봅니다.

```
fig, ax=plt.subplots(figsize=(10, 5))
ax.hist(sample_df['fare_amount'])
plt.show()
```

[실행 결과]

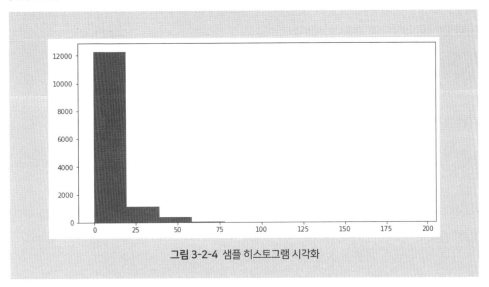

그림 3-2-4 샘플 히스토그램 시각화

전형적으로 왜도의 그래프를 나타냅니다. 특히 0~25달러 구간이 가장 많은 비율을 보입니다. 주택 가격 예제에서 본 것처럼, 이러한 데이터의 특성은 실제 피처 엔지니어링을 진행할 때 로그 변환을 진행합니다.

종속 변수의 데이터를 파악한 후, 위도와 경도에 대해 알아봅니다. 먼저 위도의 범위는 −90에서 90까지이고, 경도의 범위는 −180에서 180까지입니다. 그렇다면 만약 데이터 중에서 해당 범위를 벗어나는 데이터가 있다면 이 부분은 제거해야 합니다. 실제 데이터가 있는지 먼저 확인합니다.

```
Counter(train['pickup_latitude'] ←90)
```

```
Counter({False: 13806091, True: 69})
```

먼저 −90보다 더 작은 데이터가 총 69개 있는 것을 확인할 수 있습니다. 이번에는 90
보다 큰 데이터는 몇 개인지 확인합니다.

```
Counter(train['pickup_latitude']>90)
```

```
Counter({False: 13805984, True: 176})
```

90보다 큰 데이터는 총 176개가 있는 것을 확인할 수 있습니다. 이제 위 데이터를 한꺼
번에 삭제합니다.

```
train=train.drop(train[train['pickup_latitude'] ←90].index, axis=0).reset_
index(drop=True)
train=train.drop(train[train['pickup_latitude']>90].index, axis=0).reset_
index(drop=True)
Counter(train['pickup_latitude']>90)
```

```
Counter({False: 13805915})
```

위와 같이 제거할 수 있습니다. 나머지 데이터들도 위와 같이 정리합니다. 위도(Lati-
tude)의 범위는 −90에서 90 사이의 값만 있어야 하고, 경도의 범위는 −180에서 180 사
이의 값만 있어야 함을 기억하면서 코딩합니다.

```
train=train.drop(train[train['dropoff_latitude'] ←90].index, axis=0).reset_
index(drop=True)
train=train.drop(train[train['dropoff_latitude']>90].index, axis=0).reset_
index(drop=True)
train=train.drop(train[train['pickup_longitude'] ←180].index, axis=0).reset_
index(drop=True)
train=train.drop(train[train['pickup_longitude']>180].index, axis=0).reset_
index(drop=True)
train=train.drop(train[train['dropoff_longitude'] ←180].index, axis=0).reset_
index(drop=True)
train=train.drop(train[train['dropoff_longitude']>180].index, axis=0).reset_
index(drop=True)
train.shape
```

[실행 결과]

```
(13805499, 8)
```

아직 정리하지 못한 변수 Key, Pickup_Datetime이 있습니다. 두 변수의 데이터 유형이
날짜 데이터로 기록되는지 확인합니다. 우선 변수 Key 3개의 데이터를 확인합니다.

```
train.iloc[:3, 0]
```

[실행 결과]

```
0    2012-04-21 04:30:42.0000001
1    2012-01-04 17:22:00.00000081
2    2012-12-24 11:24:00.00000098
Name: key, dtype: object
```

위 데이터를 보면 날짜 데이터 형식이 아닌 Object, 즉 문자열로 기록된 것을 확인할
수 있습니다. 마찬가지로 Pickup_Datetime의 데이터도 문자열로 기록된 것을 확인할

수 있습니다.

```
train.iloc[:3, 2]
```

[실행 결과]

```
0     2012-04-21 04:30:42 UTC
1     2012-01-04 17:22:00 UTC
2     2012-12-24 11:24:00 UTC
Name: pickup_datetime, dtype: object
```

위 데이터 모두 날짜 데이터로 변환합니다.

```
train.iloc[:3, 2]
```

[실행 결과]

```
0     2012-04-21 04:30:42 UTC
1     2012-01-04 17:22:00 UTC
2     2012-12-24 11:24:00 UTC
Name: pickup_datetime, dtype: object
```

이번에는 위도와 경도의 이상치들을 제거한 후 간단히 시각화를 구현합니다. 마찬가지로 전체 데이터보다는 층화 추출을 활용해 Sample 데이터만 추출합니다.

```
split=StratifiedShuffleSplit(n_splits=1, test_size=0.001, random_state=42)
for large_index, sample_index in split.split(train, train['passenger_count']):
    large_df=train.loc[large_index]
sample_df=train.loc[sample_index]
```

위도와 경도로 나타내는 그래프는 지도 위에 점을 찍는 것입니다. 그러려면 준비물이 필요합니다. 첫 번째는 뉴욕의 지도가 필요합니다.

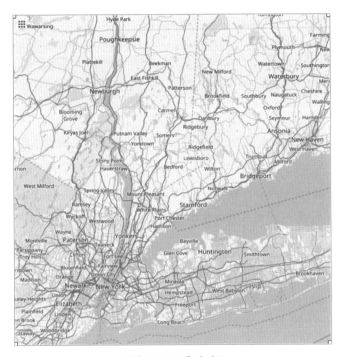

그림 3-2-5 뉴욕시 지도

이 지도는 https://aiblog.nl/download/nyc_-74.5_-72.8_40.5_41.8.png에서 다운로드 받습니다. 혹시 해당 링크가 사라질 수도 있어 Github에 img 폴더를 넣어 놓습니다. 보통 지도 시각화는 파이썬에서 Folium 라이브러리를 활용해 작성할 수 있고, 여러 동적 시각화를 그릴 수 있지만, 본 Chapter에서는 순수하게 Matplotlib를 활용해 정적 그래프를 그립니다.

```
Bounding_Box=(-74.5, -72.8, 40.5, 41.8)
Bounding_Box_Zoom=(-74.3, -73.7, 40.5, 40.9)

def select_within_boundingbox(data, BB):
    return (data.pickup_longitude ⩾ BB[0]) & (data.pickup_longitude ⩽ BB[1]) & \
            (data.pickup_latitude ⩾ BB[2]) & (data.pickup_latitude ⩽ BB[3]) & \
            (data.dropoff_longitude ⩾ BB[0]) & (data.dropoff_longitude ⩽ BB[1]) & \
            (data.dropoff_latitude ⩾ BB[2]) & (data.dropoff_latitude ⩽ BB[3])
```

이 함수의 기능은 필터링입니다. 차량을 탑승한 위치의 위도와 경도, 하차한 위치의 위도와 경도를 표시합니다. 그런데 표시한 지도 외에 데이터가 이상치로 존재하면 삭제하는 코드입니다. 일종의 전처리 코드로 볼 수 있습니다. 실제로 Sample_Df 데이터가 이 함수를 거치면, 데이터가 줄어드는 것을 볼 수 있습니다.

```
print('Old size: %d'%len(sample_df))
sample_df=sample_df[select_within_boundingbox(sample_df, Bounding_Box)]
print('New size: %d'%len(sample_df))
```

[실행 결과]

```
Old size: 13806
New size: 13499
```

이번에는 뉴욕의 지도만 출력합니다. 출력하는 것은 크게 어렵지 않습니다. 가끔 이미지를 다운로드 받을 때 [그림 3-2-6]과 같은 메시지를 볼 때가 있습니다.

이럴 때는 임시로 ssl._create_unverified_context()를 활용하면 접근할 수 있습니다. 이 함수는 파이썬을 활용해 웹 크롤링할 때 가끔 사용되니 기억해 두면 좋습니다.

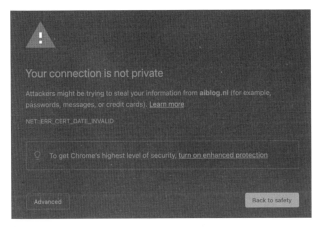

3-2-6 이미지 다운로드 시 발생하는 에러 메시지 예시

이제 지도 이미지의 주소와 Bounding_Box를 정의하는 것이 필요합니다. 이미지를 읽어들일 때는 plt.imread()를 활용한 뒤에 plt.imshow()를 활용해 출력합니다. 이 함수는 딥러닝에서 영상 객체를 인식할 때 자주 사용해 기억해 두면 좋습니다.

```python
import ssl
from urllib.request import urlopen
context=ssl._create_unverified_context()

Bounding_Box=(-74.5, -72.8, 40.5, 41.8)
NYC_MAP_img_path='https://aiblog.nl/download/nyc_-74.5_-72.8_40.5_41.8.png'
NYC_MAP=urlopen(NYC_MAP_img_path, context=context)
nyc_map=plt.imread(NYC_MAP)

Bounding_Box_Zoom=(-74.3, -73.7, 40.5, 40.9)
NYC_MAP_ZOOM_img_path='https://aiblog.nl/download/nyc_-74.3_-73.7_40.5_40.9.png'
NYC_MAP_ZOOM=urlopen(NYC_MAP_img_path, context=context)
nyc_map_zoom=plt.imread(NYC_MAP_ZOOM)
```

```
fig, ax=plt.subplots(1, 2, figsize=(16, 10))
ax[0].imshow(nyc_map, zorder=0, extent=Bounding_Box)
ax[0].set_title("NY Map")

ax[1].imshow(nyc_map_zoom, zorder=0, extent=Bounding_Box_Zoom)
ax[1].set_title("NY Map Zoom")


plt.show()
```

[실행 결과]

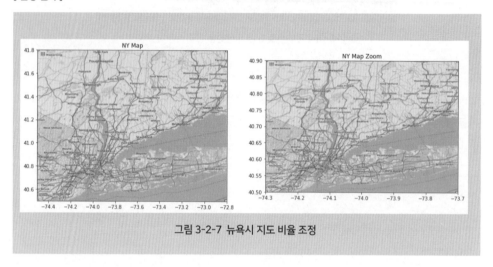

그림 3-2-7 뉴욕시 지도 비율 조정

이제 이미지 위에 산점도를 작성할 때 쓰는 scatter() 함수를 활용해 시각화를 그립니다. 그래프를 그리는 방식은 Matplotlib 라이브러리를 활용한 방식과 유사합니다. 반복적으로 그래프를 작성해야 해서 함수를 만듭니다.

```
def scatter_plot_on_map(df, Bounding_Box, nyc_map, s=10, alpha=0.2):
    fig, axs=plt.subplots(1, 2, figsize=(16, 10))
    #Scatter
```

```
    axs[0].scatter(df.pickup_longitude, df.pickup_latitude, zorder=1,
alpha=alpha, c='r', s=s)
    axs[0].set_xlim((Bounding_Box[0], Bounding_Box[1]))
    axs[0].set_ylim((Bounding_Box[2], Bounding_Box[3]))
    axs[0].set_title('Pickup locations')
    #Map
    axs[0].imshow(nyc_map, zorder=0, extent=Bounding_Box)

    #Scatter
    axs[1].scatter(df.dropoff_longitude, df.dropoff_latitude, zorder=1,
alpha=alpha, c='r', s=s)
    axs[1].set_xlim((BB[0], BB[1]))
    axs[1].set_ylim((BB[2], BB[3]))
    axs[1].set_title('Dropoff locations')
    #Map
    axs[1].imshow(nyc_map, zorder=0, extent=BB)

scatter_plot_on_map(sample_df, Bounding_Box, nyc_map, s=1, alpha=0.3)
```

[실행 결과]

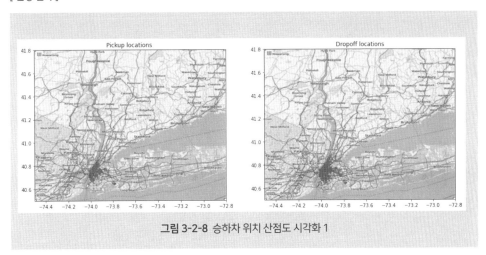

그림 3-2-8 승하차 위치 산점도 시각화 1

복잡해 보이지만 크게 두 개의 구조로 이루어집니다. 먼저 산점도를 작성하고, 각각의 축을 미리 정의한 Bounding Box로 x축과 y축의 범위를 지정합니다. 즉 위도와 경도를 x축과 y축으로 변경해 처리합니다. 이후에 지도를 추가하는 과정입니다. 함수를 실행해 시각화를 확인합니다. 지도를 보면 차량을 탑승한 위치와 하차한 위치가 조금씩 다른 것을 확인할 수 있습니다. 이번에는 Zoom을 적용해 보면 조금 더 시각화 결과가 명확해지는 것을 확인할 수 있습니다.

```
scatter_plot_on_map(sample_df, Bounding_Box_Zoom, nyc_map_zoom, s=1, alpha=0.3)
```

[실행 결과]

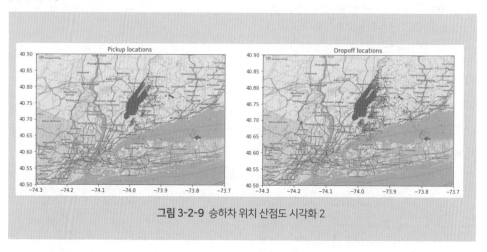

그림 3-2-9 승하차 위치 산점도 시각화 2

이제 마지막 변수인 날짜 데이터를 처리한 후 간단하게 시각화로 처리합니다. 우선 변수 Key와 Pickup_Datetime은 모두 날짜 형식이지만, 날짜 및 시분초 모두 같은 것을 확인할 수 있습니다. 따라서 Pickup_Datetime만을 사용해 데이터를 변환합니다. 변환된 변수만 따로 빼내어 확인합니다.

```
sample_df['Year']=sample_df['pickup_datetime'].dt.year
sample_df['Month']=sample_df['pickup_datetime'].dt.month
sample_df['Date']=sample_df['pickup_datetime'].dt.day
sample_df['Day of Week']=sample_df['pickup_datetime'].dt.dayofweek
sample_df['Hour']=sample_df['pickup_datetime'].dt.hour
print(sample_df.iloc[:, 8:])
```

[실행 결과]

```
       Year  Month  Date  Day of Week  Hour
0      2014     1     25            5    16
1      2015     6     30            1    13
2      2014     6     27            4    22
...     ...   ...    ...          ...   ...
13803  2014     5     27            1    13
13804  2015     1     16            4     8
13805  2013     4      1            0    12

[13499 rowsx5 columns]
```

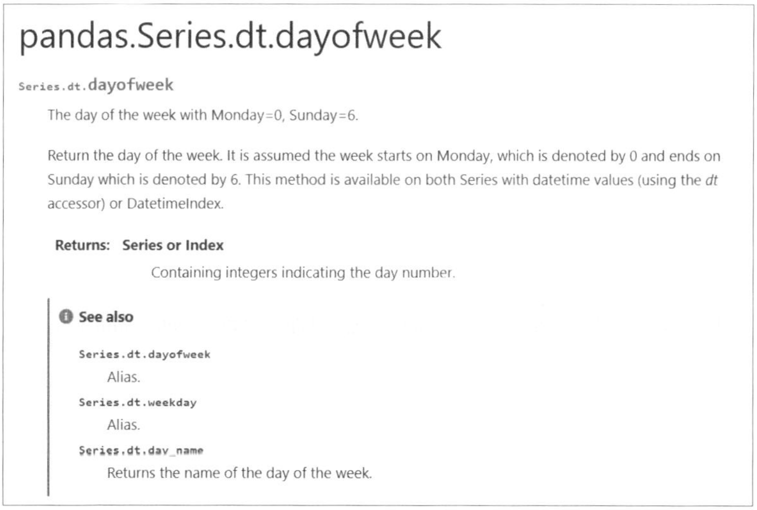

pandas.Series.dt.dayofweek

Series.dt.dayofweek

The day of the week with Monday=0, Sunday=6.

Return the day of the week. It is assumed the week starts on Monday, which is denoted by 0 and ends on Sunday which is denoted by 6. This method is available on both Series with datetime values (using the *dt* accessor) or DatetimeIndex.

Returns: **Series or Index**

Containing integers indicating the day number.

ℹ️ **See also**

Series.dt.dayofweek

Alias.

Series.dt.weekday

Alias.

Series.dt.day_name

Returns the name of the day of the week.

그림 3-2-10 Pandas Dayofweek 함수 공식 문서 설명

그런데 Day of Week의 결괏값이 숫자로 나옵니다. 따라서 이때는 메소드 중에서 Day-ofweek의 매뉴얼을 참조합니다. Monday=0, Sunday=6이라고 표시된 것으로 볼 때 1은 화요일, 2는 수요일, 3은 목요일, 4는 금요일, 5는 토요일로 추정할 수 있습니다. 각 날짜를 x축에 대입해 그래프를 그려 봅니다.

```python
fig, ax=plt.subplots(nrows=2, ncols=1, figsize=(10, 6))
sns.histplot(sample_df['passenger_count'], ax=ax[0])
ax[0].set_xlabel('No. of Passengers')
ax[0].set_ylabel('Count')

sns.boxplot(x='passenger_count', y='fare_amount', data=sample_df, ax=ax[1])
ax[1].set_xlabel('No. of Passengers')

fig.tight_layout()
plt.show()
```

[실행 결과]

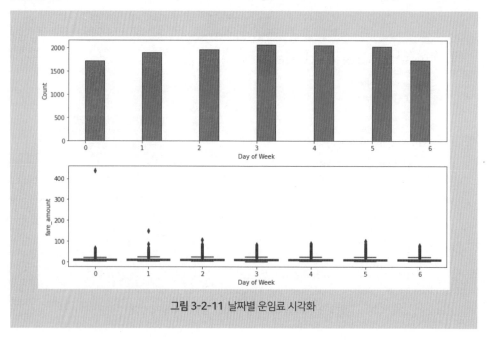

그림 3-2-11 날짜별 운임료 시각화

먼저 [그림 3-2-11]의 첫 번째 그림을 보면 목요일, 금요일, 토요일에 이용객 수가 많은 것을 확인할 수 있습니다. 두 번째 그림에서는 월요일과 화요일에 이상치가 눈에 띄지만, 박스 플롯을 통해서는 요일별 그룹화가 쉽지 않습니다. 이럴 때는 Fare_Amount에 Log-Transformation하거나 또는 이상치를 제거한 후에 진행하면 각 요일의 차이를 비교할 수 있지만, 이 부분은 독자 분들에게 맡깁니다. 이번에는 시간대별 금액을 확인합니다.

```python
fig, ax=plt.subplots(figsize=(15, 6))
sns.barplot(x='Hour', y='fare_amount', data=sample_df, estimator=sum)
ax.set_xlabel('Hours')
ax.set_ylabel('Fare Amount $')

plt.show()
```

[실행 결과]

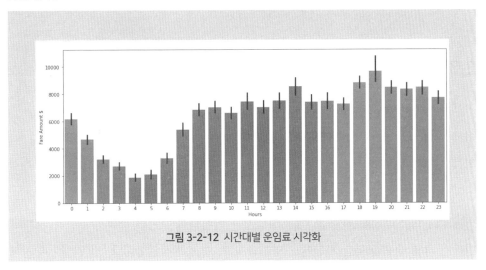

그림 3-2-12 시간대별 운임료 시각화

파라미터 Estimator의 기본값은 Np.Mean으로 평균값을 의미합니다. 만약 Sum으로 바꿔서 그래프를 작성한다면, 언제 가장 많은 요금이 발생하는지 알 수 있습니다. 18시

이후부터 22시까지 합계가 가장 많은 것을 알 수 있습니다. 또한 새벽 시간대는 상대적으로 적은 것을 알 수 있습니다. 이와 같이 더 많은 시각화를 하다 보면, 뉴욕 택시의 다양한 모습을 관찰할 수 있습니다. 이후의 시각화는 독자 분들에게 맡깁니다. 그런데 여기에서 한 가지 잊지 말아야 하는 것은 약 1,000만 개의 데이터 중에서 약 1만 개의 데이터만 확인한다는 것입니다. 만약 작업 환경이 더 좋다면, 데이터의 크기를 100만 개로 늘릴 수도 있지만 이 또한 좋은 선택은 아닙니다. 만약 전체 데이터로 시각화를 진행해야 한다면, 데이터가 변환되지 않은 Raw 데이터에서 시각화를 진행하기보다는 어느 정도 데이터 가공이나 요약한 상태에서 최종적으로 보여 주려는 마지막 결괏값만 시각화하는 것이 중요합니다. 그러려면 무엇을 분석할지, 어떤 데이터를 어떻게 보여 줄지 명확하게 정의한 후에 시각화하는 것이 중요합니다. 이 부분은 실제로 필자가 수강생들에게 매우 강조하는 부분이기도 합니다. 이번에는 모델링을 본격적으로 진행합니다.

2.3 피처 엔지니어링

이제 피처 엔지니어링을 진행할 차례입니다. 이제 다시 Train 데이터로 돌아옵니다. 데이터 시각화를 위해서 기본적인 작업들을 진행했지만, 복습하는 차원에서 다시 한번 간단하게 설명하면 다음과 같습니다.

먼저 데이터를 수집합니다. 본 Chapter에서는 데이터의 크기를 줄여서 작업합니다. 데이터가 크면 클수록 학습 시간에도 영향을 미쳐 줄여서 작업합니다. 전체 데이터 중에서 약 55,423개의 데이터로만 진행합니다.

```
def skip_logic(index, skip_num):
    if index%skip_num=0:
        return False
    return True

train=pd.read_csv('./train.csv', skiprows=lambda x: skip_logic(x, 1000))
print(train.shape)
test=pd.read_csv('./test.csv')
submission=pd.read_csv('./sample_submission.csv')
```

[실행 결과]

```
(55423, 8)
```

그리고 훈련 데이터 및 테스트 데이터에도 일괄 적용하도록 preprocessing 함수를 만듭니다. 이때 주의해야 하는 것은 테스트 데이터에는 Fare_Amount가 없어, If 구문을 적용해 차별을 둡니다. 또한 승하차 시의 위도와 경도는 테스트 데이터 세트에 맞춰 기재합니다. 이는 위도와 경도의 이상치 기준을 테스트 데이터 세트에 맞춰 진행한다는 의미입니다. 승하차 시의 경도와 위도를 모두 비교하면 최솟값과 최댓값을 구할 수 있습니다. 먼저 경도의 최솟값과 최댓값을 구합니다.

```
print("Longitude Boundary in test")
print("Minimum Value of Longitude:", min(test.pickup_longitude.min(), test.
dropoff_longitude.min()))
print("Maximum Value of Longitude:", max(test.pickup_longitude.max(), test.
dropoff_longitude.max()))
```

[실행 결과]

```
Longitude Boundary in test
Minimum Value of Longitude:-74.263242
Maximum Value of Longitude:-72.986532
```

이번에는 위도의 최솟값과 최댓값을 구합니다.

```
print("Latitude Boundary in test")
print("Minimum Value of Latitude:", min(test.pickup_latitude.min(), test.
pickup_latitude.min()))
print("Maximum Value of Latitude:", max(test.pickup_latitude.max(), test.
pickup_latitude.max()))
```

[실행 결과]

```
Latitude Boundary in test
Minimum Value of Latitude: 40.573143
Maximum Value of Latitude: 41.709555
```

위의 값을 구했으면, 이 데이터를 Boundary 딕셔너리의 개별 값으로 입력합니다.

```
def preprocssing(data):
  print("Old Shape Size:", data.shape)

  #Remove Missing Value
  data=data.drop(data[data.isnull().any(1)].index, axis=0)

  #Removing Outliers
  if 'fare_amount' in data.columns:
    data=data.drop(data[data['fare_amount']<0].index, axis=0).reset_
index(drop=True)
    data=data.drop(data[data['fare_amount']>500].index, axis=0).reset_
index(drop=True)

    #Removing Beyond NYC
    #1 is beyond NY, so will delete
```

```
    boundary={'min_lng':-74.263242, 'min_lat':40.573143, 'max_lng':-72.986532,
'max_lat':41.709555}
    data.loc[~((data.pickup_longitude >= boundary['min_lng']) & (data.pickup_
longitude <= boundary['max_lng']) &
            (data.pickup_latitude >= boundary['min_lat']) & (data.pickup_
latitude <= boundary['max_lat']) &
            (data.dropoff_longitude >= boundary['min_lng']) & (data.dropoff_
longitude <= boundary['max_lng']) &
            (data.dropoff_latitude >= boundary['min_lat']) & (train.dropoff_
latitude <= boundary['max_lat'])), 'is_beyond_NY']=1


    data.loc[((data.pickup_longitude >= boundary['min_lng']) & (data.pickup_
longitude <= boundary['max_lng']) &
            (data.pickup_latitude >= boundary['min_lat']) & (data.pickup_
latitude <= boundary['max_lat']) &
            (data.dropoff_longitude >= boundary['min_lng']) & (data.dropoff_
longitude <= boundary['max_lng']) &
            (data.dropoff_latitude >= boundary['min_lat']) & (data.dropoff_
latitude <= boundary['max_lat'])), 'is_beyond_NY']=0
    print("Outlier vs Non Outlier Counts")
    print(data['is_beyond_NY'].value_counts())
    data=data.drop(data[data['is_beyond_NY']== 1.0].index, axis=0).reset_
index(drop=True)
    data.drop(['is_beyond_NY'], axis=1, inplace=True)
  data=data.drop(data[data['passenger_count']>6].index, axis=0).reset_
index(drop=True)
  data=data.drop(data[data['passenger_count']=0].index, axis=0).reset_
index(drop=True)
  data['pickup_datetime']=pd.to_datetime(data['pickup_datetime'], format='%Y-
%m-%d %H:%M:%S UTC')
  #new variables from pickup_datetime
  data['year']=data['pickup_datetime'].dt.year
  data['month']=data['pickup_datetime'].dt.month
  data['date']=data['pickup_datetime'].dt.day
```

```
    data['day_of_week']=data['pickup_datetime'].dt.dayofweek
    data['hour']=data['pickup_datetime'].dt.hour

    #Delete Some Variables
    data.drop(['key', 'pickup_datetime'], axis=1, inplace=True)

    print("New Shape Size:", data.shape)
return data


new_train=preprocessing(train)
new_train
```

[실행 결과]

	fare_amount	pickup_longitude	pickup_latitude	dropoff_longitude	dropoff_latitude	passenger_count	year	month	date	day_of_week	hour
0	10.9	-73.988455	40.758432	-73.983816	40.730147	1	2012	5	18	4	18
1	7.5	-73.991776	40.726189	-73.987656	40.739204	5	2015	2	1	6	2
2	56.8	-73.988152	40.740112	-73.782355	40.646727	2	2012	10	23	1	7
3	14.5	-73.984455	40.759038	-74.011728	40.707793	2	2010	7	31	5	22
4	13.3	-73.983301	40.743722	-73.964523	40.710758	1	2011	2	28	0	18
...	...	...	...	...	...	...	...	...	...	...	...
53992	10.5	-73.984875	40.729762	-74.001793	40.746700	1	2013	2	3	6	22
53993	17.5	-73.984185	40.749052	-73.911797	40.761047	1	2012	12	22	5	3
53994	8.5	-73.971578	40.755180	-73.978423	40.751367	1	2013	10	14	0	8
53995	14.9	-73.999957	40.678620	-74.007187	40.728660	1	2009	8	5	2	7
53996	8.0	-73.972532	40.765390	-73.962988	40.772380	1	2012	11	13	1	15

53997 rows × 11 columns

그림 3-2-13 전처리 이후 데이터 요약

여기까지가 기본적인 데이터의 전처리 과정입니다. 특히 이상치를 제거하고 새로운 변수를 추가했다면, 기존 변수는 제거하는 등의 작업을 진행합니다. 이제 본격적으로 간단한 피처 엔지니어링을 진행합니다. 이때 도출 변수를 하나 만듭니다. 택시 탑승 및 하차 지역의 위도와 경도를 그대로 사용하기보다는 거리를 구합니다. 그리고 위도와 경도는 제거합니다. 왜 이렇게 진행할까요?

첫 번째로, 필자는 뉴욕과 관련한 도메인 지식이 없습니다. 필자는 미국에 두 번 정도 여행해 본 경험이 전부입니다. 모두 LA와 애리조나 주에만 가 본 경험이 있습니다. 그러나 뉴욕은 가 본 적이 없어(아, 생각해 보니 뉴욕 공항만 스톱오버로 잠시 가 봤습니다) 뉴욕 중심가가 어디인지, 베드타운과 워킹 지역이 어디인지 모릅니다. 이런 때는 가장 먼저 Baseline Model을 우선 구축하고, 정확히 알지 못하는 변수는 차라리 제거하는 것이 좋습니다. 그러나 위도와 경도는 매우 중요한 위치 정보를 담고 있어, 무조건 버리기보다는 하나의 도출 변수를 만들고 제거하는 것이 좋습니다. 가장 쉬운 접근법은 승하차의 거리를 측정하는 것으로, 가장 기본적인 도출 방법입니다. 그렇다면 위도와 경도를 활용해 거리를 어떻게 측정할까요? 일반적으로 위도와 경도를 구하는 공식은 하버사인 공식(Haversine Formula)을 활용한다고 알려져 있습니다. 하버사인에 대해 구체적으로 모르더라도 공식은 구할 수 있습니다. 파이썬에서는 거의 웬만한 것은 모두 라이브러리로 구현됩니다. 즉 매우 편하게 가져다 쓰도록 라이브러리가 풍부합니다. 따라서 직접 함수를 작성해서 구하거나 라이브러리를 활용해 구할 수 있습니다. 우선 필자는 공식에 대한 소개만 간단하게 한 뒤 라이브러리를 활용해 도출 변수를 추가합니다. 먼저 공식은 다음과 같습니다.[18]

$$\Theta = \frac{d}{r}$$

Θ는 두 점을 잇는 라디안 단위에서 호의 중심각으로 볼 수 있습니다. 조금 더 쉽게 표현하면 지구처럼 구 위의 두 점의 길이를 구할 때 사용하는 단위라고 볼 수 있습니다. 조금 더 풀어서 공식을 사용하면 다음과 같습니다.

$$hav(\Theta) = hav(\varphi_2 - \varphi_1) + \cos(\varphi_1)\cos(\varphi_2)\,hav(\lambda_2 - \lambda_1)$$

- $\varphi_2,\ \varphi_1$: 승차와 하차 시의 위도를 말합니다.
- $\lambda_2,\ \lambda_1$: : 승차와 하차 시의 경도를 말합니다.

---

18 Haversine Formula, https://en.wikipedia.org/wiki/Haversine_formula

hav(Θ)는 하버사인 함수로 다음과 같이 표현합니다.

$$hav(\Theta) = \sin^2\left(\frac{\theta}{2}\right) = \frac{1 - \cos(\theta)}{2}$$

그런데 실제 거리(d)를 구하려면 역함수에 해당하는 아크하버사인으로 곱해 줍니다. 아크하버사인은 NumPy의 함수로 구현됩니다. 최종적인 공식은 다음과 같이 정의합니다.

$$d = r\; archave(h) = 2r\arcsin(\sqrt{h})$$
$$d = 2r\arcsin\left(\sqrt{hav(\varphi_2 - \varphi_1) + \cos(\varphi_1)\cos(\varphi_2)\,hav(\lambda_2 - \lambda_1)}\right)$$
$$d = 2r\arcsin\left(\sin^2\left(\frac{\varphi_2 - \varphi_1}{2}\right) + \cos(\varphi_1)\cos(\varphi_2)\sin^2\left(\frac{\lambda_2 - \lambda_1}{2}\right)\right)$$

실제 캐글 노트북을 보면, 하버사인 공식을 사용자 정의 함수로 구현해 사용하기도 합니다. 그러나 본 Chapter에서는 패키지를 설치해 간단하게 적용하는 것으로 마무리합니다. 먼저 패키지를 설치합니다.

```
!pip install haversine
```

이번에는 서울과 부산의 직선거리를 구합니다. 구글 Map에 찍어 보면 다음과 같은 지명이 나옵니다. 서울 압구정 주변과 부산역 주변의 직선거리입니다.

그림 3-2-14 압구정 주변 지도

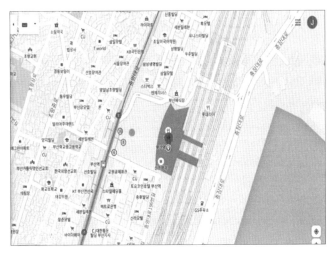

그림 3-2-15 부산역 주변 지도

```
from haversine import haversine, Unit
seoul=(37.532600, 127.024612)
busan=(35.114839, 129.041494)


haversine(seoul, busan)
```

```
323.89975226124534
```

이제 본 데이터에 적용합니다. 이때는 반복문을 사용해 각각의 데이터를 입력합니다. 여기에서 주의해야 하는 것은 Haversine 함수에 Pandas 각각의 변수를 List로 변환한 후, 각 리스트 인덱스 값을 반복문에 적용해 하나씩 계산합니다.

```python
distances=[]
pick_lon=new_train['pickup_longitude'].tolist()
pick_lat=new_train['pickup_latitude'].tolist()
drop_lon=new_train['dropoff_longitude'].tolist()
drop_lat=new_train['dropoff_latitude'].tolist()

for row in range(len(new_train)):
  dist=haversine((pick_lat[row], pick_lon[row]), (drop_lat[row], drop_lon[row]))
  distances.append(dist)

new_train['distance']=distances
print(new_train[['fare_amount', 'distance', 'passenger_count']])
```

```
       fare_amount   distance  passenger_count
0             10.9   3.169341                1
1              7.5   1.488336                5
2             56.8  20.220492                2
3             14.5   6.144112                2
4             13.3   3.992399                1
...            ...        ...              ...
53992         10.5   2.361989                1
53993         17.5   6.241498                1
53994          8.5   0.715686                1
```

```
53995          14.9    5.597480              1
53996           8.0    1.118084              1

[53997 rowsx3 columns]
```

계산 결과 적정한 거리가 산출된 것을 확인할 수 있습니다. 그러나 이는 도로의 거리
가 아니라 직선거리를 의미합니다. 실제 택시 운전사가 지름길을 택한 건지, 조금 돌
아서 운행한 건지 확인하기 어렵습니다. 만약에 데이터를 수집할 때 실제 운행 시간까
지 수집할 수 있다면 조금 더 양질의 데이터를 확보하겠지만, 아쉽게도 본 대회에서는
제공하지 않습니다. 우선 좌표의 거리를 구했기에 위도와 경도 등은 모두 삭제합니다.

```
new_train.drop(['pickup_longitude', 'pickup_latitude', 'dropoff_longitude',
 'dropoff_latitude'], axis=1, inplace=True)
new_train.info()
```

[실행 결과]

```
<class 'pandas.core.frame.DataFrame'>
RangeIndex: 53997 entries, 0 to 53996
Data columns(total 8 columns):
 #   Column           Non-Null Count  Dtype

---  ---              ---             ---
 0   fare_amount      53997 non-null  float64
 1   passenger_count  53997 non-null  int64
 2   year             53997 non-null  int64
 3   month            53997 non-null  int64
 4   date             53997 non-null  int64
 5   day_of_week      53997 non-null  int64
 6   hour             53997 non-null  int64
 7   distance         53997 non-null  float64
dtypes: float64(2), int64(6)
memory usage: 3.3 MB
```

이제 어느 정도 전처리가 끝난 듯합니다. 여기에서 추가로 해야 한다면 수치형 데이터라 로그 변환이나 표준화나 정규화 등의 작업을 해야 합니다. 또한 Day_Of_Week와 같은 변수는 숫자라고 보기보다는 문자열 데이터로 취급해야 합니다. 이때 필요한 과정은 라벨 인코딩이나 원핫 인코딩 등을 사용하는 과정들도 진행해야 합니다. 또 하나 더 중요한 개념 중의 하나는, 택시가 가장 많이 활용되는 지역을 찾아서 별도로 도출 변수를 만드는 과정도 진행해야 합니다. 실제로 다른 캐글 노트북을 보면 공항과 연계된 피처 엔지니어링을 진행한 노트북을 종종 볼 수 있습니다. 이러한 과정은 도메인에 기반한 과정이라 실무에서는 이러한 관점이 매우 중요합니다. 조금 아쉬운 부분이 있지만 피처 엔지니어링은 이쯤에서 마무리합니다. 부족한 부분은 독자 분들에게 맡깁니다.

2.4 Modelling

전처리가 끝났다면 이번에는 모델링을 수행해야 합니다. 기본적인 절차는 Part II에서 진행한 것과 크게 다르지 않습니다. 그러나 이번 Chapter에서는 일반적인 선형 회귀나 SVM과 같은 모듈보다는 캐글에서 자주 사용되는 RandomForest, XGBoost, LightGBM 그리고 가끔 등장하는 CatBoost를 이론보다는 코드적으로 소개합니다.

모델링에 집중하기에 앞서 다시 한번 모델링의 전체적인 과정을 복습합니다. 가공되지 않은 데이터를 피처 엔지니어링을 통해서 가공합니다. 그 후에 데이터를 Training+Validation+Test 데이터로 분할합니다. 이 기법은 별도의 테스트 데이터가 없을 때 유용합니다. 그러나 캐글에서는 보통 Test 데이터를 별도로 부여해 Test 데이터를 따로 만들 필요는 없습니다. 즉 Training+Validation 데이터로 분할합니다.

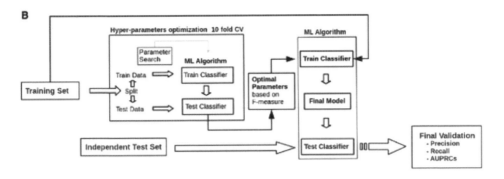

그림 3-2-16 Kor 교사 검증(Cross Validation) 과정 설명

모형을 만들 때는 Cross Validation을 활용합니다(Part II 참조). 그런데 Cross Validation 할 때 같이 수반되어야 하는 작업은 모형에 적합한 하이퍼 파라미터 튜닝을 진행해 모형의 성능을 최적화하는 파라미터를 찾는 것입니다. 그런데 Hyper Parameter Tuning(하이퍼 파라미터 튜닝)은 무엇일까요?

2.4.1 하이퍼 파라미터 튜닝

필자는 운전을 별로 좋아하지 않아 차에 관해 관심이 많지 않습니다(연 주행 거리 2,000km 이하). 따라서 자동차 튜닝에도 큰 관심이 없습니다. 그런데 자동차 튜닝을 좋아하는 사람들은 차를 기본값으로 사용하지 않고 엔진, 주행, 제동 장치 등을 개조합니다. 그런데 왜 개조할까요?[19]

---

19 https://www.hankookilbo.com/News/Read/201405191688204128

내 자동차 튜닝 어디까지 할 수 있나

엔진
승인절차 거치면 교체 및
출력향상 목적 튜닝 가능.
출력 · 성능저하 튜닝은 불법

연료장치 변경
LPG의 경우 자격요건(장애인, 영업용
등) 갖추면 승인절차 거쳐 튜닝 가능.
CNG는 일반인도 가능

차체 높임
냉동탑차, 유압크레인 ·
적하기 등 목적으로 승인
거쳐 변경 가능. SUV포함
승용차 차체 높임은 불법

에어스포일러
다양한 스포일러 장착
가능. 단 차 폭보다
커지면 불법

범퍼가드
범퍼와 같은 플라스틱
재질의 가드는 승인절차
없이 설치가능. SUV 등의
철제가드는 불법

전조등
HID 전구 · 컨트롤 유닛
일괄 교체시 승인절차
거쳐 변경 가능. HID
전구만 바꾸는 것은
불법

에어댐
다양한 모양, 색깔의
에어댐 설치 가능.
단 차체에서 돌출될
경우 불법

바퀴
승인절차 없이 다양한
모양의 휠, 타이어 교체
가능. 하지만 차체보다
돌출 시 불법

방향지시등 · 후미등
LED등으로 변경 가능.
색깔변경은 불법

배기구
다양한 모양의 배기구 튜닝 가능.
단, 차체보다 나오거나 방향이 바뀌면 불법

머플러(소음기)
소음 100dB 이하일 경우 승인절차 거쳐
튜닝 가능

자료 : 교통안전공단

그림 3-2-17 튜닝 예시-자동차

자동차를 튜닝하는 가장 큰 목적은 차주 자신의 운전 습관에 따라 차의 성능을 극대화하기 위함입니다. 그러나 튜닝을 잘못하면 오히려 차의 성능은 반감되고 정작 제대로 쓰지 못할 가능성도 있습니다. 따라서 보통 튜닝할 때는 개인적으로 진행하지 않고 전문 튜닝 Shop에서 진행하거나 차주 자신이 공부를 많이 한 뒤 튜닝 Shop에 의뢰하는 경우가 대부분입니다. 즉 아는 만큼 어떻게 튜닝해야 할지 아는 것입니다.

머신러닝에서의 하이퍼 파라미터 튜닝도 이와 크게 다르지 않습니다(국내에서는 보통

매개 변수로 번역되기도 합니다). 다만 대상은 자동차가 아니라 개별적인 모델에 대한 것입니다. 여기에서 입문자는 깊은 고민에 빠집니다. 코딩도 익숙하지 않은 상황인데 파라미터 튜닝을 하려면 어떻게 공부해야 할까요?

실무적인 관점에서 결론부터 말하면 입문자에게 하이퍼 파라미터 튜닝은 권하고 싶지 않습니다. 가장 큰 이유는 입문자는 모델을 어설프게 튜닝할 가능성이 매우 높고, 실제로 튜닝한다고 해도 그것이 실제로 모형의 큰 성능 향상을 가져다줄지 의문이기 때문입니다. 투입 대비 나오는 결과물이 그렇게 크지 않을 확률이 매우 높습니다. 예를 들면 입문자는 자동차를 튜닝하고 싶은 초보 운전자와 같습니다. 만약 이미 수천만 원을 지급한 차에 어설프게 배워서 튜닝한다면 할 수 있을까요? 차주 자신이 직접 튜닝하기보다는 약간의 비용을 지급하고 튜닝한 차를 받는 것이 훨씬 더 경제적이지 않을까요? 마찬가지로 자신이 직접 튜닝하기보다는 모형이 기본적으로 제공하는 파라미터에서 모델을 개발하는 개발자가 아는 만큼만 적정하게 튜닝하는 것이 가장 경제적일 것입니다. 따라서 만약에 모델에 필요한 각각의 하이퍼 파라미터의 각 값을 이해하지 못한다면, 안 쓰는 것이 훨씬 더 좋을 수 있습니다. 꼭 파라미터를 써야 한다면, 이때는 조금 더 효율적인 관점에서 접근하는 것이 좋습니다. 또한 이때는 각 모델의 기원인 관련 논문들을 읽어 보는 것도 매우 훌륭한 공부일 수 있습니다. 그랜드 마스터와 같은 캐글러분들의 파라미터를 가져다 쓰는 것도 우선 고려할 수 있습니다.

모형의 개발 관점에서 얘기하면 하이퍼 파라미터 튜닝의 궁극적인 대상이 Validation 데이터에 맞춰질 가능성이 있습니다. 즉 이는 과적합을 의미합니다. 보통 우리가 모형의 성능이 좋다, 나쁘다를 따질 때 첫 번째 기준은 검증(Validation) 데이터입니다. 그런데 하이퍼 파라미터 튜닝을 맹신하면, 모든 결괏값을 검증 데이터 세트에 맞출 가능성이 큽니다. 그러나 기억해야 하는 것은 실제로 모델 개발자가 확인해야 하는 데이터는 검증이 아니라 아직 주어지지 않은 테스트 데이터 세트입니다. 즉 이 지점이 캐글의 묘미입니다. 입문자분들이 캐글을 해야 하는 이유는 실제 참여자가 만든 모델이 어떻게 테스트되는지 확인할 수 있는 기회가 주어지기 때문입니다. 이는 일반적인 책이나 강의로는 접할 수 없는 환경입니다. 즉 사용자가 각자 만든 모델을 실제 비즈니스 환경에서 어떻게 적용되는지 자신이 직접 확인하는 기회를 제공합니다. 과거의 넷플릭스가 그랬던 것처럼, 지금도 이러한 경향성은 유지됩니다. 2021년 2월에 종료된 대회 중에 Jane Street Market Prediction 대회 Training Timeline 제출일은 2월 22일이지만, 실제 예측 구간에 해당하는 Forecasting Timeline은 8월 23일입니다.

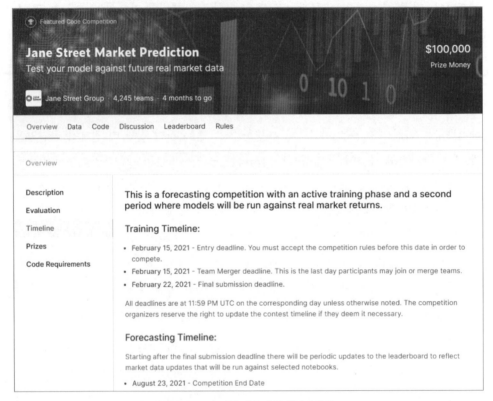

그림 3-2-18 캐글 예측 대회 페이지 예시

다시 본론으로 돌아와서, 그렇다면 모델의 파라미터는 무엇을 의미하고, 모형에 적합한 최적의 파라미터들은 어떻게 찾을까요? 우선 가장 쉬운 Decision Tree의 예를 통해서 구체적으로 살펴봅니다. Graphviz 패키지를 활용하면 Decision Tree 모형이 어떻게 나무를 생성하는지 시각적으로 보여 줍니다. 해당 코드는 공식 홈페이지에서도 확인이 가능합니다.

– https://scikit-learn.org/stable/modules/tree.html

```
from sklearn.datasets import load_iris
from sklearn import tree
import graphviz
iris=load_iris()
X_features=iris.data
y_target=iris.target
clf=tree.DecisionTreeClassifier()
clf=clf.fit(X_features, y_target)
dot_data=tree.export_graphviz(clf, out_file=None,
                              feature_names=iris.feature_names,
                              class_names=iris.target_names, filled=True,
                              rounded=True, special_characters=True)
graph=graphviz.Source(dot_data)
graph
```

[실행 결과]

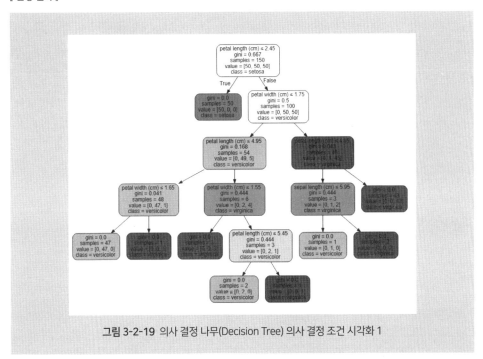

그림 3-2-19 의사 결정 나무(Decision Tree) 의사 결정 조건 시각화 1

[그림 3-2-19]는 Decision Tree 모형의 가장 기본 모형을 나타냅니다. 만약 Decision Tree 의 이론적인 부분을 다시 한번 상기하고 싶다면, PART I의 Chapter 7을 다시 한번 살 펴보기를 바랍니다(p. 164). 여기에서 Decision Tree의 파라미터들을 출력합니다.

```
print(clf)
```

[실행 결과]

```
DecisionTreeClassifier(ccp_alpha=0.0, class_weight=None, criterion='gini',
                       max_depth=None, max_features=None, max_leaf_nodes=None,
                       min_impurity_decrease=0.0, min_impurity_split=None,
                       min_samples_leaf=1, min_samples_split=2,
                       min_weight_fraction_leaf=0.0, presort='deprecated',
                       random_state=None, splitter='best')
```

실행 결과를 보면 각 모형 알고리즘이 내재하는 고유의 파라미터가 있습니다. 이 파라미 터는 각각의 알고리즘마다 모두 다 다릅니다. 이 중에서 Max_Depth 파라미터만 조정해 다시 시각화를 진행합니다. Max_Depth 파라미터는 나무의 최대 깊이를 규정하는데, 만 약 디폴트를 적용하면 완벽하게 클래스가 결정될 때까지 계속 확장해 가는 성향이 있 습니다. 즉 훈련 데이터에만 최적화되어 새로운 값이 들어올 때 틀릴 확률이 커집니다. 따라서 이번에는 Max_Depth 파라미터를 숫자 2로 지정한 후 그래프를 출력합니다.

```
clf=tree.DecisionTreeClassifier(max_depth=2)
clf=clf.fit(X_features, y_target)
dot_data=tree.export_graphviz(clf, out_file=None,
                                  feature_names=iris.feature_names,
                                  class_names=iris.target_names,
                                  filled=True, rounded=True,
                                  special_characters=True)
graph=graphviz.Source(dot_data)
graph
```

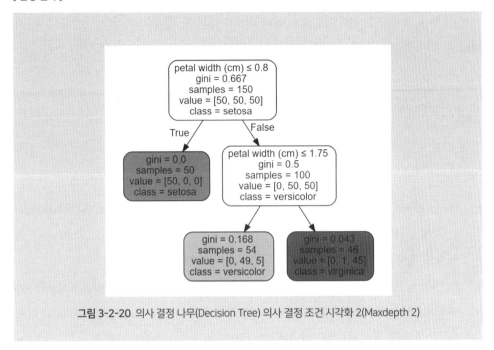

그림 3-2-20 의사 결정 나무(Decision Tree) 의사 결정 조건 시각화 2(Maxdepth 2)

시각화를 통해서 볼 수 있듯이 깊이는 2단계에서 종료됩니다. 보면서 알겠지만 Max_ Depth 파라미터를 조정만 하더라도 모형 학습 범위가 매우 달라집니다. 그렇다면 독자 분들은 아마 궁금증이 생길 것입니다. Iris 데이터 예측 모형에 적합한 Max_Depth 파라미터 숫자는 몇일까 궁금할 겁니다. 가장 좋은 방법은 Max_Depth를 1부터 숫자를 하나씩 늘려 가면서 확인하는 것이 중요합니다. 그런데 잊지 말아야 하는 것은 Decision Tree의 파라미터 14개 중에서 1개만 활용한 점입니다. 머신러닝 알고리즘에서 가장 쉽다는 Decision Tree 중 총 14개 파라미터에 대한 이해를 완벽히 끝내야 수동으로 조절한다는 뜻입니다. 그렇다면 Decision Tree 외에 다른 알고리즘은 어떻게 될까요? 이 부분에서 머신러닝 알고리즘이 어렵다고 느끼는 요인입니다. 따라서 만약에 입문자분들이 캐글에 참여한다면 전략적인 선택이 중요합니다. 즉 다양한 알고리즘을 사용하기보다 처음 캐글에 입문한다면, 초기에는 한 알고리즘만 집중적으로 공부하는 것이 효율적입니다. 그렇다면 어떤 알고리즘을 사용해야 할까요? 캐글에서 자주 사용되는 알고리즘 XGBoost, LightGBM 그리고 CatBoost 기법입니다. 이미 Chapter I에서 알고리즘을 설명해 XgBoost, LightGBM, CatBoost의 파라미터에 대해 간단히 설명했습니다. 자세한 부분은 공식 홈페이지를 참조하기를 바랍니다.

XGBoost Parameters

이에 대한 설명은 공식 홈페이지에서도 확인할 수 있습니다.[20] 간단하게 요약하면, XG-Boost는 크게 3가지로 구분합니다.

- 먼저 General Parameters는 일반적으로 나무 또는 선형 모델에 사용하는 Booster와 관련 있습니다. 즉 실행 시 스레드의 개수, 실행 시의 버그나 정보, Warning의 메시지를 출력하는 것으로 실제적인 모형 알고리즘에 관한 것입니다.

- 두 번째는 Booster Parameters에 해당하는데, 이 부분이 모델을 개발하는 개발자가 어떻게 선택하느냐에 따라 달라집니다. 대표적으로 Max_Depth와 같은 파라미터가 이 영역에 포함됩니다. 이외에 학습률에 해당하는 Eta 파라미터, 나무의 리프 노드를 추가로 나눌지를 결정할 Gamma 파라미터, Decision Tree가 커져 과적합되는 것을 방지하도록 데이터의 샘플링 비율을 조정하는 Sub_Sample 파라미터 등이 이에 속합니다.

- 마지막으로는 Learnig Task Parameters는 어떤 학습을 할지 일종의 시나리오를 작성합니다. 만약 회귀 모형을 진행한다면, Objective에 Reg:Squarederror를 입력하고, Eval_Metric은 Rmse와 같은 평가 지표를 같이 작성합니다.

XGBoost는 이외에 자체로 교차 검증, 모형 평가, Feature Importance 시각화 기능을 제공합니다. 또한 딥러닝 알고리즘에서는 과적합 방지용으로 자주 등장하는 Early Stopping 기능도 제공합니다. 이는 기존의 머신러닝 알고리즘이 Decision Tree나 Gradient Boosting Machine과 같은 알고리즘에는 없는 기능입니다. 이를 통해서 과적합을 방지할 수 있습니다. 또한 GPU를 지원합니다.

---

20 https://xgboost.readthedocs.io/en/latest/parameter.html

LightGBM Parameters

LightGBM 파라미터에 대한 설명은 공식 홈페이지에서 확인할 수 있습니다.[21] LightGBM 파라미터는 Core Parameters, Learning Control Parameters, IO Parameters, Objective Parameters, Metric Parameters, Network Parameters, GPU Parameters 등으로 구분할 수 있습니다. XGBoost와 마찬가지로 80개 이상의 파라미터가 존재합니다. 이때부터는 사실상 모든 파라미터를 알고 쓰기는 매우 어렵습니다. 또한 대부분의 파라미터는 XGBoost와 매우 유사한 기능을 제공하지만, 용어 부분만 차이가 있을 뿐입니다. 사용자들이 더욱 쉽게 XGBoost와 LightGBM을 사용하도록 정리한 사이트가 있습니다.[22]

 Parameters의 각 항목을 클릭하면, XGboost에서 사용하는 용어와 LightGBM에서 사용하는 용어가 조금씩 다름을 볼 수 있습니다. 그러나 각 파라미터의 역할 등에 대해 간단히 기술해 필요하면 해당 사이트에서 파라미터들을 조정할 수 있습니다.

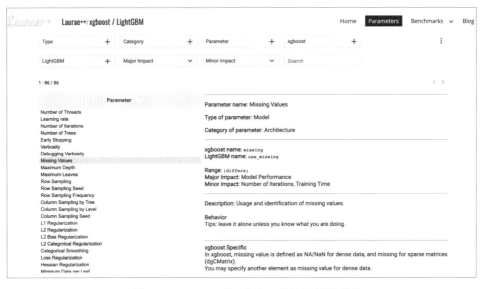

그림 3-2-21 XGBoost와 LightGBM의 차이 사이트 예시

---

21 https://lightgbm.readthedocs.io/en/latest/parameters.html
22 https://sites.google.com/view/lauraepp/parameters

CatBoost Parameters[23]

CatBoost Parameters는 기존의 XGBoost와 LightGBM과는 조금 다르게 Categorical 데이터에 주목합니다. 실제로 정형 데이터를 다룰 때 가장 까다로운 것 중의 하나는 문자열 데이터입니다. 기본적으로 문자열 데이터를 다룰 때는 Label Encoding 또는 One-Hot Encoding 기법을 활용해 전처리를 진행합니다. 그런데 CatBoost Parameters에서는 데이터 전처리를 할 때는 학습 속도와 모형의 성과가 저하되어 원칙적으로는 One-Hot Encoding 사용을 금지합니다. 그러나 특정 범주형 변수의 값이 많지 않다면, One-Hot Enconding 사용도 인정합니다. CatBoost Parameters의 또 다른 특징은 약 80개가 넘는 파라미터를 제어해야 하는 XGBoost와 LightGBM과 다르게 파라미터의 개수가 약 1/4 수준으로 매우 적습니다. CatBoost 알고리즘은 Ordered Boosting과 Random Permutation이라는 두 가지 이론을 토대로 과적합을 최대한 방지하도록 만들어져 파라미터 튜닝이 종래의 기법과 다르게 많이 할 필요가 없습니다. 대표적으로는 학습률(Learning Rate)이나 L2 정규화, One-Hot Encoding과 관련된 파라미터 등이 있지만 결과는 크게 다르지 않습니다. 즉 기본적으로 모델이 파라미터를 굳이 하지 않더라도 모형의 결과에는 큰 차이가 없도록 안정적으로 설계되었다고 볼 수 있습니다. 다만 아쉬운 부분은 CatBoost의 논문 부제가 Unbiased Boosting with Categorical Features인 것처럼, 정형 데이터 중에서 수치형이 많으면 상대적으로 성능이나 속도 면에서 기존의 모형보다는 뛰어나지 않아 데이터 세트의 형태에 따라 전략적으로 선택해야 하는 점을 잊어서는 안 됩니다.

2.4.2 Grid Search vs Random Search

하이퍼 파라미터의 기본적인 개념을 배웠다면, GridSearch와 Random Search 개념도 같이 알아 두어야 합니다. 그렇다면 왜 이러한 방법이 필요할까요? Decision Tree 모형을 설명할 때 Max_Depth 파라미터를 조정할 수 있다고 배웠습니다. Iris 데이터 세트는 매

---

23 https://catboost.ai/docs/concepts/parameter-tuning.html

우 작은 사이즈이고, 변수도 종속 변수를 제외하면 4개뿐이라 Max_Depth의 숫자를 매뉴얼로 조정해도 최적의 파라미터를 찾는 데 오랜 시간이 소요되지 않습니다. 그런데 만약에 데이터가 1GB 이상이고, 확인해야 하는 변수의 개수도 100개가 넘어간다고 가정하면, 매뉴얼로 파라미터를 조정하는 것은 사실상 불가능합니다. 따라서 특정 범위를 지정한 후 가장 좋은 성과를 내는 파라미터를 도출하는 방안을 제공하는 것이 주목적입니다. 이와 같은 방법론은 크게 두 가지가 있습니다.

2012년에 James Bergstra와 Yoshua Bengio는 Grid Search와 Random Search에 대해 비교하는 논문을 발표합니다.[24]

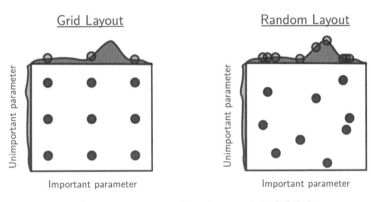

그림 3-2-22 Grid Search와 Random Search 튜닝 방식 비교

먼저 Grid Search는 범위와 간격을 연구자가 미리 정해서 각 경우의 수에 모두 대입해 최적의 경우의 수를 찾습니다. 코드로 보면 {'Max_Depth': [1, 2, 3]}과 같이 임의로 숫자를 입력합니다. Random Search는 조금 다릅니다. 특정 범위만 정해 줄 뿐 어떤 값이 들어갈지는 난수를 통해 생성합니다. 그런데 [그림 3-2-22]를 보면 중요한 차이점이 있습니다. x축에 해당하는 Important Parameter를 기준점에서 볼 때 Grid Search는 3개 지

24   Random Search for Hyper-Parameter Optimization: https://www.jmlr.org/papers/volume13/bergstra12a/bergstra12a.pdf

점만 탐색하지만, Random Search는 9개 지점을 탐색한다는 것을 확인할 수 있습니다. 즉 Grid Search보다는 Random Search가 비용적으로 볼 때 더 효율적이라는 것을 의미합니다. 실제로 본 논문의 결론에서는 Random Search가 Grid Search보다 하이퍼 파라미터 튜닝을 할 때 더 효율적이라고 결론 내립니다. Grid Search의 가장 큰 문제점으로 탐색 비용이 과도하게 많아진다는 점을 지적합니다. 특히 데이터가 복잡할수록 Grid Search보다는 Random Search가 조금 더 효율적이라는 점을 시사합니다. 파이썬 Scikit-Learn 라이브러리에는 Grid Search와 Random Search API를 제공합니다. Decision Tree를 활용해 간단하게 하이퍼 파라미터의 코드 문법을 익혀 봅니다. 먼저 Grid Search의 예시 코드를 확인해 봅니다.

```python
from sklearn.datasets import load_iris
from sklearn.tree import DecisionTreeClassifier
from sklearn.model_selection import train_test_split, GridSearchCV
import pandas as pd

iris_data=load_iris()
X_train, X_test, y_train, y_test=train_test_split(iris_data.data,
                                                  iris_data.target,
                                                  test_size=0.2, random_
state=42)
tree=DecisionTreeClassifier()
grid_search_params={'max_depth': [1, 2],
                    'max_features': [1, 2]}
grid_tree=GridSearchCV(tree, param_grid=grid_search_params, cv=5)
grid_tree.fit(X_train, y_train)
scores=pd.DataFrame(grid_tree.cv_results_)
scores[['params', 'mean_test_score', 'rank_test_score']]
```

	params	mean_test_score	rank_test_score
0	{'max_depth': 1, 'max_features': 1}	0.600000	4
1	{'max_depth': 1, 'max_features': 2}	0.675000	3
2	{'max_depth': 2, 'max_features': 1}	0.791667	2
3	{'max_depth': 2, 'max_features': 2}	0.891667	1

그림 3-2-23 Grid Search 방식 평가 출력

총 4개 결과를 볼 수 있는데, 이는 하이퍼 파라미터가 순차적으로 학습 및 평가를 수행합니다. 즉 파라미터의 개수가 늘어날 때마다 곱셈으로 계산되어 늘어나는 특징이 있습니다. 이번에는 Random Search의 코드를 확인합니다.

```python
from scipy.stats import randint
from sklearn.datasets import load_iris
from sklearn.tree import DecisionTreeClassifier
from sklearn.model_selection import train_test_split, RandomizedSearchCV
import pandas as pd

iris_data=load_iris()
X_train, X_test, y_train, y_test=train_test_split(iris_data.data, iris_data.target,
                                                  test_size=0.2, random_state=42)


tree=DecisionTreeClassifier()


random_search_params={'max_depth': randint(1, 5),
                      'max_features': randint(1, 4)}
```

```
random_tree=RandomizedSearchCV(tree, random_search_params, cv=5)
random_tree.fit(X_train, y_train)

scores=pd.DataFrame(random_tree.cv_results_)
scores[['params', 'mean_test_score', 'rank_test_score']]
```

[실행 결과]

	params	mean_test_score	rank_test_score
0	{'max_depth': 2, 'max_features': 3}	0.916667	4
1	{'max_depth': 2, 'max_features': 3}	0.925000	3
2	{'max_depth': 2, 'max_features': 1}	0.758333	6
3	{'max_depth': 4, 'max_features': 2}	0.941667	1
4	{'max_depth': 1, 'max_features': 2}	0.650000	8
5	{'max_depth': 2, 'max_features': 1}	0.833333	5
6	{'max_depth': 1, 'max_features': 1}	0.641667	10
7	{'max_depth': 1, 'max_features': 3}	0.675000	7
8	{'max_depth': 4, 'max_features': 2}	0.933333	2
9	{'max_depth': 1, 'max_features': 2}	0.650000	8

그림 3-2-24 Random Search 방식 평가 출력

Grid Search와 다르게 Random Search는 주어진 범위 내에서 다양하게 탐색하는 것을 볼 수 있습니다. 만약에 Grid Search에 적용하면 Max_Depth를 4로 지정하고, Max_Fea-tures를 3으로 지정한다면 4x3 총 12번의 탐색이 필요하지만, Random Search는 10번의 탐색만 필요한 것을 볼 수 있습니다. 만약에 변수의 개수를 늘려 간다면 어떻게 될까요? Grid Search는 계속 곱하기를 해야 해서 Grid Search 탐색의 비용이 기하급수적으로 늘어 간다는 것을 직감적으로 알 수 있습니다.

2.4.3 XGBoost, LightGBM, CatBoost

다시 본 데이터로 돌아와서 각각의 모델링을 학습한 뒤 예측 모형까지 수행합니다. 이 때는 앞선 내용에서 배운 하이퍼 파라미터를 적용합니다. 그런데 한 가지 짚고 넘어갈 내용이 있습니다. 캐글 노트북을 보면 XGBoost나 LightGBM의 파라미터 명이 노트북 에 따라 조금씩 달라지는 것을 볼 수 있습니다. 조금 쉽게 설명하면 XGBoost는 독자적 인 XGBoost 모듈과 Scikit-Learn 모듈이 존재합니다. 내용적으로는 다른 것은 없지만, 파라미터의 이름이 달라져 문법적으로 조금 혼동할 수 있습니다. 예를 들어 정리하면 다음과 같습니다.

Python API	Scikit-Learn API	설명
Eta	Learning Rate	GBM의 학습률이며, 0~1 사이의 값을 지정
Gamma	Min_Split_Loss	리프 노드를 추가로 나눌지를 결정할 최소 손실 감소 값을 말 하며, 값이 클수록 과적합 감소 효과가 있음
Sub_Sample	Subsample	데이터의 샘플링 비율을 조정할 수 있고, 일반적으로 0.5~1 사이의 값을 사용

표 3-2-1 Python API와 Scikit-Learn API 파라미터 비교

마찬가지로 독자적인 LightGBM 모듈도 Scikit-Learn 모듈과 다릅니다. 예를 들면 다음 과 같습니다.

Python API	Scikit-Learn API	설명
Bagging_Fraction	Subsample	데이터의 샘플링 비율을 조정할 수 있고, 일반적으로 0.5~1 사이의 값을 사용
Feature_Fraction	Colsample_bytree	나무 생성에 필요한 변수를 임의로 샘플링하는 데 사용하며, 데이터 세트의 변수가 많으면 과적합을 조정하는 데 적용

표 3-2-2 Python API와 Scikit-Learn API 파라미터 비교

대표적으로는 위와 같이 정리하지만, 이외에도 조금씩 다릅니다. 즉 이러한 용법은 실제 코딩할 때 혼동스러워 실제로 Scikit-Learn 위주로만 모형을 설계할지 아니면 독자적인 모듈을 사용할지 먼저 정하는 것은 입문자에게 매우 중요합니다. 그렇지 않으면 쉽게 혼동할 수 있습니다. 본 Chapter에서는 Scikit-Learn 방식으로 설정하는 것으로 설계합니다.

본격적인 모델링을 적용하도록 필수 라이브러리를 불러옵니다. 구글 코랩은 기본적으로 XGBoost와 LightGBM을 곧바로 불러와서 사용할 수 있습니다.

```python
import xgboost as xgb
import lightgbm as lgb
from sklearn.model_selection import train_test_split
from math import sqrt
import time
import datetime

y=new_train['fare_amount']
new_train.drop(['fare_amount'], axis=1, inplace=True)
X=new_train
X.shape, y.shape
```

[실행 결과]

```
((53997, 7), (53997,))
```

X는 독립 변수를 의미하며, y는 종속 변수를 의미합니다. 이번에는 데이터 세트를 분류합니다. 기존 테스트 데이터가 존재해 검증 데이터를 별도로 구성합니다. 이는 XG-Boost 모델을 사용할 때 실제 검증이 어떤 식으로 구현되는지 확인할 수 있습니다.

```
X_train, X_val, y_train, y_val=train_test_split(X, y, test_size=0.2, random_
state=123)
X_train.shape, X_val.shape, y_train.shape, y_val.shape
```

[실행 결과]

```
((43197, 7), (10800, 7), (43197,), (10800,))
```

먼저 XGBoost 알고리즘을 적용합니다. 하이퍼 파라미터는 임의로 지정해서 넣습니다. Grid Search나 Random Search는 아직 적용한 것이 아닙니다. 또한 Eval_Set=[(X_val, y_val)]을 활용해 검증 데이터를 추가합니다. Verbose 파라미터는 검증 데이터의 학습 결과를 하나씩 출력해 보여 줍니다. 가장 중요한 것은 Objective 파라미터입니다. 회귀는 'Reg:Linear'를 사용해야 하고, 분류는 3가지로 또한 구별됩니다. 'Binary:Logistic', 'Multi:Softmax', 'Multi:Softprob'으로 구분합니다. 이진 분류는 Binary:Logistic을 입력하고, 다중 분류는 Multi를 사용하는데, 개별적인 분류값을 바로 확인하고 싶다면 Softmax를 사용하고, 각각의 클래스에 속할 확률을 구하고 싶다면 Softprob을 사용합니다. 이 부분은 Chapter 3에서 분류 모형을 개발할 때 한 번 더 확인합니다. 모형의 시간 측정을 위해 Time 라이브러리를 활용합니다. 간단히 테스트하는 데 2초 정도 짧게 시간이 소요되지만, 데이터 세트 크기와 Grid Search와 Random Search를 진행하면 테스트 시간은 기하급수적으로 늘어납니다. 이때 Time 라이브러리를 활용하여 각 테스트 시간을 기록하여 비교한다면 최종적인 모형을 선정할 때도 하나의 근거 자료로 활용할 수 있습니다.

```
params={'max_depth':5,
        'learning_rate':0.5,

'objective':'reg:linear',
        'eval_metric':'rmse',
         'early_stopping_rounds':5
```

```
            }
xgb_model=xgb.XGBRegressor(**params)
print(xgb_model)

start=time.time()
xgb_model.fit(X_train, y_train, eval_set=[(X_val, y_val)], verbose=True)

sec=time.time() - start
times=str(datetime.timedelta(seconds=sec)).split(".")
times=times[0]
print(times)
```

[실행 결과]

```
XGBRegressor(base_score=0.5, booster='gbtree', colsample_bylevel=1,
             colsample_bynode=1, colsample_bytree=1, early_stopping_rounds=5,
             eta=0.5, eval_metric='rmse', gamma=0, importance_type='gain',
             learning_rate=0.1, max_delta_step=0, max_depth=5,
             min_child_weight=1, missing=None, n_estimators=100, n_jobs=1,
             nthread=None, objective='reg:linear', random_state=0, reg_alpha=0,
             reg_lambda=1, scale_pos_weight=1, seed=None, silent=None,
             subsample=1, verbosity=1)
[0]     validation_0-rmse:13.2931
[1]     validation_0-rmse:12.1014
.
.
.
[97]    validation_0-rmse:4.19909
[98]    validation_0-rmse:4.19904
[99]    validation_0-rmse:4.19995
0:00:02
```

학습이 끝나면 바로 테스트 데이터를 활용해 예측값을 뽑습니다. 그 후에 Sample Submission을 활용해 제출을 진행합니다. 그런데 Csv 파일을 구글 코랩에서 다운로드 하지 않고 명령어를 활용해 바로 제출합니다. 이때 주의해야 하는 것은 파일 경로입니다. 먼저 테스트 데이터를 Preprocessing 함수를 적용해 가공하는 과정을 진행합니다.

```
new_test=preprocssing(test)

distances=[]
pick_lon=new_test['pickup_longitude'].tolist()
pick_lat=new_test['pickup_latitude'].tolist()
drop_lon=new_test['dropoff_longitude'].tolist()
drop_lat=new_test['dropoff_latitude'].tolist()

for row in range(len(new_test)):
  dist=haversine((pick_lat[row], pick_lon[row]), (drop_lat[row], drop_
lon[row]))
  distances.append(dist)

new_test['distance']=distances
new_test.drop(['pickup_longitude', 'pickup_latitude', 'dropoff_longitude',
'dropoff_latitude'], axis=1, inplace=True)
```

[실행 결과]

```
Old Shape Size: (9914, 7)
New Shape Size: (9914, 10)
```

이번에는 예측값을 뽑아냅니다.

```
y_pred_xgb=xgb_model.predict(new_test)
print(y_pred_xgb)
```

[실행 결과]

```
[10.217194  10.620691   4.872711  ... 54.928314  22.784012   6.4639797]
```

이제 Sample_Submission 파일을 불러와서 예측값을 추가하는 코드를 작성합니다.

```
submission['fare_amount']=y_pred_xgb
submission.to_csv('final_submission.csv', index=False)
```

이제 마지막입니다. 캐글 명령어를 사용해 제출을 진행합니다.

```
!kaggle competitions submit-c new-york-city-taxi-fare-prediction-f final_
submission.csv-m"Message"
```

[실행 결과]

```
Warning: Looks like you're using an outdated API Version, please consider
updating (server 1.5.10/client 1.5.4)
  0% 0.00/369k [00:00<?, ?B/s]
```

이후에 My Submissions을 확인해 보면 정상적으로 제출된 것을 확인할 수 있습니다.

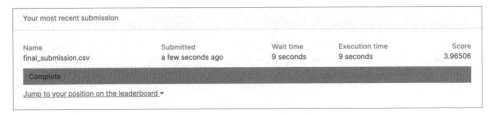

그림 3-2-25 XGBoost 제출 결과

이번에는 LightGBM에 임의의 파라미터를 설정합니다. 코드상 XGBoost와 크게 달라지지 않아 한꺼번에 코드를 실행합니다. 파라미터 명이 조금 달라지기는 하지만, 동일한 파라미터로 진행합니다. 또한 제출하는 파일명을 기존과 구별하도록 LightGBM을 추가해 저장합니다.

```
params={'max_depth':5,
        'learning_rate':0.5,
        'objective':'regression',
        'metric':'rmse',
        'early_stopping_rounds':5
       }

start=time.time()
lgb_model=lgb.LGBMRegressor(**params)
lgb_model.fit(X_train, y_train, eval_set=[(X_val, y_val)], verbose=True)

sec=time.time()-start
times=str(datetime.timedelta(seconds=sec)).split(".")
times=times[0]
print(times)

y_pred_xgb=lgb_model.predict(new_test)
print(y_pred_xgb)

submission['fare_amount']=y_pred_xgb
submission.to_csv('lightgbm_final_submission.csv', index=False)
```

[실행 결과]

```
LGBMRegressor(boosting_type='gbdt', class_weight=None, colsample_bytree=1.0,
              early_stopping_rounds=5, importance_type='split',
              learning_rate=0.5, max_depth=5, metric='rmse',
              min_child_samples=20, min_child_weight=0.001, min_split_gain=0.0,
              n_estimators=100, n_jobs=-1, num_leaves=31,
              objective='regression', random_state=None, reg_alpha=0.0,
              reg_lambda=0.0, silent=True, subsample=1.0,
              subsample_for_bin=200000, subsample_freq=0)
```

```
[1]      valid_0's rmse: 6.13213
Training until validation scores don't improve for 5 rounds.
[2]      valid_0's rmse: 4.80094
[3]      valid_0's rmse: 4.3899
[4]      valid_0's rmse: 4.26092
[5]      valid_0's rmse: 4.21729
[6]      valid_0's rmse: 4.21778
[7]      valid_0's rmse: 4.21239
[8]      valid_0's rmse: 4.23947
[9]      valid_0's rmse: 4.25212
[10]     valid_0's rmse: 4.25856
[11]     valid_0's rmse: 4.2604
[12]     valid_0's rmse: 4.28108
Early stopping, best iteration is:
[7]      valid_0's rmse: 4.21239
0:00:00
[9.99975231 10.37490317  5.03301666 … 55.81586603 23.55667812
  6.7556209 ]
```

비록 2초라는 짧은 시간이지만 같은 조건이어도 XGBoost보다 빠르게 학습된 것을 볼 수 있습니다. 실제로 큰 데이터 세트를 다루더라도 LightGBM이 XGBoost보다 속도 면에서는 확실히 장점을 보입니다. 이제 제출하고 최종 스코어를 확인합니다.

```
!kaggle competitions submit-c new-york-city-taxi-fare-prediction-f lightgbm_
final_submission.csv-m"Message"
```

[실행 결과]

```
Warning: Looks like you're using an outdated API Version, please consider
updating (server 1.5.10/client 1.5.4)

100% 454k/454k [00:02<00:00, 184kB/s]
Successfully submitted to New York City Taxi Fare Prediction
```

그림 3-2-26 LightGBM 제출 결과

이제 CatBoost를 활용해 모형을 학습합니다. 기존과 차이는 없지만, CatBoost를 사용하려면 패키지를 설치해야 합니다. 구글 코랩에서 패키지를 설치합니다.

```
!pip install catboost
```

[실행 결과]

```
.

.

Installing collected packages: catboost
Successfully installed catboost-0.24.4
```

코드는 기존과 크게 다르지 않습니다. 다만 파라미터 명의 차이가 있어 주의해 입력합니다. 마지막으로 파일명은 CatBoost를 추가해 저장합니다.

```
from catboost import CatBoostRegressor
params={'depth':5,
        'learning_rate':0.5,
        'eval_metric':'RMSE',
        'early_stopping_rounds':5
      }

start=time.time()
```

```
cat_model=CatBoostRegressor(**params)
cat_model.fit(X_train, y_train, eval_set=(X_val, y_val), verbose=True)

sec=time.time()-start
times=str(datetime.timedelta(seconds=sec)).split(".")
times=times[0]
print(times)

y_pred_xgb=cat_model.predict(new_test)
print(y_pred_xgb)

submission['fare_amount']=y_pred_xgb
submission.to_csv('catboost_final_submission.csv', index=False)
```

[실행 결과]

```
0:      learn: 6.5270465        test: 6.4783004 best: 6.4783004 (0)
total: 6.83ms   remaining: 6.82s
1:      learn: 5.2689682        test: 5.0919990 best: 5.0919990 (1)
total: 12.8ms   remaining: 6.41s
.

.
25:     learn: 4.1648272        test: 4.2630189 best: 4.2623165 (20)
total: 142ms    remaining: 5.33s
Stopped by overfitting detector  (5 iterations wait)

bestTest=4.262316451
bestIteration=20

Shrink model to first 21 iterations.
0:00:00
[10.31081603 10.31081603  4.68434814 … 53.85250634 24.73415655
  6.15517994]
```

최종 결괏값을 확인한 뒤 마지막으로 최종 Csv 파일을 제출합니다.

```
!kaggle competitions submit-c new-york-city-taxi-fare-prediction-f catboost_
final_submission.csv-m"Message"
```

[실행 결과]

```
Warning: Looks like you're using an outdated API Version, please consider
updating (server 1.5.10/client 1.5.4)
100% 454k/454k [00:02<00:00, 184kB/s]
Successfully submitted to New York City Taxi Fare Prediction
```

그림 3-2-27 CatBoost 제출 결과

지금까지 보여 준 것은 3개의 다른 모형을 적용했지만, 파라미터 명을 크게 바꾸지 않아도 매우 쉽고 빠르게 모형을 학습할 수 있다는 것을 보여 줍니다. 별다르게 고민하지 않고도 쉽게 구현이 가능한 것은 3가지 모형이 Decision Tree, Gradient Boosting Machine 등의 기초 모형의 근간에서 출발했기 때문입니다. 즉 Tree 기반의 모형이라 공통적인 부분을 공유할 뿐만 아니라 파라미터도 매우 유사한 것을 확인할 수 있습니다. 따라서 세 가지 최신 기법 알고리즘을 공부하기 전에는 Decision Tree와 GBM의 학습에 대해서 우선 공부하는 것이 좋습니다. 그런데 위 결과를 놓고 어느 특정 모형이 더 우세하다고 말할 수는 없습니다. 하이퍼 파라미터도 다양하게 설계하지 않았고, 가장 좋은 파라미터를 찾는 데 Grid Search나 Random Search 그리고 교차 검증도 수행하지 않았습니다. 모형을 학습하는 GPU 사용법도 익히지 못했습니다. 이제 마지막 Chapter에서 지금까지 배운 다양한 기법을 최종 정리하는 시간을 가집니다.

San Francisco Crime Classification

본 대회는 2016년에 캐글에서 직접 주최한 대회입니다.[25] 2003년부터 2015년까지 샌프란시스코의 수집한 범죄 데이터를 제공합니다. 데이터 사이즈는 전체가 약 200MB 정도로 크지 않지만, 문제 해결은 입문자분들이 접근하기 쉬운 문제는 아닙니다. 해결

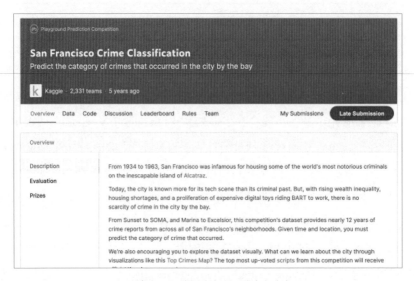

그림 3-3-1 캐글 범죄 분류 페이지 예시

---

25 https://www.kaggle.com/c/sf-crime/overview/description

해야 할 문제는 주어진 데이터로 총 39개 범죄 유형을 예측해야 합니다. 즉 다중 분류(Multi-Class Classification) 문제입니다. 그러나 본질적으로 접근하는 방법은 Part II에서 배운 기존 분류 모형 문제와 큰 차이는 없습니다. 주어진 데이터를 전처리, 시각화, 모델링하는 이 과정은 여전히 유효합니다.

본 Chapter에서는 앞에서 배운 내용 중 반복되는 부분이 많아 간단한 설명으로 내용을 전개합니다.

3.1 데이터 불러오기

먼저 캐글 라이브러리를 설치합니다.

```
!pip install kaggle
```

[실행 결과]

```
Requirement already satisfied: kaggle in /usr/local/lib/python3.7/dist-packages
(1.5.10)
.
.
Requirement already satisfied: chardet<4, ≥3.0.2 in /usr/local/lib/python3.7/
dist-packages (from requests→kaggle) (3.0.4)
```

이번에는 Kaggle.Json 파일을 불러옵니다.

```
from google.colab import files

uploaded=files.upload()

for fn in uploaded.keys():
  print('User uploaded file"{name}" with length {length} bytes'.format(
      name=fn, length=len(uploaded[fn])))

#Then move kaggle.json into the folder where the API expects to find it.
!mkdir -p ~/.kaggle/  && mv kaggle.json ~/.kaggle/  && chmod 600 ~/.kaggle/
kaggle.json
```

[실행 결과]

```
kaggle.json(application/json)-64 bytes, last modified: 1/22/2021-100% done
Saving kaggle.json to kaggle.json
User uploaded file"kaggle.json" with length 64 bytes
```

이번에는 데이터를 직접 다운로드 합니다.

```
!ls
```

[실행 결과]

```
sample_data   sampleSubmission.csv.zip   test.csv.zip   train.csv.zip
```

3개의 파일이 있지만, Zip 파일로 구성된 것을 확인할 수 있습니다. 모든 파일의 압축
을 해제합니다.

```
!unzip '*.zip'
```

```
Archive: train.csv.zip
  inflating: train.csv

Archive: sampleSubmission.csv.zip
  inflating: sampleSubmission.csv

Archive: test.csv.zip
  inflating: test.csv


3 archives were successfully processed.
```

압축된 파일의 데이터 크기를 확인합니다.

```
import os
DATA_PATH="./"
for file in os.listdir(DATA_PATH):
  if 'csv' in file and 'zip' not in file:
    print(file.ljust(30)+str(round(os.path.getsize(file)/1000000, 2))+'MB')
```

```
train.csv                     127.43MB
test.csv                      91.0MB
sampleSubmission.csv          75.05MB
```

먼저 데이터를 불러옵니다.

```
import pandas as pd
train=pd.read_csv('train.csv')
test=pd.read_csv('test.csv')
```

```
print('Data Loading is done!')
```

[실행 결과]

```
Data Loading is done!
```

두 데이터의 크기와 변수의 개수를 대략적으로 확인해 보면, Test 데이터의 개수가 2개 적은 것을 확인할 수 있습니다.

```
train.shape, test.shape
```

[실행 결과]

```
((878049, 9), (884262, 7))
```

이번에는 Train 데이터의 변수 종류를 확인해 봅니다.

```
train.info()
```

[실행 결과]

```
<class 'pandas.core.frame.DataFrame'>
RangeIndex: 878049 entries, 0 to 878048
Data columns(total 9 columns):
 #   Column      Non-Null Count    Dtype

───  ────        ───────────       ────
 0   Dates       878049 non-null   object
 1   Category    878049 non-null   object
 2   Descript    878049 non-null   object
 3   DayOfWeek   878049 non-null   object
 4   PdDistrict  878049 non-null   object
 5   Resolution  878049 non-null   object
```

```
6    Address      878049 non-null    object
7    X            878049 non-null    float64
8    Y            878049 non-null    float64
dtypes: float64(2), object(7)
memory usage: 60.3+ MB
```

이번에는 Test 데이터 변수의 종류를 확인합니다.

```
test.info()
```

[실행 결과]

```
<class 'pandas.core.frame.DataFrame'>
RangeIndex: 884262 entries, 0 to 884261
Data columns(total 7 columns):
 #   Column      Non-Null Count   Dtype
 _   ___         _____       _____
 0   Id          884262 non-null   int64
 1   Dates       884262 non-null   object
 2   DayOfWeek   884262 non-null   object
 3   PdDistrict  884262 non-null   object
 4   Address     884262 non-null   object
 5   X           884262 non-null   float64
 6   Y           884262 non-null   float64
dtypes: float64(2), int64(1), object(4)
memory usage: 47.2+ MB
```

위 두 데이터를 비교해 보면, Train 데이터에 있는 Descript, Resolution, Category 데이터는 존재하지 않는 것으로 확인됩니다. Category는 종속 변수이지만, Descript, Resolution 데이터는 학습할 때 불필요해 삭제합니다. 먼저 Descript 데이터는 범죄 사건의 개요를 간단하게 분류한 글이고, Resolution은 범죄 사건이 어떻게 마무리되는지를 정리한 글입니다. 그러나 해당 변수들은 Test 데이터에 존재하지 않아 학습 데이터로는 적합하지 않으므로 피처 엔지니어링을 진행할 때는 제거합니다. 나머지 변수들에 대해 기술합니다.

변수	설명
Dates	범죄 발생 시각, 예측 변수
Category	범죄 사건의 유형, train 데이터에만 존재하고, 종속 변수
DayOfWeek	범죄가 발생한 요일, 예측 변수
PdDistrict	경찰 관할 지역 명칭, 예측 변수
Address	범죄 발생 지역의 주소, 예측 변수
X	경도(Longitude), 예측 변수
Y	위도(Latitude), 예측 변수

표 3-3-1 데이터 변수 설명

종속 변수인 Category를 제외하면 6개의 변수가 남습니다. 그런데 이 변수들을 확인해 보면 크게 시간 데이터와 공간 데이터로 구분되는 것을 확인할 수 있습니다. 예를 들면 Dates와 DayOfWeek 데이터는 시간 관련 데이터이고, PdDistrict, Address, X와 Y 데이터는 공간과 관련된 데이터임을 확인할 수 있습니다. 간단하게 요약하면, 본 대회는 시공간 데이터를 활용해 범죄의 유형을 예측하는 문제라고 정의할 수 있습니다. 그렇다면 최종 제출해야 하는 양식은 어떤 형태여야 할까요? 이번에는 sampleSubmission의 파일 정보를 확인합니다.

```
sample=pd.read_csv('sampleSubmission.csv')
sample.info()
```

[실행 결과]

```
<class 'pandas.core.frame.DataFrame'>
RangeIndex: 884262 entries, 0 to 884261
```

```
Data columns(total 40 columns):
 #   Column                       Non-Null Count   Dtype
---  ---------                    ---------------   -----
 0   Id                           884262 non-null  int64
 1   ARSON                        884262 non-null  int64
 2   ASSAULT                      884262 non-null  int64
 3   BAD CHECKS                   884262 non-null  int64
 4   BRIBERY                      884262 non-null  int64
 5   BURGLARY                     884262 non-null  int64
 6   DISORDERLY CONDUCT           884262 non-null  int64
 7   DRIVING UNDER THE INFLUENCE  884262 non-null  int64
 8   DRUG/NARCOTIC                884262 non-null  int64
 9   DRUNKENNESS                  884262 non-null  int64
10   EMBEZZLEMENT                 884262 non-null  int64
11   EXTORTION                    884262 non-null  int64
12   FAMILY OFFENSES              884262 non-null  int64
13   FORGERY/COUNTERFEITING       884262 non-null  int64
14   FRAUD                        884262 non-null  int64
15   GAMBLING                     884262 non-null  int64
16   KIDNAPPING                   884262 non-null  int64
17   LARCENY/THEFT                884262 non-null  int64
18   LIQUOR LAWS                  884262 non-null  int64
19   LOITERING                    884262 non-null  int64
20   MISSING PERSON               884262 non-null  int64
21   NON-CRIMINAL                 884262 non-null  int64
22   OTHER OFFENSES               884262 non-null  int64
23   PORNOGRAPHY/OBSCENE MAT      884262 non-null  int64
24   PROSTITUTION                 884262 non-null  int64
25   RECOVERED VEHICLE            884262 non-null  int64
26   ROBBERY                      884262 non-null  int64
27   RUNAWAY                      884262 non-null  int64
28   SECONDARY CODES              884262 non-null  int64
29   SEX OFFENSES FORCIBLE        884262 non-null  int64
30   SEX OFFENSES NON FORCIBLE    884262 non-null  int64
```

```
31   STOLEN PROPERTY        884262 non-null   int64
32   SUICIDE                884262 non-null   int64
33   SUSPICIOUS OCC         884262 non-null   int64
34   TREA                   884262 non-null   int64
35   TRESPASS               884262 non-null   int64
36   VANDALISM              884262 non-null   int64
37   VEHICLE THEFT          884262 non-null   int64
38   WARRANTS               884262 non-null   int64
39   WEAPON LAWS            884262 non-null   int64
dtypes: int64(40)
memory usage: 269.9 MB
```

다중 분류를 제출할 때 문서의 예시는 이진 분류를 할 때와 동일합니다. 각 ID당 어떤 범죄에 속하는지 예측하도록 구성됩니다. 예를 들면 다음과 같이 구성되어야 합니다.

Id	ARSON	ASSAULT	...	WEAPON LAWS
1	0	1	...	0
2	0	0	...	1

표 3-3-2 다중 분류 결괏값 예제

3.2 평가 지표 확인

이번에는 대회에서 요구하는 평가 지표를 확인합니다. 이번 대회에서 측정하는 Multi-Class Logarithm Loss입니다.

$$logloss = -\frac{1}{N}\sum_{i=1}^{N}\sum_{j=1}^{M}y_{ij}\log(p_{ij}) = -\frac{1}{N}\sum_{i=1}^{N}[y_i lnp_i + (1-y_i)\ln(1-p_i)]$$

위 수식은 기존 분류 모형의 수식과는 달라 부연 설명합니다.

N	테스트 데이터의 개수를 말합니다. (N=884262)
M	Multi-Class의 종류를 말합니다. (Category 라벨 개수=39)
log	자연 로그를 말합니다.
y_{ij}	데이터 i가 Class j에 속하면 1, 그렇지 않으면 0을 표시합니다.
p_{ij}	데이터 i가 Class j에 속할 확률을 의미합니다.

표 3-3-3 Multi-Class Logarithm Loss의 수식 부연 설명

독자의 이해를 돕고자 간단한 표로 정리하면 다음과 같습니다.[26]

ID	독립 변수	실젯값(y) (Actual Class)	예측 확률(p) (Prediction Probability)	y×ln (p) (1)	(1-y)×ln (1-p) (2)	Logloss -(1+2)
1	데이터	1	1.00	1x0=0.00	(1-1)xln(1-1)= 0 x-Infinity=0	0.000
2	데이터	1	0.90	1x(-0.105)=-0.105	(1-1)xln(1-0.9)= 0xln(0.1)= 0x(-2.302)=0	0.105
3	데이터	0	0.30	0x(-1.203)=0	0x(-1.203)=0	0.356

표 3-3-4

26   https://towardsdatascience.com/intuition-behind-log-loss-score-4c0c9979680a

그렇다면 최종 결괏값은 어떻게 구할까요? 데이터의 개수만큼 각각의 Logloss를 모두 더한 후 나눈 값이 최종 Logloss 값입니다.

ID	독립 변수	실젯값(y) (Actual Class)	예측 확률(p) (Prediction Probability)	Logloss -(1+2)
1	데이터	1	1.00	0.000
2	데이터	1	0.90	0.105
3	데이터	0	0.30	0.356
			(0.000+0.105+0.356)÷3	0.223

표 3-3-5 최종 Logloss 값 계산

최종적으로 0.223 값이 나온 것을 확인할 수 있습니다. 그렇다면 이 결괏값은 어떻게 해석해야 할까요? 성능이 좋은 모형일수록 결괏값은 더 작게 나타냅니다.

3.3 탐색적 자료 분석

이번에는 데이터의 분포 및 간단한 시각화를 진행합니다. 탐색적 자료 분석을 위해 기존 훈련 데이터를 Train_Df로 복제합니다. 처음 시각화를 할 때는 다양한 형태로 데이터를 가공 및 전처리를 병행하면서 해야 하지만, 원래 데이터에서 다시 출발해야 할 때가 종종 있습니다. 코드가 길어지면 처음부터 다시 실행해야 해서 번거로워 가급적 복제해 사용하는 것을 권장합니다.

```
#train copy
train_df=train.copy()
train_df.shape=train.shape
```

[실행 결과]

```
True
```

우선 결측치와 중복 데이터가 있는지 확인합니다.

```
def check_na(data):
    isnull_na=(data.isnull().sum()/len(data))*100
    data_na=isnull_na.drop(isnull_na[isnull_na=0].index).sort_values(ascending=False)
    missing_data=pd.DataFrame({'Missing Ratio' :data_na,
                                'Data Type': data.dtypes[data_na.index]})
    print("결측치 데이터 칼럼과 건수:\n", missing_data)

check_na(train_df)
```

[실행 결과]

```
결측치 데이터 칼럼과 건수:
 Empty DataFrame
Columns: [Missing Ratio, Data Type]
Index: []
```

결측치가 없는 것을 확인한 후, 이번에는 중복 데이터가 있는지 확인합니다.

```
train_df.duplicated().sum()
```

[실행 결과]

```
2323
```

총 2,323개의 데이터가 있는 것을 확인한 후, 제거합니다.

```
print("Before:", train_df.shape)
train_df.drop_duplicates(inplace=True)
print("After:", train_df.shape)
```

[실행 결과]

```
Before: (878049, 9)
After: (875726, 9)
```

먼저 범죄 내용과 관련된 두 개의 변수는 우선 삭제합니다.

```
train_df.drop(['Descript', 'Resolution'], axis=1, inplace=True)
train_df.shape
```

[실행 결과]

```
(875726, 7)
```

이번에는 데이터를 출력합니다.

```
train_df.head()
```

[실행 결과]

	Dates	Category	DayOfWeek	PdDistrict	Address	X	Y
0	2015-05-13 23:53:00	WARRANTS	Wednesday	NORTHERN	OAK ST / LAGUNA ST	-122.425892	37.774599
1	2015-05-13 23:53:00	OTHER OFFENSES	Wednesday	NORTHERN	OAK ST / LAGUNA ST	-122.425892	37.774599
2	2015-05-13 23:33:00	OTHER OFFENSES	Wednesday	NORTHERN	VANNESS AV / GREENWICH ST	-122.424363	37.800414
3	2015-05-13 23:30:00	LARCENY/THEFT	Wednesday	NORTHERN	1500 Block of LOMBARD ST	-122.426995	37.800873
4	2015-05-13 23:30:00	LARCENY/THEFT	Wednesday	PARK	100 Block of BRODERICK ST	-122.438738	37.771541

그림 3-3-2 학습 데이터 확인

우선 종속 변수에 해당하는 Category 데이터는 총 39개로 구성되어 있습니다. 상위 5개와 하위 5개를 출력합니다. 먼저 상위 5개는 다음과 같습니다.

```
train_df['Category'].value_counts()[:5]
```

[실행 결과]

```
LARCENY/THEFT     174320
OTHER OFFENSES    125960
NON-CRIMINAL       91915
ASSAULT            76815
DRUG/NARCOTIC      53919
Name: Category, dtype: int64
```

절도죄, 폭행, 마약 관련 범죄가 가장 많았음을 확인할 수 있습니다. 이번에는 하위 5개의 그룹을 확인합니다.

```
train_df['Category'].value_counts()[-5:]
```

[실행 결과]

```
EXTORTION                    256
SEX OFFENSES NON FORCIBLE    148
GAMBLING                     146
PORNOGRAPHY/OBSCENE MAT       22
TREA                          6
Name: Category, dtype: int64
```

Extortion은 보통 강요죄를 의미합니다. 성범죄, 도박과 관련된 범죄가 하위에 있음을 확인할 수 있습니다. 요일별(DayOfWeek) 범죄 발생 건수는 차이가 있는지 확인합니다.

```
temp=train_df.groupby('DayOfWeek').count().iloc[:, 0]
temp=temp.reindex([
    'Monday', 'Tuesday', 'Wednesday', 'Thursday', 'Friday', 'Saturday', 'Sunday'
])

print(temp)
```

[실행 결과]

```
DayOfWeek
Monday       121303
Tuesday      124603
Wednesday    128829
Thursday     124757
Friday       133371
Saturday     126469
Sunday       116394
Name: Dates, dtype: int64
```

샌프란시스코에서는 금요일에 가장 많은 범죄가 일어나는 반면, 일요일에 상대적으로
발생 건수가 적습니다. 간단하게 시각화합니다.

```
import matplotlib.pyplot as plt
import seaborn as sns
from matplotlib import cm
import numpy as np

fig, ax=plt.subplots(figsize=(10, 6))

ax=sns.barplot(
    temp.index, (temp.values/temp.values.sum())*100,
    orient='v')
```

```
ax.set_title('Incident Rates Rates', fontdict={'fontsize': 16})
ax.set_xlabel('Weekday')
ax.set_ylabel('Incidents (%)')

plt.show()
```

[실행 결과]

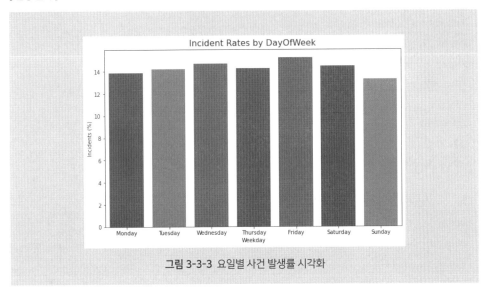

그림 3-3-3 요일별 사건 발생률 시각화

비율적으로 봐도 금요일에 가장 많은 범죄가 발생하고, 상대적으로 일요일에 적은 숫자가 관측됩니다. 각각 범죄 유형이 요일마다 어떻게 다를까요? 이때는 groupby와 반복문이 필요합니다. 전체를 다 확인하고 싶다면 If 조건문은 삭제합니다.

```
print("DayOfWeek Incident for each category in percentage\n")
for idx, data in enumerate(train_df.groupby(["Category"])["DayOfWeek"]):

    print("The Current index is:", data[0])
    print(round(data[1].value_counts()/data[1].count()*100, 1))
    print()
```

```
  if idx=1:
    break
```

[실행 결과]

```
DayOfWeek Incident for each category in percentage

The Current index is: ARSON
Tuesday        15.5
Monday         15.1
Friday         14.6
Saturday       14.5
Sunday         14.0
Wednesday      13.2
Thursday       13.2
Name: DayOfWeek, dtype: float64


The Current index is: ASSAULT
Sunday         15.7
Saturday       15.6
Friday         14.5
Monday         13.7

Wednesday      13.7
Tuesday        13.4
Thursday       13.3
Name: DayOfWeek, dtype: float64
```

이번에는 PdDistrict를 탐색합니다. 앞서 진행한 코드와 큰 차이점이 없어 변수명만 바꿔서 확인합니다.

```
temp=train_df.groupby('PdDistrict').count().iloc[:, 0]
print(temp)
```

```
PdDistrict
BAYVIEW         89098
CENTRAL         85267
INGLESIDE       78722
MISSION        119723
NORTHERN       105105
PARK            49161
RICHMOND        45080
SOUTHERN       156528
TARAVAL         65400
TENDERLOIN      81642
Name: Dates, dtype: int64
```

SOUTHERN, NORTHERN, MISSION 지역의 범죄 발생 건수가 매우 높음을 알 수 있습니다. 상대적으로 PARK, RICHMOND 지역에서 범죄 발생 건수가 상대적으로 낮음을 확인할 수 있습니다. 이번에는 실제 어느 정도 차이가 나는지 시각화를 통해 확인합니다.

```python
fig, ax=plt.subplots(figsize=(10, 6))

ax=sns.barplot(
    temp.index, (temp.values/temp.values.sum())*100,
    orient='v')
ax.set_title('Incident Rates by PdDistrict', fontdict={'fontsize': 16})
ax.set_xlabel('PdDistrict')
ax.set_ylabel('Incidents (%)')
plt.show()
```

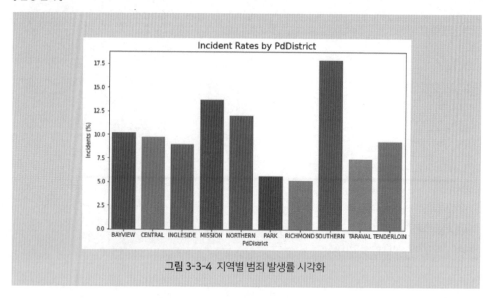

그림 3-3-4 지역별 범죄 발생률 시각화

이번에도 마찬가지로 각각 범죄 유형이 지역마다 어떻게 다른지 확인합니다. 이때는 groupby와 반복문이 필요합니다. 전체를 다 확인하고 싶다면 If 조건문은 삭제합니다.

```
print("DayOfWeek Incident for each category in percentage\n")
for idx, data in enumerate(train_df.groupby(["Category"])["PdDistrict"]):

    print("The Current index is:", data[0])
    print(round(data[1].value_counts()/data[1].count()*100, 1))
    print()

    if idx=1:
        break
```

[실행 결과]

```
PdDistrict Incident for each category in percentage
```

```
The Current index is: ARSON
BAYVIEW        26.0
SOUTHERN       12.2
INGLESIDE      12.0
NORTHERN        9.9
MISSION         9.5
TARAVAL         7.9
CENTRAL         7.3
RICHMOND        6.8
PARK            4.3
TENDERLOIN      4.0
Name: PdDistrict, dtype: float64


The Current index is: ASSAULT
SOUTHERN       15.8
MISSION        14.5
BAYVIEW        12.8
INGLESIDE      11.1
NORTHERN       10.8
TENDERLOIN     10.0
CENTRAL         9.1
TARAVAL         7.1
PARK            4.6
RICHMOND        4.2
Name: PdDistrict, dtype: float64
```

각 범죄의 유형마다 지역에서 차지하는 발생 비율도 다른 것을 확인할 수 있습니다. 이번에는 위도와 경도를 시각화합니다. 위도와 경도에도 이상치는 존재합니다. 기본적으로는 해당 지역의 위도와 경도를 조사해 비교 대조하는 것이 가장 좋습니다. 더 쉬운 방법은 산점도를 통해서 점의 위치를 확인해 봅니다.

```
fig, ax=plt.subplots(figsize=(10, 6))
sns.scatterplot(x="X", y="Y",
                data=train_df, alpha=0.01, hue="PdDistrict", ax=ax)

plt.show()
```

[실행 결과]

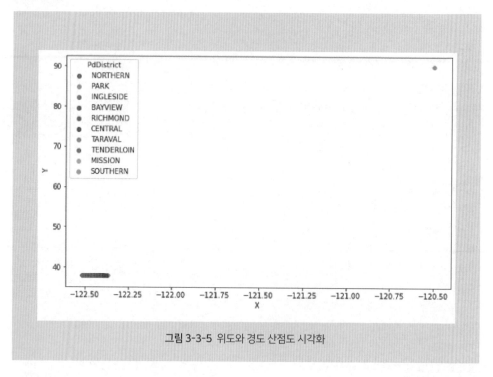

그림 3-3-5 위도와 경도 산점도 시각화

[그림 3-3-5]를 보더라도 극단적으로 어떤 값을 제거해야 하는지 알 수 있습니다. 크게 Y(위도) 값이 90 이하와 90에 해당하는 두 그룹을 형성하는 것을 알 수 있습니다. 그렇다면 각각 몇 개의 데이터가 있는지 직접 확인합니다.

```
print("Y>90:", train_df.loc[train.Y>90].count()[0])
print("Y<90:", train_df.loc[train.Y<90].count()[0])
```

[실행 결과]

```
Y>90: 67
Y<90: 875659
```

기존 데이터가 많아 삭제해도 학습에 큰 영향을 주지는 않습니다. 이러한 특성을 고려해 피처 엔지니어링을 진행할 때 참고합니다.

```
print(train_df.shape)
train_df=train_df[train_df["Y"]<90]
print(train_df.shape)
```

[실행 결과]

```
(875726, 7)
(875659, 7)
```

그 후에 다시 산점도를 그려 보면 [그림 3-3-6]이 나타납니다.

```
fig, ax=plt.subplots(figsize=(10, 6))
sns.scatterplot(x="X", y="Y",
                data=train_df, alpha=0.01, hue="PdDistrict", ax=ax)


plt.show()
```

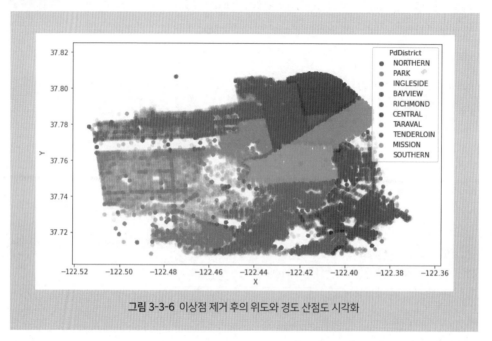

그림 3-3-6 이상점 제거 후의 위도와 경도 산점도 시각화

각 지역별로 그룹화가 된 것을 확인할 수 있습니다. 한 단계 더 깊숙이 탐색하려면 범죄 유형을 세분화해 살펴보는 것도 하나의 방법입니다. 예를 들면 조건문을 통해 LAR-CENY/THEFT 값의 데이터만 추출한 뒤 다시 시각화해 보면, 어느 지역에서 해당 범죄가 많이 일어나는지 확인할 수 있습니다.

```
theft_df=train_df[train_df['Category']='LARCENY/THEFT']
theft_df.shape

fig, ax=plt.subplots(figsize=(10, 6))
sns.scatterplot(x="X", y="Y", data=theft_df, alpha=0.01, hue="PdDistrict", ax=ax)

plt.show()
```

```
(174305, 7)
```

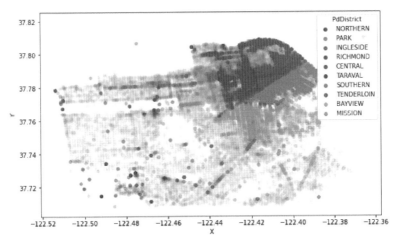

그림 3-3-7 절도/도둑질 범죄 **산점도 시각화**

전체적으로 보면 NORTHERN, SOUTHERN, CENTRAL 관할 지역에서 절도 범죄가 많이 일어나며, 상대적으로 RICHMOND, TARAVAL 지역에서는 덜 일어나는 것을 관찰할 수 있습니다. 만약 다른 범죄 유형을 확인하고 싶다면, 소스 코드에서 LARCE-NY/THEFT 값을 다른 값으로 수정해 확인합니다.

마지막으로 확인하려는 것은 Dates입니다. 날짜 데이터를 다룰 때는 데이터의 유형을 반드시 파악해야 합니다.

```python
train_df['Dates'].dtypes
```

[실행 결과]

```
dtype('O')
```

O는 Object를 의미하며, 문자열 데이터로 저장된 것을 확인할 수 있습니다. 이러한 데이터를 다룰 때는 우선 문자열을 날짜 데이터로 변환해야 합니다. 데이터를 변환한 뒤 샘플로 1개의 데이터를 출력해 보면 날짜 데이터로 변환된 것을 확인할 수 있습니다.

```
train_df['Dates']=pd.to_datetime(train_df['Dates'])
train_df['Dates'].sample(1)
```

[실행 결과]

```
87439    2014-03-18 10:40:00
Name: Dates, dtype: datetime64[ns]
```

주어진 날짜 데이터를 다시 연월일 시분초로 쪼개어 추출할 수 있습니다. 하루 평균 몇 건의 범죄가 발생되는지와 연도별과 월별 범죄 발생 건수 추이를 확인할 수 있습니다. 본 Chapter에서는 일일 평균 범죄 발생 건수와 시간대별 범죄 발생 추이를 확인해 봅니다.

```
train_df['Date']=train_df.Dates.dt.date
train_df['Hour']=train_df.Dates.dt.hour
daily_df=train_df.groupby('Date').count().iloc[:, 0]
daily_df
```

[실행 결과]

```
Date
2003-01-06    400
2003-01-07    417
2003-01-08    523
2003-01-09    416
2003-01-10    397
              ...
```

```
2015-05-02     376
2015-05-03     375
2015-05-11     425
2015-05-12     330
2015-05-13     362
Name: Dates, Length: 2249, dtype: int64
```

2003-01-06일부터 2015-05-13일까지의 데이터를 확인할 수 있습니다. 이번에는 위 데이터를 활용해 일자별 시계열 데이터와 일 평균 데이터 건수를 확인합니다.

```
train_df['Dates'].dtypes
```

[실행 결과]

```
col=sns.color_palette()

fig, ax=plt.subplots(ncols=2, figsize=(16, 6))
sns.lineplot(daily_df.index, daily_df.values, ax=ax[0])
ax[0].set_title(
    'Number of incidents per day', fontdict={'fontsize': 16})
ax[0].set_ylabel('Incidents')

sns.kdeplot(data=daily_df, shade=True, ax=ax[1])
ax[1].axvline(x=daily_df.median(), ymax=0.95, linestyle='-', color=col[1])
ax[1].annotate(
    'Median: '+str(daily_df.median()),
    xy=(daily_df.median(), 0.004),
    xytext=(200, 0.005),
    arrowprops=dict(arrowstyle='→', color=col[1], shrinkB=10))
ax[1].set_title(
    'Distribution of number of incidents per day', fontdict={'fontsize': 16})
ax[1].set_xlabel('Incidents')
ax[1].set_ylabel('Density')
```

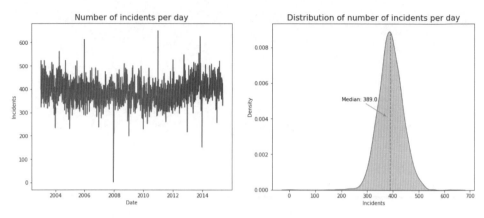

그림 3-3-8 일자별 시계열 데이터와 일평균 범죄 건수 분포 시각화

일자별 데이터의 이상치가 존재합니다. 범죄 발생 건수가 가장 적은 날과 가장 많은
날을 조회합니다.

```
print("The minimum Incident day:\n", daily_df[daily_df.values=min(daily_
df.values)])
print("The Maximum Incident day:\n", daily_df[daily_df.values=max(daily_
df.values)])
```

[실행 결과]

```
The minimum Incident day:
 Date
2007-12-16     2
Name: Dates, dtype: int64
The Maximum Incident day:
 Date
2011-01-01     650
Name: Dates, dtype: int64
```

2007-12-16일에 범죄 건수가 왜 가장 적은지는 현재로는 알 수 없습니다. 기록이 잘

못된 건지 아니면 그날 샌프란시스코에서 범죄가 실제로 2건만 발생한 건지 관련 담당자가 아니라면 확인할 방법이 없습니다. 그런데 실무에서 이러한 내용을 추가로 파악하는 것이 데이터 분석가의 부가적인 업무입니다. 이번에는 하루 시간대별 범죄 발생을 확인합니다.

```python
hour_df=train_df.groupby('Hour').count().iloc[:, 0]
print("The minimum Incident hour:\n", hour_df[hour_df.values=min(hour_df.values)])
print("The Maximum Incident hour:\n", hour_df[hour_df.values=max(hour_df.values)])

fig, ax=plt.subplots(figsize=(16, 5))
ax=sns.lineplot(x=hour_df.index, y=hour_df.values)
plt.title('Total Incidents per Hour')
plt.show()
```

[실행 결과]

```
The minimum Incident hour:
 Hour
5    8609
Name: Dates, dtype: int64
The Maximum Incident hour:
 Hour
18    54969
Name: Dates, dtype: int64
```

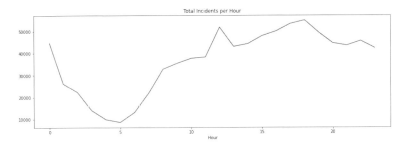

그림 3-3-9 하루 시간대별 범죄 발생 건수 시각화

시간대를 보면 오전 5시가 범죄 발생 건수가 가장 적은 8,609를 기록하고, 18시가 범죄 발생 건수가 가장 많은 54,978을 기록합니다. 그러나 위 데이터는 전체 건수로 조회한 것이라 각 범죄 유형별로 확인하려면 별도로 데이터를 추출해 확인합니다. 탐색적 자료 분석은 이 정도에서 마무리하고, 본격적으로 모델링 작업에 착수합니다.

3.4 피처 엔지니어링

피처 엔지니어링을 진행할 때는 가급적 하나의 함수로 만드는 것이 좋습니다. 공통으로 처리해야 하는 내용과 각 데이터마다 전처리의 성질이 조금 다른 것을 구분하는 것이 좋습니다. 코드로 살펴보면 다음과 같습니다.

```python
def feature_engineering(data):

    #common
    data.drop_duplicates(inplace=True)
    data['Dates']=pd.to_datetime(data['Dates'])
    data['Date']=pd.to_datetime(data['Dates'].dt.date)
    data['DayOfWeek']=data['Dates'].dt.weekday
    data['Month']=data['Dates'].dt.month
    data['Year']=data['Dates'].dt.year
    data['Hour']=data['Dates'].dt.hour
    data.drop(columns=['Dates', 'Date', 'Address'], inplace=True)

    if"Id" in data.columns:
        #Test Data
        data.drop(['Id'], axis=1, inplace=True)
```

```
  else:
    #Train Data
    data.drop(['Descript', 'Resolution'], axis=1, inplace=True)

  return data
```

우선 중복값 제거와 날짜 데이터 변환은 Train 데이터와 Test 데이터 모두 공통적인 내용입니다. 그런데 몇몇 변수를 삭제할 때는 조금 다릅니다. 최초 데이터를 확인했을 때 Train 데이터에만 Descript, Resolution 변수가 존재한 것을 확인할 수 있고, 반대로 Test 데이터에만 Id 값이 주어진 것을 확인할 수 있습니다. 따라서 If 조건문으로 관련 변수를 삭제합니다. 실제 적용되는지 확인합니다.

```
train=feature_engineering(train)
test=feature_engineering(test)
train.shape, test.shape
```

[실행 결과]

```
((875726, 8), (884262, 7))
```

Tree-Model 기반의 모형으로 진행해 별도의 Scaling은 진행하지 않습니다. 종속 변수에 해당하는 PdDistrict 지역에 Label Encoding을 적용합니다.

```
from sklearn.preprocessing import LabelEncoder
from sklearn.model_selection import train_test_split

le1=LabelEncoder()
train['PdDistrict']=le1.fit_transform(train['PdDistrict'])
test['PdDistrict']=le1.transform(test['PdDistrict'])
```

```
le2=LabelEncoder()

X=train.drop(columns=['Category'])
y=le2.fit_transform(train['Category'])
```

Feature Engineering은 우선 여기까지 진행합니다. 이제 본격적인 Modelling을 만듭니다.

3.5 Modelling

모델링을 구현할 때는 기본적으로 Baseline 모델을 구축해 제출하는 것이 우선입니다. 그 후에 최적의 파라미터를 찾는 과정이 전체 모델링의 과정이고, 그런데도 성능이 개선되지 않는다면 다시 피처 엔지니어링 또는 기존 변수를 재활용하는 방법으로 모형을 개선시킵니다. 본 Chapter에서는 GridSearchCV와 교차 검증을 통해서 LightGBM, XGBoost, CatBoost 모형을 만들어 봅니다.

기본 모델 구축

먼저 기본 모델을 구축합니다. 다중 분류 모형이라 다중 분류에 해당하는 파라미터를 설정합니다.

```
import lightgbm as lgb

train_set=lgb.Dataset(
```

```
    X, label=y, categorical_feature=['PdDistrict'], free_raw_data=False)

params={'objective':"multiclass",
        'num_class': 39}

lgbm_b0=lgb.train(params, train_set, num_boost_round=6)
preds=lgbm_b0.predict(test)
preds
```

[실행 결과]

```
array([[0.00220684, 0.09826305, 0.00039146, ..., 0.07018909, 0.04509309,
        0.01184338],
       ...,
       [0.0017885, 0.08502049, 0.00067381, ..., 0.0895057, 0.03966718,
        0.0087319 ]])
```

위 전체 코드에서 Params에 있는 값만 계속 변경됩니다. 교차 검증을 수행하면 Num_Boost_Round의 값도 변경됩니다. 예측값을 이제 Submission 형태로 바꿔 우선 먼저 제출을 진행합니다.

```
submission=pd.DataFrame(preds,
                        columns=le2.classes_,
                        index=test.index)
submission.to_csv('LGBM_base_model.csv', index_label='Id')
```

위 코드를 입력한 뒤 Kaggle로 제출합니다.

```
!kaggle competitions submit-c sf-crime-f LGBM_base_model.csv-m"Message"
```

그림 3-3-10 LightGBM 베이스 모델 제출 결과

이번에는 바로 제출하기보다는 검증 데이터를 만든 뒤 GridSearchCV로 확인합니다. 먼저 검증 데이터를 생성합니다.

```
from sklearn.model_selection import train_test_split

X_train, X_val, y_train, y_val=train_test_split(X, y, test_size=0.20, random_
state=42)
X_train.shape, X_val.shape, y_train.shape, y_val.shape
```

[실행 결과]

```
((700580, 7), (175146, 7), (700580,), (175146,))
```

이번에는 GridSearchCV로 확인합니다. GridSearchCV를 하면 통상적으로 시간이 많이 소요됩니다. 따라서 시간 측정은 반드시 필요합니다. 라이브러리인 Timeit을 활용하면 모형 실행 시간도 확인할 수 있습니다.

```
from sklearn.model_selection import GridSearchCV
from lightgbm import LGBMClassifier
import timeit
start_time=timeit.default_timer()
```

```
params={'max_depth': [5, 7],
        'min_child_weight': [1, 3]}

lgbm=LGBMClassifier(objective="multiclass", num_class=39)
gridcv=GridSearchCV(estimator=lgbm,
                    param_grid=params,
                    n_jobs=-1,
                    verbose=10,
                    cv=2,
                    refit=True)

gridcv.fit(X_train, y_train, early_stopping_rounds=5, eval_set=[(X_train, y_
train), (X_val, y_val)])

gridcv_df=pd.DataFrame(gridcv.cv_results_)
gridcv_df.loc[:, ['mean_test_score',"params"]]

terminate_time=timeit.default_timer()
print("%f초 걸렸습니다."%(terminate_time-start_time))
```

[실행 결과]

```
Fitting 2 folds for each of 4 candidates, totalling 8 fits

.

.

[Parallel(n_jobs=-1)]: Done   8 out of   8 | elapsed: 42.4min finished
[1]     training's multi_logloss: 2.64015      valid_1's multi_logloss:
2.64015
Training until validation scores don't improve for 5 rounds.

.

.

[100]    training's multi_logloss: 2.37742      valid_1's multi_logloss:
2.41492
2813.574401초 걸렸습니다.
```

총 모형을 만드는 과정은 8번 정도 진행합니다. 만약에 파라미터의 개수를 늘리면 늘릴수록 시간은 더 많이 소요됩니다. 총 학습 시간은 약 46분 정도 소요됩니다. 만약에 파라미터를 늘리면 시간은 더 늘어납니다. 따라서 데이터의 성질에 따라서 파라미터를 조정합니다. 그렇다면 최적의 파라미터는 어떻게 확인할까요?

```
print("\n The best parameters:\n",
      gridcv.best_params_)
```

[실행 결과]

```
The best parameters:
 {'max_depth': 7, 'min_child_weight': 1}
```

위 결과를 다음 파라미터 설정 시 참고해서 기재합니다. 몇 가지 파라미터를 더 추가한 후 실제 모형 검증을 한 번 더 진행합니다.

```
import lightgbm as lgb


params={'max_depth': 7,
        'min_child_weight': 1,
        'num_leaves': 300,
        'objective':"multiclass",
        'num_class': 39,
        'n_jobs':-1}

lgtrain, lgval=lgb.Dataset(X_train, y_train), lgb.Dataset(X_val, y_val)
lgbmodel=lgb.train(params,
                   lgtrain,
                   num_boost_round=100,
                   valid_sets=[lgtrain, lgval],
```

```
                        early_stopping_rounds=10,
                        verbose_eval=True)
```

[실행 결과]

```
[1]        training's multi_logloss: 2.63582        valid_1's multi_logloss:
2.63688
.
.
.
[100]      training's multi_logloss: 2.30593        valid_1's multi_logloss:
2.39424
```

총 100번을 학습하더라도 과적합은 발생하지 않습니다. 이때는 Boosting의 횟수를 100
에서 더 늘려도 좋습니다. 구축된 모형을 토대로 예측값을 구하고, 캐글 명령어로 제
출합니다. 이 부분은 기존 코드와 동일해 생략합니다. 필자는 LGBM_Gridcv_Model.
Csv 파일로 내보내기합니다. 최종 제출을 진행한 결과 2.40468로 기존 2.60142보다 나
은 수치를 기록합니다.

그림 3-3-11 LightGBM Grid Search 적용 모델 제출 결과

LightGBM과 GPU

LightGBM 라이브러리에는 GPU를 사용하도록 설계되어 있습니다. CPU 연산 속도보
다 GPU의 연산 속도가 매우 빨라 실제로 비정형 데이터를 활용해 딥러닝할 때는 GPU

가속기를 일반적으로 사용합니다. 문제는 개인 사비로 구매하려면 매우 비싸 보통 구글 코랩을 사용합니다. 무료이지만 매우 요긴하게 사용할 수 있습니다. 먼저 GPU를 사용하려면 구글 코랩 런타임 메뉴를 클릭한 뒤 런타임 유형 변경을 클릭합니다.

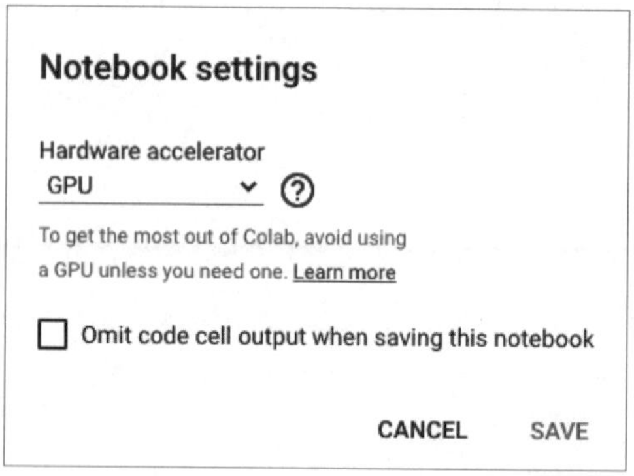

그림 3-3-12 코랩 GPU 사용 설정

그 후에 다음 코드를 실행합니다.

```
!git clone –recursive https://github.com/Microsoft/LightGBM
%cd LightGBM
!mkdir build
!cmake-DUSE_GPU=1
!make-j$(nproc)
!sudo apt-get-y install python-pip
!sudo-H pip install setuptools pandas numpy scipy scikit-learn-U
%cd /content/LightGBM/python-package
!sudo python setup.py install
!pip3 uninstall scikit-learn
!pip3 install scikit-learn== 0.21.3
```

위 코드를 설치한 후에는 런타임 재시작 버튼을 클릭합니다. 그런 다음 파라미터를 다음과 같이 변경합니다.

```
import lightgbm as lgb

train_set=lgb.Dataset(
    X, label=y, categorical_feature=['PdDistrict'], free_raw_data=False)

params={'objective':"multiclass",
        'num_class': 39,
        'device': 'gpu'}

lgbm_b0=lgb.train(params, train_set, num_boost_round=6)
```

[실행 결과]

```
/usr/local/lib/python3.7/dist-packages/lightgbm/basic.py:1702: UserWarning:
Using categorical_feature in Dataset.
  _log_warning('Using categorical_feature in Dataset.')
[LightGBM] [Info] This is the GPU trainer!!
[LightGBM] [Info] Total Bins 579
[LightGBM] [Info] Number of data points in the train set: 875726, number of
used features: 7
[LightGBM] [Info] Using GPU Device: Tesla T4, Vendor: NVIDIA Corporation
[LightGBM] [Info] Compiling OpenCL Kernel with 256 bins...
[LightGBM] [Info] GPU programs have been built
[LightGBM] [Info] Size of histogram bin entry: 8
[LightGBM] [Info] 7 dense feature groups (6.68 MB) transferred to GPU in 0.015931
secs. 0 sparse feature groups
[LightGBM] [Info] Start training from score-6.361620
  .

  .

  .
```

```
.
[LightGBM] [Info] Start training from score-4.629122
```

이번에는 XGBoost 모델을 적용합니다. 이번에는 기본 모델에서 출발해 RandomSearch-CV를 활용해 최적의 파라미터를 찾은 뒤 XGBoost 최종 모델을 만듭니다. 모든 공정을 한꺼번에 진행합니다.

```python
import xgboost as xgb
import timeit
start_time=timeit.default_timer()

train_set=xgb.DMatrix(X, label=y)

params={
    'objective': 'multi:softprob',
    'num_class': 39
}

xgb_b0=xgb.train(params, train_set, num_boost_round=6)

terminate_time=timeit.default_timer()
print("%f초 걸렸습니다."%(terminate_time-start_time))

test_xgb =xgb.DMatrix(test)
preds=xgb_b0.predict(test_xgb)
submission=pd.DataFrame(preds,
                        columns=le2.classes_,
                        index=test.index)
submission.to_csv('XGBoost_base_model.csv', index_label='Id')
```

[실행 결과]

```
109.730780초 걸렸습니다.
```

이제 캐글 명령어를 활용해 제출합니다.

```
!kaggle competitions submit-c sf-crime-f XGBoost_base_model.csv-m"Message"
```

그림 3-3-13 XGBoost 베이스 모델 제출 결과

이번에는 RandomSearchCV를 활용합니다. 기존 GridSearchCV와 기본적인 구조는 동일합니다. 그러나 각각의 파라미터 명은 차이가 있어 주의합니다. 더 많은 파라미터를 추가할 수 있지만, 시간이 많이 소요되어 기본적인 개념 정도만 확인합니다.

```
from sklearn.model_selection import RandomizedSearchCV
import xgboost as xgb
import timeit
start_time=timeit.default_timer()

params={'max_depth': list(range(5, 7)),
        'min_child_weight': list(range(1, 3))
        }

xgboost=xgb.XGBClassifier(objective='multi:softprob', num_class=39, eval_
metric='mlogloss')
randomcv=RandomizedSearchCV(estimator=xgboost,
                            param_distributions=params,
                            n_jobs=-1,
```

```
                                verbose=10,
                                cv=2,
                                random_state=42,
                                refit=True)

#Fit to the training data
randomcv.fit(X_train, y_train, early_stopping_rounds=5, eval_set=[(X_train, y_
train), (X_val, y_val)])

randomcv_df=pd.DataFrame(randomcv.cv_results_)
randomcv_df.loc[:, ['mean_test_score',"params"]]

terminate_time=timeit.default_timer()
print("%f초 걸렸습니다."%(terminate_time-start_time))
```

[실행 결과]

```
[1]      validation_0-mlogloss:3.33657    validation_1-mlogloss:3.33836
.
.
[99]     validation_0-mlogloss:2.36515    validation_1-mlogloss:2.40922
10766.098400초 걸렸습니다.
```

XGBoost는 LightGBM보다 상대적으로 학습 시간이 많이 소요됩니다. 따라서 향후에 RandomSearchCV를 적용할 때는 학습할 시간을 미리 충분히 확보하는 것이 필요합니다. 이제 최적의 파라미터를 확인한 후 파라미터를 추가합니다.

```
print("\n The best parameters:\n",
      randomcv.best_params_)
```

[실행 결과]

```
The best parameters:
 {'min_child_weight': 1, 'max_depth': 6}
```

위 결괏값을 토대로 파라미터를 다시 설계합니다.

```
import xgboost as xgb
import timeit
start_time=timeit.default_timer()

params={'max_depth': 6,
        'min_child_weight': 1,
        'num_leaves': 300,
        'objective':"multi:softprob",
        'num_class': 39,
        'eval_metric':'mlogloss',
        'n_jobs':-1}

xgbtrain, xgbval=xgb.DMatrix(X_train, y_train), xgb.DMatrix(X_val, y_val),
xgb_final_model=xgb.train(params,
                          xgbtrain,
                          100,
                          evals=[(xgbtrain, 'train'), (xgbval, 'eval')],
                          early_stopping_rounds=10,
                          verbose_eval=2)

terminate_time=timeit.default_timer()
print("%f초 걸렸습니다."%(terminate_time-start_time))
```

[실행 결과]

```
[0]     train-mlogloss:3.12828  eval-mlogloss:3.13012
.
.
[99]    train-mlogloss:2.27243  eval-mlogloss:2.37892
2508.045848초 걸렸습니다.
```

총 학습 시간은 2,508초 약 40분 정도 소요됩니다. 학습한 모형을 토대로 예측 결괏값을 만들어서 결과를 제출합니다.

```
test_xgb =xgb.DMatrix(test)
preds=xgb_final_model.predict(test_xgb)
submission=pd.DataFrame(preds,
                        columns=le2.classes_,
                        index=test.index)
submission.to_csv('XGBoost_final_model.csv', index_label='Id')
```

이제 캐글 명령어를 활용해 제출합니다.

```
!kaggle competitions submit-c sf-crime-f XGBoost_final_model.csv-m"Message"
```

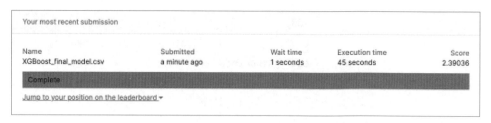

그림 3-3-14 XGBoost Random Search 적용 모델 제출 결과

학습 시간은 LightGBM보다 많이 소요되지만, Score는 기존 모형보다 조금 나아진 것을 확인할 수 있었습니다. 만약 GPU를 사용하고 싶다면, 파라미터에 "Tree_Method":"Gpu_Hist"를 추가합니다. 그런데 주의해야 하는 것은 모든 파라미터가 GPU를 활용하는 것이 아닙니다. 따라서 각 파라미터를 사용할 때는 공식 홈페이지에서 확인하고 진행합니다.[27]

---

27 https://xgboost.readthedocs.io/en/latest/gpu/

CatBoost

이번에는 CatBoost를 활용합니다. 구글 코랩에서는 CatBoost를 아직은 지원하지는 않아 별도로 설치를 진행해야 합니다.

```
!pip install catboost
```

데이터를 CatBoost 모델이 원하는 입력 데이터로 변환해야 합니다. XGBoost에서는 DMatrix 함수를 사용한다면, CatBoost에서는 Pool을 사용합니다. Categorical Feature 는 Pool로 변환할 때 별도로 해당 변수명을 입력해야 합니다. 이외에도 여러 파라미터 가 존재해 각 데이터 세트에 따라 맞게 변형할 수 있습니다.[28] 데이터를 변환한 후에는 catboostclassifier()를 적용합니다. 기본 모델로 우선 설계를 진행합니다. 하나 특이한 점 은 기존 LightGBM 및 XGBoost와 다르게 CatBoost에는 Iteration이 진행할 때마다 진행 모형 학습 시간이 표시됩니다.

```
from catboost import Pool, CatBoostClassifier

train_pool=Pool(data=X, label=y, cat_features=['PdDistrict'])
cat_clf=CatBoostClassifier(
    iterations=100,
    loss_function="MultiClass"
)

cat_clf.fit(train_pool)
```

---

28 https://catboost.ai/docs/concepts/python-reference pool.html

```
Learning rate set to 0.5
0:        learn: 3.0503112      total: 40.7s     remaining: 1h 7m 14s
1:        learn: 2.7427894      total: 1m 21s    remaining: 1h 6m 18s
.
.
9:        learn: 2.5333860      total: 6m 41s    remaining: 1h 14s
```

모형 학습이 완료된 후에는 예측값을 뽑아서 Kaggle에 제출합니다.

```python
preds =cat_clf.predict_proba(test)
submission=pd.DataFrame(preds,
                        columns=le2.classes_,
                        index=test.index)
submission.to_csv('CatBoost_base_model.csv', index_label='Id')
```

```python
!kaggle competitions submit-c sf-crime-f XGBoost_final_model.csv-m"Message"
```

그림 3-3-15 CatBoost 베이스 모델 제출 결과

이번에는 최적의 파라미터를 뽑는 코드를 작성해 봅니다. 먼저 검증 데이터 세트를 만들어 봅니다.

```
from sklearn.model_selection import train_test_split

X_train, X_val, y_train, y_val=train_test_split(X, y, test_size=0.20, random_
state=42)
X_train.shape, X_val.shape, y_train.shape, y_val.shape
```

[실행 결과]

```
((700580, 7), (175146, 7), (700580,), (175146,))
```

이번에는 Scikit-Learn의 GridSearchCV를 활용해서 만들어 봅니다. 이번에는 학습률에
해당하는 부분을 파라미터로 지정합니다. 본 책에서는 편의상 2개의 파라미터를 설정
하지만, 독자 분들은 다른 파라미터를 추가해서 학습을 진행할 수 있습니다. 그러나
파라미터가 추가될수록 학습 시간도 늘어나는 것을 고려해야 합니다.

```
from sklearn.model_selection import GridSearchCV
from catboost import CatBoostClassifier
import timeit
start_time=timeit.default_timer()

params={'max_depth': [5, 6],
        'learning_rate': [0.03, 0.1]
        }

catboost=CatBoostClassifier(objective='MultiClass', iterations=100)
grid_cv=GridSearchCV(estimator=catboost,
                     param_grid=params,
                     cv=2,
                     refit=True)

#Fit to the training data
grid_cv.fit(X_train, y_train, early_stopping_rounds=5, eval_set=[(X_train, y_
train), (X_val, y_val)])
```

```
grid_cv_df=pd.DataFrame(grid_cv.cv_results_)
grid_cv_df.loc[:, ['mean_test_score',"params"]]


terminate_time=timeit.default_timer()
print("%f초 걸렸습니다."%(terminate_time-start_time))
```

[실행 결과]

```
0:       learn: 3.5674196        test: 3.5674525 test1: 3.5675242        best:
3.5675242 (0)   total: 2.57s    remaining: 4m 14s

1:       learn: 3.4891516        test: 3.4891875 test1: 3.4893462        best:
3.4893462 (1)   total: 5.07s    remaining: 4m 8s
.

.

98:      learn: 2.4702136        test: 2.4702136 test1: 2.4772196        best:
2.4772196 (98)  total: 8m 10s   remaining: 4.95s
99:      learn: 2.4694994        test: 2.4694994 test1: 2.4765506        best:
2.4765506 (99)  total: 8m 15s   remaining: 0us


bestTest=2.476550585
bestIteration=99
```

최적의 파라미터를 출력합니다.


```
print("\n The best parameters:\n",
      grid_cv.best_params_)
```

[실행 결과]

```
The best parameters:
 {'learning_rate': 0.1, 'max_depth': 6}
```

최적의 파라미터를 출력한 후에는 파라미터를 추가한 후 최종 설계된 모형을 재학습시 킵니다. 각각의 파라미터에 대한 설명은 알고리즘마다 달라 해당 문서를 꼭 확인해야 합니다.[29] 파라미터 Min_Data_In_Leaf는 한 잎사귀 노드에 들어가는 데이터의 개수를 의미합니다(Default=1). 파라미터 Colsample_Bylevel은 랜덤으로 변수를 선택할 때의 비율을 의미합니다.

```python
import timeit
start_time=timeit.default_timer()

params={'max_depth': 6,
        'learning_rate': 0.1,
        'min_data_in_leaf': 3,
        'colsample_bylevel': 0.8
        }

catboost_final=CatBoostClassifier(objective='MultiClass', iterations=100, **params)

train_pool=Pool(data=X_train, label=y_train, cat_features=['PdDistrict'])
test_pool=Pool(data=X_val, label=y_val, cat_features=['PdDistrict'])

catboost_final.fit(train_pool, eval_set=test_pool)

terminate_time=timeit.default_timer()
print("%f초 걸렸습니다."%(terminate_time-start_time))
```

[실행 결과]

```
0:      learn: 3.3529886      test: 3.3535813 best: 3.3535813 (0)
total: 27.9s     remaining: 45m 57s
```

---

29 https://catboost.ai/docs/concepts/python-reference_parameters-list.html#python-reference_parameters-list

```
1:      learn: 3.1934188        test: 3.1942628 best:  3.1942628  (1)
total: 60s      remaining: 48m 59s
.

.
99:     learn: 2.4781391        test: 2.4841415 best:  2.4841415  (99)
total: 43m 48s  remaining: 0us

bestTest=2.484141534
bestIteration=99

2629.547120초  걸렸습니다.
```

이번에는 모형 학습이 잘되는지 그래프를 작성합니다. 그런데 먼저 결괏값을 추출해야 합니다. 학습된 모형에서 Evals_Result_ 메소드를 추가하면 데이터를 Dictionary 형태로 추출할 수 있습니다. Evals_Result_는 CatBoost에서만 적용되어 XGBoost 및 LightGBM 은 evals_result() 메소드를 써야 하는데, 정확한 사용법은 각각의 예제를 확인해야 합니다. 먼저 Train 데이터에서 Epoch 0~9의 결괏값을 출력하면 다음과 같습니다.

```
results=catboost_final.evals_result_
results['learn']['MultiClass'][0:10]
```

[실행 결과]

```
[3.3529885643321102,
 3.1934187824263596,
 .

 .
 2.7575080547010127,
 2.7298438466844175]
```

이번에는 Validation 값을 출력합니다.

```
results['validation']['MultiClass'][0:10]
```

[실행 결과]

```
[3.353581274157979,
 .
 .
 2.7584575666054034,
 2.730834814983064]
```

위 데이터를 기반으로 그래프를 작성합니다.

```
import matplotlib.pyplot as plt

epochs=len(results['validation']['MultiClass'])
x_axis=range(0, epochs)

fig, ax=plt.subplots(figsize=(10, 6))
ax.plot(x_axis, results['learn']['MultiClass'], label='Train')
ax.plot(x_axis, results['validation']['MultiClass'], label='Test')
ax.legend()
plt.ylabel('Log Loss')
plt.title('CatBoost Log Loss')
plt.show()
```

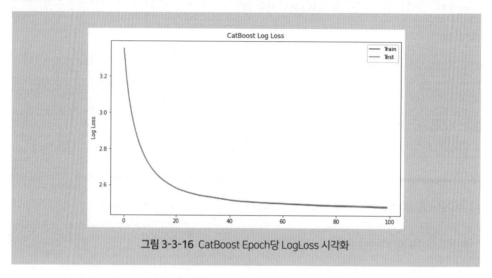

그림 3-3-16 CatBoost Epoch당 LogLoss 시각화

만약 과적합이 발생하면 최종 모형을 제출하기 전에 모형을 재학습해야 합니다. 이럴 때는 피처 엔지니어링부터 재시작하는 것이 좋습니다. 먼저 학습에 필요한 변수의 개수를 조금 더 줄여 보는 것이 중요합니다. 일반적으로 필자는 아무리 많은 변수라도 변수의 개수를 10개 이내로 줄이려고 노력합니다. 즉 변수 중에서도 가장 대표성을 나타내는 변수를 찾는데, 이때 많은 시간을 투자합니다. 간편하게 알고리즘에서 해결하는 방법은 L1, L2와 같은 규제 및 Early_Stopping_Rounds 파라미터를 활용합니다.

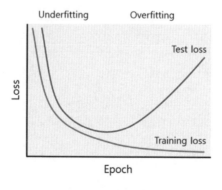

그림 3-3-17

출처: https://untitledtblog.tistory.com/158 Loss의 관점에서 보는 Underfitting과 Overfitting

이제 최종 모형의 예측값을 적용합니다. 확률값으로 표시해야 하므로 predict_proba()를 사용합니다. 예측값을 뽑은 후 Kaggle에 제출합니다.

```
preds =catboost_final.predict_proba(test)
submission=pd.DataFrame(preds,
                        columns=le2.classes_,
                        index=test.index)
submission.to_csv('CatBoost_final_model.csv', index_label='Id')

!kaggle competitions submit-c sf-crime-f CatBoost_final_model.csv-m"Message"
```

[실행 결과]

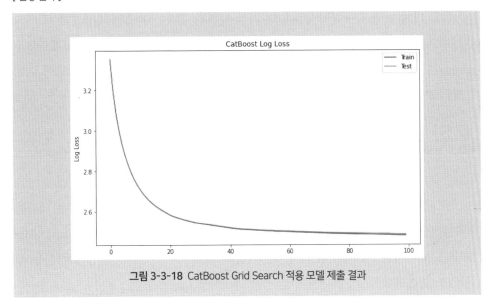

그림 3-3-18 CatBoost Grid Search 적용 모델 제출 결과

오히려 기본 모형보다 좋지 못한 결과가 나옵니다. 이럴 때는 기본 모델보다 좋지 않아 파라미터를 재설계해야 합니다. 즉 기본 모델에서는 Learning Rate가 0.5라 0.5를 기준값으로 해서 다양한 파라미터를 설계하는 것이 좋습니다. 이때부터가 본격적인 모형 연구의 시작이라고 할 수 있습니다. 이제 독자 분들의 차례입니다. 필자가 제시한

Score보다 더 좋은 점수를 받기를 바랍니다.

3.6 정리

본 Chapter에서는 조금 더 실무에 유사한 데이터를 활용해 머신러닝을 진행했습니다. 먼저 회귀와 관련된 문제인 New York City Taxi Fare Prediction에서는 승하차의 위도와 경도 데이터 그리고 최단 거리를 구하는 하버사인 공식을 활용해 새로운 변수를 도출했습니다. 정형 데이터 속에서 도메인과 직접 연관된 공식을 활용한 사례를 통해 머신러닝 알고리즘 외에도 중요한 개념을 배웠습니다. 그다음 분류와 관련된 문제인 San Francisco Crime Classification에서는 다중 분류 개념과 그리고 새로운 평가 지표에 대해서 배웠습니다. 공통적으로 보면 모형 알고리즘 튜닝을 위해 하이퍼 파라미터의 기본적인 개념에 대해 배웠는데, 모형 튜닝을 어떻게 하느냐에 따라서 학습 시간의 차이가 매우 커짐을 확인했습니다.

이러한 문제점으로 인해 단순하게 모형을 만드는 과정뿐 아니라 모형을 어떻게 설계할지에 대한 머신러닝 모형 디자인도 실제 대회에서는 매우 중요합니다. 정형 데이터와 직접적인 연관은 없지만, 실제 최근에 열린 이미지 분류 대회인 Cassava Leaf Disease Classification에서는 1등 솔루션을 차지한 캐글러가 자신의 머신러닝 학습 디자인을 공개하기도 했습니다.[30]

---

30 https://www.kaggle.com/c/cassava-leaf-disease-classification/discussion/221957

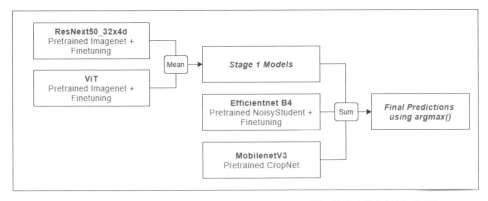

그림 3-3-19 Kaggle Cassava Leaf Disease Classification 대회 1위의 머신러닝 학습 디자인

위와 같이 단순하게 머신러닝 모형 코드를 입력하는 것뿐만 아니라 머신러닝 학습을 위해 정교한 설계 역시 필요합니다. 이러한 부분은 각 대회의 Discussion에서 확인할 수 있습니다.

캐글 노트북 더 알아보기

New York City Taxi Fare Prediction

-   Cleaning+EDA+Modelling(LGBM+XGBoost Starters)

    https://www.kaggle.com/madhurisivalenka/cleansing-eda-modelling-lgbm-xgboost-starters

-   NYC Taxi Fares – EDA+Modeling (2.93)

    https://www.kaggle.com/deepdivelm/nyc-taxi-fares-eda-modelling-2-93#Testing-Baseline-Models

San Francisco Crime Classification

-   SF-Crime Analysis & Prediction https://www.kaggle.com/yannisp/sf-crime-analysis-prediction

3.7 데이터 과학의 프로세스 리뷰

지금까지 캐글 데이터를 활용해 탐색적 자료 분석부터 시작해 피처 엔지니어링, 머신 러닝 알고리즘을 활용한 모형 개발까지 전체적으로 데이터 과학의 프로세스를 이해하고 개발된 모형의 예측 성능을 평가하는 역할을 배웠습니다.

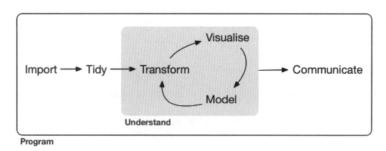

그림 3-3-20

출처: https://r4ds.had.co.nz/introduction.html 일반적인 머신러닝 프로젝트 개발 과정 요약

그러나 본 책에서는 알려 줄 수 없는 것이 있습니다. 실무에서 모형의 개발만큼이나 중요한 것은 유관 부서와의 Communication입니다. [그림 3-3-20]은 데이터 과학의 전체적인 프로세스를 포함합니다. 기술적으로 중요한 것은 모형을 가공하고 알고리즘을 디자인하는 것이지만, 실무에서 더 중요한 것은 데이터를 수집하는 과정과 모형의 결과물이 어떻게 유관 부서에 잘 전달될지에 대한 Communication 영역입니다. 만약 기술 조직이라면 서비스에 연결해야 해서 보통 모형을 배포(Deploy)하는 프로세스를 익혀야 합니다. 이는 최근에 머신러닝 엔지니어들이 가장 많이 연구하는 MLOps(Machine Learning and Operations)[31]과 관련 있습니다. 또한 EDA를 통해서 발견한 여러 문제점을 유관 부서에 전달해야 하기도 합니다. 예를 들면 Database에 위도와 경도가 잘못 적

---

31   각 기업이 MLOps를 활용해 머신러닝과 AI를 어떻게 정착시키는지에 대한 내용이 정리되어 있습니다.
      https://blogs.nvidia.co.kr/2020/09/11/what-is-mlops/

재된다는 것을 EDA를 통해서 발견한다면, DB를 관리하는 조직에 전달해야 합니다. 예측 모형을 개발한다면, 실제 개발된 모형이 기존 구축된 모형보다 성과가 더 좋은지 A/B 테스트를 진행해야 합니다. 이러한 과정은 실무를 통해서만 배울 수 있습니다. 그러나 핵심은 실험 설계, 실험 수행 그리고 실험 테스트라는 과학의 기본적인 소양에서 벗어나지 않습니다.

이제 여러분들의 차례입니다. 지금 현재 진행하는 캐글 대회에 참여해서 전 세계 캐글러들과 본격적인 경쟁을 시작하기를 바랍니다.

PART IV.

Beyond Kaggle

필자가 이 책을 집필할 때 가장 중요하게 생각한 독자는 대학생과 취업 준비생입니다(다시 한번 강조하지만, 이 책은 현업 재직자나 전공자를 위한 책이 아닙니다). 필자가 취업 준비생분들을 위해 강의를 진행할 때 크게 두 가지를 강조합니다. 첫째는 각종 공모전 참여, 두 번째는 Github를 활용한 포트폴리오 만들기와 Github 블로그 운영입니다. Part I부터 III까지가 공모전 참여를 위한 준비 단계라면, Part IV에서는 취업에 필요한 포트폴리오 구성과 Github 블로그를 만들고 운영해 가는 여정으로 준비했습니다.

이에 앞서 취업 준비생들이 항상 하는 질문에 대해 필자의 주관적인 단상을 말하고자 합니다. "자격증"에 관한 것입니다.

자격증은 정말로 중요한가?

자격증의 중요성에 대해 이해하려면, 먼저 우리나라 IT/빅데이터 산업의 전반적인 이해가 필요합니다. 국내 IT/빅데이터 취업 시장은 크게 두 가지로 구분됩니다. 인터넷 서비스 회사들이 인재를 채용하는 취업 시장과 SI(System Integration) 회사들이 인재를 채용하는 취업 시장입니다. 인터넷 서비스 회사라면 Naver, 카카오 등을 말합니다. 그리고 생소하게 들리는 SI 회사는 쉽게 이야기하자면 "하청" 업체라고 볼 수 있습니다. 그러니까 빅데이터 산업에서도 IT 산업과 마찬가지로 크게 두 종류의 회사에 취업한다고 볼 수 있습니다. 인터넷 서비스 회사와 SI 회사는 인재를 채용하는 프로세스가 비슷하면서도 조금 다릅니다. 신생 인터넷 서비스 기반의 회사들이나 스타트업들은 보통 AWS, Azure, GCP 등 클라우드에 기반해 운영하는데, 데이터 분석에 관해서는 대체로 다음과 같은 업무를 수행합니다.

- 첫째, 클라우드에 축적된 고객 DB로부터 데이터 분석에 필요한 데이터를 SQL로 조회해 추출합니다. 때로는 엑셀을 사용할 수도 있습니다.

- 둘째, 추출한 데이터를 파이썬이나 R을 사용해 분석하는데, 보통 이때 주니어 분석가의 언어가 결정됩니다. 사실 주니어가 자신의 분석 언어를 결정할 권리는 거의 없습니다. 금융권은 SAS와 같은 언어도 사용합니다.

- 셋째, 인터넷 서비스 기반의 초기 스타트업 회사들은 지속적인 성장을 목표로 하

므로 주요 KPI인 마케팅 분석도 매우 중요한 업무입니다. 대표적인 마케팅 툴인 Google Analytics, Adobe Analytics와 같은 도구가 대표적입니다.

만약 이러한 회사에 취업하고 싶다면 어떤 기술이 필요할까요? 당연한 말이지만, 취업하려는 회사에서 현재 사용하는 기술과 자신이 보유한 기술이 매칭되어야 채용 확률이 높아집니다. 주요 스타트업들은 상세한 기술 직무 요건을 채용 사이트에 올려놓아 해당 스타트업에서 사용하는 기술을 잘 알고 있음을 어필할 필요가 있습니다. 다음은 00 스타트업의 예시입니다. 1단계 서류 전형에서 Github 및 포트폴리오를 제출하도록 하는 반면, 자격증에 관한 별도의 언급은 없습니다. 그렇다면 자격증이 정말 중요하고 필요할까요?

전형절차 및 제출서류

전형절차

[1단계] 서류 전형
- 자유 이력서 1부와 포트폴리오(깃허브 등 필수)를 검토합니다.
- 포트폴리오를 아주 유심히 살펴봅니다.

[2단계] 대면 인터뷰
- 9호선 언주역, 선정릉역 사이의 인근 사무실에서 최종 인터뷰를 진행합니다.
- 근무 환경을 직접 확인해 보실 수 있습니다.
- 협업할 동료들과 함께 인터뷰를 진행합니다.

제출서류
자유 이력서 1부와 포트폴리오(깃허브 등 필수)

그림 4-1-1 00 스타트업 예시

이번에는 유니콘 스타트업인 토스의 채용 공고를 확인해 봅니다. 서류 접수 후에 쿼리 테스트를 포함한 직무 인터뷰를 실시합니다. 여기에서도 자격증의 유무에 관한 내용은 기재되지 않은 것을 볼 수 있습니다. 결국 자격증보다 더 중요한 것은 경험임을 알 수 있습니다.

이런 경험을 가진 분을 찾습니다

- 모바일 서비스 데이터 분석 방법(LTV, AARRR, Cohort, Funnel 등)에 대한 높은 수준의 이해도가 필요합니다.
- SQL을 사용한 Raw Data 핸들링 역량이 필요합니다.
- IT/모바일/금융 업종에 대한 높은 이해도와 데이터 분석 경험이 필요합니다.
- 분석 결과물을 적시에 간결한 언어로 전달할 수 있어야 합니다.
- 비즈니스 시나리오별 시뮬레이션을 통해 액션을 제시하실 수 있는 역량이 필요합니다.
- 복잡하고 다양한 데이터 셋을 정제하여 서비스의 문제를 진단하고 해결하는 역량이 필요합니다.

이런 경험이 있다면 더 좋습니다

- Python, R, Spark 등을 활용한 데이터 프로세싱에 대한 이해도가 높으신 분이면 좋습니다.
- 통계학, 금융공학, 예측 모델링 관련 석/박사 학위를 소지하셨거나 해당 분야에 대한 경험이 많으시면 좋습니다.
- Data Warehouse 구축 지식이나 경험이 있으면 좋습니다.
- 데이터 시각화(Tableau, Grafana 등)에 대한 경험이 풍부하시면 좋습니다.

토스코어로의 합류 여정

- 서류 접수 > 직무 인터뷰(사전 쿼리 테스트 포함) > 문화적합성 인터뷰 > 최종 합격

그림 4-1-2 유니콘 스타트업 예시[32]

실제로 데이터를 분석하려면 파이썬, R 외에도 실시간 처리를 위한 Spark, 시각화 도구인 Tableau 그리고 SQL 등의 지식이 필요합니다. 스타트업들의 서비스는 웹보다는 모바일에 기반한 서비스이므로 모바일 서비스 데이터 분석에 관한 배경지식 역시 중요한 요소입니다. 채용 조건에 관한 이러한 내용들은 지원자가 의도를 가지고 수집하지 않으면 사실상 파악하기 어렵습니다. 즉 인터넷 서비스 스타트업들은 자격증보다는 모바일 데이터를 수집하고, 처리하고, 분석하는 능력, 대시 보드를 작성하는 능력 등을 고루 갖춘 인재를 원한다는 것을 알 수 있습니다. 이것이 데이터 분석가(Data Analyst)의

---

32 https://toss.im/career/job-detail?job_id=4071102003

직무입니다.

이번에는 SI 회사들에 대해 이야기해 봅니다. 앞에서 SI 회사는 일종의 "하청" 기업으로 표현했습니다. 하청 기업의 장단점을 논의하는 것은 이 책의 범주를 벗어나므로 우선 SI 회사들의 채용 공고에 관해 이야기합니다.

SI 회사들의 채용 공고는 인터넷 서비스 스타트업의 채용 공고와 유사하면서도 조금 다릅니다. 다음은 00 회사의 채용 공고입니다. 빅데이터 분석가를 모집하는 데 Github와 포트폴리오가 필수는 아닙니다. 반면에 자격증과 학위 수여자를 우대합니다. 참고로 이 회사는 30여 개 이상의 국내 공기업과 삼성, SKT 등 대기업을 고객사로 둡니다. 이와 같은 SI 회사에서 고객사에 인력을 파견하려면 파견 인력이 고객사에서 요구하는 전문 지식이 있음을 증명하는 증명서가 필요합니다. 이때 필요한 것이 학위 증명서와 관련 자격증입니다. 이는 고객사가 요청하는 최소한의 조건으로, SI 회사는 학위나 관련 자격증을 보유한 인재를 우선 검토할 수밖에 없습니다.[33]

빅데이터 분석가 모집 | 플랫폼융합사업본부 서비스플랫폼팀 3명

담당업무
- 미세먼지(스마트시티) 및 스마트팜 분야

지원자격
- 경력 : 무관 (신입도 지원 가능)(팀원급, 면접 후 결정)

우대사항
- 수학/통계학, 천문/기상학, 농수산/해양학
- 데이터분석전문가(ADP), 데이터분석준전문가(ADsP)
- 석사학위 수여자, 박사학위 수여자, 해당직무 근무경험

그림 4-1-3 SI 업체 채용 공고 예시

---

33 https://www.saramin.co.kr/zf_user/company-info/view/csn/c2U1dStvYnF3ckxOYVVmQ2IvWlFiZz09/
company_nm/%EB%84%A4%EC%9D%B4%EB%B2%84%EC%8B%9C%EC%8A%A4%ED%85%9C(%E
C%A3%BC)

자격증이 중요하느냐는 질문을 받는다면 필자의 대답은 "중요하다"입니다. 그러나 자격증이 있으면 최종 합격을 보장해 주느냐고 다시 질문을 받는다면, 필자의 주관적인 대답은 "아니오"입니다. 자격증에 집중해 이야기하는 동안 중요한 것을 하나 놓친 것이 있습니다. 그것은 바로 "면접"입니다. 지금까지 이야기한 자격증은 서류 전형 과정에서만 해당됩니다. 자격증은 서류 전형 합격을 위한 도구일 뿐 그다음 과정인 면접이 아직 남아 있습니다. 그러므로 자격증이 있다고 취업이 보장된다고 할 수는 없습니다. 그렇다면 면접은 어떻게 진행될까요?

Chapter
02

면접은 어떻게
구성되는가?

2021년 취업의 최신 트렌드는 코딩 테스트입니다. 현재는 카카오나 네이버, 삼성, SKT 등 대기업은 물론이고 일반적인 스타트업들도 개별 과제나 코딩 테스트를 진행합니다. 이 과정을 거친 뒤에야 비로소 면접의 기회가 주어집니다. 그 외 중소기업은 코딩 테스트 과정을 생략하기도 하지만, 최종 합격에 앞서 반드시 면접을 진행합니다. 회사마다 조금씩 다르기는 하지만, 기본적으로는 프로젝트 위주로 면접이 이루어집니다. 그에 더해 주요 통계 개념을 이해하는지 묻기도 합니다.

이 책이 주로 다루는 정형 데이터와 관련해 면접에서 가장 중요한 질문으로 다루어질 내용은 알고리즘보다는 데이터 전처리나 피처 엔지니어링에 관한 것일 가능성이 큽니다. 데이터의 다양한 피처 중에서 어떤 방법론으로 피처들을 줄여 나가는지, 왜 그러한 방법론을 사용하는지에 대한 질문을 받을 가능성이 큽니다. 또한 최종 알고리즘 선정은 어떤 형태로 진행하는지에 대한 내용도 질문의 대상입니다.

이외에 인프라 구축이나 SQL 활용 여부 등의 질문을 받을 수도 있습니다. 실제로 필자도 데이터 분석가를 지원할 때 데이터 분석가가 아니라 데이터 엔지니어의 업무인 인프라 구축 역량은 어떤 수준인지 등에 관한 질문을 받았습니다. 채용 기준으로는 데이터 엔지니어링의 업무를 한다는 것이 필수 조건은 아니지만, 회사 입장에서는 인력이 부족한 상황이라 데이터 분석가가 데이터 엔지니어의 기술도 보유한다면, 채용 확률이 높아지는 것 또한 사실입니다.

면접 질문에 관한 모음집은 구글 검색을 통해서 쉽게 찾을 수 있습니다. 필자가 추천하는 데이터 사이언스 면접 관련 사이트는 다음과 같습니다.

- 어쩐지 오늘은(데이터 사이언스 인터뷰 질문 모음집)[34]
- Top 50 Frequently Asked Machine Learning Interview Questions and Answers[35]

위와 같은 질문들에 대한 내용을 시간을 들여 정리해 두는 것만으로도 충분히 공부가 됩니다. 특히 프로젝트 관련 내용으로는 단순히 캐글 데이터를 수집하는 것 외에 어떤 형태로 저장 및 처리하는지에 대한 내용도 중요합니다. 그래서 필자는 캐글 데이터를 그대로 Local로 불러와 사용하기보다는 GCP 빅 쿼리나 클라우드 스토리지, MySQL과 같은 DB와 연동해 데이터를 적재한 후, 쿼리를 통해 데이터를 수집하는 방식으로 프로젝트를 수행하는 것을 우선 권합니다.

그림 4-2-1 데이터 사이언티스트 면접 질문 검색 예시

---

34 https://zzsza.github.io/data/2018/02/17/datascience-interiew-questions/

35 https://www.ubuntupit.com/frequently-asked-machine-learning-interview-questions-and-answers/

필자의 강의를 들은 수강생들의 피드백에는 주로 공모전과 관련된 질의가 많습니다. 필자가 공모전에 관해 얘기하고 싶은 것은 다양한 대회에 많이 참여하는 것도 중요하지만, 대회에 참여한 내용을 PPT로 남기는 것 역시 그에 못지않게 중요하다는 것입니다. PPT에 어떤 내용을 담을지에 대해서는 서울특별시 빅데이터 캠퍼스 홈페이지의 빅데이터 분석 사례에 가면 빅데이터 캠퍼스 공모전에 입상한 팀들의 작품을 볼 수 있으니, 이를 참고하기를 바랍니다.[36]

---

36 https://bigdata.seoul.go.kr/noti/selectPageListTabNoti.do?r_id=P260

Github와
기술 블로그의 장점

면접에서 다양한 기술을 실제로 구현해 본 자신의 경험들을 구두로 설명하기보다는 Github나 기술 블로그를 활용하면 면접 담당자분들에게 더욱더 자세하고 분명하게 어 필할 수 있습니다. 따라서 Github와 기술 블로그를 잘 활용하는 것이 매우 중요합니다.

프로그래밍에 입문한 분이라면 한 번쯤은 Github에 대해 들어 보았을 겁니다. 필자가 강의할 때 관찰해 보니 대다수의 수강생 특히 입문자분들은 Github를 단순히 소스 코 드 저장용으로만 배우거나 아는 분들이 의외로 많습니다. 사실 틀린 이야기는 아닙니 다. One Drive나 Dropbox, 구글 Drive 등 클라우드를 사용한 경험이 있는 입문자분들 은 클라우드 저장소에 코드를 저장하는 것이 불편하다는 것을 이미 겪었거나 불편할 것이라는 선입견 때문에 Github도 그런 클라우드 저장소와 같을 것으로 지레짐작해 잘 활용하지 않는 악순환이 지속되는 것을 봅니다.

어떤 분들은 소스 코드를 USB로 저장하기도 합니다. SI 프로젝트를 진행할 때 보안의 이유로 가끔 이렇게 하는 것이 좋을 때도 있지만, 배우거나 취업을 준비할 때는 이렇 게 준비하는 것이 스스로 자신을 브랜딩해야 하는 요즈음 시대 흐름에 역행하는 것 같 습니다. 특히 대학이나 국비 교육 과정을 마친 분 중에도 Github를 모르는 경우를 많이 보는데, 필자는 이에 대해 매우 안타깝게 생각합니다. 그래서 필자는 취업 준비생분들 을 위해 강의할 때는 제일 먼저 Github와 기술 블로그를 만드는 것부터 시작합니다. 그리고 필자의 강의가 끝날 때까지 이 부분을 지속해서 관리하도록 도와줍니다. 그렇다면 Github와 기술 블로그의 장점은 무엇일까요?

3.1 기록의 관점에서

몇 년 전부터 전 세계 개발자들 사이에서 1일 1커밋이라는 말이 유행하고 있습니다. 1일 1커밋은 자신이 진행하는 개인 공부나 사이드 프로젝트를 개인용 Github에 매일 업로드하는 운동을 말합니다. 꾸준하게 1일 1커밋을 전개하다 보면 속칭 "잔디"가 심어지는 것을 볼 수 있습니다. 이러한 결과물을 보면서 개발자나 취업 준비생들은 그동안 열심히 살아왔다는 개인적 만족감을 느낄 수도 있지만, 더 중요하게는 면접관들에게 자신이 그동안 성실히 잘 준비해 왔음을 보여 주는 객관적인 지표로도 활용됩니다. 그렇다면 왜 코드를 다른 곳이 아닌 Github에 올려야 할까요?

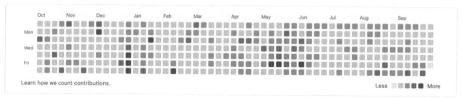

그림 4-3-1 1일 1커밋 예시

인간은 자신이 작성한 것을 모두 기억할 능력이 없습니다. 또한 어떤 일을 하더라도 항상 참고 자료들을 검토하기 마련입니다. 그렇다면 코드는 어떨까요? 캐글 프로젝트를 진행한 독자들이라면 느꼈겠지만, 대부분의 코드는 실제로는 각 라이브러리의 공식 문서에서 제공하는 코드에서 시작해 이를 응용하는 형태로 진화합니다. 캐글 노트북은 각 참여자가 해당 라이브러리를 어떤 방법론으로 응용하는지 확인하는 좋은 기회입니다. 그런데 아무리 열심히 참여한 프로젝트라도 어느 정도 시간이 지난 뒤 다시 처음부터 작성하기란 매우 어려운 일입니다. 그러므로 이미 작성한 코드를 언제든 재사용하려면 Github에 저장해 둘 필요가 있습니다.

코드를 재사용하는 방법에는 어떤 것이 있을까요? 가장 이상적인 방법은 PyPI에 라이브러리를 만들어 배포하는 것입니다. 이 방법을 사용하면 독자 분들이 자주 사용하는 함수나 클래스를 기존 Pandas, NumPy 등의 라이브러리처럼 활용할 수 있습니다. 그러나 이 방법은 본 책에서 다루지 않는 클래스 개념에 대한 이해가 필요하고, 유닛 테스트를 통과해야 하는 등 다양한 개발 환경에 대해 어느 정도 이해해야 활용이 가능해 이 부분에 대한 자세한 설명은 다음 기회로 미루고 참고 자료로 대신합니다.[37]

다른 방법은 코드를 Github에 저장하고 필요할 때 그 파일들을 불러와 다시 사용하는 방법입니다. 이때는 'Git Clone'이라는 명령어를 사용하는데, 이렇게 하면 Github에 저장한 다양한 파일을 있는 그대로 불러와 다시 사용할 수 있습니다. 독자 분들이 매일매일 업로드한 코드나 프로젝트를 진행하면서 사용한 코드를 필요할 때 불러와 확인하고 재활용해, 기록을 넘어 재활용의 관점에서 Github는 매우 중요합니다.

이와 마찬가지로 개발 블로그도 사용할 수 있습니다. 그러나 필자는 Github와 개발 블로그를 조금 다르게 운영합니다. 필자는 프로젝트 외에도 강의를 하는 입장이다 보니, 수강생들이 필요로 하는 내용들을 그때그때 제공하면서 공유하는 용도로 개발 블로그에 올릴 때가 많습니다. 그리고 개발 블로그는 여러 가지 환경 세팅과 같은 문제들도 다룹니다. 이러한 것도 기록해 두었다가 동일한 문제를 경험하는 새로운 수강생에게 즉시로 내용을 공유해 짧은 시간 안에 바로 도움을 줄 수 있다는 장점이 있습니다.

---

37 https://towardsdatascience.com/step-by-step-tutorial-to-build-a-minimal-ci-cd-pipeline-for-your-python-project-using-travis-ci-c074e42f0c65

3.2 정보 공유의 관점에서

IT/빅데이터 분야는 매일매일 새로운 기술들이 빠르게 발전하는 분야입니다. 1년 전 배운 기술이 지금 현재 사용되지 않을 가능성이 매우 큰 분야입니다. 그만큼 누가 먼저 신기술을 알고 잘 활용하느냐가 경쟁력일 수 있습니다. 이는 현직자에게도 취업 준비생에게도 동일하게 적용됩니다. 이러한 관점에서 보면 캐글은 다양한 머신러닝 및 딥러닝의 주요 알고리즘이 새롭게 개발되고 실제로 적용되는 경연의 장이기도 합니다. 과거의 Random Forest나 현재 많이 사용되는 XGBoost, LightGBM과 같은 새로운 기법들은 논문으로 발표된 후에 캐글의 다양한 참여자가 실제로 사용하거나 각광받으면서 인기를 끈 알고리즘들입니다. 이러한 새로운 알고리즘은 빅데이터에 기반한 대부분의 회사에서도 실제로 서비스에 운영되기도 합니다(대표적인 사례로는 우아한 형제들의 기술 블로그를 확인해 보기를 바랍니다).[38]

정보 공유의 관점에서 접근하면 Github와 기술 블로그는 활용 가치가 매우 높아질 수 있습니다. 캐글에 참여하거나 중요한 알고리즘을 번역해 올리는 것은 단순한 학습 이상의 효과가 있으며, 블로그를 방문해 질의 응답을 통해서도 다양한 정보를 서로 공유할 수 있습니다. 데이터 전처리나 시각화 기술 그리고 피처 엔지니어링에 대한 다양한 방법론을 탐색하는 등의 과정을 정리해 공유하는 것은 자신에게도 좋을 뿐 아니라 향후 속할 팀원이나 후임들을 가르칠 때도 매우 큰 도움을 주기도 합니다. 또한 기술 블로그는 기업에서도 운영합니다. 실제로 많은 스타트업은 기술 블로그를 활용해 각 팀이 현재 진행하는 프로세스 등을 공유하고 나눔으로써 회사의 기술력을 드러내기도 합니다. 이러한 기술 블로그를 통해서 현재 취업 준비생이 앞으로 필요로 하는 기술을 알 수 있습니다. 이는 반대로 말하면, 취업 준비생이 새로운 기술에 대해서 꾸준히 공부하고 공유할 때 다양한 기업에서 근무하는 현직자들이 검색이나 구글링을 통해서 취업 준비를 하는 독자 분들의 기술 블로그를 방문할 수도 있다는 이야기입니다.

---

38 https://woowabros.github.io/woowabros/2020/07/01/how_data_analyst_works.html

또한 기업에 근무하다 보면 팀 내에서 종종 사내 세미나를 합니다. 이럴 때 기술 블로그 등을 활용하면 매우 쉽게 직장 동료들과도 교류하는 장으로 활용할 수 있습니다. 이렇게 자신의 정보를 다양하게 제공하기 시작하면 가장 중요하게는 자신이 먼저 많은 것을 배우고, 그렇게 정리한 내용들을 다른 누군가가 읽으면서 그것들이 독자 분들의 개별적인 마케팅과 브랜드 형성에도 도움을 줍니다.

3.3 커리어 관리의 관점에서

IT/빅데이터 분야에는 이직이 많습니다. 대기업에 입사한 분들이나 좋은 직장에 다니던 분들도 새로운 프로젝트나 신규로 진행하는 프로젝트가 있으면 이직을 마다하지 않습니다. Github와 기술 블로그를 꾸준히 한다면 이로 인해 좋은 스타트업에서 스카우트 제의를 받을 가능성이 커집니다. 현직에 있다고 해서 지금 현재 전 세계에서 가장 앞서는 기술을 보유하는 것은 아닙니다. 회사뿐 아니라 팀 조직 간에도 기술력의 차이는 존재합니다. 그렇다 보면 아무래도 회사 입장에서는 경력 있는 지원자를 찾을 수밖에 없고, 이때는 보통 실무진에 있는 팀장급들이 세미나 등이나 다양한 세션에서 활약하는 평소 관찰해 온 지원자들을 찾을 수밖에 없습니다. 그때 취업 준비생 입장에서는 Github와 기술 블로그가 실무 담당자분들에게 매우 유용하게 어필할 수 있는 무기입니다. 실제로 기술 블로그 등을 통해서 스카우트 제의를 받는 개발자도 점점 많아지는 추세이고, 이는 앞으로도 더 활성화될 것으로 보입니다.

더 좋은 회사일수록 좋은 개발자를 찾아야 하는 것은 개발팀의 영원한 숙제입니다. 이럴 때 꾸준하게 성장하고 있음을 보여 주는 블로그는 더 좋은 직장으로 이직하도록 하는 매우 유용한 자산이며 가장 확실한 방법일 수 있습니다. 필자가 강의할 때마다 보여 주는 영상이 있습니다.[39] 지방대 출신의 비전공 개발자가 배달 앱의 리드 개발자가

---

39 https://youtu.be/V9AGvwPmnZU

되기까지의 여정을 그린 영상입니다. 여기에서도 강조되는 것은 1일 1커밋과 블로그입니다. 실제로 필자도 운영하는 블로그를 통해서 출판사에서 책 집필 의뢰를 처음 받았고, 강의 면접을 진행할 때도 사전에 기술 블로그 등을 먼저 보냅니다.

그런데 간혹 입문자분 중에는 취업한 후에 기술 블로그와 Github 운영을 중단하는 경우를 심심치 않게 봅니다. 이는 좋지 않습니다. 실제로 개발자분들은 현업을 하면서도 사이드 프로젝트를 진행할 때가 많은데, 그렇게 하는 가장 중요한 이유는 사이드 프로젝트를 통해 새로운 기술을 배우고 기록하면서 현업에 적용할 기술 및 소스 코드 등을 계속 탐색할 수 있기 때문입니다. 그렇게 탐색한 기술에 대한 확신이 생길 때 본 프로젝트에 적용합니다. 데이터 분석도 마찬가지입니다. 캐글 경진 대회에 현업에 있는 분들이 꾸준하게 참여하는 것은 커리어 관리의 관점에서 보면 어쩌면 당연합니다. 새로운 알고리즘을 확인한 후 이를 최대한 반영해 적용하거나 사내에서 연구를 진행해 더욱 업그레이드된 라이브러리를 만들어 배포하는 것이 각 회사의 경쟁력이기 때문입니다. 이때 자연스럽게 활용하는 도구가 결국 Github와 사내 또는 회사의 기술 블로그입니다. 그렇다면 본격적으로 Github와 Github를 활용한 기술 블로그를 만들어 봅니다.

Github & Git

그림 4-4-1 Github 로고

이제부터 본격적으로 Github를 만들고, 가상의 파일을 Github에 저장하는 것까지 시연합니다. 구글 코랩만 사용하면 Github만 알아도 문제되지 않습니다. 그러나 현업에서는 구글 코랩 외에도 Anaconda[40], PyCharm[41], VSCode[42]와 같은 통합 개발 환경(Integrated Development Environment) 제품들과 서버 환경에서 가볍게 사용하도록 도와주는 Vim[43], Emacs[44]와 같은 Text Editor들이 있습니다. 어떤 도구를 사용하더라도 Github에 접근하려면 기본적으로는 Git을 사용할 줄 알아야 합니다. 따라서 본 Chapter에서는 공

---

40 https://www.anaconda.com/

41 https://www.jetbrains.com/ko-kr/pycharm/download/#section-windows

42 https://code.visualstudio.com/

43 https://www.vim.org/

44 https://www.gnu.org/software/emacs/

통적인 Git 명령어도 포함해 설명합니다.

4.1 Github

먼저 https://github.com/에 접속합니다.

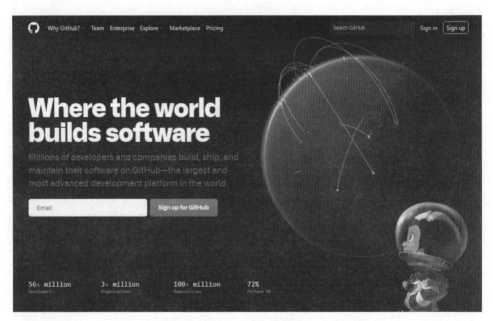

그림 4-4-2 회원 가입 절차

Signup 클릭 후 이메일 주소 등을 입력해 회원 가입을 진행합니다. 독자 분들이 원하는 것을 순차적으로 선택한 후 Complete Setup을 클릭합니다.

그림 4-4-3 Welcome to Github

회원 가입 시 기입한 이메일로 돌아가서 메일 인증을 진행합니다.

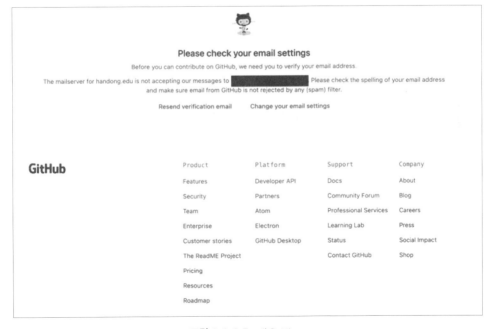

그림 4-4-4 Email Settings

여기에서 Create a Repository를 선택합니다.

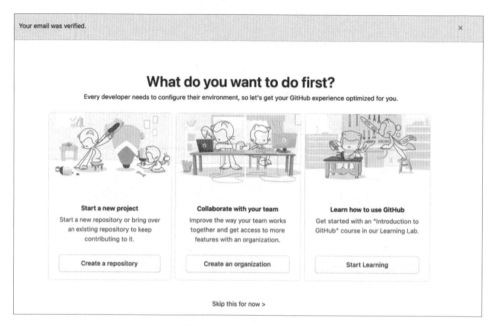

그림 4-4-5 Start a new Project

Github와 관련된 셀프 스터디를 소개하려고 합니다. 국내에 Github와 관련된 책이 몇 권 있고, 그러한 책에도 자세히 설명되어 있지만 아무래도 텍스트 위주이다 보니, 실습은 각자 진행해야 하는 번거로움이 있습니다. 본 Chapter에서도 간단한 수준의 Github 실습 내용을 담지만, 조금 더 디테일한 내용들은 전달하지 못하는 아쉬움이 있습니다. 따라서 시간적 여유가 있고, 영어에 부담이 없는 독자라면 Learn How to use Github를 공부해 보는 것도 좋은 방법입니다. [그림 4-4-6]에 나온 것처럼, Github를 활용해 실제로 배포 서비스 등을 구현할 수도 있습니다. 그러나 이 부분은 입문자의 수준을 넘어서므로 본 Chapter에서는 잠깐 언급만 하고 넘어갑니다. 그러나 독자 분들이 코딩에 대한 두려움과 에러를 어느 정도 스스로 해결할 역량이 갖추어지면 [그림 4-4-6]에서 원하는 강의를 수강하는 것을 추천합니다. Git 기본서를 완독한 후에는 해당 코스에서 원하는 강의를 수강하기를 바랍니다(옵션).

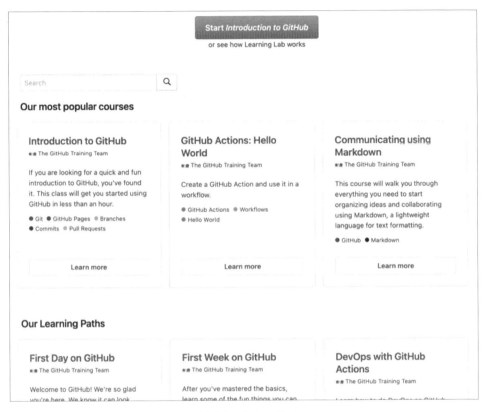

그림 4-4-6 Github Start

Repository Name에 영어로 프로젝트의 이름을 기술합니다. 필자는 Kaggle_Project라고
정합니다.

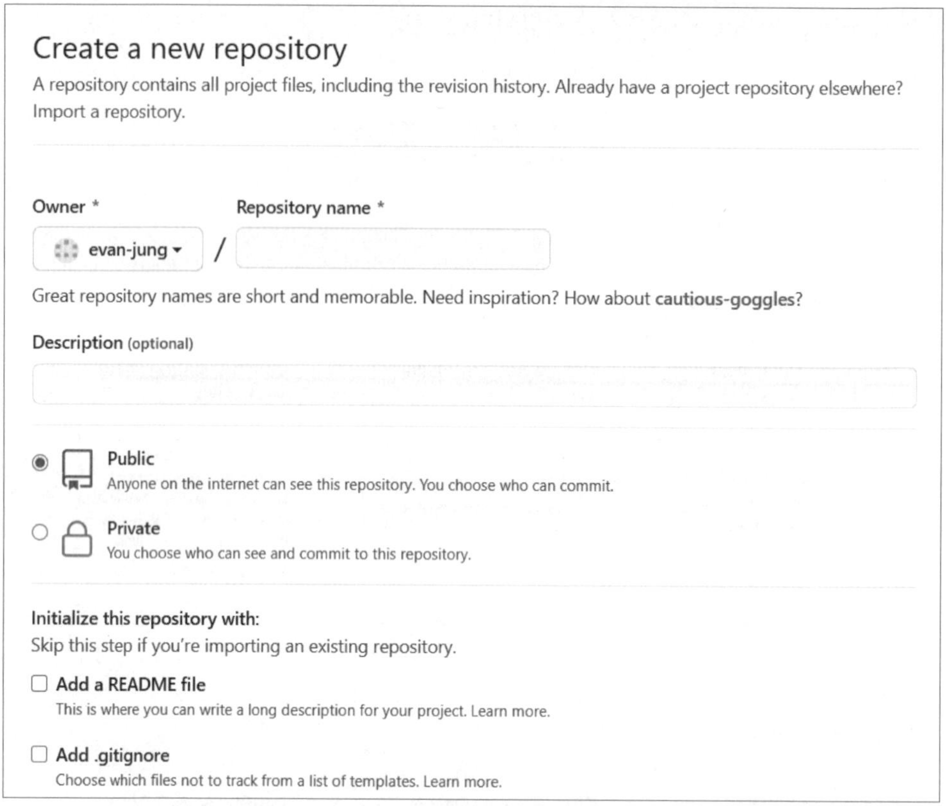

Create a new repository

A repository contains all project files, including the revision history. Already have a project repository elsewhere? Import a repository.

Owner *   Repository name *

[evan-jung ▾] / [   ]

Great repository names are short and memorable. Need inspiration? How about **cautious-goggles**?

Description (optional)

[   ]

◉ 📖 **Public**
        Anyone on the internet can see this repository. You choose who can commit.

○ 🔒 **Private**
        You choose who can see and commit to this repository.

Initialize this repository with:
Skip this step if you're importing an existing repository.

☐ **Add a README file**
   This is where you can write a long description for your project. Learn more.

☐ **Add .gitignore**
   Choose which files not to track from a list of templates. Learn more.

그림 4-4-7 Github 프로젝트 리포지터리 생성 방법 1

- Description은 보통 프로젝트 상세 개요를 말합니다. 이 부분은 Markdown 작성법 및 프로젝트 기술 개요와 함께 설명합니다. 지금은 빈 공간으로 남겨 두기를 바랍니다.

- Public은 현재 진행하는 프로젝트를 공유한다는 뜻입니다. 대개 완성된 프로젝트를 공유합니다. 또한 취업 준비생분들은 완성된 프로젝트 등을 공유할 때 이 옵션이 필요합니다.

- Private은 현재 진행 중인 프로젝트 또는 작성한 코드를 공유하고 싶지 않을 때 사용하는 옵션입니다. Public과 Private은 추후에도 변경이 가능합니다. 지금은 Public

을 선택합니다.

여기에서 Add a README File을 선택합니다.

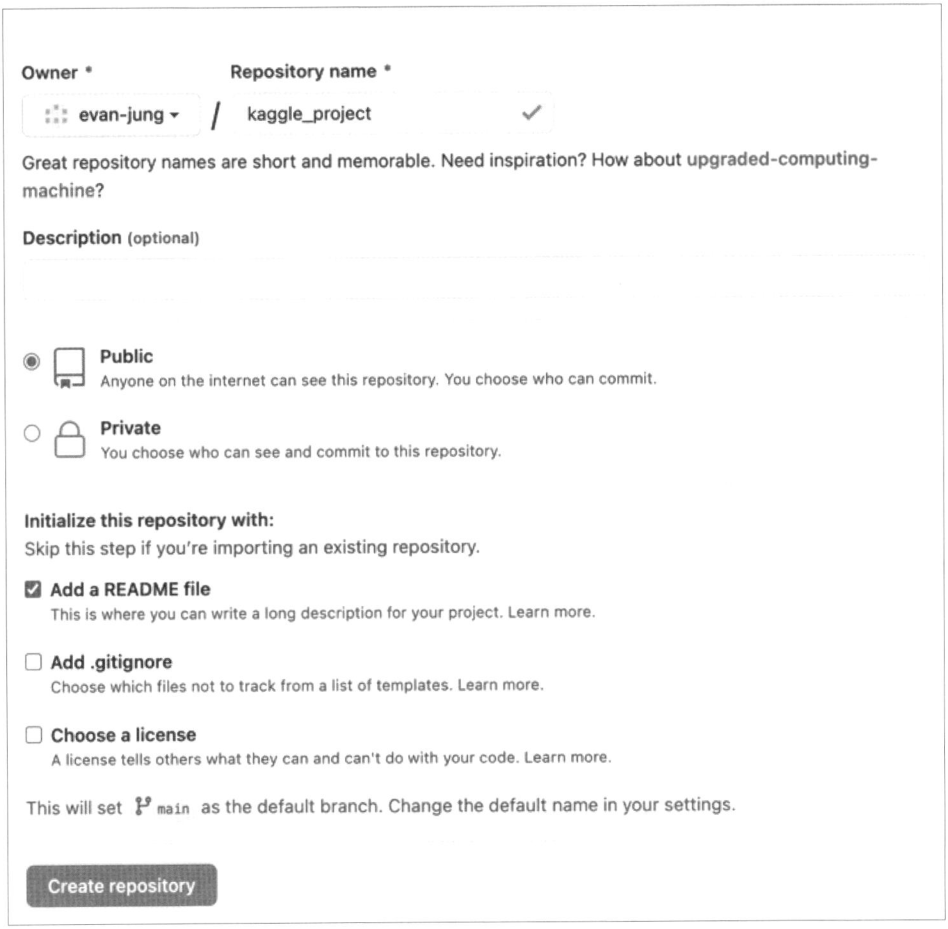

그림 4-4-8 Github 프로젝트 리포지터리 생성 방법 2

README File은 해당 프로젝트의 개요, 설치 방법 등을 소개한 문서입니다. Gitignore 파일은 Github에 올리기 어려운 대용량 파일이나 보안키가 있는 문서 등을 제어할 때 사용합니다. 이 부분은 Git에 대해 설명할 때 다시 한번 기술합니다. License는 프로젝트의 소유권 및 저작권 등을 주장할 때 필요한 법적인 장치입니다. 이는 실제 개발팀에 입사하면 자연스럽게 알게 되므로, 본 Chapter에서는 넘어갑니다. Create Repository를 클릭하면 드디어 독자 분들의 Github 저장소를 처음으로 만들게 됩니다. [그림 4-4-9]와 같이 나왔다면 정상적으로 만들어진 것입니다. 축하합니다.

그림 4-4-9 Github 프로젝트 리포지터리 생성 방법 3

4.2 구글 코랩과 Github의 연동

이번에는 구글 코랩에서 임시 파일 하나를 엽니다. 구글 코랩에서 작업을 직접 해당 폴더에 연결하려고 합니다. 몇 번의 클릭으로 연동이 가능합니다. 필자는 새로운 파일명을 My_1st_Notebook.Ipynb로 입력합니다. 그리고 다음과 같이 코드를 입력 후 그래프를 작성합니다.

```
import matplotlib
import numpy as np
```

```
import matplotlib.pyplot as plt

x=np.linspace(0, 500)
plt.plot(x)
plt.title('A simple graph')
plt.show()
```

[실행 결과]

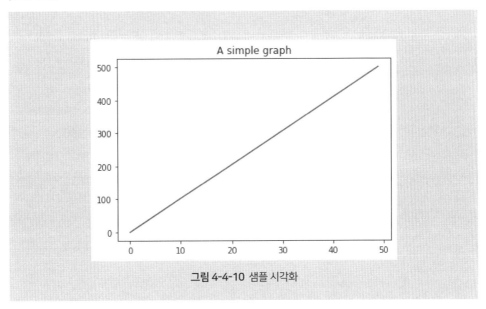

그림 4-4-10 샘플 시각화

이번에는 위 코드를 곧바로 Github에 업로드합니다. 먼저 파일 메뉴를 클릭한 후, Github 사본 저장 메뉴를 클릭합니다.

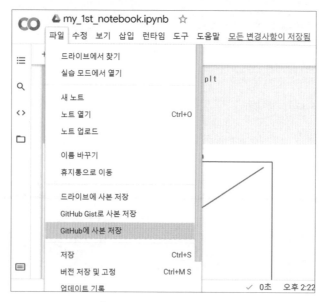

그림 4-4-11 구글 코랩-Github 저장

그림 4-4-12 구글 코랩 인증 절차

인증 절차를 진행합니다. 이 부분은 처음 저장할 때 한 번만 수행합니다. 다만 그전에 크롬에서 Github에 로그인되어야 합니다.

이제 마지막으로 Commit Message를 수정합니다. 그런 다음 해당 소스를 저장할 Repository를 선택하고, Ok 버튼을 클릭합니다. 필자는 [Add] new 캐글 노트북과 같이 작성했습니다.

GitHub으로 목사

저장소: ↗
evan-jung/kaggle_project   ∨

브랜치: ↗
main ∨

파일 경로
my_1st_notebook.ipynb

변경사항 설명 메시지
[Add] new Kaggle notebook
☑ Colaboratory 링크 추가

취소   확인

그림 4-4-13 Github 메시지 작성

Commit Message를 작성하는 방법도 협업 프로젝트를 진행할 때는 매우 중요합니다. 관련 내용은 다음 페이지에서 확인하기를 바랍니다(검색 키워드: Git Conventional Commits).

- Conventional Commits: https://www.conventionalcommits.org/ko/v1.0.0/

최종 작업한 소스들이 Github에 업로드된 것을 확인합니다. 그리고 잔디를 확인합니다.

그림 4-4-14 Github에 업로드된 구글 코랩 예시

왼쪽 상단의 독자의 사용자 이름(예: evan-jung)을 클릭하면 메인 화면으로 넘어갑니다. 첫 번째로 "잔디"를 심은 걸 축하합니다. Edit Profile을 클릭해 프로필을 작성한 후, 사진을 꾸며 개인 포트폴리오를 만들어 가기를 바랍니다.

그림 4-4-15 Github Contribution 그래프

[그림 4-4-16]은 필자의 강의를 듣고 실제로 Github에 입문한 제자들의 Github Page입니다. 이들은 모두 문과 계열의 학생들로 데이터 과학 비전공자이지만, Github와 각종 프로젝트를 진행해 현재는 모두 취업해, 데이터 분석 및 개발자로 커리어를 쌓아 가고 있습니다.

그림 4-4-16 Github 프로필 페이지

4.3 Git 연동

이번에는 Git을 설치하고, 추가로 통합 환경 개발 툴인 PyCharm을 설치합니다. 윈도우 사용자와 Mac 사용자 기준 두 개로 나눠 순차적으로 설명합니다.

윈도우 10 사용자 버전

웹 사이트에 접속합니다(https://git-scm.com/).

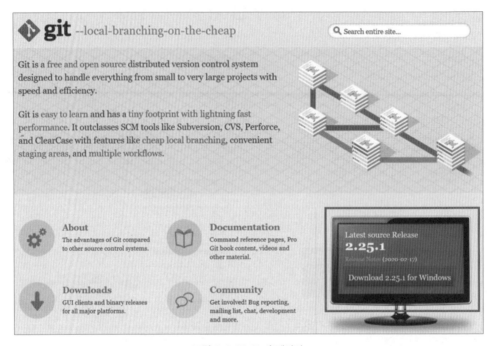

그림 4-4-17 Git 홈페이지

만약에 자동으로 다운로드 되지 않는다면 Click here to download manually를 선택합니다.

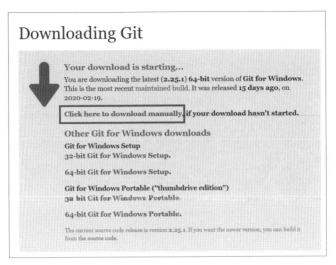

그림 4-4-18 Git

이 화면에서 기본값을 유지한 채로 계속해서 Next 버튼을 클릭합니다.

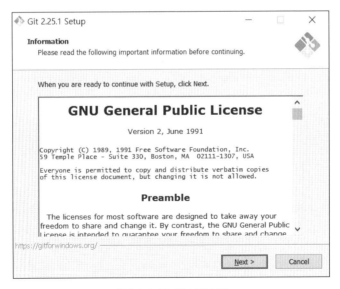

그림 4-4-19 Git 설치 시작

Launch Git Bash를 선택하면 Git Bash 화면이 나옵니다.

그림 4-4-20 Git 설치 완료

특정 폴더에서 오른쪽 마우스 버튼을 클릭해도 Git Bash를 실행할 수 있습니다.

그림 4-4-21 Git Bash

4.3.2 MacOS 사용자 버전

MacOS 사용자는 윈도우 사용자와 같이 별도의 프로그램을 설치하는 것이 아니라, 보통 Terminal이나 iOS 앱을 만드는 Xcode를 설치해 Git을 설치할 수 있습니다. 본 Chapter에서는 Homebrew를 통해서 설치를 진행합니다.

```
$ /bin/bash-c"$(curl-fsSL https://raw.githubusercontent.com/Homebrew/install/
HEAD/install.sh)"

$ brew install git
```

위 두 명령어만 있으면 Git 설치는 완료됩니다.

4.4 Git & 리눅스 명령어

이제 설치가 끝나면 Git 명령어를 활용해 Github와 연동 및 작업 파일을 올리고, 다운로드 받는 방법에 대해 기술합니다. 먼저 Git의 기본 문법은 다음과 같습니다.

```
$ git 명령어 또는 옵션
```

예를 통해서 보면 다음과 같습니다. 설치가 잘되는지 버전을 확인합니다.

```
$ git--version
git version 2.30.0
```

Git 명령어는 여러 개 묶어서 사용도 가능합니다. 이때는 세미콜론(;)으로 구분합니다. 다음 예를 봅니다.

```
$ git--version; git status
git version 2.30.0
fatal: not a git repository (or any of the parent directories): .git
```

출력값을 보면 git--version에 대한 출력값은 존재하지만, git status는 에러가 나는 것을 볼 수 있습니다. 간단하게 설명하면, 현재 파일 경로에서는 .git이 확인되지 않는다는 뜻입니다. Git 명령어를 쓸 수는 있지만, .git이 없어 Github와 연동이 필요하다는 의미입니다. 이제 연동합니다. 연동하는 방법에는 크게 두 가지가 있습니다. 표를 통해서 순차적으로 비교하려고 합니다.

구분	로컬 폴더	Github Repository	연동 방법
Case 1	존재하지 않음	존재함	$ git clone ~
Case 2	존재함	존재하지 않음	$ git init ~

표 4-4-1 Case별 로컬 환경과 Github 연동 방법

대표적으로 두 가지가 존재합니다. 먼저 Case 1은 미리 만들어 둔 Github Repository에 접근합니다.

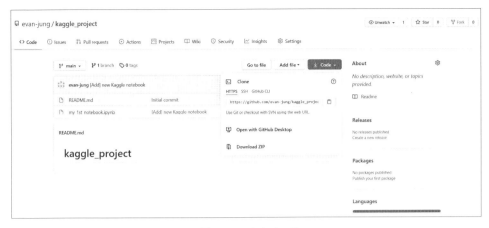

그림 4-4-22 Github URL

Code 버튼을 클릭해 URL이 나오는 것을 확인한 뒤 해당 주소를 복사합니다. 복사를 마친 후에는 먼저 터미널을 열고, Git Clone Url을 입력하고 실행합니다. 이때 주의할 것이 있습니다. 처음 입문하는 분들은 명령 프롬프트나 터미널 명령어도 매우 생소합니다. 따라서 이때는 간단한 리눅스 명령어를 활용해 파일 경로를 바꿉니다. 필자는 대학생이나 취업 준비생을 대상으로 강의를 시작할 때, 강의 기간이 5일 이상이면 무조건 R, 파이썬, SQL 강의 이전에 Git과 Github 강의부터 시작합니다. 그런데 경험적으로 리눅스 명령어를 같이 알려 주지 않으면 Git Clone을 해 Github Repository를 복제하더라도 제대로 파일을 확인하지 못하는 상황이 많습니다. 따라서 리눅스 기본 명령어를 반드시 익히고, Git Clone을 계속 진행해 주기를 바랍니다. 윈도우 사용자는 CMD 명령 프롬프트가 아닌 Git Bash 터미널을 열어 주기를 바랍니다.

4.4.1 리눅스 기본 명령어

입문자라도 매우 쉽게 이해할 수 있어 간단한 설명과 함께 코드로 시연합니다. 한 가지 조언하자면, 앞으로 폴더 및 파일명을 만들 때는 두 가지를 주의하길 바랍니다.

- 영어로 폴더명을 작성합니다(예: 캐글(X), kaggle(O)).

- 띄어쓰기는 지양합니다(예: 캐글 노트북 (X), kaggle_notebook(O)).

PWD(Print Working Directory)

현재 작업 중인 경로의 정보를 출력하는 명령어입니다.

```
$ pwd
#MacOS/Users/usersname
```

Ls(List)

현재 경로의 모든 목록을 확인합니다. 만약 확장자명이 없다면 하위 폴더일 가능성이 높습니다.

```
$ ls
README.md temp.docs temp.py temp.pptx folder01
```

이제 파일 및 폴더를 생성하고 경로도 바꿔 봅니다. 간단한 실습을 위해서 바탕 화면에 Temp 폴더를 만듭니다. 그리고 그 안에 Path01과 Path02 폴더를 새로 만듭니다(여기까지는 마우스를 활용하기를 바랍니다). Temp 폴더에서 마우스 오른쪽 버튼을 클릭 후 Git Bash Here 버튼을 클릭합니다.

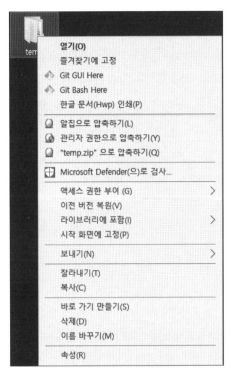

그림 4-4-23 폴더 접근 Git Bash

```
~/Desktop/temp $ pwd
/c/Users/w/Desktop/temp
~/Desktop/temp $ ls
path01/   path02/
```

현재 경로는 다를 수 있지만 Ls를 실행하면 두 개의 폴더는 동일해야 합니다. 이제 본
격적으로 파일을 만듭니다. 이때부터는 마우스가 아닌 터미널만 활용합니다.

Touch

Touch 명령어는 기본적으로 파일의 날짜 시간 정보를 변경합니다. 그런데 이 명령어는 파일을 생성하는 것으로 사용할 수 있습니다. 파일명은 Ml.Py로 만듭니다. 그런 다음 자연스럽게 Ls 명령어를 사용해 새로운 파일이 만들어지는지 확인합니다.

```
~/Desktop/temp $ touch ml.py
~/Desktop/temp $ ls
ml.py  path01/  path02/
```

MKDir(Make Directory)

mkdir 명령어는 새로운 폴더를 만들 수 있습니다. 그런데 -p 옵션을 만들면 하위 폴더까지 한 번에 만들 수 있습니다. 새로운 폴더 2개 Path03과 Path04를 만듭니다. 그런데 path04에는 하위 폴더 Kaggle01 폴더를 만듭니다. 그리고 다시 Path04로 이동한 뒤 Ls를 실행하면 Kaggle01 폴더를 확인할 수 있습니다.

```
~/Desktop/temp $ mkdir path03
~/Desktop/temp $ mkdir-p path04/kaggle01
~/Desktop/temp $ ls
ml.py  path01/  path02/  path03/  path04
```

CD(Change Directory)

폴더를 이동할 때 사용하는 명령어입니다. 새롭게 만든 폴더 Path04로 이동한 뒤 Ls를 입력해 실제 Kaggle01 폴더가 있는지 확인합니다.

```
~/Desktop/temp $ cd path04
~/Desktop/temp/path04 $ ls
kaggle01
```

실제로 경로가 있는 것을 확인했습니다. 실제 CD 명령어는 매우 자주 사용하는 리눅스 명령어입니다. 이외 다양한 옵션을 추가로 확인해 봅니다. 이 부분은 표로 간단하게 정리합니다.

항목	설명
cd 경로(폴더명)	현재 경로에서 이동하려는 경로명을 입력하면 해당 경로로 이동
cd..	한 단계 상위 경로로 이동
cd../../	두 단계 상위 경로로 이동
cd~	사용자의 최상위 홈 경로로 이동

표 4-4-2 경로 변경 명령어 모음

RM(Remove)

해당 명령어는 파일이나 폴더를 삭제할 때 사용합니다. 이 명령어 역시 자주 사용하므로 반드시 기억합니다. 현재 경로에서 한 단계 상위 경로로 이동한 뒤, Path04 폴더를 삭제합니다. 이때 -rf 옵션을 추가하면 Kaggle01 폴더 즉 하위 경로까지 모두 삭제가 가능합니다.

```
~/Desktop/temp/path04 $ cd ..
~/Desktop/temp $ rm-rf path04/
~/Desktop/temp $ ls
ml.py  path01/  path02/  path03/
```

Find

이 명령어는 특정 파일이나 폴더 등을 검색할 때 사용하는 찾기 기능을 제공합니다. 기존 명령어보다는 조금 복잡할 수 있지만, 익숙해지면 복잡한 폴더에서도 원하는 파일을 찾을 수 있습니다. 이번에는 Path03 내부에서 Ml2.Py 파일을 만들고 다시 Temp 경로로 오는 걸 실습합니다. 그 후에 다음과 같이 Find 명령어를 활용해 실제 Ml2.Py 가 있는지 확인합니다.

```
~/Desktop/temp $ cd path03
~/Desktop/temp/path03 $ touch ml2.py
~/Desktop/temp/path03 $ cd ..
~/Desktop/temp $ find path03/-name"*.py"
path03//ml2.py
```

Find 명령어의 기본 문법은 Find [폴더명]/-Name [파일 이름]과 같습니다. 그런데 -Exec 옵션을 추가하면 Ml2.Py를 원격에서 삭제도 가능합니다.

```
~/Desktop/temp $ find path03/-name"*.py"-exec rm {} \;
~/Desktop/temp $ find path03/-name"*.py"
~/Desktop/temp $
```

이번에는 Ml2.Py가 조회되지 않는 것을 확인할 수 있습니다. 이미 파일이 삭제되어 조회가 출력되지 않습니다. 지금까지 Git 명령어를 입력하는 기본적인 리눅스 명령어를 익히는 시간을 가졌습니다. Git은 터미널에서 폴더를 관리하는 용도이므로, 기초적인 문법은 알아야 합니다. 해당 부분은 본 책에서 필요한 가장 기본적인 문법만 알려 준 것입니다. 이외의 추가로 필요한 부분은 리눅스 교재 등을 구매해서 본격적으로 학습하는 것을 권합니다. 이제 Desktop으로 파일을 이동한 뒤, Temp 폴더는 전체 삭제를 진행합니다. 이 부분은 복습 차원에서 독자 분들이 직접 확인하기를 바랍니다.

Case 1. Git Clone을 활용한 연동

이제 바탕 화면에서 Git Clone 명령어를 활용해 프로젝트를 다운로드 받습니다(사전에 복사한 URL을 붙여 넣습니다). 윈도우 사용자는 Git Bash 환경에서 Shift+Insert하면 붙여넣기가 가능합니다(MacOS 사용자는 Command+V).

```
~/Desktop $ git clone https://github.com/evan-jung/kaggle_project.git
```

바탕 화면에 가면 개별적인 프로젝트가 다운로드 된 것을 확인할 수 있습니다. 이제 해당 폴더로 이동한 후 Ls를 출력합니다.

```
~/Desktop $ cd kaggle__project
~/Desktop/kaggle_project $ ls
README.md  my_1st_notebook.ipynb
```

Github에 있는 파일을 그대로 다운로드 받습니다. README.md 파일을 수정한 후 반영합니다. 이때는 메모장을 사용합니다.[45] 메모장으로 README.md 파일을 연 다음, 간단하게 다음과 같이 수정하고 저장합니다. 독자가 원하는 방향대로 수정합니다.

#kaggle_project	#캐글 프로젝트 개요 -참여 대회명: 주택 가격 예측 -참여 기간: 20210101~20210131 -참여 인원: 홍길동, 심청이
수정 전	수정 후

표 4-4-3 README.md 파일 작성 예시

---

45 PyCharm이나 VSCode를 사용할 줄 아는 독자라면 해당 툴을 이용하기를 바랍니다.

이렇게 수정이 끝난 후에는 Git 명령어를 활용해 Github에 수정된 내용을 업데이트합니다.

Github에 업데이트할 때는 크게 3가지 주요 명령어만 기억합니다.

- Git Add~: 새로운 파일 추가 및 수정된 파일이 있을 때 사용합니다.
- Git Commit~: 추가된 파일에 대해 어떤 내용인지 추가하는 메시지를 포함합니다.
- Git Push~: 파일과 그에 따른 설명이 완료된다면 정식으로 Github에 반영됩니다.

```
~/Desktop/kaggle_project $ git add.
```

Git Add.에서 '.'은 폴더 내 모든 파일을 의미합니다. 만약에 특정 파일만 추가하고 싶다면, 파일명을 직접 언급해야 합니다(예: Git Add README.md).

```
~/Desktop/kaggle_project $ git commit -m"[Updated] README file updated"
[main b03693c] [Updated] README file updated
 1 file changed, 4 insertions(+), 1 deletion(-)
```

간단히 설명하면 다음과 같습니다. 4 Insertions(+)는 수정할 때 4줄을 추가로 입력합니다. 1 Deletion(-)은 기존 내용을 삭제합니다. 그리고 README.md 파일 1개만 변하므로, 1 File Changed가 입력됩니다. 이와 같이 Commit을 하면 수정한 내용 등을 확인할 수 있습니다.

파일을 추가한 후 이번에는 메시지를 추가합니다. Commit 메시지를 입력하는 방법에도 일종의 규칙이 있지만, 입문자 레벨에서는 크게 3가지만 기억합니다.[46]

---

46 Udacity Git Commit Message Style Guide, https://udacity.github.io/git-styleguide/

- [Add] 설명: 새로운 파일을 추가할 때 사용합니다.

- [Updated] 설명: 기존 파일을 수정할 때 사용합니다.

- [Delete] 설명: 기존 파일을 삭제할 때 사용합니다.

Commit 메시지는 일종의 로그와 같습니다. 즉 만약 앞서 수정한 내용을 복구할 때, 메시지가 다르고 명확해야 찾기가 쉬워집니다. 이 부분에 관한 내용은 전문적인 Github 책을 구매해서 확인하기를 바랍니다. 이제 마지막으로 Git Push를 통해서 Github에 반영합니다.

```
~/Desktop/kaggle_project $ git push
Enumerating objects: 5, done.
Counting objects: 100% (5/5), done.
Delta compression using up to 12 threads
Compressing objects: 100% (3/3), done.
Writing objects: 100% (3/3), 420 bytes ¦ 420.00 KiB/s, done.
Total 3 (delta 0), reused 0 (delta 0), pack-reused 0
To https://github.com/evan-jung/kaggle_project.git
   1543120..b03693c  main→main
```

위와 같은 메시지가 나와야 정상적으로 업로드된 것입니다. 이제 Github에서 확인합니다.

그림 4-4-24 Git Push 후 README.md 페이지

그러나 Git Commit을 실행할 때 사용자와 이메일이 인증되지 않아 에러를 출력할 때
가 있습니다. 예를 들면 다음과 같은 에러 메시지가 출력된다면, 독자의 PC가 현재 Git
로그인이 되지 않은 상태라고 이해하면 좋습니다.

```
~/Desktop/kaggle_project $ git commit-m"message"
Run
    git config--global user.email you@example.com
    git config--global user.name"Your Name"
to set your account's default identity.
Omit--global to set the identity only in this repository.

Fatal: no email was given and auto-detection is disabled
...
```

이럴 때 사용자는 Git Config—Global User.Email 독자의 이메일 주소와 Github User-
name을 입력한 후 비밀번호를 입력합니다. 이번에는 새로운 폴더와 파일명을 만듭니다.

```
~/Desktop/kaggle_project $ mkdir src
~/Desktop/kaggle_project $ cd src
~/Desktop/kaggle_project/src $ touch ml.py  && cd ..
~/Desktop/kaggle_project $ find src/-name"*.py"
src//ml.py
```

이제 이 파일을 수정합니다. 메모장이나 IDE(PyCharm or VSCode) 등을 활용해 Ml.Py
를 열어서 간단하게 Import Pandas만 추가해 저장합니다. 그리고 Git Add~, Git Com-
mit, Git Push를 진행합니다.

```
~/Desktop/kaggle_project $ git add.
~/Desktop/kaggle_project $ git commit-m"[Add] src/ml.py added"
1 file changed, 1 insertion(+)
 create mode 100644 src/ml.py
~/Desktop/kaggle_project $ git push
Enumerating objects: 5, done.
Counting objects: 100% (5/5), done.
Delta compression using up to 8 threads
Compressing objects: 100% (2/2), done.
Writing objects: 100% (4/4), 325 bytes ¦ 325.00 KiB/s, done.
Total 4 (delta 1), reused 0 (delta 0), pack-reused 0
remote: Resolving deltas: 100% (1/1), completed with 1 local object.
To https://github.com/evan-jung/kaggle_project.git
   d434cb0..4240aaf  main→main
```

그리고 실제 파일이 제대로 업로드되는지 확인합니다. [그림 4-4-25]에서 Src 폴더를 클
릭하면 오른쪽처럼 파일이 작성된 코드를 확인할 수 있습니다.

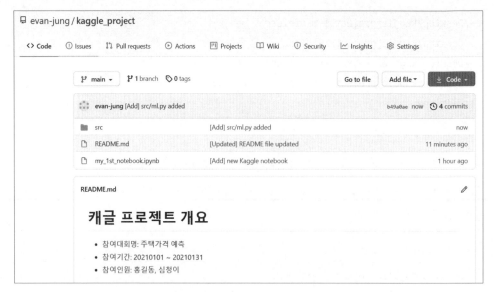

그림 4-4-25 Git Push

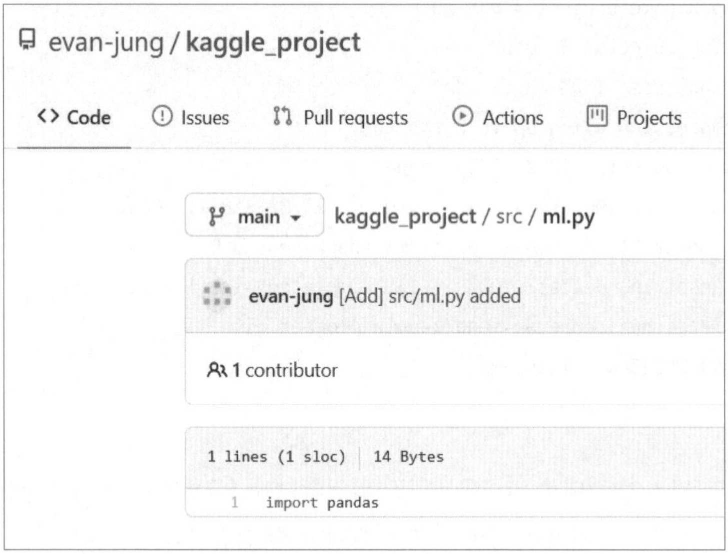

![그림 4-4-26]

그림 4-4-26 Git Push 새로운 파일

축하합니다. 이제 작성된 파일을 업로드하거나 다운로드 받을 수 있습니다. 참고로 my_1st_notebook.ipynb 파일은 구글 코랩에서 저장한 내용입니다.

4.4.3 Case 2. 로컬 폴더와 Github 연동

이번에는 로컬 폴더와 Github를 연동합니다. 기존 방법과의 차이는 특정 폴더에 대량의 작업 문서들을 연동 후 한꺼번에 올릴 때 필요한 내용입니다. 초기 세팅만 다를 뿐 내용상의 어려움은 없습니다. 새로운 Github Repository를 만듭니다. Repositories 메뉴에서 New 버튼을 클릭합니다.

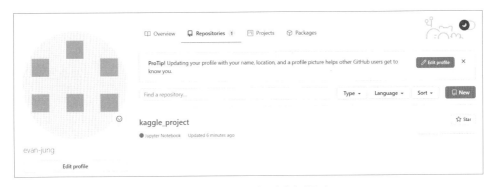

그림 4-4-27 새로운 리포지터리 만들기 1

이번에는 Ml_Project를 입력합니다. 이때는 아무것도 입력하지 않고 Create Repository 를 클릭합니다.

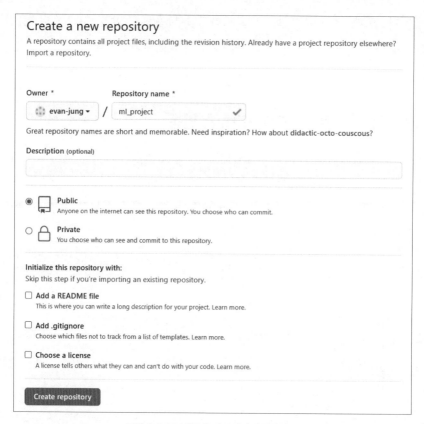

그림 4-4-28 새로운 리포지터리 만들기 2

새로운 폴더를 만들고, Echo 명령어부터 순차적으로 입력합니다. 이때 주의해야 하는 것은 새롭게 만드는 폴더명은 Repository 이름과 같도록 하기를 바랍니다.

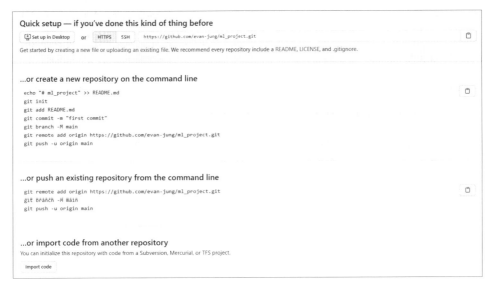

그림 4-4-29 새로운 리포지터리 만들기 3

다음부터는 Git Bash를 활용해 위 명령어를 입력합니다. 코드는 한꺼번에 진행합니다.

```
~/Desktop/ml_project $ echo"#ml_project">>README.md
~/Desktop/ml_project $ git init
Initialized empty Git repository in C:/Users/w/Desktop/ml_project/.git/
```

위 명령어는 매우 중요합니다. Git Repository의 기본 조건은 README.md 파일이 있어야 합니다. 따라서 기존 작업 중인 폴더를 Github에 추가할 때는 README.md 파일을 생성해 추가합니다. 명령어 Git Init은 이제 해당 폴더는 'Git 명령어를 사용해 연동을 시작하겠다'는 일종의 선언문과 같습니다. 해당 명령어를 입력하면 숨김 파일로 .Git 폴더가 생성됩니다. 이때 Git과 연관된 다양한 파일이 있습니다. 이 파일이 있어야 본격적으로 연농을 시작할 수 있습니다.

그다음 명령어는 기존에 배운 내용과 크게 다르지 않습니다. README.md 파일을 추가합니다. 만약 이외에 다른 폴더도 있다면, Git Add. 명령어를 실행합니다. 다만 이때 주의해야 하는 것은 100MB 이상의 큰 데이터나 파일 등을 추가하는 것은 권하지 않습니다.[47] 먼저 Branch의 개념이 나오는데, Branch는 사전적 의미로 갈라진다 또는 나뭇가지라는 의미가 있습니다. 또한 비즈니스에서는 기업의 한 지점 등을 의미하기도 합니다. Git에서는 Branch는 매우 중요한 개념이지만, 간단하게 설명하면 여러 사용자가 동시에 협업할 때 코드를 독립적으로 사용하도록 일종의 분기를 만들어 주는 것이라고 할 수 있습니다. 즉 Git Remote Add Origin~. 이 뜻은 Github 주소와 연동한다는 명령어라고 볼 수 있습니다. 이 과정이 끝나면 마지막으로 Git Push합니다.

```
~/Desktop/ml_project $ git add README.md
~/Desktop/ml_project $ git commit-m"first commit"
[main (root-commit) c4b98c9] first commit
 1 file changed, 1 insertion(+)
 create mode 100644 README.md
~/Desktop/ml_project $ git branch-M main
~/Desktop/ml_project $ git remote add origin https://github.com/evan-jung/ml_
project.git
~/Desktop/ml_project $ git push-u origin main
Enumerating objects: 3, done.
Counting objects: 100% (3/3), done.
Writing objects: 100% (3/3), 222 bytes ¦ 222.00 KiB/s, done.
Total 3 (delta 0), reused 0 (delta 0), pack-reused 0
To https://github.com/evan-jung/ml_project.git
*[new branch]      main→main
Branch 'main' set up to track remote branch 'main' from 'origin'.
```

이제 독자의 Github 메인 페이지에서 Ml_Project Repository를 클릭하면 README.

---

47 대용량을 처리하는 Git을 별도로 설치 및 세팅을 진행해야 하는데, 이 부분은 본 책의 내용을 넘어서므로 생략합니다. 참고: https://git-lfs.github.com/

md 파일이 추가된 것을 확인할 수 있습니다(이미지 생략). 이렇게 해서 독자 분들은 Github에 새로운 파일을 올릴 수 있을 뿐만 아니라 수정 및 삭제 등을 할 수 있습니다. Github를 자세히 배우려면 Untracked, Staged, Commited, Modified 등의 개념을 이해할 필요가 있으나 이 부분은 독자 분들에게 남깁니다. Github를 활용할 줄 안다면 이제 Github 블로그를 만들어 봅니다.

4.5 Github 블로그

필자는 취업 준비생을 대상으로 강의할 때 빅데이터 경진 대회와 함께 필수로 Github 그리고 마지막으로 Github Blog를 강의로 진행합니다. 왜 필자는 Github Blog를 알려줄까요? 간단히 말하면, 배운 것을 기록해 정리하는 습관을 갖도록 하기 위해서입니다. 파이썬의 기초 문법, 전처리, 시각화, 머신러닝 그리고 간간이 등장하는 통계, 새로운 이론 등 빅데이터 분야는 공부해야 할 게 매우 많은 분야 중 하나입니다. 책을 집필하는 필자 역시 여전히 모르는 것이 많고, 안다고 해도 자주 사용하지 않으면 또 쉽게 잊어버립니다. 과거의 지식만큼 새로운 정보와 지식이 매일매일 새롭게 나타나는 현장이 빅데이터, 머신러닝 그리고 딥러닝 분야입니다. 즉 매일매일 공부하지 않으면 쉽게 도태되어 버리는 것이 이 분야입니다. 그런데 이제 막 머신러닝을 공부하는 필자와 같은 비전공자 그리고 취업 준비생들은 어떨까요? 매일매일 공부한 것을 정리해 복습하는 습관을 들이지 않는다면, 어쩌면 어렵게 취업하더라도 그 분야에서 지속해서 일하기 어려울 수 있습니다.

이러한 관점에서 볼 때 매일매일 공부하고, 기록하고 또한 정리할 뿐만 아니라 새롭게 배운 것을 다른 블로그 방문자들이 같이 배운다면 그리고 방문자 중에 혹시 인사 담당자가 있다면 Github Blog를 계속해서 또한 꾸준히 운영할 필요가 있지 않을까요? 실제로 블로그를 보고 연락이 올 때도 적지 않습니다. 특히 그 내용이 최신 기술을 다루거나 블로그의 글이 좋으면 필자처럼 출판사의 의뢰를 받기도 합니다. 개인 공부를 하려고 옮긴 글이 개인 경력의 좋은 단초 역할을 제공하기도 합니다. 필자 역시 이러한 Github 블로그 운영의 주목적은 취업 준비생과 기초 입문자를 위한 글을 올리는 것이며, 강의 중간에 필자의 블로그는 수강생분들에게 좋은 보조 교재로 사용됩니다. 올리는 글 하나하나가 수강생들에게 필요한 내용 위주이기 때문입니다. 또한 필자의 강의 포트폴리오를 꾸준히 업데이트해 강의를 요청하는 쪽에서 이력을 쉽게 확인하도록 공간을 마련해 둡니다. 이와 같이 개발자나 머신러닝 개발자 중에는 현직에 있으면서도 필자의 블로그보다 오랫동안 꾸준히 관리하면서 많은 분에게 다양한 형태로 좋은 정보를 제공하는 개발자분들이 있습니다. 그런데 이분들이 공통으로 사용하는 블로그가 Github 블로그입니다.

4.5.1　Github 블로그의 장점

왜 Github 블로그일까요? 먼저 첫 번째 장점은, 생산성입니다. 사실 블로그를 시작할 때는 티스토리나 네이버 블로그 등도 있습니다. 코딩이 부담스러운 분들에게는 티스토리나 네이버 블로그 등도 매우 좋은 도구입니다. 그렇지만 소스를 꾸준히 업데이트해야 하는 개발자 및 데이터 분석가는 현직에 있으면서 블로그를 꾸준히 관리하기란 쉽지 않습니다. 즉 생산성 있는 작업을 하려면 코드 작성이 마무리된 시점에서 최소 5분 이내에 글을 올려야 합니다. 실제로 필자는 초반에는 티스토리로 블로그를 시작했지만 Github 블로그를 안 후로는 1년 넘게 꾸준히 올리고 있습니다. 두 번째 장점은, Github와 친숙해진다는 점입니다. 즉 1일 1커밋을 실행할 좋은 동기 부여를 제공합니다. Github 블로그를 올릴 때는 앞 Chapter에서 배운 Github를 활용할 수밖에 없습니다. 즉 자연스럽게 1일 1커밋을 실행하고, 작성한 코드 등을 자연스럽게 사용할 수 있다는 점입니다. 로컬에서 자연스럽게 옮겨 와 사용할 수 있습니다. 세 번째 장점은, HTML과 CSS 등 웹 사이트의 기본적인 원리를 동시에 접하면서 파악할 수 있습니다. 본 Chapter에서는 다루지 않지만, HTML과 CSS는 웹 개발의 기본 언어입니다. 그런데 이것은 보통 국비 학원에서는 파이썬 Django나 자바 스프링을 통해서 배우고 익혀야 합니다. 머신러닝 엔지니어나 데이터 분석가는 웹 개발자는 아니므로 새로운 개발을 배운다는 것은 사실 거부감이 큰 것 또한 사실입니다. 그러나 현업에서는 머신러닝 엔지니어나 데이터 분석가도 HTML과 CSS 등은 기본으로 할 줄 알아야 합니다. 보통의 분석가는 시각화 대시 보드 업무를 부여받을 가능성이 큽니다. 시각화 대시 보드는 사실상 간단한 웹 개발이기도 합니다. 또한 웹 크롤링을 통해 데이터를 수집한다면 기본적인 웹 사이트의 구조를 파악해 두면 좋습니다. Github 블로그를 하면 자연스럽게 웹 개발의 기본적인 자동 원리를 하나씩 배웁니다. 왜냐하면 Github 블로그도 기본적으로 웹 개발 프레임워크에 기반해 작동하기 때문입니다. 또한 색상을 바꾸거나 메뉴를 추가할 때 기본적으로 개발 지식이 어느 정도 동반되는데, 이러한 과정 하나하나가 또 다른 배움의 연속입니다. 이는 티스토리나 네이버 블로그가 제공하기 어려운 내용입니다. 마지막으로 마케팅 툴을 배울 수 있습니다. 데이터 분석과 마케팅은 사실 떨어뜨려서 생각하기 어렵습니다. 일반 기업 입장에서 추천 서비스나 회귀나 분류 모형의 최종적인 목적은 예측을 잘해서 수익을 극대화합니다. 즉 사용자 방문 기록을 추적하는 것이 마케팅 데이터 분석의 목적이기도 합니다.

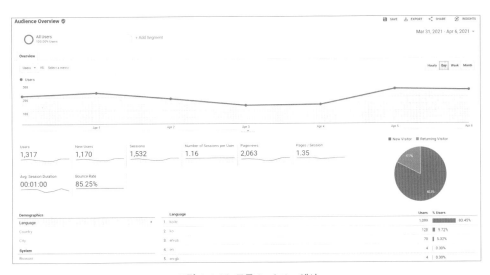

그림 4-4-30 구글 Analytics 예시

그런데 인터넷 기반의 회사들은 자사 사이트가 잘 검색되도록 최적화를 진행해야 하는데, Github 블로그가 일종의 자사 사이트의 역할을 대체할 수 있습니다. 이때 Github 블로그를 Google Search Console[48]에 연결할 수 있고, 방문자 등을 추적하도록 구글 Analytics[49]와도 연동할 수 있습니다. 이는 데이터이므로 이를 기반으로 PowerBI나 구글 Data Studio와 같은 데이터 시각화 대시 보드를 만드는 기초 자료를 제공합니다. 보통 이러한 데이터는 회사에 재직 중일 때만 가능한데, 취업 준비생이 사전에 이러한 데이터를 수집한다는 것은 굉장한 자산입니다(티스토리도 관련 기능을 제공합니다). 단 Google Analytics에 관한 더 상세한 내용은 본 책의 과정을 넘어서므로 이쯤에서 생략합니다.

4.5.2 Github 블로그의 종류

이렇게 좋은 장점이 있지만 막상 Github 블로그를 시작하려면 입문자 입장에서 쉽지 않습니다. Github 블로그도 일종의 웹 개발이며, 프레임워크에 대한 이해와 유지 보수뿐만 아니라 새로운 기능을 추가할 때마다 새롭게 배워 적용해야 합니다. 실제로 필자역시 수식 입력이 잘되지 않는 문제를 해결하려고 2~3일 소요한 적이 있습니다. 즉 이부분은 오로지 구글 검색을 통해서 독자적으로 해결해야 해서 어려움이 있고, 실제로 필자의 수강생들도 Github 블로그에 도전하지만 생각보다 어렵고 복잡해 실패(?)하기도 합니다. 따라서 익숙해지기 전까지는 본 Chapter에서 제안하는 Github를 사용하는 것을 권합니다.

먼저 Github 블로그는 크게 3가지 프레임워크가 있습니다. 첫 번째는, 전 세계적으로 가장 대중적으로 사용하는 프레임워크인 Jekyll[50]로 Ruby 언어로 만들어져 2008년에 처음 배포되었습니다. 두 번째는, Hexo로 Node.js 언어로 만들어져[51] 2012년에 처음 배포

---

48 https://search.google.com/search-console/about
49 https://search.google.com/search-console/about
50 http://jekyllrb-ko.github.io/
51 https://hexo.io/ko/

되었습니다. 마지막으로 Hugo 프레임워크는 Go 언어로 만들어져[52] 2013년에 처음 배포되었습니다. 세 가지 프레임워크 중에서 어떤 것을 선택할지는 독자에게 달렸습니다. 이 3가지 중에서 Github Star를 가장 많이 보유한 것은 가장 마지막에 나온 Hugo입니다(2021년 3월 기준). 가장 늦게 배포가 시작된 Hugo가 전 세계적으로 많은 관심을 받는 것은 이례적이지만, 그렇다고 Hugo가 다른 프레임워크보다 좋다는 뜻은 아닙니다.

프레임워크	출시일	Star	Fork
Jekyll	2008년 11월 5일	약 42,400개	약 9,300개
Hexo	2012년 10월 10일	약 32,400개	약 4,100개
Hugo	2013년 7월 5일	약 50,600개	약5,700개

표 4-4-4 Github 블로그 프레임워크 종류

그런데 Github 블로그는 몇 가지 고려할 사항이 있습니다. Github 블로그는 옵션 사항입니다. 티스토리와 네이버 블로그를 운영한다고 해서 취업에서 불리한 점은 없습니다. 무조건 Github 블로그를 운영할 필요는 없습니다. 이러한 이유로 Github 블로그를 만들거나 운영할 때는 독자의 필요에 따라 어쩔 수 없이 구글 검색을 통해서 독자적으로 관리해야 합니다. 그러면 첫 번째 기준은 한글화입니다. 각 사이트에 들어가면 알겠지만, Hugo를 제외한 Jekyll과 Hexo는 모두 한글 사이트를 운영합니다. 그렇다면 Hugo는 제외되어야 합니다. 실제로 Github 블로그와 관련해 구글 검색을 하다 보면, Hugo는 영어의 비중이 압도적으로 많습니다. 영어로 문서를 읽는 데 부담감이 적다면 Hugo로 작업하는 것을 권하지만, 그렇지 않으면 추천하지 않습니다. Jekyll과 Hexo에서 선택해야 하지만, 필자는 Hexo를 선택했습니다(실제로 필자는 Hugo 기반으로 운영 중입니다). 실제 강의할 때 한글 검색이 쉬운 Hexo를 기반으로 블로그 제작법을 알려줍니다.

---

52 https://gohugo.io/

4.5.3 | Hexo 블로그 만들기-기본 편

블로그를 만들려면 별도로 사전에 준비 작업이 필요합니다. Node.Js를 설치해야 하며, Github Repository를 만들어야 합니다. 어려운 내용은 아니니 본 Chapter의 내용을 따라 진행하기를 바랍니다. 그 밖의 자세한 내용은 Hexo 홈페이지를 참조하기를 바랍니다.

Node.js 설치

먼저 https://nodejs.org/ko/download/에 접속해 자신에게 맞는 OS 플랫폼을 설치합니다. 안정적인 14.16.0 LTS 버전을 선택합니다(독자와 버전은 다를 수 있습니다).

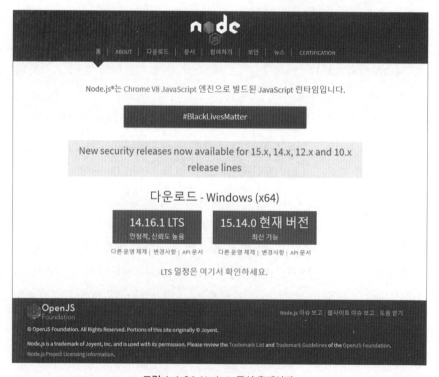

그림 4-4-31 Node.js 공식 홈페이지

다운로드 받은 파일을 실행한 뒤 Next 버튼을 클릭합니다. 그 후에는 계속 Next 버튼을 클릭합니다.

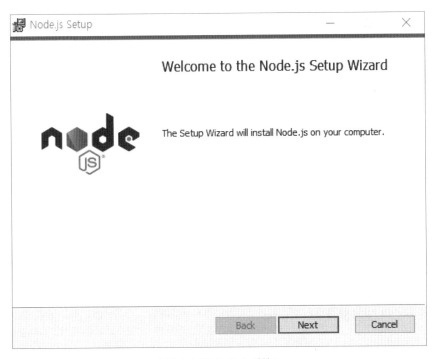

그림 4-4-32 Node.js 설치 1

여기에서는 환경 변수를 추가합니다. Add To PATH를 클릭합니다.

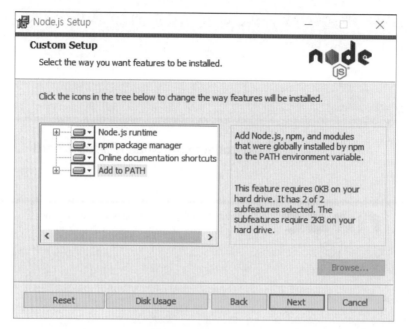

그림 4-4-33 Node.js 설치 2

Install 버튼을 클릭하면 다음과 같은 화면이 나타납니다. 계속해서 키보드의 Enter 버튼을 누릅니다.

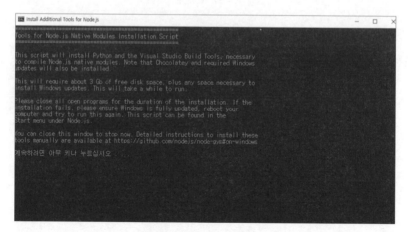

그림 4-4-34 Node.js 설치 3

실행 파일이 모두 완료된 후 Enter를 입력하면 설치가 종료됩니다.

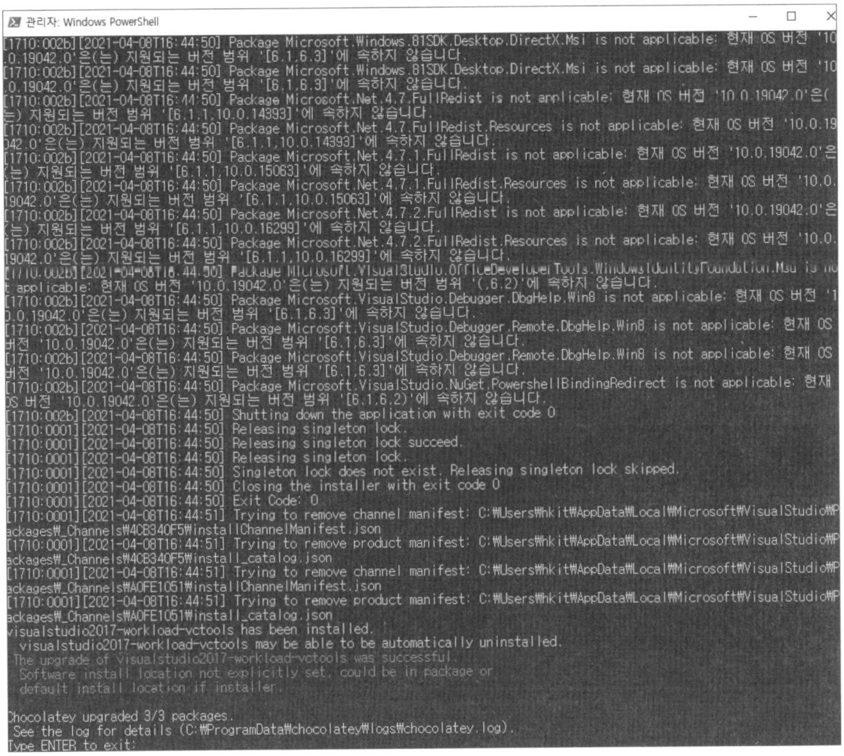

그림 4-4-35 Node.js 설치 4

그 후에 바탕 화면에서 오른쪽 마우스 버튼으로 Git Bash Here를 클릭한 뒤 Node-V 버전을 실행합니다.

```
~/Desktop $ node -v
v14.16.0
```

만약 Git Bash에서 위 명령어를 실행하는데 Bash: Npm Command Not Found와 같은

에러가 발생한다면 이는 환경 변수가 제대로 설정되지 않은 것입니다. 따라서 환경 변수를 추가로 설정해야 합니다. 윈도우 검색창에서 시스템 환경 변수 편집을 검색합니다. 여기에서 환경 변수(N) 버튼을 클릭합니다.

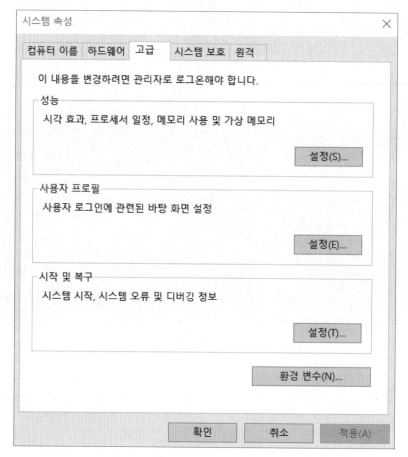

그림 4-4-36 환경 변수 설정

시스템 변수에서 Path를 찾습니다. Path를 클릭한 상태에서 편집 버튼을 클릭합니다.

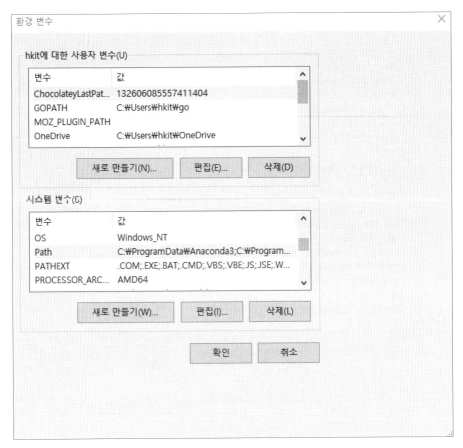

그림 4-4-37 환경 변수 설정

편집 버튼을 클릭한 뒤 C:\Program Files\nodejs\를 입력하고 확인 버튼을 클릭합니다.

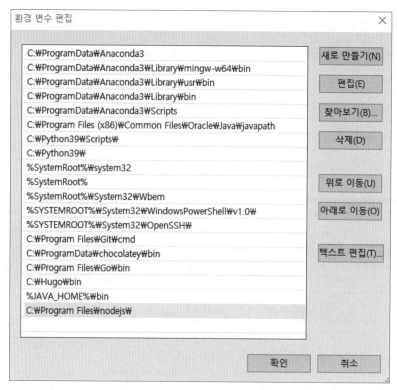

그림 4-4-38 Node.js 환경 변수 설정 확인

Git은 이미 설치되어 있어 Hexo를 설치합니다.

```
~/Desktop $ npm install-g hexo-cli
C:\Users\w\AppData\Roaming\npm\hexo→C:\Users\w\AppData\Roaming\npm\node_
modules\hexo-cli\bin\hexo
npm WARN optional SKIPPING OPTIONAL DEPENDENCY: fsevents@~2.3.1 (node_modules\
hexo-cli\node_modules\chokidar\node_modules\fsevents):
npm WARN notsup SKIPPING OPTIONAL DEPENDENCY: Unsupported platform
for fsevents@2.3.2: wanted {"os":"darwin","arch":"any"} (current:
{"os":"win32","arch":"x64"})
```

```
+ hexo-cli@4.2.0
updated 7 packages in 5.11s
(base)
~/Desktop $
```

설치가 끝나면 이번에는 Github 홈페이지로 돌아갑니다. 그리고 Repository를 두 개 만듭니다. 첫 번째는 소스 보관용으로 사용합니다. 두 번째는 배포용으로 Github 블로그를 만듭니다. 주의할 것은 두 개의 Repository 모두 README.md 파일은 체크하지 않고 만듭니다.

Repository Name에 독자가 원하는 임의의 이름을 기재합니다. 이 Repository에는 사용자의 소스를 저장하는 용도로 사용합니다. 만약 이미지 등 저작권이 있는 게시글이 있다면, Public 대신에 Private으로 체크합니다.

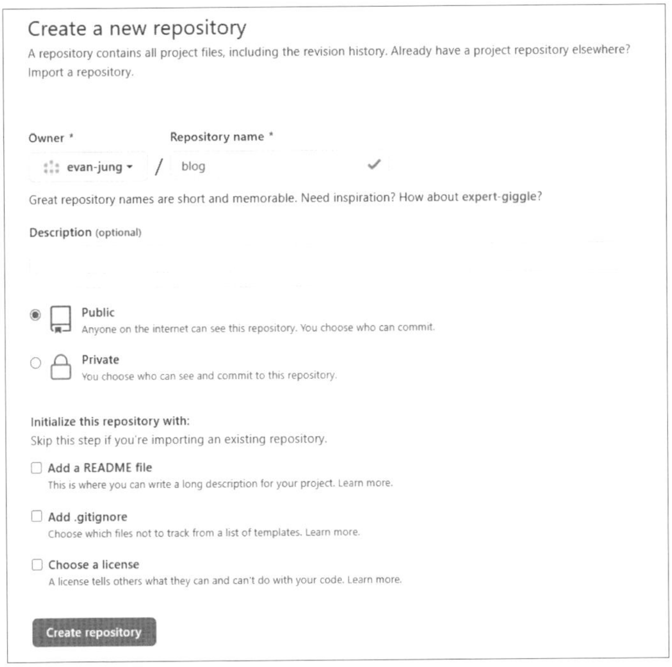

그림 4-4-39 Github 블로그 소스 코드 저장용 리포지터리 생성

Repository Name에 기재할 때는 반드시 독자의 Github Username.github.io 형태로 기입해야 합니다(예: evan-jung.github.io). 이 Repository는 웹 사이트 배포용으로 쓰여 자동으로 파일들이 업로드됩니다. 따라서 이 부분은 크게 신경 쓰지 않아도 됩니다. 다만 배포해야 하므로 Public을 체크합니다.

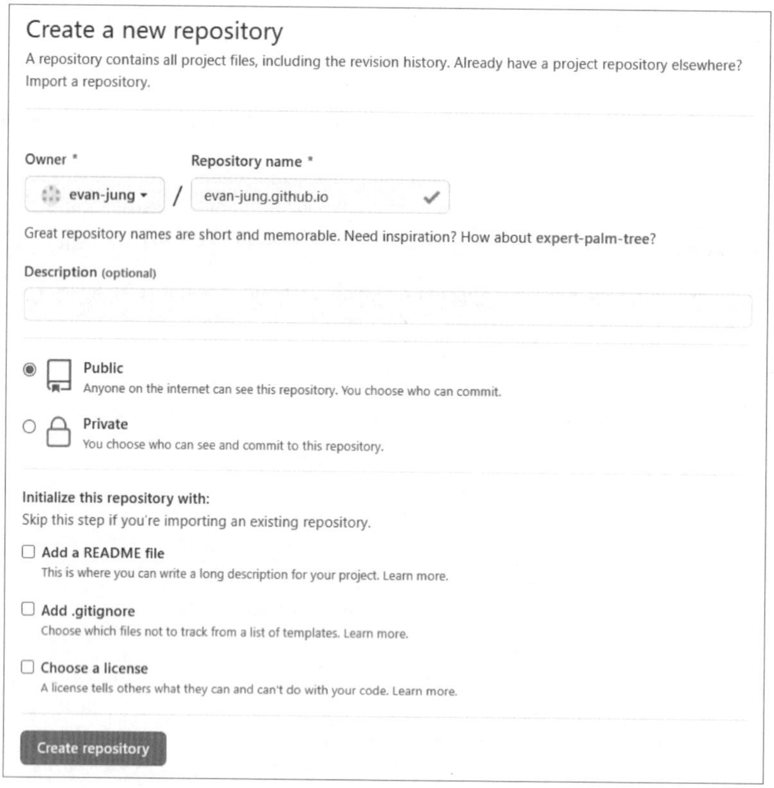

그림 4-4-40 Github 블로그 배포용 리포지터리 생성

이번에는 Hexo 명령어를 활용해서 Github Blog가 만들어지는지 확인합니다.

```
~/Desktop $ hexo init blog
INFO  Cloning hexo-starter https://github.com/hexojs/hexo-starter.git
```

```
INFO  Install dependencies
added 190 packages from 445 contributors and audited 196 packages in 5.046s

15 packages are looking for funding
  run 'npm fund' for details

found 0 vulnerabilities

INFO  Start blogging with Hexo!
(base)
~/Desktop $ cd blog %% ls
_config.landscape.yml  node_modules/      package.json  source/
_config.yml            package-lock.json  scaffolds/     themes/
(base)
```

여기까지 완료되면 하단의 Hexo Blog 테스트의 코드를 보고 따라 진행합니다. MacOS 와 코드는 동일합니다. MacOS 버튼을 클릭하면 자동으로 다운로드를 시작합니다.

그림 4-4-41 Node.js 공식 홈페이지

계속(Continue) 버튼을 누릅니다.

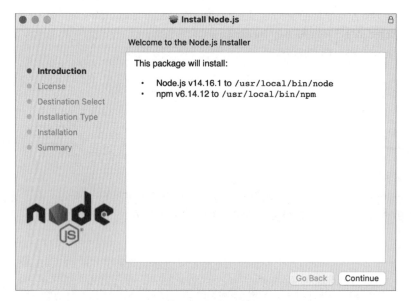

그림 4-4-42 맥북 설치

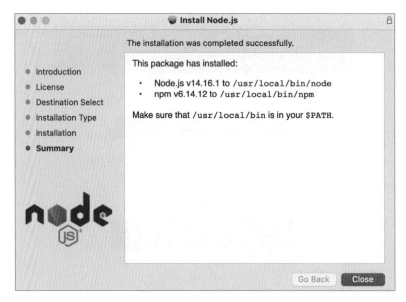

그림 4-4-43 맥북 설치 완료

MacOS에서는 별도의 환경 변수 설치 없이 완료합니다.

설치가 완료되면 Terminal을 열어서 실제로 Node.js가 잘 설치되었는지 확인합니다.

```
evan $ node-v
v14.16.0
```

Git은 이미 설치되어 있어 Hexo를 설치합니다.

```
evan $ npm install-g hexo-cli
/usr/local/bin/hexo→/usr/local/lib/node_modules/hexo-cli/bin/hexo
+ hexo-cli@4.2.0
added 66 packages from 343 contributors in 2.155s
```

만약에 설치 시 권한 문제로 다음과 같은 에러가 발생된다면 Sudo 명령어만 추가합니다.

```
evan $ npm install-g hexo-cli
npm WARN checkPermissions Missing write access to /usr/local/lib/node_modules
.
.
.
npm ERR!     /Users/evan/.npm/_logs/2021-03-13T12_39_21_577Z-debug.log
evan $ sudo npm install-g hexo-cli
/usr/local/bin/hexo→/usr/local/lib/node_modules/hexo-cli/bin/hexo
+ hexo-cli@4.2.0
added 66 packages from 343 contributors in 2.155s
```

Repository Name에 독자가 원하는 임의의 이름을 기재합니다. 이 Repository에는 사용자의 소스를 저장하는 용도로 사용합니다. 만약 이미지 등 저작권이 있는 게시글이 있다면, Public 대신에 Private으로 체크합니다.

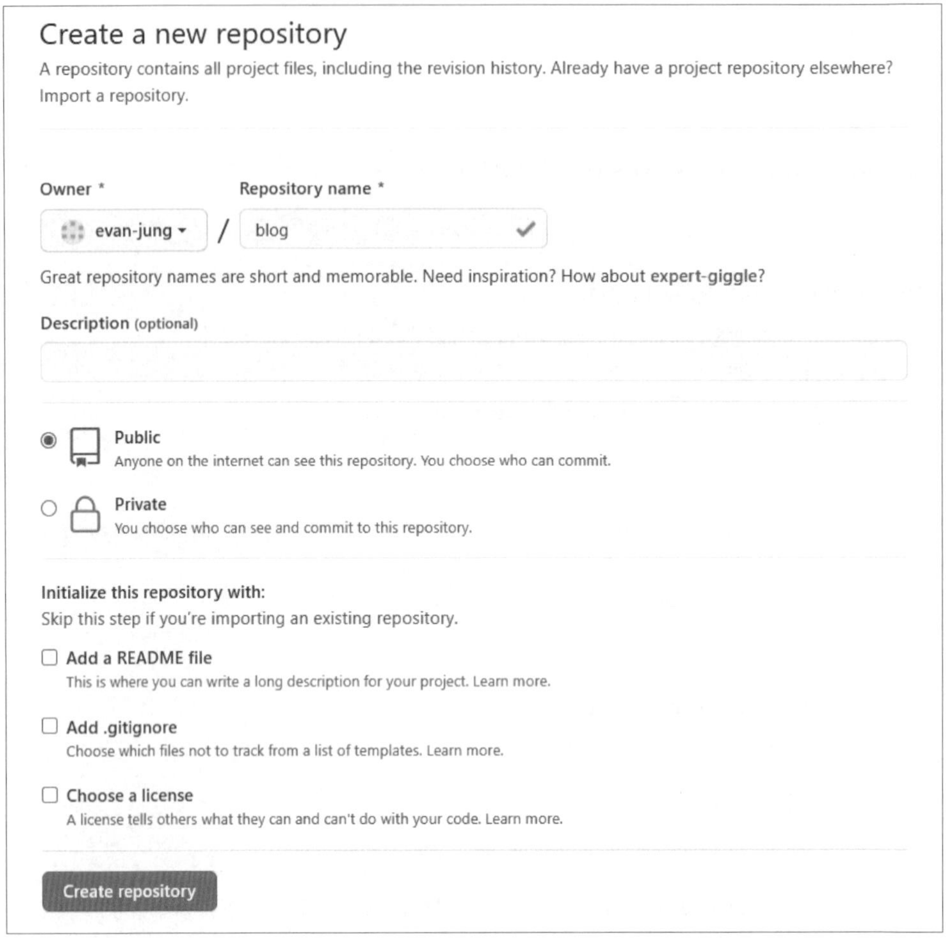

그림 4-4-44 Github 블로그 소스 코드 저장용 리포지터리 생성

Repository Name에 기재할 때는 반드시 독자의 Github Username.github.io 형태로 기입해야 합니다(예: evan-jung.github.io). 이 Repository는 웹 사이트 배포용으로 쓰여 자동

으로 파일들이 업로드됩니다. 따라서 이 부분은 크게 신경 쓰지 않아도 됩니다. 다만 배포해야 하므로 Public을 체크합니다.

Create a new repository

A repository contains all project files, including the revision history. Already have a project repository elsewhere? Import a repository.

Owner *   Repository name *

⠿ evan-jung ▾   /   evan-jung.github.io   ✓

Great repository names are short and memorable. Need inspiration? How about expert-palm-tree?

Description (optional)

◉ 📖 **Public**
　Anyone on the internet can see this repository. You choose who can commit.

○ 🔒 **Private**
　You choose who can see and commit to this repository.

Initialize this repository with:
Skip this step if you're importing an existing repository.

☐ **Add a README file**
　This is where you can write a long description for your project. Learn more.

☐ **Add .gitignore**
　Choose which files not to track from a list of templates. Learn more.

☐ **Choose a license**
　A license tells others what they can and can't do with your code. Learn more.

Create repository

그림 4-4-45 Github 블로그 배포용 리포지터리 생성

이번에는 Hexo 명령어를 활용해서 Github Blog가 만들어지는지 확인합니다.

```
evan $ hexo init blog
INFO   Cloning hexo-starter https://github.com/hexojs/hexo-starter.git
INFO   Install dependencies
added 190 packages from 445 contributors and audited 196 packages in 5.395s

15 packages are looking for funding
  run 'npm fund' for details


found 0 vulnerabilities

INFO   Start blogging with Hexo!
Desktop evan $ cd blog %% ls
_config.landscape.yml      package-lock.json        source
_config.yml                package.json             themes
node_modules               scaffolds
```

Blog 경로에서 목록을 확인하면 블로그를 위한 기본 파일이 설치된 것을 확인할 수 있습니다. 위 파일들은 이미 Hexo 블로그 웹 사이트를 기본적으로 제공합니다. 사실상여기서 끝입니다.

Hexo Blog 테스트

베타 테스트를 진행합니다.


```
blog evan $ hexo server
INFO   Validating config
INFO   Start processing
INFO   Hexo is running at http://localhost:4000 . Press Ctrl+C to stop.
```

앞의 명령어에서 http://localhost:4000을 복사해 크롬이나 인터넷 익스플로어에 붙여 넣으면 [그림 4-4-46]와 같은 화면이 나옵니다.

그림 4-4-46 Github Blog 로컬 호스트 배포

축하합니다. 이미 웹 사이트의 가장 기본적인 단계를 마무리한 것입니다. 그렇다면 이번에는 실제 다른 사람들도 확인하도록 배포를 진행합니다. Ctrl+C를 클릭하면 로컬 서버는 닫힙니다. 이제 배포를 진행합니다.

```
blog evan $ npm install hexo-server —save
blog evan $ npm install hexo-deployer-git —save
```

명령어 Hexo-Server--Save는 Hexo의 서버 라이브러리라고 볼 수 있습니다.[53] Hexo-De-ployer-Git은 배포 방법을 Git을 통해서 하겠다는 뜻이며, 정상적으로 설치가 완료된 후

---

53 https://github.com/hexojs/hexo-server

에는 _Config.Yml 파일에서 설정값을 변경해야 합니다.[54] _Config.Yml 파일을 여는 방법은 메모장이나 PyCharm이나 VSCode와 같은 도구로 열도록 합니다.

파일은 크게 Site, URL, Directory, Writing 등 여러 항목으로 구성됩니다. 그중에서 배포를 위한 구성 항목은 크게 URL과 Deployment 항목입니다. 먼저 웹 사이트의 Title과 Author만 수정해 정보를 수정합니다.

```
#Site
title: My 1st Hexo Blog
subtitle: ''
description: ''
keywords:
author: Evan Jung
language: en
timezone: ''
```

그다음 바꿔야 하는 항목은 URL입니다. URL의 주소를 Github 주소로 변경합니다.

```
#URL
##Set your site url here. For example, if you use GitHub Page, set url as
'https://username.github.io/project'
url: https://evan-jung.github.io
permalink: :year/:month/:day/:title/
permalink_defaults:
pretty_urls:
    trailing_index: true #Set to false to remove trailing 'index.html' from
permalinks
    trailing_html: true #Set to false to remove trailing '.html' from permalinks
```

---

54 https://github.com/hexojs/hexo-deployer-git

이제 마지막입니다. Deployment 영역에서 Repo를 추가합니다. 이때 주소는 사용자의 Github.Io를 클릭하면 Git Clone 시 사용하는 주소입니다. 오타 방지를 위해 가급적 복사해 붙여넣기 하는 방법으로 작성하기를 바랍니다.

```
#Deployment
##Docs: https://hexo.io/docs/one-command-deployment
deploy:
type: git
repo: https://github.com/evan-jung/evan-jung.github.io.git
branch: main
```

설정 파일에서 기본적인 작업이 끝났으므로 먼저 배포를 위한 기본 파일들을 생성합니다.

```
blog evan $ hexo generate
INFO  Validating config
INFO  Start processing
.
.
INFO  Generated: archives/index.html
INFO  Generated: index.html
.
.
INFO  Generated: css/images/banner.jpg
INFO  Generated: css/fonts/fontawesome-webfont.svg
INFO  17 files generated in 399 ms
```

이번에는 배포를 위한 명령어글 실행합니다.

```
blog evan $ hexo deploy
INFO  Validating config
INFO  Deploying: git
INFO  Setting up Git deployment ...
Initialized empty Git repository in /Users/evan/Desktop/blog/.deploy_git/.git/
[master (root-commit) c5a3246] First commit
 1 file changed, 0 insertions(+), 0 deletions(-)
 create mode 100644 placeholder
INFO  Clearing .deploy_git folder ...
INFO  Copying files from public folder ...
INFO  Copying files from extend dirs ...
[master 22a2ea8] Site updated: 2021-03-13 22:53:51
 18 files changed, 5174 insertions(+)
 create mode 100644 2021/03/13/hello-world/index.html
 create mode 100644 archives/2021/03/index.html
 create mode 100644 archives/2021/index.html
 create mode 100644 archives/index.html
 create mode 100644 css/fonts/FontAwesome.otf
 create mode 100644 css/fonts/fontawesome-webfont.eot
 create mode 100644 css/fonts/fontawesome-webfont.svg
 create mode 100644 css/fonts/fontawesome-webfont.ttf
 create mode 100644 css/fonts/fontawesome-webfont.woff
 create mode 100644 css/fonts/fontawesome-webfont.woff2
 create mode 100644 css/images/banner.jpg
 create mode 100644 css/style.css
 create mode 100644 fancybox/jquery.fancybox.min.css
 create mode 100644 fancybox/jquery.fancybox.min.js
 create mode 100644 index.html
 create mode 100644 js/jquery-3.4.1.min.js
 create mode 100644 js/script.js
 delete mode 100644 placeholder
Enumerating objects: 34, done.
Counting objects: 100% (34/34), done.
Delta compression using up to 8 threads
```

```
Compressing objects: 100% (26/26), done.
Writing objects: 100% (34/34), 882.46 KiB | 15.76 MiB/s, done.
Total 34 (delta 3), reused 0 (delta 0), pack-reused 0
remote: Resolving deltas: 100% (3/3), done.
To https://github.com/evan-jung/evan-jung.github.io.git
*[new branch]        HEAD→main
Branch 'master' set up to track remote branch 'main' from 'https://github.com/
evan-jung/evan-jung.github.io.git'.
INFO  Deploy done: git
```

위와 같은 결괏값이 확인된 후에는 https://사용자 이름.github.io/를 확인합니다. [그림 4-4-47]과 같이 확인된다면 정상적으로 배포된 것입니다. 주소를 확인하기를 바랍니다.

그림 4-4-47 Github Blog 홈페이지 배포

블로그의 타이틀도 변경된 것을 확인할 수 있습니다. 이번에는 Github에서 사용자 이름.Github.Io를 클릭하면 [그림 4-4-48]처럼 자동으로 폴더 및 파일 등이 생성된 것을 확인할 수 있습니다.

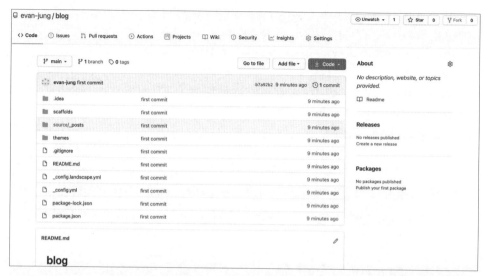

그림 4-4-48 Github Blog 배포용 리포지터리 확인

이번에는 새로운 파일을 만들어 봅니다. 이미 화면에 새로운 파일을 생성하는 예제가 있습니다. 터미널을 열고 Hexo New "My New Post"를 실행합니다.

```
blog evan $ hexo new"my new post"
INFO  Validating config
INFO  Created: ~/Desktop/blog/source/_posts/my-new-post.md
```

해당 경로에서 My-New-Post.md 파일을 열고 간단한 소스 코드와 한글로 된 글을 작성합니다.

```
---
title: my new post
date: 2021-03-13 23:05:28
tags:
---

##개요
-첫 번째 글을 작성합니다.

##소스 코드
```python
import pandas as pd
data=pd.read_csv("data.csv")
data.head()
```
```

작성이 완료된 후에는 저장합니다. 보통 hexo server를 입력해 사전에 글이 잘 올라가는지 테스트하지만, 이번에는 hexo 서버는 생략합니다. 곧바로 배포를 진행합니다.

```
blog evan $ hexo generate
blog evan $ hexo deploy
```

완성된 후에는 다시 웹 사이트에서 방금 작성한 글이 실제로 잘 배포되는지 확인합니다.

그림 4-4-49 Github Blog 홈페이지 수정 배포

정상적으로 올라간 것을 확인할 수 있습니다. 만약 제목을 바꾸거나 내용을 추가한 후에는 Hexo Generate와 Hexo Deploy 명령어를 순차적으로 입력하면 즉시 반영됩니다.

이제 해당 소스 코드를 Blog Repository에 업데이트합니다. 앞 Chapter에서 배운 내용과 중복되어 해당 설명은 생략합니다.

```
blog evan $ echo"#blog">>README.md
blog evan $ git init
blog evan $ git add.
blog evan $ git commit-m"first commit"
blog evan $ git branch-M main
blog evan $ git remote add origin https://github.com/evan-jung/blog.git
blog evan $ git push-u origin main
Enumerating objects: 25, done.
Counting objects: 100% (25/25), done.
Delta compression using up to 8 threads
Compressing objects: 100% (19/19), done.
```

```
Writing objects: 100% (25/25), 21.82 KiB ¦ 7.27 MiB/s, done.
Total 25 (delta 0), reused 0 (delta 0), pack-reused 0
To https://github.com/evan-jung/blog.git
*[new branch]         main→main
Branch 'main' set up to track remote branch 'main' from 'origin'.
```

이제 Github에서 Blog Repository를 클릭하면 [그림 4-4-50]과 같이 설정 파일 등이 업로
드된 것을 확인할 수 있습니다. 파일이 유실되거나 새로운 노트북을 살 때도 매우 간
단하게 해당 파일을 가져와서 바로 이어서 작업할 수 있습니다.

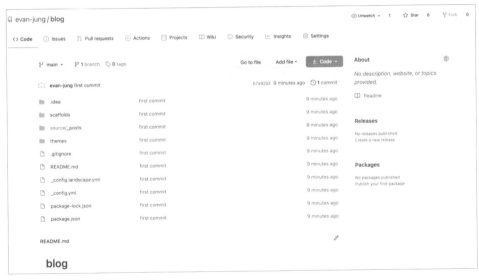

그림 4-4-50 Github Blog

지금까지는 기본 테마로 블로그를 작업했다면, 이번에는 테마를 변경합니다. 예시이므
로 만약에 독자가 원하는 테마는 본 Chapter의 명령어와 조금 다를 수 있습니다. 따라
서 반드시 해당 Github 테마의 설명서를 확인하고 나서 작업합니다. 또한 현재 시점과
독자가 이 글을 참조하는 시점이 달라질 수 있으니 해당 명령어를 잘 참조하기를 바랍

니다.

4.5.4 Hexo 블로그 만들기-응용 편

이번에는 특정 테마로 변경하는 것을 시도합니다. Hexo에는 다양한 테마가 존재합니다.[55]

그림 4-4-51 Hexo Blog 테마

2021년 3월 기준으로는 총 334개의 테마가 존재하는 것으로 보입니다. 이 중에서 어떤 테마를 선택할지는 입문자에게 쉬운 부분이 아닙니다. 또한 각각의 테마를 선정해 적용할 때는 생각지도 못한 에러가 발생하는데, 만약 그 테마가 대중적이지 않다면 해결하는 것 역시 쉽지 않습니다. 따라서 입문자분들이 Github 블로그 테마를 선정할 때

---

55 https://hexo.io/themes/

는 크게 2가지 기준점으로 선택합니다. 첫 번째는 대중적인가? 하는 질문이고, 두 번째는 버전 업데이트가 지속해서 잘되는가? 하는 것입니다. 첫 번째 질문에 답하자면 Hexo 테마에는 유독 중국 개발자분들이 많은 것이 눈에 띕니다. A-Obsidian 테마를 예로 들면, 중국어가 많으면 한국 개발자나 데이터 분석가에게는 익숙한 언어가 아닐 것입니다. 즉 이러한 테마를 선정하는 것은 좋지 않아 보입니다. 그러면 이제 영어로 된 테마를 찾도록 합니다. 그리고 그 테마를 찾았다면 해당 테마의 블로그 및 특히 Github를 꼭 확인하는 것을 권합니다. 예를 들면 검색창에서 Icarus를 검색합니다. 해당 페이지에서 Follow 버튼 아래 또는 우측 상단을 보면 Github 로고가 있습니다. 이를 클릭합니다.

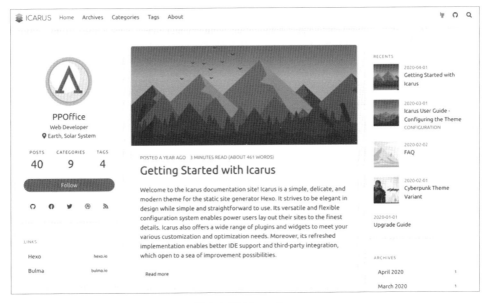

그림 4-4-52 Theme Icarus

해당 페이지에서 확인할 것은 최신 업데이트 날짜입니다. 마지막으로 업데이트한 날짜를 확인합니다.

그림 4-4-53 Hexo 테마 Icarus

특히 이 부분이 중요한 이유는 Hexo는 Node.js 언어를 기반으로 만들어지는데, 만약 오랫동안 업데이트하지 않았다면, 어떤 오류가 생길지 예측하기 어렵습니다. 실제로 수강생분들이 이러한 원칙을 고려하지 않고 Github 테마를 변경할 때, 수정하기 어려운 에러로 인해 고생한 적이 있습니다. 확인해 보니 마지막으로 업데이트한 날짜가 약 2년 전인 것으로 확인됩니다. 이러한 테마를 선택하는 것은 좋지 않습니다. 본 Chapter에서는 Icarus 테마를 적용해 봅니다. 명령어를 입력할 때는 반드시 Blog 폴더의 가장 최상단에서 시작합니다.

```
blog evan $ npm install-S hexo-theme-icarus
>inferno@7.4.8 postinstall /Users/evan/Desktop/blog/node_modules/inferno
>opencollective-postinstall

Thank you for using inferno!
```

```
If you rely on this package, please consider supporting our open collective:
>https://opencollective.com/inferno/donate
npm WARN hexo-theme-icarus@4.1.2 requires a peer of bulma-stylus@0.8.0 but
none is installed. You must install peer dependencies yourself.
npm WARN hexo-theme-icarus@4.1.2 requires a peer of hexo-renderer-
inferno@^0.1.3 but none is installed. You must install peer dependencies yourself.

+ hexo-theme-icarus@4.1.2
added 17 packages from 13 contributors and audited 214 packages in 6.488s

16 packages are looking for funding
  run 'npm fund' for details

found 0 vulnerabilities
```

설치가 완료된 후에는 설정 파일인 _Config.Yml 파일을 엽니다. 기존 landscape 테마를 Icarus로 변경합니다.

```
theme: icarus
```

해당 설정 파일을 실행한 뒤에는 Hexo Server를 실행해 테스트합니다. 이때 에러가 발생할 수 있습니다.

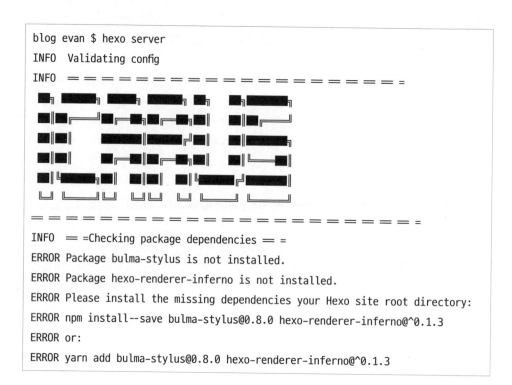

```
blog evan $ hexo server
INFO   Validating config
INFO  = = = = = = = = = = = = = = = = = = = = = =
```

```
INFO  = =Checking package dependencies = =
ERROR Package bulma-stylus is not installed.
ERROR Package hexo-renderer-inferno is not installed.
ERROR Please install the missing dependencies your Hexo site root directory:
ERROR npm install--save bulma-stylus@0.8.0 hexo-renderer-inferno@^0.1.3
ERROR or:
ERROR yarn add bulma-stylus@0.8.0 hexo-renderer-inferno@^0.1.3
```

이러한 경우에는 몇몇 패키지가 아직 설치되지 않아 해당 명령어를 실행합니다. 독자가 읽는 시기에 따라서 버전은 달라질 수 있으니 에러 메시지의 코드를 복사해 실행합니다.

```
blog evan $ npm install--save bulma-stylus@0.8.0 hexo-renderer-inferno@^0.1.3
+ bulma-stylus@0.8.0
+ hexo-renderer-inferno@0.1.3
added 165 packages from 80 contributors and audited 379 packages in 18.947s

24 packages are looking for funding
  run `npm fund` for details

found 0 vulnerabilities
```

```
blog evan $ hexo server
INFO  Validating config
Inferno is in development mode.
INFO  = = = = = = = = = = = = = = = = = = = = = = =
```

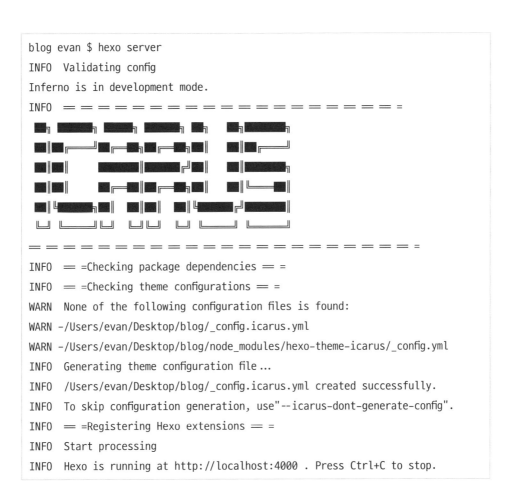

```
= = = = = = = = = = = = = = = = = = = = = = = = =
INFO  = = =Checking package dependencies = = =
INFO  = = =Checking theme configurations = = =
WARN  None of the following configuration files is found:
WARN  -/Users/evan/Desktop/blog/_config.icarus.yml
WARN  -/Users/evan/Desktop/blog/node_modules/hexo-theme-icarus/_config.yml
INFO  Generating theme configuration file...
INFO  /Users/evan/Desktop/blog/_config.icarus.yml created successfully.
INFO  To skip configuration generation, use"--icarus-dont-generate-config".
INFO  = =Registering Hexo extensions = =
INFO  Start processing
INFO  Hexo is running at http://localhost:4000 . Press Ctrl+C to stop.
```

로컬 서버인 http://localhost:4000을 클릭하면, 처음에는 가끔 다음과 같이 비정상적으로 화면이 나타납니다.

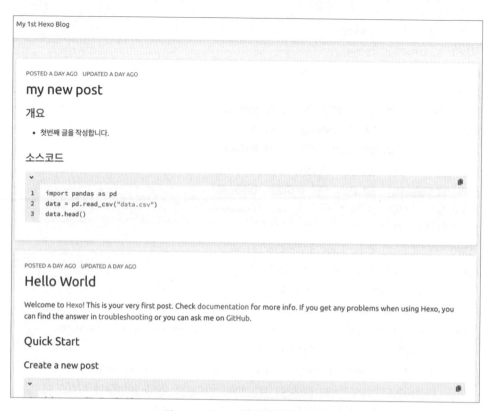

그림 4-4-54 Icarus 테마 적용 로컬 호스트

테마는 변경되지만 로고 등이 생략되어 기존에 본 테마와는 조금 다릅니다. 이번에는 해당 테마의 Github 홈페이지를 확인합니다.[56]

---

56 https://github.com/ppoffice/hexo-theme-icarus

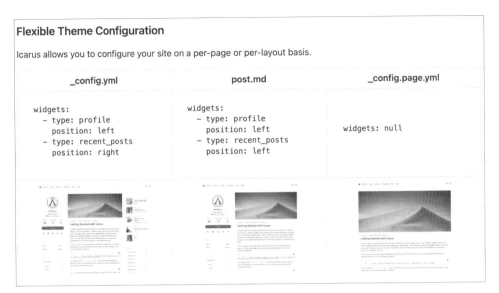

그림 4-4-55 Icarus Theme Configuration

위 화면에서 보는 것처럼 현재 Widgets이 설정되지 않은 것처럼 보입니다. 만약 설정되지 않았다면 _Config.Yml 설정 파일과 각각의 Post를 위 옵션처럼 변경합니다.

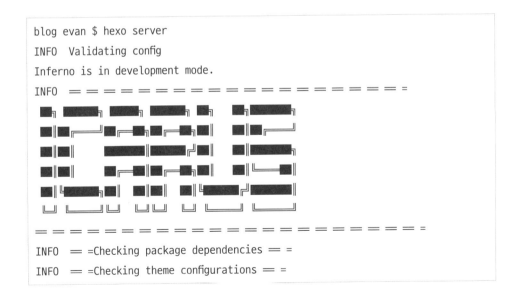

```
INFO  = =Registering Hexo extensions == =
INFO  Start processing
INFO  Hexo is running at http://localhost:4000 . Press Ctrl+C to stop.
```

필자는 My-New-Post.md 파일에 Pandas 태그를 추가합니다.

```
_
title: my new post
date: 2021-03-13 23:05:28
tags: pandas
widgets:
 -type: profile
    position: left
 -type: recent_posts
    position: left
_
```

이번에는 다시 로컬 서버인 http://localhost:4000을 클릭해 변경된 화면을 확인합니다.

그림 4-4-56 Icarus Theme를 적용한 블로그

정상적으로 바뀐 것을 확인할 수 있습니다. 이제 로컬 서버를 종료시킨 후(Ctrl+C), 바로 배포를 진행합니다.

```
blog evan $ hexo generate
blog evan $ hexo deploy
```

앞 Chapter에서 확인한 것처럼 이제 사용자 이름.Github.Io에 접속하면 테마가 변경된 것을 확인할 수 있습니다.

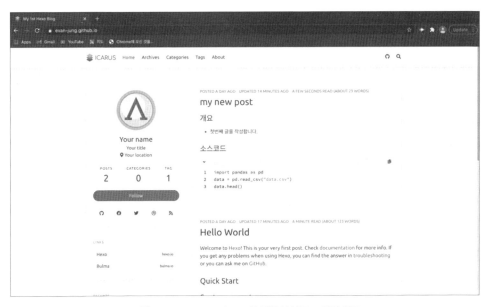

그림 4-4-57 Icarus Theme를 적용한 블로그 최종 배포

정상적으로 반영된 것을 확인할 수 있습니다. 이제 본 세팅을 Blog Repository에 업로드하는 Git 명령어만 추가하면 완성됩니다.

```
blog evan $ git add .
blog evan $ git commit-m"your message"
[main 7aad736] icarus theme updated
 7 files changed, 1993 insertions(+), 3 deletions(-)
 create mode 100644 .idea/vcs.xml
 create mode 100644 _config.icarus.yml
blog evan $ git push
Enumerating objects: 21, done.
Counting objects: 100% (21/21), done.
Delta compression using up to 8 threads
Compressing objects: 100% (11/11), done.
Writing objects: 100% (12/12), 40.26 KiB ¦ 13.42 MiB/s, done.
Total 12 (delta 4), reused 0 (delta 0), pack-reused 0
remote: Resolving deltas: 100% (4/4), completed with 4 local objects.
To https://github.com/evan-jung/blog.git
   b7a92b2..7aad736  main→main
```

지금까지 Github 블로그를 만드는 방법에 대해서 배웠습니다. 이제부터가 진짜입니다. 매일매일 배운 내용을 정리하려면 꾸준한 학습과 함께 Markdown 문법, Latex 문법 등을 익혀야 합니다. 이 부분에 대한 내용은 참고 문헌을 확인해서 별도로 공부하기를 권합니다.

4.6 Github 포트폴리오

Github 포트폴리오는 어떻게 만들어야 할까요? 라는 질문을 받습니다. 특히 데이터 사이언스 분야에서 포트폴리오를 만들어 가는 과정을 궁금해하는 분들이 많아 이 부분에 대해 기술하고자 합니다. 안타깝지만 경력이 없는 분들에게 경력 기술서는 존재하지 않습니다. 따라서 포트폴리오는 일종의 경력 기술서에 준하는 내용이 들어가야 합니다. 핵심은 해당 포트폴리오가 실제 현업에서 사용할 만큼 가치가 있느냐 하는 것입니다.

먼저 Github 포트폴리오를 만들기 전에 가장 먼저 취업 준비생 입장에서 해야 하는 것은 학부 및 석사 과정에서의 생활입니다. 학교생활을 충실히 하는 것이 매우 중요합니다. 또한 다양한 프로젝트를 잘 정리하는 것도 매우 중요합니다. 그리고 또 다른 독자 분들이 존재합니다. 국비 교육 과정으로 데이터 사이언스를 처음 접하는 분들은 해당 교육 과정의 기간보다는 어떤 프로젝트를 해 왔는지가 중요합니다. 학부 및 석사생 분들에게는 데이터를 활용한 학회 논문을 제출하는 것을 매우 적극적으로 권장합니다. 이 분야는 여전히 신생 학문이라 정해진 방법론은 존재하지 않습니다. 매일매일 새로운 논문들과 방법론들이 나와 학회 논문을 통해서 학문의 흐름을 익히는 것 또한 매우 중요합니다. 만약 비전공자라면 그리고 국비 교육 과정을 듣는 분들이라면 현실적으로 학회 논문을 내기는 매우 어렵습니다. 그러나 경진 대회 및 공모전은 반드시 나가야 합니다. 캐글이나 데이콘 그리고 각종 공모전에 나간다면 이를 모두 문서화하는 과정이 매우 중요합니다. 따라서 포트폴리오는 이러한 생활을 충실히 이행한다는 전제 아래 중요하다고 볼 수 있습니다. 기억해야 하는 것이 있다면 포트폴리오는 실무진과 면접하는 준비 자료라고 이해하는 것이 좋습니다. 그렇기 때문에 포트폴리오에도 반드시 기술해야 할 내용과 그렇지 않은 기본적인 내용은 구분하는 것이 좋습니다.

4.6.1 반드시 넣지 말아야 하는 것

가장 대표적인 것은 교재에 있는 데이터 수집이 쉬운 프로젝트입니다. 특히 공모전에 참여하지 않으면 대개 Iris 품종 분류 등을 프로젝트로 내세울 때가 있는데, 이 부분은 프로젝트라고 보기는 어렵습니다. 왜 그럴까요? 실무에서 가장 어려운 것 중의 하나는 유의미한 데이터 확보입니다. 실제 프로젝트를 진행하면서도 공통으로 느꼈겠지만, 머신러닝 알고리즘보다 더 중요한 것은 피처 엔지니어링입니다. 가공되지 않은 Raw 데이터를 수집해 머신러닝 알고리즘에 적합한 데이터 세트로 변환하는 것이 머신러닝 프로젝트에서 가장 중요한 부분입니다. 실무에서도 주로 해야 하는 과업 중의 하나가 축적되는 정형 및 비정형 데이터 속에서 데이터 전처리 모듈을 개발해 빠르게 가공하는 업무로 주요 핵심입니다. 그런데 기본 데이터 세트로 진행한 것을 프로젝트에 넣어 제출하면 그만큼 이는 현실과 맞지 않는 프로젝트일 가능성이 농후합니다. 즉 데이터를 수집하는 과정을 보여 주고, 데이터 전처리 모듈을 만드는 절차들을 기재하는 것이 중요합니다.

또 하나 기재하지 말아야 하는 것은 프로그래밍 스킬을 상중하로 기재하는 것입니다. 모든 프로그래밍은 다이내믹하게 변합니다. 한 언어 안에도 다양한 모듈이 존재합니다. 즉 상중하로 나눌 때의 기준점은 매우 모호하므로, 가능하면 상중하로 기재하기보다는 사용 가능 언어 및 도구로 기재하는 것이 좋습니다.

4.6.2 반드시 넣어야 하는 것

우선 포트폴리오에는 취업 준비생이나 대학생에게는 어떤 과목을 수강하는지가 매우 중요하고, 단순한 이론 위주의 수업이라면 간단하게 정리해 블로그에 올리는 것이 좋고, 만약 코드 실습이 동반된다면 이를 Github에 올리는 것이 좋습니다. 저작권 문제가 있다면 Private로 해도 좋습니다. 그런데 README.md 파일에 기재할 때는 다음 내용이 들어가는 것이 좋습니다. 예를 들어서 머신러닝 수업을 수강한다면 어떤 언어로 수업하는지, 주요 과제 내용은 무엇인지, 만약 발표한 PPT가 있다면 이를 PDF로 변환하는 것이 중요합니다. 또한 배운 알고리즘, 예를 들어 Random Forest를 배우는지 아니면 LightGBM까지 배우는지 등 수업 시간에 배운 각종 알고리즘 등도 README.md에 기재하는 것이 좋습니다. 이는 인사 담당자나 실무진이 볼 때 취업 준비생이 어느 정도까지 알고 구현하는지 판단하는 기초 자료입니다. 또한 사용한 라이브러리의 버전 등을 명시하는 것이 좋습니다. 코드는 재사용이 가능해야 하는데, 버전이 기록되지 않는다면 코드 재사용이 현업에서 사용하기 어려울 수 있습니다. 가장 중요한 것은 코드가 클래스로 구현되느냐 아니냐입니다.[57] 가급적 자신의 코드가 재사용이 가능하려면 Class와 함수로 구현하도록 훈련하는 것이 중요합니다. 공모전에 참여한 코드를 정리할 때는 한 번 더 Class로 구현하는 것을 익혀야 합니다. 이 부분은 독자 분들의 공부의 방향성으로 남겨 놓습니다.

그렇다면 구체적으로 어떤 내용이 들어가는 것이 좋을까요? 크게 3가지 내용이 기술되어야 합니다. 첫 번째는, DB 사용입니다. 캐글 데이터를 로컬로 다운로드 받아서 프로젝트를 진행하는 것도 중요하지만, DB에 데이터를 일부러 넣고 쿼리를 통해서 데이터를 추출하는 방법입니다. 과거에는 MySQL이나 Oracle을 설치해야 하는 번거로운 과정이 있었지만, 최근에는 클라우드 DB도 무료로 많이 사용합니다. 예를 들면 구글에서 제공하는 빅 쿼리를 사용하면 무료로 10GB까지 저장이 가능하고, 1TB 이내로 쿼리를 조회할 수 있습니다.[58] 캐글에서 데이터를 다운로드 받아서 BigQuery로 저장한 후 이를 다시 쿼리로 필요한 데이터만 추출하는 과정을 프로젝트에 보여 주는 것이 중요합니다. 만약에 딥러닝한다면 Image 데이터를 NoSQL DB에 저장하는 방법을 기술하는 것도 매우 중요합니다.

두 번째는, 코드 재사용성을 강조합니다. 이 부분은 입문자보다는 중급 레벨에서 가장 필요한 부분입니다(아쉽지만, 이 부분은 다음 시리즈 편에서 해당 내용을 기재하려고 합니다).[59] 가장 이상적인 것은 라이브러리를 직접 만들어 본 개발 경험으로 가장 중요합니다. 라이브러리를 만든 것은 필수로 클래스 구현, 함수 구현, 조건문 구현 등 기초적인 코딩 능력이 따라야 하며, 작업한 코딩을 unittest와 같은 성능 테스트로 코드 재사용성 가능 여부를 확보할 수 있습니다. 즉 지속적인 통합과 업데이트에 Github Ac-

---

57 사실 이 부분에 대해 필자는 고민을 많이 했습니다. 입문 서적으로 준비해 Class를 알려 주는 것이 적절한지 아닌지 많이 고민했지만, 처음 코딩을 배우는 분들에게는 조금 어려울 수 있고 코딩에 대한 부담감을 덜어 주려고 책에는 기재하지 않았습니다. 파이썬의 기초 문법을 다루는 책에서는 공통으로 다뤄 해당 교재를 참조하기를 바랍니다.

58 https://cloud.google.com/bigquery/hl=ko

59 Github, Travis-CI, Codecov와 같은 도구를 활용해 프로젝트를 관리하는 부분을 말하며, 개발자뿐만 아니라 머신러닝 엔지니어분들도 현재는 DevOps 및 MLOps를 활용해 머신러닝 모델을 배포 및 관리하는 분야로 확장합니다. 이때부터가 실무에서 요구하는 머신러닝 엔지니어의 업무 영역이라고 볼 수 있습니다.

tions를 활용하는데, 이때 Github도 필수로 필요합니다. 즉 다시 말하면 캐글 분석 프로젝트를 수행해 평가 지표를 활용해 Rank를 입력하더라도 코드의 재현성을 위해서는 클래스 구현뿐만 아니라 실제로 성능 테스트 완료 그리고 지속적인 통합과 업데이트가 가능한 프로젝트임을 보여 주는 것이 중요합니다.

마지막으로 공모전 결과를 제출합니다. 이는 매우 중요합니다. 특히 캐글이나 공모전에서 비전공자가 입상하기란 매우 어렵습니다. 그러나 성장하고 있는 지표는 보여 줄수 있습니다. 예를 들면 처음 참여한 대회에서는 1,000명 중 900등, 그다음 참여한 대회에서는 1,000명 중 500등 그리고 그다음 대회에서는 300등을 기록했다면, 이것은 발전하고 있음을 보여 주는 매우 상징적인 지표라고 할 수 있습니다. 또한 캐글에서는 각종 구조적으로 잘 쓴 노트북을 Bronze, Silver, Gold와 같은 메달을 부여해 이러한 내용을 기재하는 것은 매우 중요합니다. 특히 영어로 캐글 노트북을 작성해 이를 가감 없이 보여 준다면, 독자의 영어 능력을 실무적으로 보여 주는 하나의 지표일 수 있습니다.

이외에도 팀으로 참여했다면 팀에서의 자신의 역할과 전체 대회 기간에서 실제 참여한 기간을 정리하는 등의 내용을 기재하는 것이 좋습니다. 해당 내용은 Github 프로젝트 README.md 파일을 참조하기를 바랍니다. 또한 README.md를 작성하는 Markdown 사용 방법도 같이 기재했으니 참고하기를 바랍니다.

찾아보기

파이썬으로 캐글 뽀개기

파이썬으로 시작해서 포트폴리오로 취업까지

초판 1쇄 발행 | 2021년 8월 27일

지은이 | Evan, 조대연, 김보경, 정필원, 최준영
펴낸이 | 김범준
기획/책임편집 | 김용기
교정교열 | 이혜원
편집디자인 | 커뮤니케이션 창
표지디자인 | 강은

발행처 | 비제이퍼블릭
출판신고 | 2009년 05월 01일 제300-2009-38호
주소 | 서울시 중구 청계천로 100 시그니쳐타워 서관 10층 1011호
주문/문의 | 02-739-0739   **팩스** | 02-6442-0739
홈페이지 | http://bjpublic.co.kr   **이메일** | bjpublic@bjpublic.co.kr

가격 | 31,000원
ISBN | 979-11-6592-079-1
한국어판 © 2021 비제이퍼블릭

소스코드 다운로드 | https://github.com/bjpublic/pythonkaggle